最新
建築材料学

松井勇・出村克宣・湯浅昇・中田善久

井上書院

はじめに

　建築材料の書籍は，材料の基本的性質について詳細に記述したものが多い。建築を学んでいる学生から，材料の基本的性質に加えて，材料の選び方を知りたいという要望が多い。建築を学んでいる学生は，材料はもとより，設計，構造，環境・設備，施工など各分野について並行して学習しているが，それぞれの分野ごとに独立して講義が行われているため，建築材料とこれらの分野との関係が理解しにくい。本書は，この点に応えるため，建築設計，構造設計，環境設備設計，施工に関連づけて建築材料を記述することに配慮した。適材適所といわれるが，建築物としての要求条件を知り，これを満たす材料の性質・性能が何であるかを知り，既存の材料の性質・性能を理解して適材を適所に用いる。このような考えにより，適当な既存の材料がなければ，要求条件を満たす新しい材料の開発も求められる。

　本書は，I編 構造と材料では，木質構造，鉄骨造，鉄筋コンクリート造，組積造の構造的特長と構造材料の特徴を解説している。II編 部位と材料では，屋根，外壁，内壁，天井，床，建具，衛生器具の要求条件とそれらに用いられる材料への要求条件を解説している。III編 機能と材料では，防水性，防火性，断熱・保温性，音響特性，接着性・接合性，保護・仕上げ性，水密・気密性（シーリング材・コーキング材，ガスケット），材料の感覚的性能，環境負荷と建築材料について解説している。IV編 基本材料では，金属，石材，セメント，コンクリート，せっこう・石灰，陶磁器，ガラス，木材，プラスチック・ゴム，アスファルトに区分して，それらの性質・性能を解説している。V編では，材料の基本的物性値と単位について解説している。I編からIII編までは要求条件と材料に求められる性質・性能の記述にとどめ，構造材料，部位別材料，機能性材料の特質を半期で学んだうえで，その材料の性質の詳細はIV編の基本材料で半期に学ぶように構成した。また，V編は，材料の品質や性能を評価するための基本的な指標とできるよう，力，熱，水，音，光，色に関する物性値の意味とその単位の取扱いについて記述している。

　大学，高等専門学校などにおける建築材料の教科書または参考書として，あるいは実務に携わる方がたに，本書を利用していただければ，幸甚であります。
　多くの建築材料の書籍から，さまざまな示唆を受け，本書に図・表などの掲載を承諾いただきました多くの方々に対して心より感謝申し上げます。なお，本書の執筆にあたっては，日本大学名誉教授笠井芳夫先生，同大濱嘉彦先生とともに執筆した建築材料学の教科書*から多くの示唆を受けている。両先生に心より感謝申し上げます。
　また，井上書院鈴木泰彦氏の助言と協力によりまして，ここに出版できましたこと，心よりお礼を申し上げます。
　本書の内容については，筆の至らぬ箇所等，多々あるかとも思われます。それに関しましては，ご意見やご叱責をお願いする次第です。

　2010年3月

　　　　　　　　　　　　　　　　　　　　　　　　　　代表して　松井　勇

---

*笠井芳夫・大濱嘉彦・松井勇・出村克宣：新版建築材料学，理工図書

執筆担当

I編　構造と材料
1　木質構造の特徴　　　　　　　　　湯浅　昇
2　鉄骨構造の特徴　　　　　　　　　湯浅　昇
　　2-3-2, 2-3-3　　　　　　　　　　松井　勇
3　鉄筋コンクリート構造の特徴　　　湯浅　昇
4　組積造の特徴　　　　　　　　　　湯浅　昇

II編　部位と材料
1　屋根　　　　　　　　　　　　　　松井　勇
2　外壁　　　　　　　　　　　　　　松井　勇
3　内壁　　　　　　　　　　　　　　中田善久
4　天井　　　　　　　　　　　　　　中田善久
5　床　　　　　　　　　　　　　　　松井　勇
6　建具　　　　　　　　　　　　　　松井　勇
7　衛生器具　　　　　　　　　　　　松井　勇

III編　材料と機能
1　防水性　　　　　　　　　　　　　出村克宣
2　防火性　　　　　　　　　　　　　出村克宣
3　断熱・保温性　　　　　　　　　　出村克宣
4　音響特性　　　　　　　　　　　　出村克宣
5　接着性・接合性　　　　　　　　　出村克宣
　　5-1, 5-3　　　　　　　　　　　　松井　勇
6　保護・仕上げ性　　　　　　　　　出村克宣
7　水密・気密性　　　　　　　　　　松井　勇
8　材料の感覚的性能　　　　　　　　松井　勇
9　環境負荷と建築材料　　　　　　　出村克宣

IV編　基本材料
1　金属材料　　　　　　　　　　　　中田善久
2　無機材料
　　2-1　石材　　　　　　　　　　　松井　勇
　　2-2　セメント　　　　　　　　　湯浅　昇
　　2-3　コンクリート
　　　　2-3-1〜2-3-3　　　　　　　　中田善久
　　　　2-3-4〜2-3-8　　　　　　　　湯浅　昇
　　2-4　石灰，せっこう，プラスター　松井　勇
　　2-5　陶磁器　　　　　　　　　　松井　勇
　　2-6　ガラス　　　　　　　　　　松井　勇
3　有機材料
　　3-1　木材　　　　　　　　　　　湯浅　昇
　　3-2　プラスチック・ゴム　　　　出村克宣
　　3-3　アスファルト　　　　　　　松井　勇

V編　材料の基本的物性値と単位　松井　勇

目　次

Ⅰ編　構造と材料 — 11
序 — 12

1　木質構造・材料の特徴 — 14
1-1　木質構造の特徴とディテール — 14
1-1-1　全般的な特徴 — 14
1-2　構造・材料の長所・短所 — 18
1-2-1　長　所 — 18
1-2-2　短所とその対策 — 18
1-3　材料の種類および性質・選択 — 18
1-3-1　樹種と用途 — 18
1-3-2　木質材料の種類と特徴 — 20

2　鉄骨構造・材料の特徴 — 22
2-1　鉄骨構造の特徴とディテール — 22
2-1-1　全般的な特徴 — 22
2-2　構造・材料の長所・短所 — 23
2-2-1　長　所 — 23
2-2-2　短所とその対策 — 23
2-3　材料の種類および性質・選択 — 23
2-3-1　鋼材の種類と表記 — 23
2-3-2　鉄鋼製品 — 24
2-3-3　鋼材の形状・寸法表示 — 24
2-3-4　鋼材の接合 — 27
2-3-5　架　構 — 28

3　鉄筋コンクリート構造・材料の特徴 — 31
3-1　鉄筋コンクリート構造の特徴とディテール — 31
3-1-1　全般的な特徴 — 31
3-2　構造・材料の長所・短所 — 32
3-2-1　長　所 — 32
3-2-2　短所とその対策 — 33
3-3　材料の種類および性質・選択 — 34
3-3-1　コンクリートと鉄筋 — 34
3-3-2　コンクリートの設計基準強度およびそのワーカビリティー — 34
3-3-3　鉄筋の種類と接合 — 36
3-3-4　構造体の総合的耐久性 — 37

4　組積造・材料の特徴 — 39
4-1　組積造の特徴とディテール — 39
4-1-1　全般的な特徴 — 39
4-2　構造・材料の長所・短所 — 40
4-2-1　長　所 — 40
4-2-2　短　所 — 40
4-3　材料の種類および性質・選択 — 41
4-3-1　石材とれんが — 41
4-3-2　コンクリートれんが・ブロック — 41

Ⅱ編　部位と材料 — 43
序 — 44

1　屋　根 — 45

1-1　要求条件	45
1-1-1　屋根に要求される条件	45
1-1-2　屋根材料に要求される性能	45
1-2　勾配屋根	46
1-2-1　勾配屋根の材料構成	47
1-2-2　屋根葺き材料の種類および特徴	47
1-3　陸屋根	48
1-3-1　陸屋根の材料構成	48
1-3-2　防水材の種類および特徴	49
2　外　壁	**50**
2-1　要求条件	50
2-1-1　外壁に要求される条件	50
2-1-2　外壁仕上材料に要求される性能	50
2-2　外壁の材料構成	51
2-3　材料の種類および特徴	53
3　内　壁	**55**
3-1　要求条件	55
3-1-1　内壁に要求される条件	55
3-1-2　内壁仕上材料に要求される性能	55
3-2　内壁の材料構成	56
3-3　材料の種類および特徴	57
4　天　井	**59**
4-1　要求条件	59
4-1-1　天井に要求される条件	59
4-1-2　天井仕上材料に要求される性能	59
4-2　天井の材料構成	60
4-3　材料の種類および特徴	61
5　床	**62**
5-1　要求条件	62
5-1-1　床に要求される条件	62
5-1-2　床仕上材料に要求される性能	62
5-2　床の材料構成	63
5-3　材料の種類および特徴	64
6　建　具	**66**
6-1　要求条件	66
6-1-1　建具に要求される条件	66
6-1-2　建具材料に要求される性能	67
6-2　建具の材料構成	67
6-2-1　建具の材料構成	67
6-2-2　建具のおもな部材名称	68
6-2-3　建具の種類	68
6-3　材料の種類および特徴	69
6-3-1　建具に用いられる材料分類	69
7　衛生器具	**70**
7-1　要求条件	70
7-1-1　衛生器具に要求される条件	70
7-1-2　材料に要求される性能	70
7-2　衛生器具類の種類	70
7-3　材料の種類および特徴	71

III編　材料と機能 — 73
　　序 — 74
1　防水性 — 76
- 1-1　水分の挙動 — 76
- 1-2　水分と材料の性質 — 77
- 1-3　防水工法と材料 — 77
  - 1-3-1　隔壁（材料）表面を不透水性の材料で覆って水分を遮断する工法 — 77
  - 1-3-2　隔壁（材料）自体の吸水・吸湿性を低下させて，透水・透湿が生じにくい性質に変える工法 — 77
  - 1-3-3　材料や部材のすきまに不透水性の材料を詰める工法 — 78

2　防火性 — 79
- 2-1　構造，建築物および材料の分類 — 79
  - 2-1-1　構造の分類 — 79
  - 2-1-2　建築物の分類 — 81
  - 2-1-3　材料の分類 — 81
- 2-2　材料の燃焼と種類 — 82
  - 2-2-1　材料の燃焼 — 82
  - 2-2-2　不燃・難燃材料の種類 — 82

3　断熱・保温性 — 85
- 3-1　機能と原理 — 85
  - 3-1-1　熱の移動と性質 — 85
  - 3-1-2　断熱材の性質 — 86
- 3-2　断熱材の種類と断熱工法 — 88
  - 3-2-1　断熱材の種類 — 88
  - 3-2-2　断熱工法 — 89

4　音響特性 — 90
- 4-1　機能と原理 — 90
- 4-2　吸音方法と材料 — 90
  - 4-2-1　多孔質材料による方法 — 90
  - 4-2-2　板状材料の振動による方法 — 91
  - 4-2-3　膜状材料による方法 — 91
  - 4-2-4　あなあき板による方法 — 91
  - 4-2-5　成形吸音板による方法 — 91
- 4-3　遮音方法と材料 — 92

5　接着性・接合性 — 93
- 5-1　機能と性能 — 93
- 5-2　物理化学的接合 — 93
  - 5-2-1　接　着 — 93
  - 5-2-2　溶　接 — 97
  - 5-2-3　自　着 — 99
- 5-3　機械的接合 — 101
  - 5-3-1　仕口・継手による接合 — 101
  - 5-3-2　接合金物による接合 — 101
  - 5-3-3　補強金物による接合 — 102
  - 5-3-4　ラスによる接合 — 103

6　保護・仕上げ性 — 104
- 6-1　機能と性能 — 104
- 6-2　塗　料 — 104
  - 6-2-1　概　説 — 104

  6-2-2 　種　類 ……………………………………………………………………… 104
  6-2-3 　塗料の機能と素地 ……………………………………………………… 107
  6-2-4 　用途と製品 ……………………………………………………………… 108
 6-3 　建築用仕上塗材 ……………………………………………………………… 110
  6-3-1 　概　説 …………………………………………………………………… 110
  6-3-2 　薄付け仕上塗材 ………………………………………………………… 111
  6-3-3 　厚付け仕上塗材 ………………………………………………………… 111
  6-3-4 　複層仕上塗材 …………………………………………………………… 111
  6-3-5 　可とう形改修用仕上塗材 ……………………………………………… 112
  6-3-6 　軽量骨材仕上塗材 ……………………………………………………… 112
  6-3-7 　建築用下地調整塗材 …………………………………………………… 112
 6-4 　表面含浸材 …………………………………………………………………… 113
  6-4-1 　概　説 …………………………………………………………………… 113
  6-4-2 　シラン系表面含浸材 …………………………………………………… 113
  6-4-3 　ケイ酸塩系表面含浸材 ………………………………………………… 114
 6-5 　塗り床材 ……………………………………………………………………… 115
  6-5-1 　概　説 …………………………………………………………………… 115
  6-5-2 　塗布型塗り床材 ………………………………………………………… 115
  6-5-3 　一体型塗り床材 ………………………………………………………… 116
7 　水密・気密性 ………………………………………………………………………… 118
 7-1 　機能と原理 …………………………………………………………………… 118
 7-2 　シーリング材・コーキング材 ……………………………………………… 118
  7-2-1 　建築用シーリング材 …………………………………………………… 118
  7-2-2 　建築用油性コーキング材 ……………………………………………… 120
  7-2-3 　金属製建具用ガラスパテ ……………………………………………… 120
  7-2-4 　補修用注入エポキシ樹脂 ……………………………………………… 120
 7-3 　ガスケット …………………………………………………………………… 121
  7-3-1 　建築用発泡体ガスケット ……………………………………………… 121
  7-3-2 　建築用ガスケット ……………………………………………………… 121
8 　材料の感覚的性能 …………………………………………………………………… 123
 8-1 　概　説 ………………………………………………………………………… 123
 8-2 　温冷感触 ……………………………………………………………………… 123
 8-3 　凹凸感触 ……………………………………………………………………… 124
 8-4 　べたつき感触 ………………………………………………………………… 125
 8-5 　よごれの程度 ………………………………………………………………… 126
 8-6 　打音感触 ……………………………………………………………………… 126
9 　環境負荷と建築材料 ………………………………………………………………… 128
 9-1 　概　説 ………………………………………………………………………… 128
 9-2 　環境負荷低減のための建築材料のあり方 ………………………………… 129
  9-2-1 　環境基本法とその関係法令に示される建築材料 …………………… 129
  9-2-2 　長寿命と建築材料 ……………………………………………………… 130
  9-2-3 　自然共生と建築材料 …………………………………………………… 130
  9-2-4 　省エネルギーと建築材料 ……………………………………………… 130
  9-2-5 　省資源・循環と建築材料 ……………………………………………… 131
  9-2-6 　室内空気汚染と建築材料 ……………………………………………… 131

Ⅳ編　基本材料 …………………………………………………………………………… 133
  序 …………………………………………………………………………………… 134
 1 　金属材料 …………………………………………………………………………… 135

1-1	鉄　鋼	135
	1-1-1　製　法	135
	1-1-2　炭素鋼	137
	1-1-3　特殊鋼	139
	1-1-4　鋳　鋼	140
	1-1-5　用途と製品	140
1-2	アルミニウムおよびその合金	141
	1-2-1　製　法	141
	1-2-2　種類・特徴	142
	1-2-3　性　質	142
	1-2-4　用途と製品	144
1-3	銅およびその合金	145
	1-3-1　製　法	145
	1-3-2　種類・特徴	145
	1-3-3　性　質	146
	1-3-4　用途と製品	146
1-4	チタンおよびその合金	146
	1-4-1　製　法	146
	1-4-2　種類・特徴	147
	1-4-3　性　質	147
	1-4-4　用途と製品	148
1-5	亜鉛・スズ・鉛	148
	1-5-1　製　法	148
	1-5-2　種類・特徴	149
	1-5-3　性　質	149
	1-5-4　用途と製品	150
1-6	銀・金・白金	151
	1-6-1　製　法	151
	1-6-2　種類・特徴	151
	1-6-3　性　質	152
	1-6-4　用途と製品	152
1-7	耐久性	153
2	**無機材料**	156
2-1	石　材	156
	2-1-1　概　説	156
	2-1-2　種類および組成	156
	2-1-3　一般的性質	156
	2-1-4　製　品	158
2-2	セメント	161
	2-2-1　概　説	161
	2-2-2　ポルトランドセメントの製造	161
	2-2-3　ポルトランドセメントの成分	161
	2-2-4　ポルトランドセメントの水和	164
	2-2-5　混和材	165
	2-2-6　性　質	167
2-3	コンクリート	170
	2-3-1　コンクリート用材料	170
	2-3-2　調　合	181
	2-3-3　フレッシュコンクリートの性質	188

2-3-4　初期性状 —————————————————— 190
　　　2-3-5　硬化コンクリートの性質 ———————————— 193
　　　2-3-6　各種コンクリート ————————————————— 204
　　　2-3-7　コンクリート製品 ————————————————— 205
　　　2-3-8　鉄筋コンクリート構造物の耐久性 ——————— 208
　2-4　石灰，せっこう，プラスター —————————————— 215
　　　2-4-1　概　説 —————————————————————— 215
　　　2-4-2　種類および組織，基本的性質 ————————— 215
　　　2-4-3　用途と製品 ———————————————————— 216
　2-5　陶磁器 ———————————————————————————— 218
　　　2-5-1　概　説 —————————————————————— 218
　　　2-5-2　素地の種類と性質 ————————————————— 218
　　　2-5-3　製品と用途 ———————————————————— 219
　　　2-5-4　陶磁器の耐久性 ————————————————— 222
　2-6　ガラス ———————————————————————————— 223
　　　2-6-1　概　説 —————————————————————— 223
　　　2-6-2　種類・製法および加工法 ————————————— 223
　　　2-6-3　一般的性質 ———————————————————— 224
　　　2-6-4　製品と用途 ———————————————————— 225
3　有機材料 ———————————————————————————————— 227
　3-1　木　材 ———————————————————————————— 227
　　　3-1-1　構造と組織・木理・欠点 ————————————— 228
　　　3-1-2　製材による種類 ————————————————— 229
　　　3-1-3　水　分 —————————————————————— 230
　　　3-1-4　一般的な性質 ———————————————————— 231
　　　3-1-5　木材の耐久性 ———————————————————— 235
　　　3-1-6　木質材料 —————————————————————— 238
　3-2　プラスチック・ゴム ————————————————————— 243
　　　3-2-1　概　要 —————————————————————— 243
　　　3-2-2　種　類 —————————————————————— 243
　　　3-2-3　成形法・現場施工 ————————————————— 244
　　　3-2-4　性　質 —————————————————————— 245
　　　3-2-5　用途と製品 ———————————————————— 248
　3-3　アスファルト ————————————————————————— 254
　　　3-3-1　概　説 —————————————————————— 254
　　　3-3-2　種類と性質・用途 ————————————————— 254

V編　材料の基本的物性値と単位 ———————————————— 257
1　質量・重量・密度・比重 ————————————————————— 258
2　強度・応力度・ひずみ度 ————————————————————— 258
3　温度・熱に関する物性値と単位 ————————————————— 260
4　水に関する物性値と単位 ————————————————————— 261
5　音に関する物性値と単位 ————————————————————— 262
6　光・照明に関する物性値と単位 ————————————————— 263
7　表色・光沢 ————————————————————————————— 264

索　引 ———————————————————————————————————— 267

I編
構造と材料

序

構造物の自重および外力を支持し，構造計算の対象となる部位を構造体（structure）といい，それを構成する材料を構造材料（structural material）とよぶ。ここでは構造形式を(1)木質構造（timber structure, wooden structure），(2)鉄骨構造（steel structure），(3)鉄筋コンクリート構造（reinforced concrete construction），(4)組積造（masonry construction, masonry structure）に大別する。

各種構造の特徴を表に示す。構造材料の種類によって，防耐火性，耐震性，耐久性の良否が異なるが，各種性能を向上させるために，弱点となる性能については，構造形式に見合った技術で克服している。

木造は，木材を使用し，軸組み構造であるため，防火性，耐震性，耐久性に劣るが，長年の実績によって，これらの性能向上のための技術が整備されている。

鉄骨構造は，鉄鋼を使用しているため，耐火被覆および防錆処理を施さなければならないが，他の構造に比較して建物が軽量であるため，耐震性は優れている。ピン構造の鉄骨構造の場合は，壁や床に斜材を設置する。

鉄筋コンクリート構造は，コンクリートを鉄筋で補強したもので，構造体としては一体である。鉄筋の腐食や耐火性についての弱点は，鉄筋を覆っているコンクリートのかぶり厚さで確保している。

組積造は，ブロック状の石材やれんがを一段ずつ，目地を介して手作業で積み上げて施工するもので，大型の施工機械を必要としない。材料が重いこと，目地の接着が弱いことなどから耐震性は劣る。コンクリートブロックは，縦および横の目地に鉄筋を挿入して補強している。鉄筋コンクリート造の柱や梁で骨組みをつくり，その間の壁にコンクリートブロックを積む場合もある。耐火性および耐久性は非常に優れている。

各種構造の特徴

構造形式	おもな構造材料	おもな接合方法・接合材料	防耐火性向上技術	耐震性向上技術	耐久性向上技術
木質構造	製材（柱・梁など）構造用合板 集成材	仕口 くぎ・ボルト 接合金物 緊結金物	不燃材で木質部を被覆する。	柱・梁間に筋かいなどの斜材や面材を取り付ける。	高湿度環境下では防腐処理，防蟻処理を施す。
鉄骨構造（S造）	形鋼（H形・I形）鋼板 鋼管	高力ボルト 溶接 リベット	鉄骨部を耐火被覆する。	建築物として軽量のため耐震性は優れている。	防錆処理を施す。結露防止対策を講じる。
鉄筋コンクリート構造（RC造）	コンクリート 鉄筋	コンクリートは一体化。鉄筋接合：圧接・カップラー継手	優れているが，鉄筋かぶり厚を確保する。	優れているが，耐震壁などを設置する。	優れているが，鉄筋かぶり厚を確保する必要がある。
組積造	石材 れんが コンクリートブロック	目地モルタルで接合 鉄筋補強	優れている。	建物が重いので耐震性は劣る。鉄筋補強したRC造柱や梁で補強する。	優れている。目地の耐久性を確保する。

構造材料に要求される条件

① 構造体を構成するのに必要・十分な強度（p.38，許容応力度参照），弾性など力学的性質を有していること。

② 単一材またはトラス（truss：三角構面）を構成して，あるいは積層材，複合材として，梁・柱をはじめ構造体としての壁板・床板などを構成できること。

③ 腐食などによる劣化を生じることなく，長期間にわたり所要の力学的性質が低下しないこと。

④ 耐水性，耐熱性，寸法安定性など，長期の物理・化学的安定性を有していること。

⑤ 耐火性を有しているか，耐火被覆，防火被覆，難燃処理などによって必要な耐火性，防火性が得られること。

⑥ 加工や接合または接着が容易なこと。

⑦ 供給が豊富で，同一性能のものが多量に容易に供給でき，経済的にも安価なこと。

● I編　構造と材料

1　木質構造・材料の特徴

1-1　木質構造の特徴とディテール

1-1-1　全般的な特徴

　一般に骨組構造をとり，仕口（connection；joint）および継手（joint；splice）の構造を適切なものとし，必要に応じて，くぎ・ボルトをはじめ，接合金物，接着剤などを使用し，要所に筋かい（bracing；brace）を設けることにより，軽量で耐震的な建物を造ることができる。建物の高さは，通常2階建てであるが，近年，3階建てが増えている。

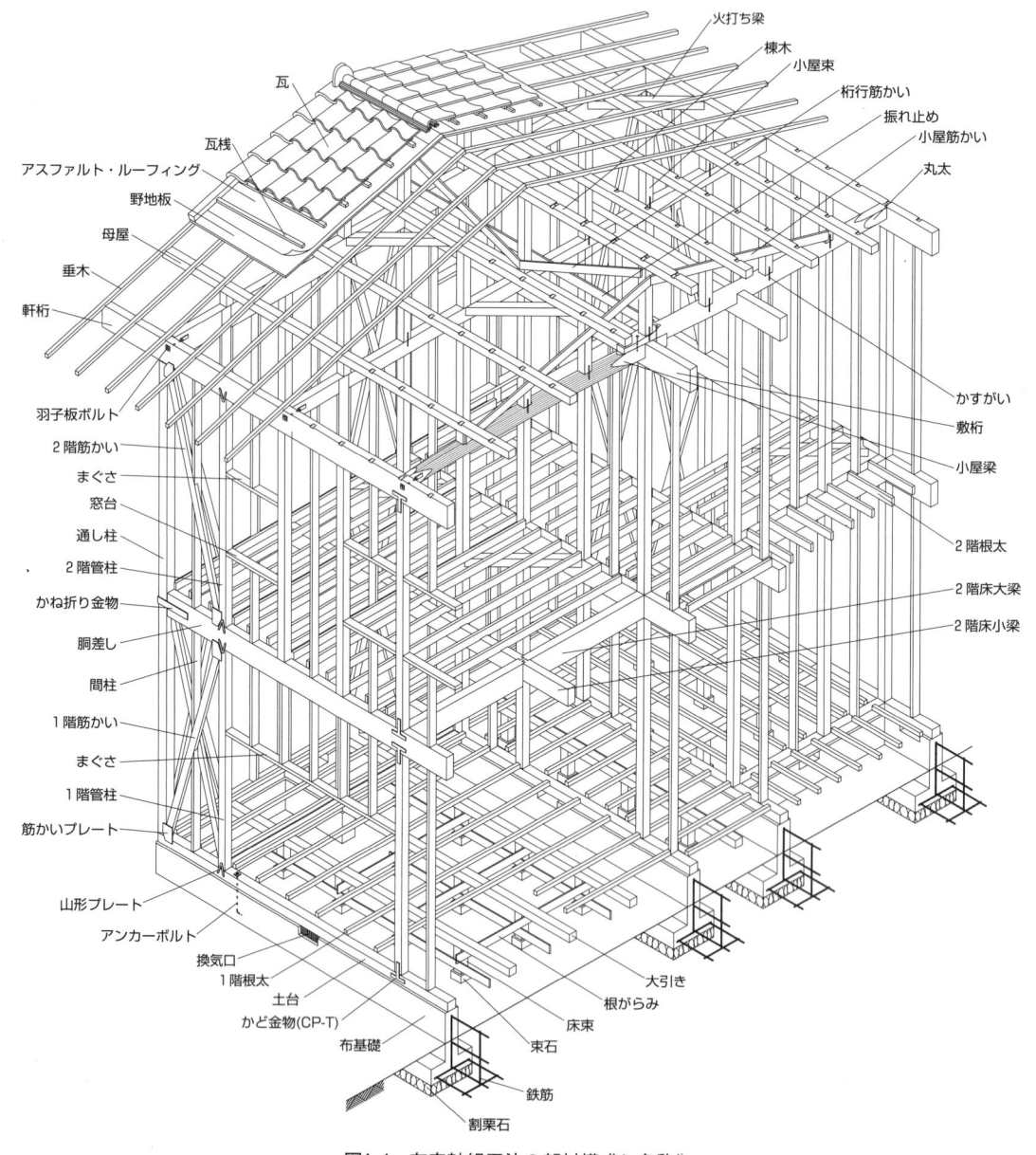

図1-1　在来軸組工法の部材構成と名称[1]

1 木質構造・材料の特徴

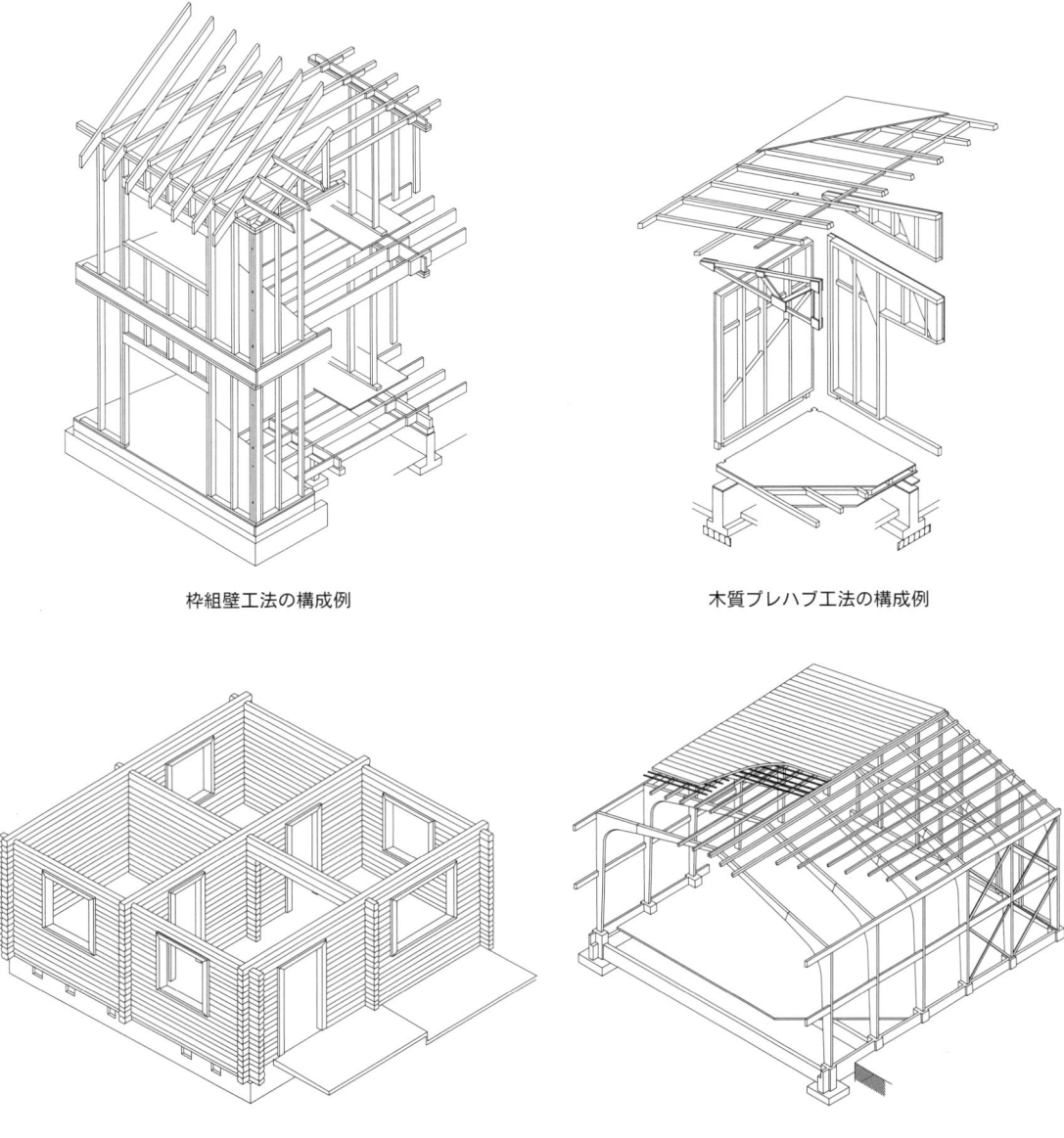

枠組壁工法の構成例　　　　　　　　木質プレハブ工法の構成例

丸太組構法の構成例　　　　　　　　大断面集成材構造の構成例

図1-2　その他の木質構造[1]

　各種木質構造の構成例を図1-1, 1-2に，その特徴を表1-1に示す。軸組工法は，わが国の古来からの伝統工法で，柱，梁を軸組みとした構造体で，開口部が広く取れる構造である。しかし，耐震性向上のために，斜材や面材を柱と梁の間に設置したり，接合金物を用いて柱梁の接合部を補強している。

　枠組壁工法は，2×4インチ（5×10cm）を基準寸法とした枠材と構造用合板などの面材を現場で組み立てる工法である。札幌の時計台はわが国で最初にツーバイフォー工法を採用した建物である。

　プレハブ工法は，枠組壁工法と同じ原理であるが，工場で製造したパネルを現

場で組み立てる点が異なる。

　丸太組工法は，丸太を水平に積み上げた工法で，外壁，内壁は丸太をそのまま仕上げとしている。奈良正倉院に代表される校倉造りは，丸太ではなく製材した角材を水平に積み上げた工法で，木材の吸放湿性を利用することによって，室内の湿度がほぼ一定に保たれて，文化財を保存するのに適している。

　大断面集成材工法は，大きな断面をもつ長大湾曲の集成材を用いる構造様式であり，これを用いた体育館，大型ドームなどが建設されている。

表1-1　各種木質工法の特徴

木質工法の種類	特　徴
軸組工法	わが国古来の工法で，柱，間柱，梁を軸として組み上げて，外力を柱と梁で支える軸組構造。柱や梁の仕口を工場で加工し，現場で組み上げる。柱と壁の間に筋かいや面材を取り付けて耐震性を確保する。
枠組壁工法	ツーバイフォー工法ともいい，寸法2×4インチの枠材を組み，その両面に構造用合板などの面材を張り合わせたものを，壁や床版として組み立てて，壁・床版（天井）で構成された箱形で外力を支える壁式構造。組立ては現場で行う。
プレハブ工法	枠組壁工法では，現場で枠材および面材を施工するのに対して，プレハブ工法は，工場において枠組の両面に構造用合板などの面材を張り合わせてパネルを製造し，これを現場で組み立てる工法である。壁パネルと床パネル（天井パネル）で構成された箱形で外力を支える壁式構造。
丸太組工法	構造体力上主要な部分に丸太，製材を水平に積み上げることにより壁を構成するもので，積み上げた壁で外力を支える壁式構造で，ログハウスともよばれる（昭和62年建設省告示第859号）。
大断面集成材構造	積層枚数を多くして断面積を大きくした集成材を工場で製造し，これをアーチ，トラス，大梁として現場で組み立てる構造で，木質構造で大空間が構成できる（昭和61年農林水産省告示第2054号）。

　図1-3は構造体とするための骨組の接続方式を示したものである。継手は部材と部材を長さ方向に継ぐ接合方式であり，曲げモーメント・せん断力，軸方向力の小さいところで継ぐ。仕口とは，2つ以上の部材が交差するように接合する方式で，一方の部材の材端を加工したほぞを，もう一方の部材に設けたほぞ穴にはめ込むように取り付ける。

　図1-4は，水平荷重を受けた場合の軸組の変形と筋かいの効果を示したものである。筋かいは引張力あるいは圧縮力を負担し，軸組の変形を防ぎ耐力壁を構成する。耐力壁の量（壁量）は，筋かいの種類（木材か鉄筋か），その寸法，片側なのかたすき掛けなのかなどにより計算され，さらに構造用合板などの面材を打ち付けることで向上する。

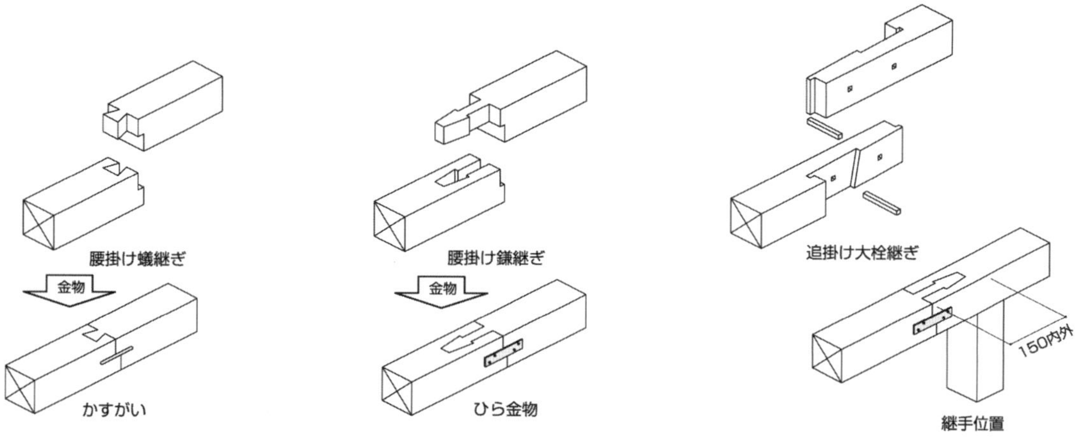

1 木質構造・材料の特徴

(a) 横架材の継手

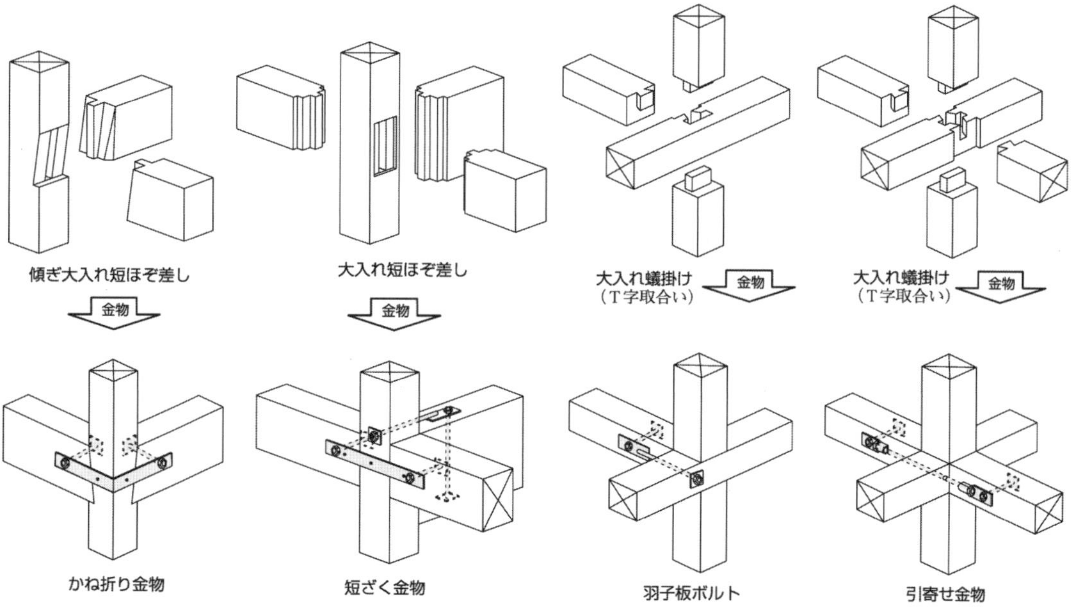

(b) 柱と梁の仕口

図1-3 桁・梁・胴差しの継手・仕口と緊結金物[1]

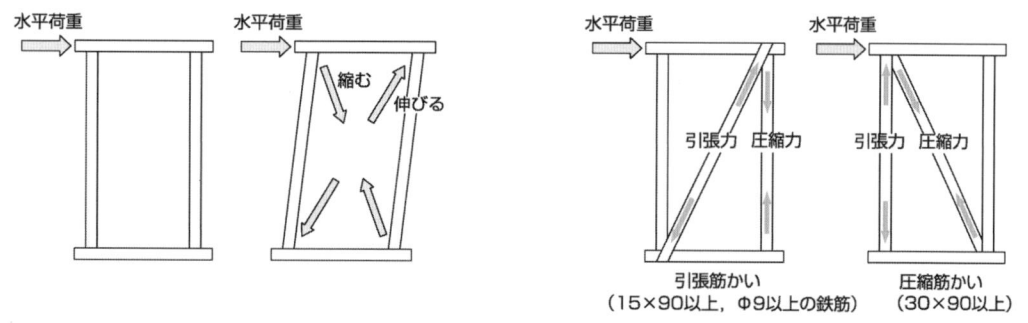

水平荷重による軸組の変形　　　　　　筋かいの種類と応力

図1-4 水平荷重による軸組の変形と筋かいの効果[1]

1-2 構造・材料の長所・短所

1-2-1 長所

① 木材は密度が小さく，強度が比較的大きい。この関係を示すために，比強度（＝強度/密度）を用いる。
② 木材は熱伝導率が小さい（鋼材の1/400，コンクリートの1/12）ので，建築物を造ったときに結露を生じにくい。
③ 再生可能な材料で，環境負荷の最も少ない材料である。

1-2-2 短所とその対策

① 木材は腐朽，虫害などを受けやすいため，部材は乾燥状態に保ち，必要に応じて防腐・防虫剤による処理をする。
② 木材は耐火性に劣るが，大断面の部材とすることによって，燃焼速度が遅くなる。また，必要に応じて防火構造とし，薬剤による難燃処理をする。
③ 木材は異方性材料であり，加力方向によって強度が異なる。

一般に，欠点（節，腐れ，割れなど）を有し，強度に影響を及ぼすので，これらの点を配慮して許容応力度を定める。なお，欠点の除去と分散により，大型構造材料として集成材が使用される。

1-3 材料の種類および性質・選択

1-3-1 樹種と用途

表1-2に建築用材の性質と用途の例を示す。

針葉樹は，通直な長大材が得やすく，加工性がよいため構造材や仕上材として多用される。広葉樹は，木肌が美しく硬質で強度が大きいが，加工が困難であるので，構造材としてよりも仕上材・建具・家具に用いられることが多い。

表1-2 建築用材の性質と用途の例

名称		耐朽性	用途					
			柱	梁	桁・母屋	土台	造作材	建具
国産針葉樹	スギ	中	◎	○		○	◎	◎
	アカマツ	小	○			◎	○	
	ツガ	小	◎		○	◎	○	
	ヒノキ	大	◎	○	◎	◎	◎	◎
	ヒバ	大			○	◎	○	
輸入針葉樹	タイヒ	大	◎		◎	◎	○	
	ベイスギ	大	○				◎	◎
	ベイマツ	中	○	◎	○	◎	○	
	ベイヒ	大	◎	○	◎	◎	◎	◎
	ベイツガ	小	○	○	○		○	◎
国産広葉樹	クリ	大	○			◎		
	ケヤキ	大	○	○		○	◎	

表1-3, 1-4は針葉樹，広葉樹別に，おもな樹種を取り上げ，それぞれの特性と用途をまとめたものである。

表1-3 おもな針葉樹の特性および用途

国産・輸入	科 名	名 称	主産地	特 性	用 途
国産材	スギ科	スギ	本州以南	心材淡紅色〜赤褐色, 木理通直, 軽軟, 加工・乾燥容易	建築一般, 樽桶用, その他, 用途広い
	ヒノキ科	ヒノキ	本州中部以南	心材黄白色〜淡紅色, 木理通直, やや軽軟, 加工・乾燥容易, 形状安定性良, 耐久性・耐湿性良	建築一般, 家具用(高級品)
		ヒバ	北海道南部以南	心材淡黄色, 木理通直, やや軽軟, 加工性良, 耐久性・耐湿性大	建築一般, 土木, 船舶用
		サワラ	本州以南	心材黄褐色, 木理通直, 軽軟, 加工容易, 割れやすい, 乾燥容易, 耐湿性良	建築一般, 器具, 桶用
	マツ科	アカマツ	本州以南	心材淡褐色, 木理やや通直, 加工容易, 耐久性・耐水性良	建築一般, 土木, 船舶, パルプ用
		クロマツ	本州以南	心材褐色, 木理やや通直, 重硬, 加工性中庸, 樹脂分多い, 耐湿性良	建築一般, 土木, 船舶用
		カラマツ	北海道, 本州北部〜中部	心材褐色, 木理通直〜交走, 重硬, 加工やや難, 節・樹脂分多い, 加工性中庸, 耐久性・耐湿性良	土台, 電信柱, 枕木, 屋根板, 船舶用
		エゾマツ	北海道	心材淡黄白色, 木理通直, 軽軟, 加工・乾燥容易, 割れやすい	建築一般, 土木, 船舶, パルプ用
		ツガ	本州南部以南	心材淡褐色, 木理通直, 重硬, 加工性中庸, 乾燥容易, 割れやすい	建築一般, 器具, 箱材, パルプ用
		モミ	本州以南	心材白色, 木理通直, やや軟質, 加工容易, 乾燥による変型大, 耐久性小	建築一般, 箱材用
輸入材	ヒノキ科	ベイヒバ（イエローシーダー）	アラスカ, オレゴン	心材淡黄色, 木理通直, やや重硬, 加工容易, 形状安定性良, 耐久性良	構造, 造作, 家具, 楽器用
		ベイスギ（ウエスタンレッドシーダー）	北米西部	心材赤褐色, 木理通直, 軽, 加工容易, 耐久性良, スギ科ではない	構造, 造作, 集成材用
	マツ科	欧州アカマツ	ヨーロッパ	心材赤褐色, 木理通直, 年輪明確, 乾燥容易	構造用, 集成材料
		欧州トウヒ（ホワイトウッド）	ヨーロッパ	辺心材不明瞭, 褐色を帯びた橙色, やや軽軟, 耐久性小	包装用, 集成材用
		ラジアタパイン	ニュージーランド, チリ	心材淡黄色, 木理通直, 年輪幅大, 年輪明確	包装用, 合板用
		北洋カラマツ	ロシア	心材赤褐色, 辺材白色ないし黄白色, 木理通直, 硬質, 見た目の欠点多	合板用, 土木用
		北洋エゾマツ	ロシア	心材淡黄褐色, 木理通直, 軽軟, 加工容易, 油脂少ない	構造, 造作, 家具, 楽器, パルプ用
		ベイマツ（ダグラスファー）	本米西部	心材橙赤色〜赤褐色, 木理通直, 加工やや難, 強度大, 樹脂分多い	構造, 造作, 合板, 集成材用
		ベイツガ（ヘムロック）	北米	心材淡黄褐色, 木理通直, やや軽軟, 加工容易, 通直性大	構造, 造作用
		ベイトウヒ（スプルース）	北米	心材淡黄褐色, 木理通直, 軽軟, 加工容易, 油脂少ない	構造, 造作, 家具, 楽器, パルプ用

表1-4 おもな広葉樹の特性および用途

国産・輸入	科名	名称	主産地	特性	用途
国産材	ブナ科	ブナ	北海道南部以南	心材褐色，重硬，加工性中庸，乾燥難，変形・腐朽しやすい	床材，家具，楽器用
		ミズナラ	国内各地	心材暗灰褐色，重硬，加工・乾燥難，割れやすい	床材，家具，樽材，器具用
		シラカシ	本州中部以南	心材淡黄色を帯びた灰褐色，国産材としてはきわめて重硬，加工・乾燥難	器具，車両，船舶用，敷居の埋がし，せん・ほぞ
	ニレ科	ケヤキ	本州以南	心材黄褐色，重硬，加工性中庸，耐久性・耐湿性良，乾燥難	造作，建具，家具用，国産広葉樹の中では代表的良材
	コマノハグサ科	キリ	北海道南部以南	心材くすんだ白色，木理通直，国産材中最も軽軟，加工容易，吸湿性小，変形小	家具，楽器，下駄，箱材用
	カツラ科	カツラ	国内各地	心材褐色，やや軽難，加工容易，形状安定性やや難	造作，器具用
	カエデ科	イタヤカエデ	国内各地	心材淡紅褐色，重硬，加工・乾燥難	建築内装，家具，楽器，器具等
	バラ科	ヤマザクラ	本州以南	心材褐色，木理ほぼ通直，やや重硬，加工性良，乾燥難，耐久性良	造作，家具，楽器用
	モクセイ	ヤチダモ	本州中部以北	心材褐色，やや重硬，加工性中庸	造作，家具，楽器用
	ウコギ科	セン	国内各地	心材淡灰褐色，硬さ中庸，加工容易，耐久性小	造作，家具，合板，下駄用
輸入材	フタバガキ科	レッドメランチ	東南アジア	心材濃赤褐色，木理交錯，やや重硬	構造，造作，家具用
		アピトン，クルイン	東南アジア	心材赤褐色，木理通直〜交錯，重硬	構造用，その他
	クマツヅラ科	チーク	東南アジア	心材濃褐色，木理通直，重硬，加工容易，耐久性大，外観良好	造作，家具用（高級品）
	マメ科	シタン（ローズウッド）	東南アジア，中南米	心材紫褐色，木理交錯，材質緻密，重硬，加工・乾燥難	家具，指物用（高級品）
	センダン科	マホガニー	中南米	心材淡褐色，加工容易，形状安定性良，耐久性大，乾燥容易	造作，家具用（高級品）

1-3-2 木質材料の種類と特徴

構造用木質材料としては，製材，集成材および合板が用いられる。表1-5には，その他の木質材料も含めた分類と特徴を示す。

表1-5 木質材料

種類		区分	特徴，その他
製材	ひき角類	心持ち材（正角，平角），心去り材（正角，平角）	JAS（日本農林規格）により規定されている。広葉樹と針葉樹で寸法規格が異なる。
	ひき割類	正割り，平割り〔品等：役（上小節・小節），並（1等，2等，3等）〕	
	板類	厚板,小幅板（斜面板），板〔品等：役（無節・上小節・小節），並（1等, 2等, 3等）〕	
集成材	梁材	厚さ1.5〜3cmくらいの挽板を重ねて接着した梁材	①木材の欠点の除去と分散。②乾燥材を使用。③小材より大材・長材が得られる。④湾曲材が得られる。⑤耐候性は接着剤の耐水性による。⑥Ⅰ形，箱形などの断面がつくれる。⑦大断面の場合，致命的な火害を受けにくい。
	柱材	小割材を接着し，表面にまさ目単板を接着した柱	
ボード類	合板（積層材）	ロータリーベニヤ（rotary cutting veneer）合板：ロータリーレースで丸はぎした単板（ベニヤ）を用いた合板，板目　スライスドベニヤ（sliced veneer）合板：スライサーで平削りした単板を用いた合板，まさ目または板目　ソードベニヤ（sawed veneer）合板：のこで挽いた単板を用いた合板，まさ目または板目（不経済なため用いられない）	JAS規格あり，①3枚以上奇数枚数の単板を繊維の方向を直交させて接着するので方向性がない。②伸縮が小さい。③耐水性によって1類（フェノール樹脂か同等品），2類（尿素樹脂，メラミン樹脂程度），3類（尿素樹脂に小麦粉などを混ぜたもの）　普通合板，特殊合板（表面にオーバーレイ，プリント，塗装をした合板，難燃合板，コンクリート型枠用合板など）
	繊維板（JIS A 5905）	インシュレーションファイバーボード（IB）（かさ密度0.35g/cm³未満）・ミディアムデンシティファイバーボード（MDF）（かさ密度0.35g/cm³以上0.80g/cm³未満）・ハードファイバーボード（HB）（かさ密度0.80g/cm³以上）	方向性がない，大面積の板が得られる。比重・強度を変えられる。　IB：内装，吸音，保温用　HDF：天井，内装仕上，吸音板（穴あき，みぞ切）　HB：内装，油，樹脂で処理したものは床，外装用
	パーティクルボード（JIS A 5908）	木材削片を接着剤とともに熱圧成形した板素地パーティクルボード（RN，RS），単板張りパーティクルボード（VN，VS）化粧パーティクルボード（DV，DO，DC）と多種類あり	方向性がない，大面積の板が得られる，密度・強度を変えられる。
	コルク板	コルクの粒子を結合したもの。炭化コルク板あり	密度が小さく，断熱材，床材として用いる。
床材		フローリング（フローリングボード，パネルボード，フローリングブロック，パーケット，パーケットブロック，モザイックパーケットフローリング）	JASにより規定されている。JASでは広葉樹のみ，針葉樹材あり。
プレハブ品	家具	現場で取り付ける。造付けたんす，戸棚，下駄箱	工場で量産するため，比較的安価に供給される。
	建具	既製ドア（かまち付），障子戸,ふすま,雨戸	
	天井類	桟木と一体になった天井板，格天井	
	その他	ぬれ縁	

引用文献
1) 鈴木秀三編：図解建築の構造と構法，井上書院，2005

2 鉄骨構造・材料の特徴

2-1 鉄骨構造の特徴とディテール

2-1-1 全般的な特徴

骨組構造をとり，仕口および継手は，ボルト接合，溶接などとする（古い構造物は，リベット接合を用いている）。トラス構造（trussed structure）またはラーメン構造（rahmenwerk（独），rigid frame（英））として用いることにより，大スパンの構造物や軽量で高層建築物を造ることができる。超高層建築の骨組には，大型のH形鋼を用いる。図2-1および2-2には，構造様式の例を示す。

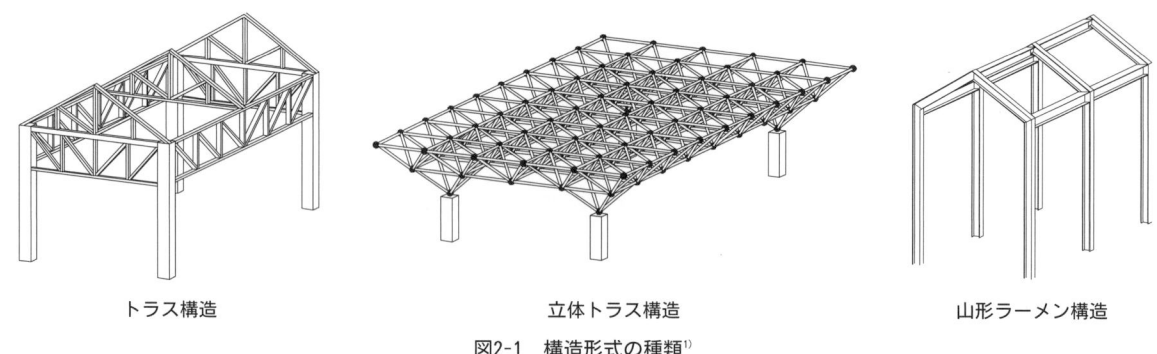

トラス構造　　　　　　立体トラス構造　　　　　　山形ラーメン構造

図2-1　構造形式の種類[1]

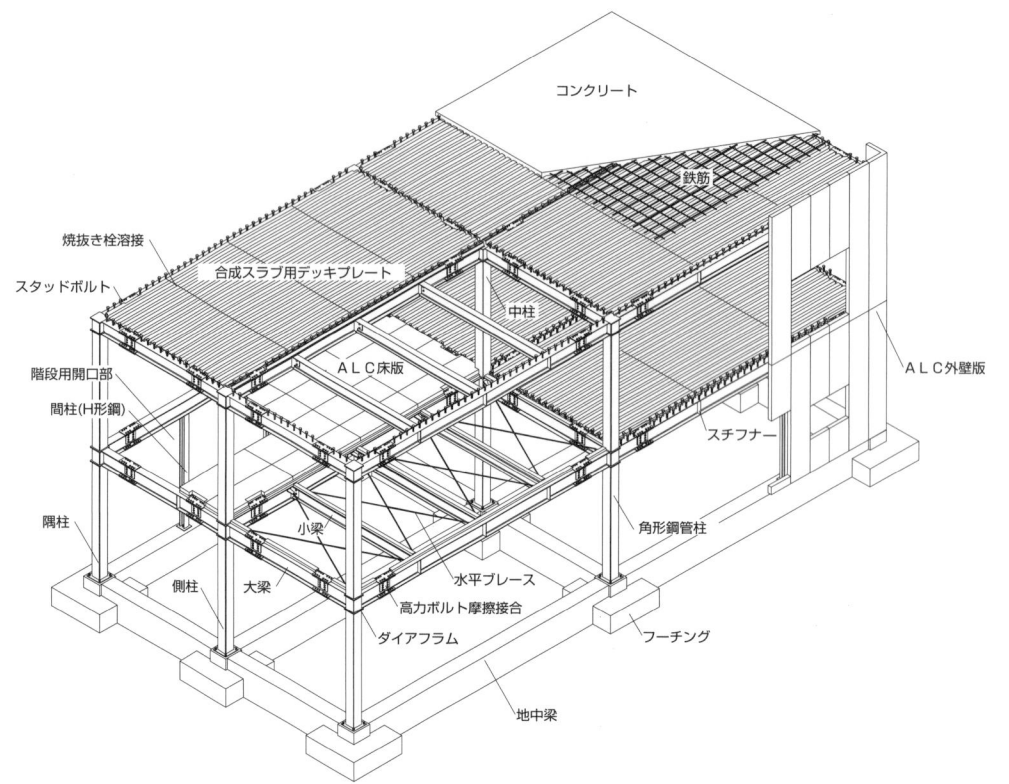

図2-2　角形鋼管柱による2方向ラーメン構造[1]

2-2 構造・材料の長所・短所

2-2-1 長所

① 鋼材は，強度が大きいので，柱・梁などの部材断面を小さくできる。
② 壁が少なくでき，空間の利用度が高い。大空間をつくることができる。
③ 鋼材には，明確な弾性的性質があり，その限界値を超えても非常に優れた塑性変形能力を有する（靱性・延性がある）。
④ 建物の自重が小さいので，地震に有利である。
⑤ 鋼材は工業製品であるので，品質が安定している。また大量生産が可能である。
⑥ 現場での工程が少ない。
⑦ 部分的な除去および解体が容易であり，再利用しやすい。

2-2-2 短所とその対策

① 鋼材は，不燃材料ではあるが，耐火性に乏しい。耐火構造とするために，耐火被覆を施す必要がある。
② 鋼材は，さびやすい。耐久性向上のため，防せい塗料の塗布，その他の適当な防せい処理を施す必要がある。
③ 積雪に対して，自重が小さいだけに，見積りの誤りや予期せぬ量には構造上対応できない可能性もある。
④ 機械的接合では，不連続で，材料の無駄が多い。
⑤ 溶接接合は，連続的であるが，熟練していないと溶着金属あるいは熱影響部が欠陥となることがある。
⑥ 鋼材は，熱伝導率が大きいため，骨組部分に冷橋（cold bridge）を生じやすい。保温・保冷を必要とする箇所では，断熱設計・施工に注意する。

2-3 材料の種類および性質・選択

2-3-1 鋼材の種類と表記

鉄鋼は，構造用の鉄骨として，断面形状が形鋼や鋼管のかたちで用いられ，また，鉄筋コンクリート造の鉄筋として丸鋼，異形鉄筋のかたちで用いられている。また，鉄骨の接合用として高力ボルト，鋼板などが用いられている。

これらの鋼材は，表2-1および2-2に示すように，形状，寸法，強度，降伏点などの性質が規格化されている。

鋼材は次のように表記される。

```
    SN    400   C  ――→ 性能の区分（SN, SM）
   種類記号     └―→ 引張強さの下限値（N/mm²）
```

表2-1　鋼材の記号と種類

種類記号	種類と規格	区分，特徴など
SN	建築構造用圧延鋼材（JIS G 3136）	A種　溶接しない部材用 B種　溶接に適し粘り強い C種　板厚方向に強度を強化したもの
SS	一般構造用圧延鋼材（JIS G 3101）	－
SM	溶接構造用圧延鋼材（JIS G 3106）	特に溶接性能が高い A種，B種，C種
SSC	一般構造用軽量形鋼（JIS G 3350）	冷間（常温）形成された軽量形鋼
SWH	一般構造用溶接軽量H形鋼（JIS G 3353）	
SRB	再生鋼材（JIS G 3111）	平鋼，等辺山形鋼，棒鋼
SMA	溶接構造用耐候性熱間圧延鋼材（JIS G 3114）	
SPA	高耐候性圧延鋼材（JIS G 3125）	
SD	鉄筋コンクリート用棒鋼（JIS G 3112）	SR　丸鋼 SD　異形棒鋼
SRR	鉄筋コンクリート用再生棒鋼（JIS G 3117）	SRR　再生丸鋼 SDR　再生異形棒鋼
SNR	建築構造用圧延棒鋼（JIS G 3138）	A種，B種
	摩擦接合用六角ボルト・六角ナット，平座金セット（JIS B 1186）	F8T　　800〜1 000N/mm² F10T　1 000〜1 200N/mm² F11T　1 100〜1 300N/mm²
	六角ボルト（JIS B 1180）	並目ねじ，細目ねじ
STK	一般構造用炭素鋼鋼管（JIS G 3444）	－
STKR	一般構造用角形鋼管（JIS G 3466）	－

表2-2　鋼材の機械的性質（例）

表記	降伏点（N/mm²）	引張強さ（N/mm²）
SN 400	235〜355（B種・C種）	400〜510
SN 490	325〜445	490〜610
SS 400	245以上	400〜510
SM 490	325以上	490〜610

2-3-2　鉄鋼製品

　鉄鋼製品は，表2-3に示すように，その形態・用途が多岐にわたっている。

2-3-3　鋼材の形状・寸法表示

　鋼材は，建築に使用するのに適した形状・寸法のものが製品となっている。形鋼と軽量形鋼に区分されている。

　形鋼は圧延によって成形したもので，図2-3(a)に示す形状のものがある。形鋼（shape steel, section steel, JIS G 3192）は，おもに柱・梁などに使われ，H形鋼，等辺山形鋼，不等辺山形鋼，溝形鋼，このほかにI形鋼，T形鋼などがある。山形鋼は，組合せラチスの柱や梁として使用される。図2-3(b)に示す鋼管（steel pipe, JIS G 3444）は，おもに柱，杭，鉄塔，トラスなどに使われる。このほかに角形鋼管（JIS G 3466）がある。棒鋼は，鉄筋として使われている丸

表 2-3 構造用鋼材の種類，形態および用途

種　類	形　　態	用　途・そ　の　他
鋼　　　　板	厚板（6 mm以上），中板（1～6 mm），しま鋼板	厚板は構造骨組用，しま鋼板は鉄骨階段の踏み板
平　　　　鋼	小幅板鋼	胴打，ラチス柱のせん断材，柵
形　　　　鋼	H形鋼，I形鋼，溝形鋼，山形鋼（等辺山形鋼・不等辺山形鋼）	H形が多く用いられる（柱・梁用）山形鋼（トラス，ラチス柱・梁用，母屋，間柱など）
軽量 H 形 鋼	H形（ウェブとフランジ部を溶接したもの）	低層建築物の構造材・補助材
冷 間 成 形軽 量 形 鋼	⊏　○　□ 形など	構造用骨組，天井・壁下地骨組，塀，門扉用など
棒　　　　鋼	丸鋼，異形棒鋼	鉄筋コンクリート用
	PC 棒鋼	プレストレストコンクリート用
硬　鋼　線	冷間引抜きのまま（熱処理せず）	PC鋼線，ワイヤロープ，ピアノ線，スプリング鋼線
構造用鋼管	一般構造用炭素鋼管（継目無鋼管：外径最大 500 mm，溶接継目有：外径 5 000 mmまで）	鉄塔，ビルの柱，大スパン建物の屋根骨組材など
	一般構造用高張力鋼管（溶接性に優れ，引張強度 550 N/mm²以上）	
鋼　管　杭	外径（約 300～2 000 mm）	建造物の基礎杭（長大なものが得られる）
鋼管矢板*	外径（約 500～2 000mm），矢板相互間に継手をもっている	山止め，港湾，鋼管矢板を地下の外壁築造体として用いる
遠心鋳鋼管	溶鋼を遠心成形する φ300～800 mm	構造材料（橋脚用，柱）パイプ・容器
鋼　矢　板*	〜〜〜〜 形など	山止め，締切り
一般配管用鋼管*	配管用炭素鋼管	ガス・蒸気輸送用，給水排水用，送風・排気用，油輸送用，支柱，架棚など
	配管用アーク溶接炭素鋼管	上下水道用，ガス用，石油用，しゅんせつ，排砂，仮配管
	水道用亜鉛めっき鋼管	給水用

＊必ずしも構造用ではないが，資料として入れた。

鋼（記号：SR steel round, JIS G 3191）とコンクリートの付着強度の向上を目的とした異形棒鋼（記号：SD steel deformed, JIS G 7104）とがある。このほかに PC 鋼棒，ピアノ線などがある。図2-3(b)に示す平鋼（JIS G 3194），鋼板および筋かいに使われるターンバックルおよび高力ボルトなどがある。

軽量形鋼（light-gauge steel, JIS G 3350）は，一般に板厚が溝形鋼：6.0～1.6mm, Z形鋼：3.2～2.3mm，リップ溝形鋼：4.5～1.6mm，ハット形鋼：3.2～1.6mmと薄い鋼鈑を冷間で成形してしたもので，軽量鉄骨造または軽量鋼構造として低層建築物に使用されている。形状は，溝形，山形のほかに図2-3(c)に示す形状のものがある。軽量形鋼は板厚が薄いので，ハット形鋼，リップZ形鋼，リップ溝形鋼など図に示すようにフランジにリブを付けて座屈補強している。また，板厚が薄いので腐食対策として，防錆表面処理，結露防止対策，小口の防錆対策などを講じる必要がある。これら鋼材の寸法の表記は，図中に示すとおり定められている。

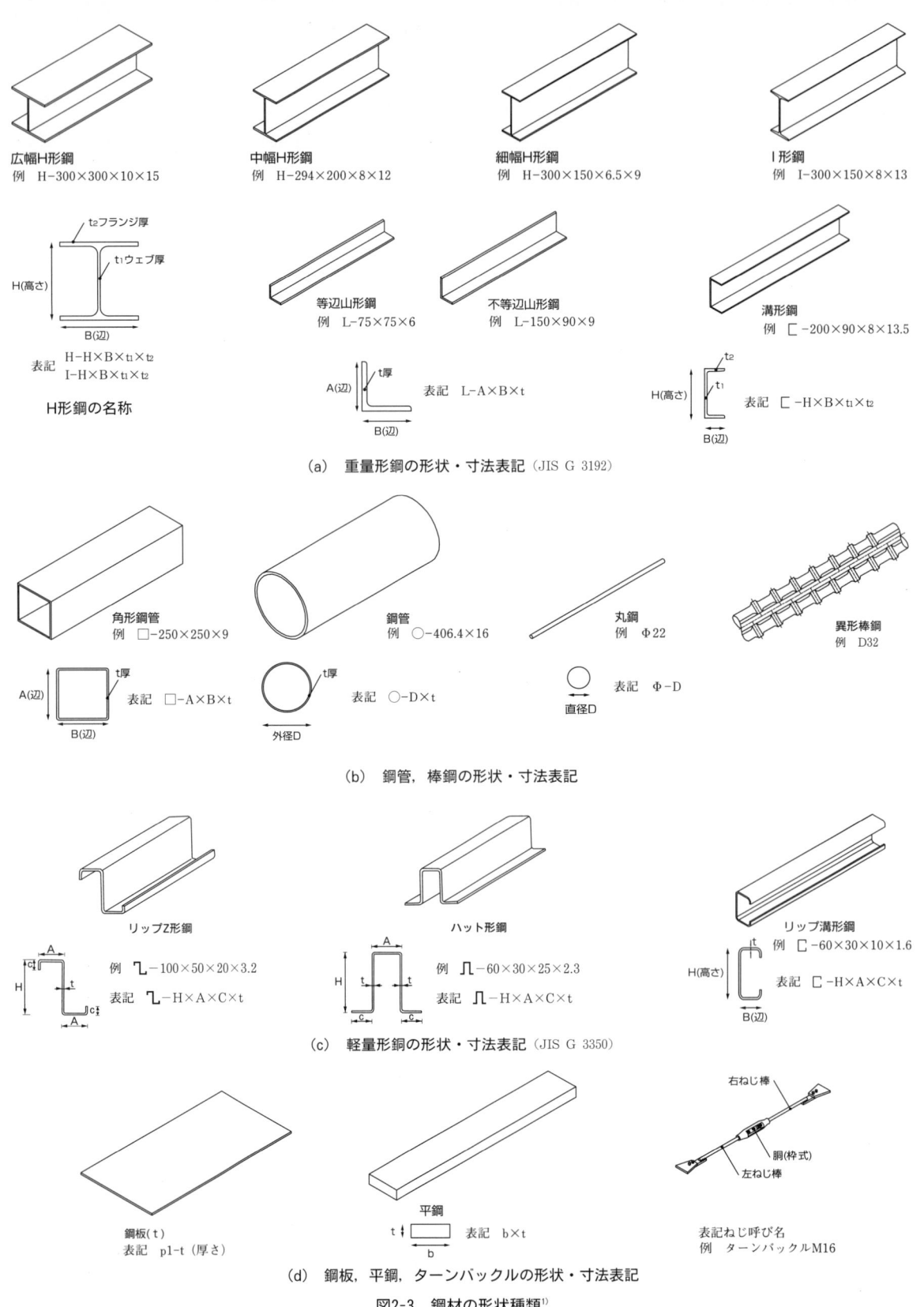

図2-3　鋼材の形状種類[1]

2-3-4 鋼材の接合

鋼材の接合方法には，図 2-4 に示すように，高力ボルトやボルトを使用した機械的接合法と，溶接のように金属を溶かして一体化する冶金的接合法がある。

高力ボルト接合は，引張強度の高い高力ボルトにより鋼材を締め付けて，鋼材間に発生する摩擦力を利用する接合である。その原理を図 2-5 に示す。確実に摩擦力を保持させるためには，高力ボルトの締付け力（導入ボルト張力）を適切に管理することと，部材の接触面を適切な粗さにすることが必要となる。

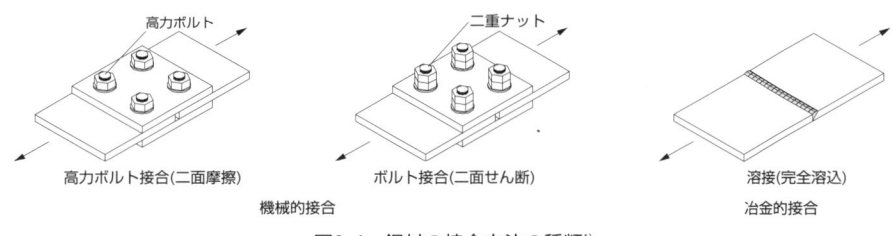

図2-4　鋼材の接合方法の種類[1]

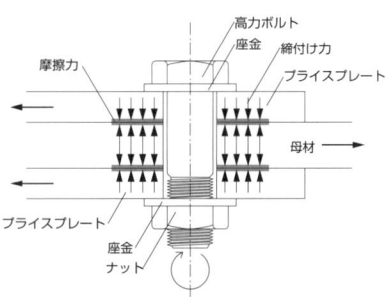

図2-5　高力ボルト接合の原理[1]

図 2-6，2-7 は，それぞれ柱・大梁の継手の例を示している。

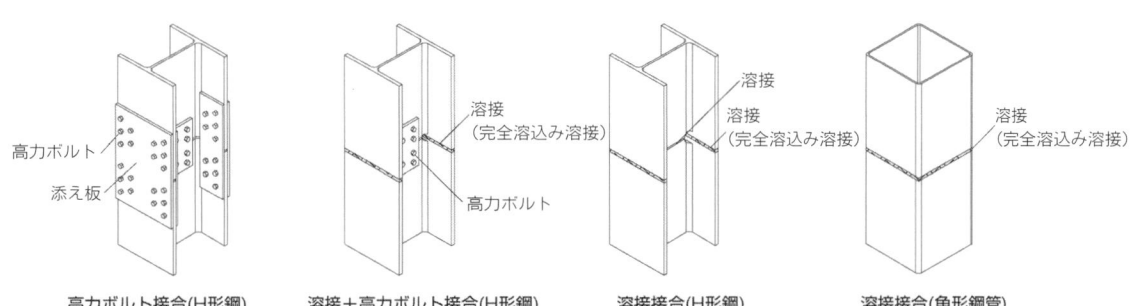

図2-6　柱継手の種類[1]

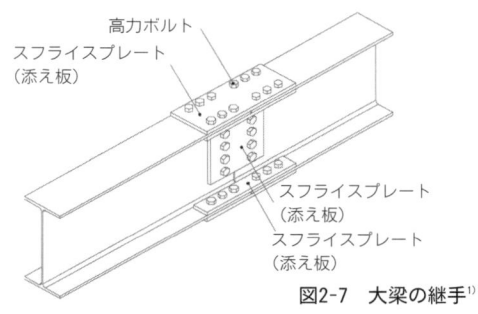

図2-7　大梁の継手[1]

2-3-5 架構
（1）基　礎

図2-8は露出形式柱脚の例である。基礎に応力を伝達するため，柱脚部をベースプレートまたはアンカーボルトにより固定する。

図2-9は埋込み形式の柱脚の例である。柱脚が下部コンクリート造基礎または基礎梁のなかに埋め込まれて接合される柱脚固定度の高い形式である。

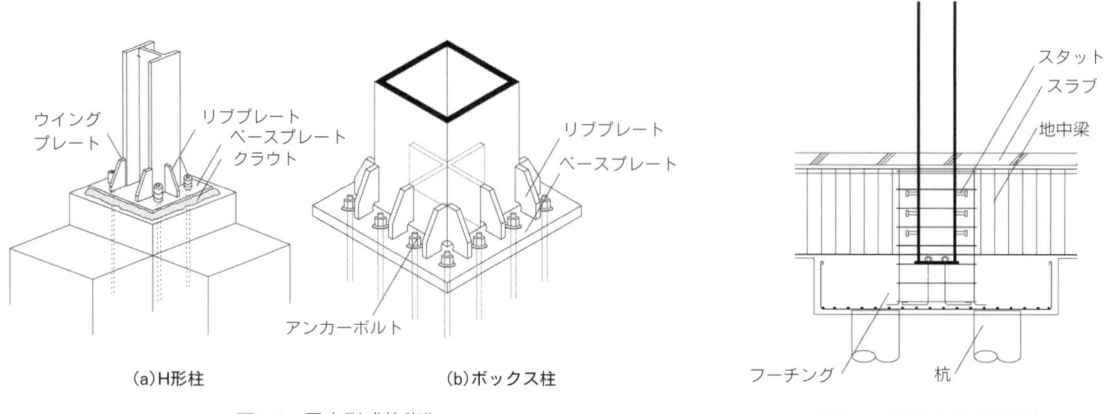

図2-8　露出形式柱脚[1]　　　　　　　　　　図2-9　埋込み形式柱脚[1]

（2）柱・梁・筋かい

図2-10は，それぞれ溶接接合，高力ボルト接合による柱梁仕口部の例を示したものである。

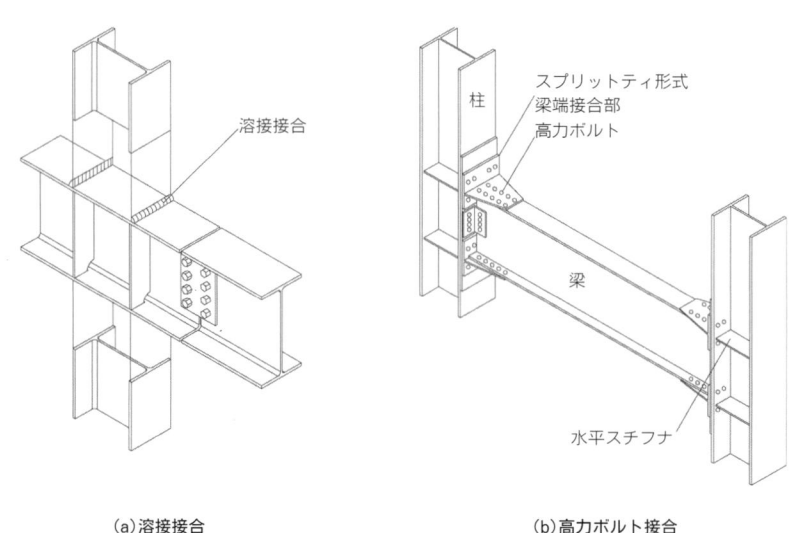

図2-10　柱梁仕口部の例[1]

図2-11は柱と梁の接合におけるダイアフラムの方式を示したものである。ダイアフラムとは，鋼構造において中空断面材や仕口の部分の剛性を高めるために中間に設ける薄鋼板のことである。

通しダイアフラム方式は，梁，フランジ間を通しダイアフラムで接合した方式で，柱は通しダイアフラムに溶接される最も多く採用される方式である。

外ダイアフラム方式は柱貫通方式で，梁と接合させるために，柱の外側にダイアフラムを取り付ける方式である。

内ダイアフラム方式は，柱の内部にダイアフラムを取り付ける方式である。

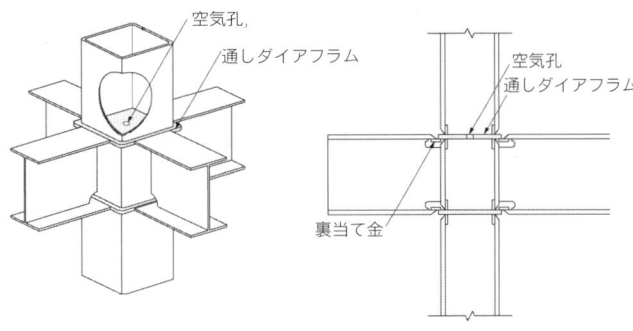

（a）通しダイアフラム

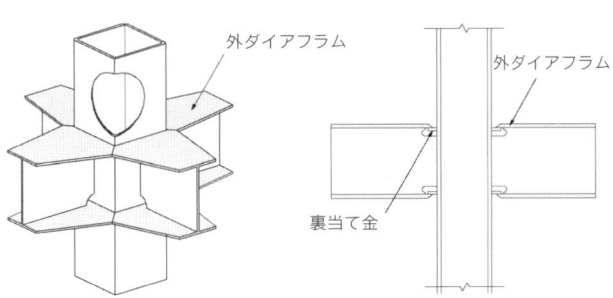

（b）外ダイアフラム

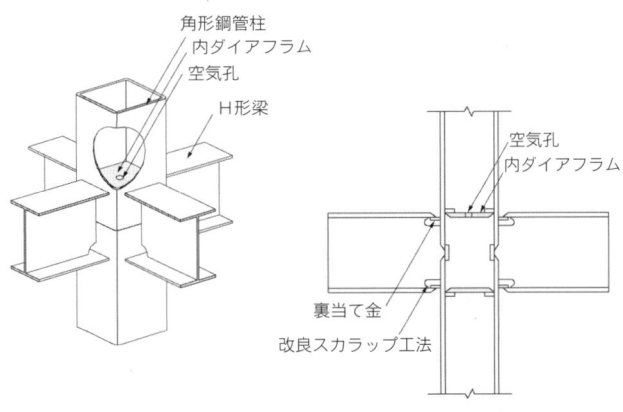

（c）内ダイアフラム

図2-11　柱と梁の接合（仕口）[1]

図2-12は筋かいと柱梁との接合例を示している。図2-13は大梁と小梁の仕口を示している。図2-14は立体トラス接合部の例を示している。

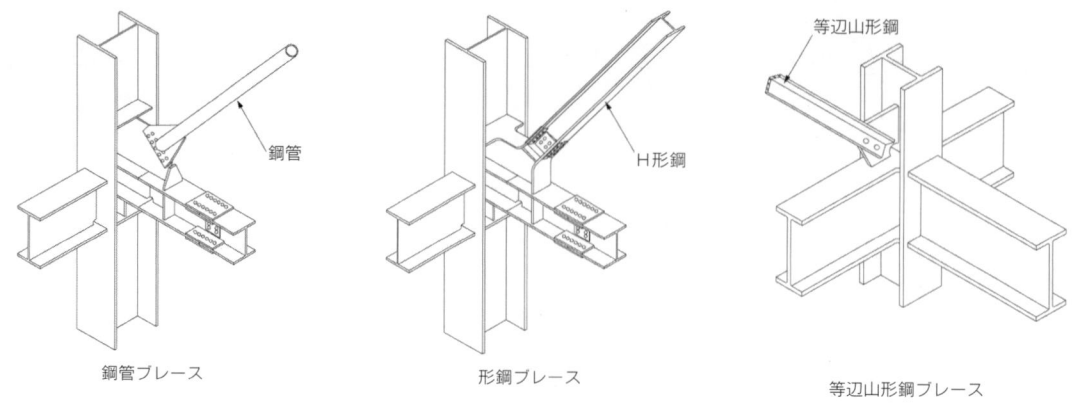

図2-12　筋かい（ブレース）の接合[1]

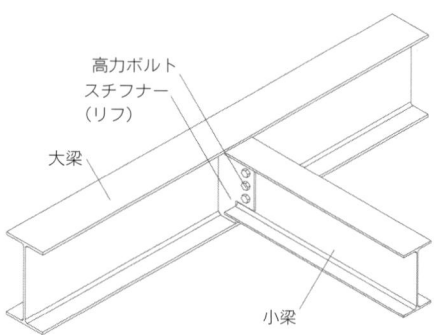

図2-13　大梁と小梁の仕口[1]

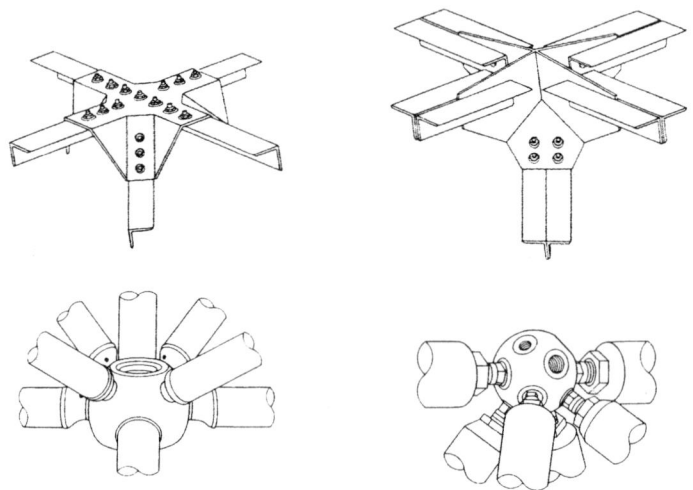

図2-14　立体トラス接合部

引用文献
1) 鈴木秀三編：図解建築の構造と構法，井上書院，2005

3 鉄筋コンクリート構造・材料の特徴

3-1 鉄筋コンクリート構造の特徴とディテール

3-1-1 全般的な特徴

　鉄筋コンクリート構造は，図3-1に示すように鉄筋とコンクリートの複合構造で，図3-2に示すとおり鉄筋は主として引張応力を分担し，コンクリートは圧縮応力を分担する。構造計算の際は，コンクリートの引張強度は無視する。

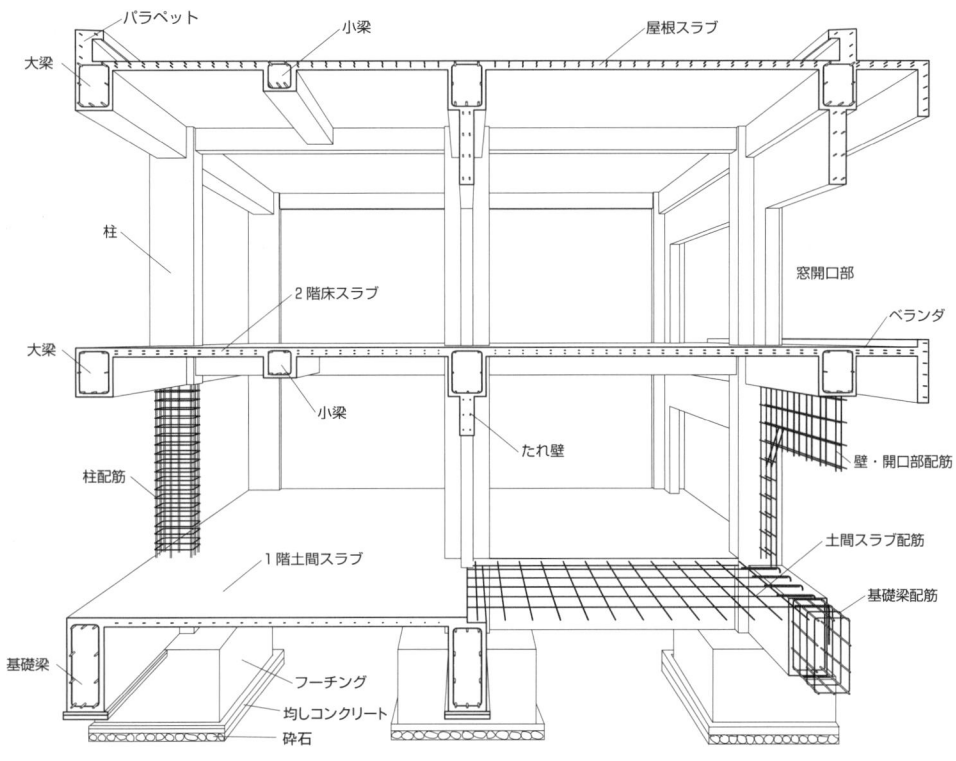

図3-1　鉄筋コンクリート構造の構成[1]

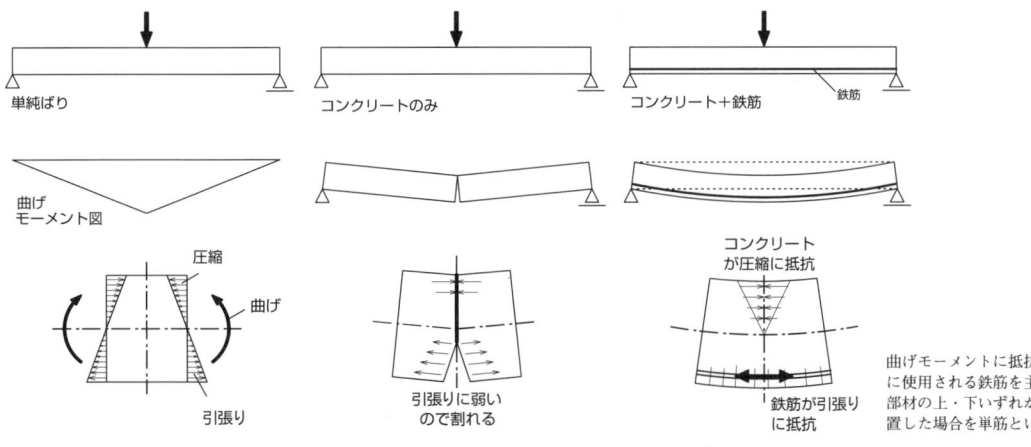

図3-2　鉄筋コンクリート梁の原理[1]

鉄筋コンクリートの成立条件をあげれば，

① 鉄筋とコンクリートとの熱膨張係数は，両者約$1.0×10^{-5}K^{-1}$でほぼ等しく，鉄筋とコンクリートの付着力が期待できること。

② 鉄筋は，コンクリートのアルカリ性によって保護されること。

③ かぶりコンクリートは鉄筋の耐火被覆材として機能していること。

などである。

柱と梁の配筋を図3-3に示す。柱と梁はラーメン構造の骨組を構成する部材であり，柱には鉛直部材と水平荷重により圧縮力，曲げモーメントおよびせん断力が生じる。床スラブの荷重は梁が受け，柱に伝達される。

壁の配筋を図3-4に示す。開口部の偶角部はコンクリートが乾燥により収縮するため，斜め補強筋，横および縦補強筋で補強する。

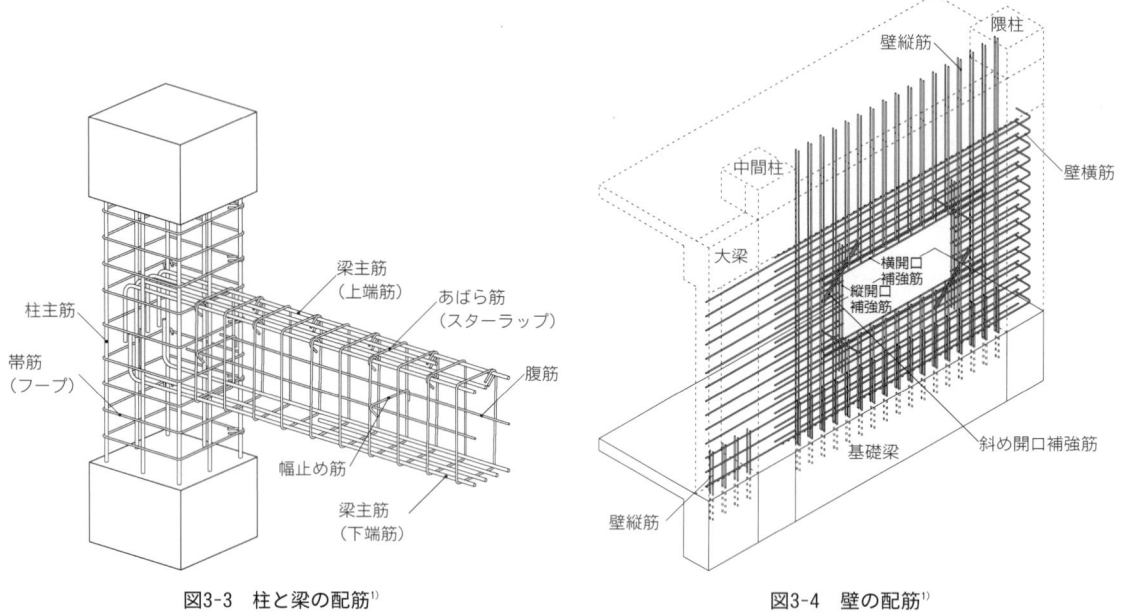

図3-3 柱と梁の配筋[1]　　図3-4 壁の配筋[1]

3-2 構造・材料の長所・短所

3-2-1 長所

① 一体式構造のため不静定次数が高く，構造耐力上のゆとりがある。

② プレキャスト部材（PCa：precast concrete member）を用いて，中・高層の建物を造ることができる。

③ 比較的自由な形状の空間を構成することができる。

④ 必要かぶり厚が確保されていれば，耐火性に富む。

⑤ 鉄筋が腐食しなければ，長期耐久性が期待できる。

⑥ 1981年に施行された新耐震設計法で建設された構造物の耐震性は高い。

⑦ 部材の密度が大きいことに起因して，耐衝撃性，遮音性に優れる。

⑧ 気密性の大きい建物を造りやすい。

⑨ 材料が入手しやすく，工費が鉄骨造にくらべて安価である。

3-2-2 短所とその対策

1) 普通コンクリートの密度は2.2〜2.4g/cm^3，比強度（強度/比重）は8〜11.7N/mm^{2}程度と小さいため，全体的には自重（死荷重）の大きい構造となる。したがって，経済的なスパンは5〜6mである。建物の階高は，通常，5〜6階程度であるが，近年，高強度・超高強度コンクリートと太径異形鉄筋を用いることにより，高層鉄筋コンクリート構造が造られるようになった。また，密度1.6〜1.7g/cm^{3}程度の人工軽量骨材コンクリートも使用されている。6〜7階以上10階程度の建物は，かつては鉄骨鉄筋コンクリート構造としたが，近年，鉄筋コンクリート構造が取って代わり，鉄骨鉄筋コンクリート構造は減少する傾向にある。

2) コンクリートは，打込み直後の容積変化および乾燥収縮が大きいため，ひび割れを生じやすく，構造耐力の低下や漏水の原因となりやすい。その対策としては，単位水量（コンクリート1m^{3}当たりの練混ぜ水の量）の少ないコンクリートを施工する。また，養生シートの設置や散水により，初期の乾燥を防ぐなどの施工上の配慮が必要である。

3) 現場施工が大半を占め，生産性が劣るとともに品質のバラツキが大きい。特に，強度管理が難しいとされ，材料，調合，施工の管理など多方面にわたる配慮が必要である。近年，工場で生産したプレキャスト部材を現場に搬入，組み立てる工法が採用されるケースが増加し，工期の短縮・品質の安定が図られる。

4) 他の構造にくらべて，解体が難しく，特に高層建築物の解体は困難である。そのため，一般的に改築も困難であるが，壁などの部分解体に，カッター工法が有効である。

5) 対策を講じない場合，凍害を受ける。そのため，化学混和剤を用いてコンクリートに微細な独立気泡（エントレンドエア）を4.5±0.5％連行させる。

6) コンクリートの熱伝導率は1.395W/(m・K)程度と大きいため，北面する内壁面，屋根面などに結露することがある。

コラム ～プレキャスト工法～

プレキャスト工法は，工場もしくは現場隣接地で，事前にコンクリート部材（PCa：プレキャストコンクリート）を生産しておき，その部材を写真に示すように建設現場でつなぎ合わせる工法である。近年の構造物の高層化，工期短縮化の流れにあって，この工法を採用する件数は年々増加している。

プレキャスト工法の利点は，工場や施工環境の整った現場隣接地で部材を施工できるため，季節や天候・職人の技量（腕）などによって左右されがちなコンクリートの品質を高い水準で安定させることができる点である。高品質・超高強度コンクリートに適した工法といえる。また，現場では，部材の

組立てに専念できるため，大幅に工期が短縮できる点，鋼製型枠を工場で使いまわしできることから，使い捨てに近いベニヤの使用量を抑制でき，資源の消費抑制と建築廃棄物の削減を図れる点が利点としてあげられる。

柱の建て方

梁の建て方

写真　プレキャスト部材の建方（提供　フジミ工研）

3-3 材料の種類および性質・選択

3-3-1　コンクリートと鉄筋

材料強度と研究開発のゾーンとの関係を図3-5に示す。これは1988年に示されたものであるが，その後，研究・開発が進み，現在，設計基準強度130および150 N/mm²の超高強度コンクリートの施工例が現れている。

3-3-2　コンクリートの設計基準強度およびそのワーカビリティー

JASS 5（日本建築学会：建築工事標準仕様書・同解説 鉄筋コンクリート工事）-2009および高強度コンクリート施工指針（案）・同解説-2005によれば，コンクリートの設計基準強度およびそのワーカビリティー（定義はⅣ編2-3-3参照）は，表3-1のとおりである。

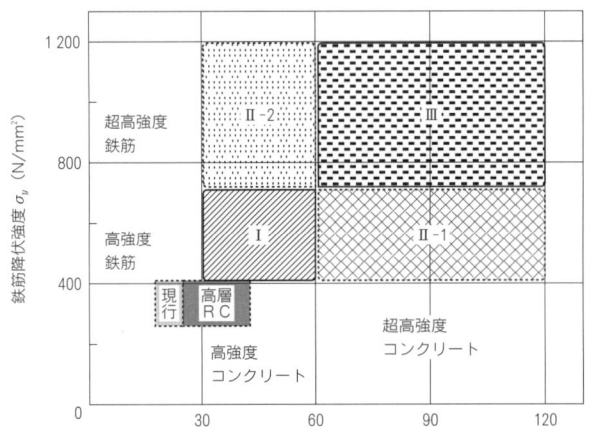

図3-5　材料強度と研究開発のゾーンとの関係（New RC）

表3-1　コンクリートの設計基準強度とスランプ，スランプフロー

設計基準強度（N/mm²）	スランプ	スランプフロー	規定
18，21，24，27，30	18cm以下	−	JASS 5
33，36	21cm以下	−	JASS 5
36超50未満	23cm以下	50cm以下	高強度コンクリート施工指針
50以上60以下	−	60cm以下	〃
60超120以下	−	60〜65cm	〃

JASS 5に示されているコンクリートの用語には次のものがある。

普通コンクリート：主として普通骨材を使用し，気乾単位容積質量がおおむね 2.1〜2.5 t/m³の範囲のコンクリート

軽量コンクリート：骨材の一部または全部に人工軽量骨材を使用し，単位容積質量を普通コンクリートより小さくしたコンクリート

重量コンクリート：骨材の一部または全部に重量骨材を使用し，単位容積質量を普通コンクリートより大きくしたコンクリート

高流動コンクリート：フレッシュ時の材料分離抵抗性を損なうことなく流動性を著しく高めたコンクリート

高強度コンクリート：設計基準強度が36N/mm²を超えるコンクリート

鋼管充填コンクリート：コンクリート充填鋼管構造（CFT構造）で鋼管内に充填するために使用するコンクリート

プレストレストコンクリート：緊張材によって部材の引張側にあらかじめ圧縮応力を生じさせ，曲げひび割れ耐力を向上させた構造に用いるコンクリートおよびコンクリート構造

プレキャスト複合コンクリート：構造体または部材の断面の一部にプレキャスト鉄筋コンクリート半製品を用い，これと現場打ちコンクリートを一体化して構造体または部材として形成されたコンクリート

マスコンクリート：部材断面の最小寸法が大きく，かつセメントの水和熱による温度上昇で有害なひび割れが入るおそれがある部分のコンクリート

遮蔽用コンクリート：主として生体防護のためにγ線，X線および中性子線を遮蔽する目的で用いられるコンクリート

水密コンクリート：特に水密性の高いコンクリート

水中コンクリート：場所打ち杭，連続地中壁など，トレミー管などを用いて安定液または静水中に打ち込むコンクリート

海水の作用を受けるコンクリート：海水・海水滴または飛来塩分の影響を受けるおそれがある部分のコンクリート

凍結融解作用を受けるコンクリート：凍結融解作用により凍害を生じるおそれのある部分のコンクリート

エコセメントを使用するコンクリート：結合材としてJIS R 5214（エコセメント）に規定する普通エコセメントを使用するコンクリート

再生骨材コンクリート：骨材として再生骨材を一部または全部に使用するコンクリート

住宅基礎用コンクリート：木造建築物の基礎などに使用する簡易なコンクリート

無筋コンクリート：鉄筋で補強されていないコンクリート。ただし，ひび割れ防止用として鉄筋格子などで補強されたコンクリートを含む。

3-3-3 鉄筋の種類と接合

鉄筋コンクリート造に使用される鉄筋は，現在では，ほとんどが円周の表面に節やリブがついた異形棒鋼（図3-6）であり，丸鋼にくらべコンクリートとの付着性に優れる。表3-2には，異形棒鋼の種類を示す。

表3-2 異形棒鋼の寸法と質量 (JIS G 3112)

呼び名	公称直径* d (mm)	公称周長 t (cm)	公称断面積 s (cm^2)	単位質量 (kg/m^3)	最外径 D (mm)
D10	9.53	3.0	0.7133	0.56	11
D13	12.7	4.0	1.267	0.995	14
D16	15.9	5.0	1.986	1.56	18
D19	19.1	6.0	2.865	2.25	21
D22	22.2	7.0	3.871	3.04	25
D25	25.4	8.0	5.067	3.98	28
D29	28.6	9.0	6.424	5.04	33
D32	31.8	10.0	7.942	6.23	36
D35	34.9	11.0	9.566	7.51	40
D38	38.1	12.0	11.40	8.95	43
D41	41.3	13.0	13.40	10.5	46

＊単位長さ当たりの質量を鋼材の密度（7.85）を除した値

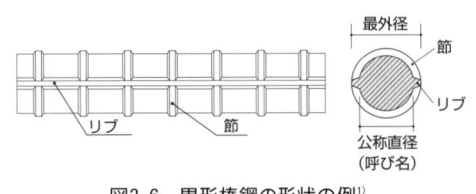

図3-6 異形棒鋼の形状の例[1]

鋼材は種類と強度区分により，SR235（Steel：鋼材，Round：丸鋼，235：降伏点235N/mm^{2}以上），SD295A（Steel：鋼材，Deformed：異形，295：降伏点295N/mm^{2}以上，A：種別，B種は化学成分が調整され溶接性に優れている）などと表示される。表3-3には，異形棒鋼の種類と機械的性質を示す。

表3-3 異形棒鋼の種類と機械的性質 (JIS G 3112)

区　分	種類の記号	降伏点または0.2%耐力（N/mm^2）	引張強さ（N/mm^2）
異形棒鋼	SD295A	295以上	440〜600
	SD295B	295〜390	440以上
	SD345	345〜440	490以上
	SD390	390〜510	560以上
	SD490	490〜625	620以上

鉄筋コンクリート構造物では，構造の一体性を図り，鉄筋に作用する応力を伝達させる目的で，鉄筋の接合部と鉄筋には，図3-7のような各種継手が施されている。継手の位置は，応力の大きいところを避けるとともに，同一箇所に集中しないようにする。

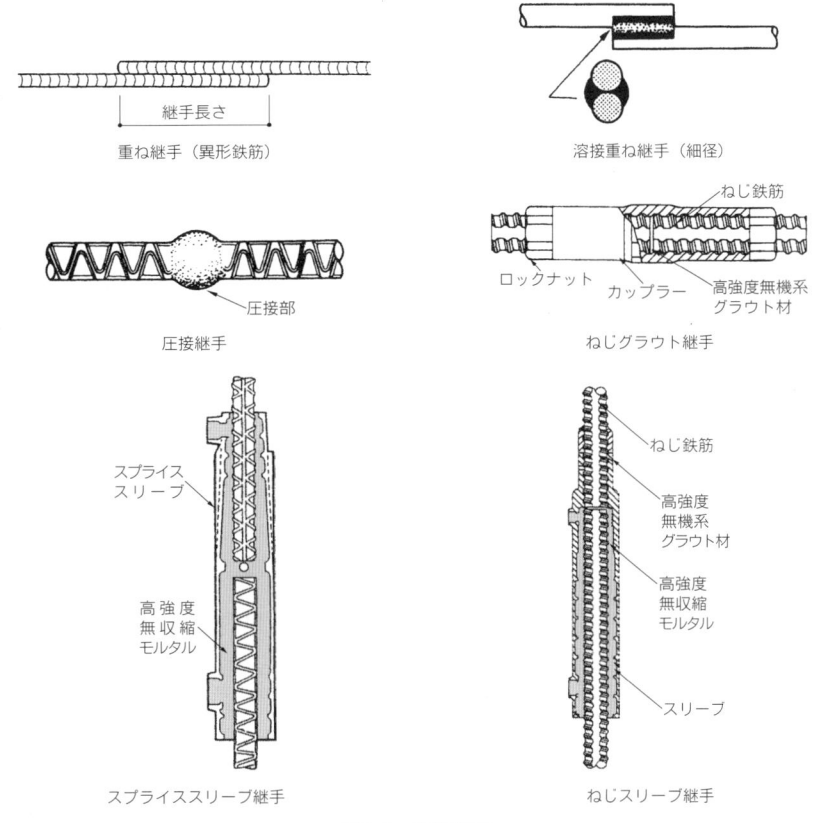

図3-7　各種継手

3-3-4　構造体の総合的耐久性

JASS5-2009では，構造体の総合的耐久性は，次の4つの計画供用期間の級で定めている。

計画供用期間は，建築物の計画時または設計時に，建築主または設計者が設定するもので，構造体や部材を大規模な補修を必要とすることなく供用できる期間，または継続して供用するためには，大規模な修繕が必要となることが予測される期間を考慮して定めるとしている。

① 短期供用級：大規模な修繕を必要とせずに，鉄筋腐食やコンクリートの重大な劣化が生じないことが予定できる期間（計画供用期間）がおおよそ30年程度で，さらに継続して使用するためには大規模な修繕が必要となると考えられる期間がおおよそ65年と想定される級。

② 標準供用級：上記の期間が，それぞれ，おおよそ65年程度（計画供用期間）

およびおおよそ100年程度と想定される級。

③ 長期供用級：おおよそ100年程度（計画供用期間）は局部的なものは別として，全体としての鉄筋の腐食が生じないと考えられる級。

④ 超長期供用級：計画供用期間をおおよそ200年とした100年を超える耐久性を有すると考えられる仕様の鉄筋コンクリートの級。

また，JASS 5-2009では，これら計画供用期間の級を満足するため，対応するコンクリートの耐久設計基準強度を表3-4のように定めている。

表3-4 コンクリートの耐久設計基準強度（JASS 5）

計画供用期間の級	耐久設計基準強度（N/mm^2）
短 期	18
標 準	24
長 期	30
超長期	36*

＊かぶり厚さを10mm増やした場合は30N/mm^{2}とすることができる。

コラム～許容応力度～

構造物の設計に際しては，材料のバラツキ，計算法の適合性その他を安全係数（safety factor）（n）として見込み，強度の$1/n$を許容応力度（allowable stress）としている。許容応力度には，建物の自重，長期間作用する積載荷重などの長期荷重を対象とする長期荷重応力度と，地震・台風などの荷重が作用するときの短期荷重（長期荷重＋短期間作用する荷重）を対象とする短期許容応力度とがある。木材，鋼材およびコンクリートについて，軸方向応力の場合の許容応力度を示せば表のようである。

許容応力度（軸方向応力の場合）

材 料	対象応力	長期許容応力度	短期許容応力度
木 材	引 張 圧 縮	クリープ限度（短期許容応力度の引張：0.6～0.7倍程度，圧縮：0.5から0.6倍程度）	$\frac{2}{3}\times\alpha\times$（無欠点材の強度）（$\alpha$：欠点による低減係数・引張：0.38～0.47程度，圧縮：0.63～0.67程度）
鋼 材	引張・圧縮	$\frac{2}{3}\times$（降伏点応力度または耐力）	$1\times$（降伏点応力度または耐力）
コンクリート	圧 縮	$\frac{1}{3}\times$（設計基準強度）	$\frac{2}{3}\times$（設計基準強度）

注）本表中$\frac{1}{3}$，$\frac{2}{3}$など係数の逆数を安全率という。

引用文献
1) 鈴木秀三編：図解建築の構造と構法，井上書院，2005

4 組積造・材料の特徴

4-1 組積造の特徴とディテール

4-1-1 全般的な特徴

組積造は，石材，れんが（図4-1），コンクリートブロックなどを積み重ねた構造様式である。

柱と柱の間の垂直荷重は，地震のないところでは，図4-2のように迫り持ちまたはアーチ作用（arch action）によって支持できるが，水平方向の外力を受けると崩壊する危険性がある。関東大震災ではほとんどのれんが造が倒壊した。わが国では，壁の上部には臥梁を，開口部上部にはまぐさ（楣，lintel）と称する梁を設けなければならない。

なお，床や天井・屋根は，現代においても，ヨーロッパにおける組積造の一般的な家屋では，木で構築されていることが多い。

補強コンクリートブロック造（図4-3）は，穴の開いたコンクリートブロックを用いて，その穴に鉄筋を通し，さらにそのすきまにモルタル・コンクリートを流し込むことにより構造的な補強を施し，梁と床を鉄筋コンクリート構造として

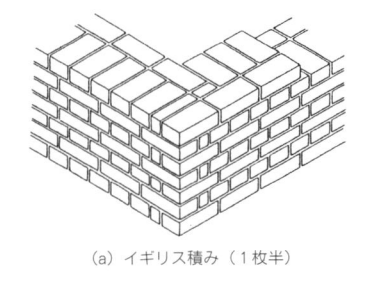

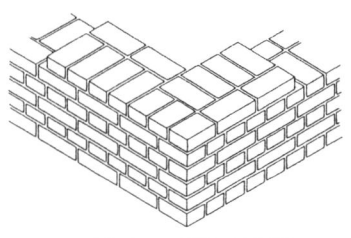

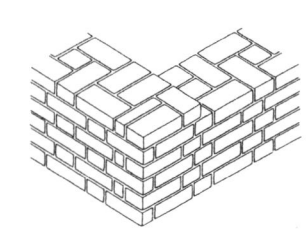

(a) イギリス積み（1枚半）　　(b) オランダ積み（1枚半）　　(c) フランス積み（またはフレミス積み 1枚半）

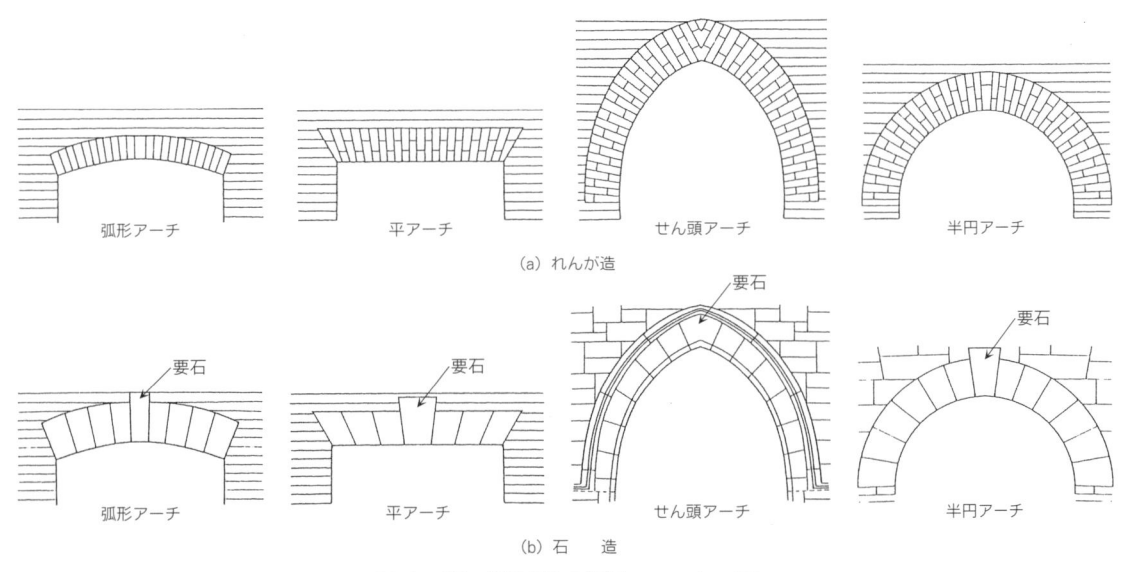

図4-1　れんがの積み方

弧形アーチ　　平アーチ　　せん頭アーチ　　半円アーチ

(a) れんが造

弧形アーチ　　平アーチ　　せん頭アーチ　　半円アーチ

(b) 石　造

図4-2　開口部せり持の種類（れんが造・石造）

いるが，これは組積造に分類される。

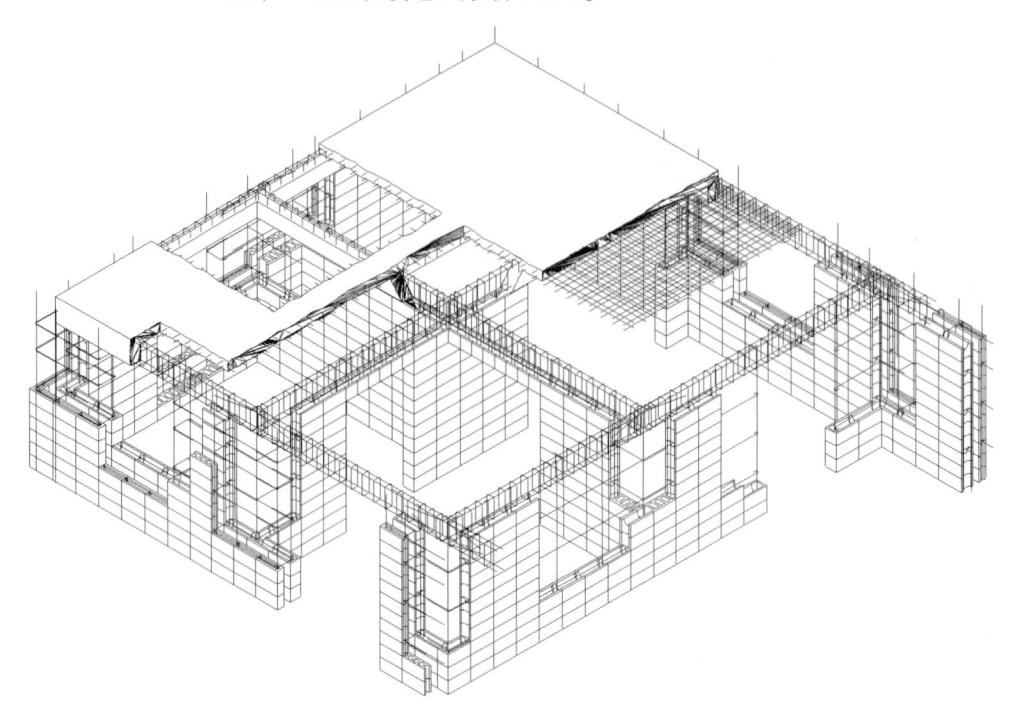

図4-3 補強コンクリートブロック造（提供　よねざわ工業）

4-2 構造・材料の長所・短所

4-2-1 長所

① れんが，コンクリートブロックなど小片を積み上げて構造体をつくるため，大型機械を必要としない。
② 耐火性に優れている。
③ 耐久性に優れている。
④ 材料の質感に趣がある。

4-2-2 短所

① 壁式構造をとるため，建物の平面空間・開口部を自由に広くとることができない。
② ヨーロッパでみられる補強材のない純粋な組積造の場合，構造体の断面が大きいため，不同沈下を生じやすい（写真4-1）。
③ ヨーロッパでみられる補強材のない純粋な組積造の耐震性は乏しい。

写真4-1　不同沈下に悩み続けるピサの斜塔とドゥオモ

4-3 材料の種類および性質・選択

4-3-1 石材とれんが

　建築材料を選択する基本は，①美観がよく，②強度があり，③耐久性があるものを，④安く入手できるか，である。安価とすることを考えると，特に組積造で用いられる石・れんがは，重いうえに，多量に確保しなければならないという点において，なるべく施工箇所近くで入手可能かが重要となる。

　石材における①美観，②強度，③耐久性については，Ⅳ編2-1 石材で述べている。なお，ギリシアのパルテノン神殿（写真4-2）はそれまで彫刻芸術の表現材としてしか使っていなかった高級石材・白大理石を構造体として使った最初の建築物である。イギリスなどではポルトランドセメントの名称のきっかけとなったポルトランドストーンなどLime Stoneとよばれる石灰岩が趣や洗浄性から好まれている。また砂岩や凝灰岩も組積造に広く使われている。

写真4-2　大理石で構築されたギリシアパルテノン神殿

　一方，れんがは，粘土や頁岩，泥を混ぜたものを型に入れ，窯で焼き固めてつくる建築材料であり，Ⅳ編2-5 陶磁器 表3-30からもわかるように，焼成温度が低く，陶磁器の分類では低級品である。今日でも，ヨーロッパでは19世紀以前のれんがが，建築でまだ使われているが，れんが焼成の技術は，産業革命により画期的に向上したものの，それ以前は紀元前の技術とさほど変わっていないとされている。このように，れんがは，高度な技術を要することなく簡単に製造できる構造材料である。なお，焼成れんがが成立（紀元前3000年ころ）する以前から用いられている日干しれんがは，現代でも中東などのように，適した建築材料の入手が困難な地域で利用されており，2003年のイラン，バム市で発生した地震で，壊滅的な被害があったにもかかわらず，いまでも広く使われている。それは成型して乾燥させた日干しれんがは，見かけ以上に耐候性に優れ，集中豪雨や長雨にさらされないかぎり，乾燥地帯では，建築材料として有効に機能する理想的な安価な材料といえるためである。

4-3-2 コンクリートれんが・ブロック

　コンクリートれんがは，焼成れんがを製造するのにくらべ，セメント製品であるため大量生産が可能であり，1/2程度の価格で入手できる。ただし，デザイン性は焼成れんがより劣るのが現状である。

　コンクリートブロックについては，空洞部に鉄筋を通して補強することにより，地震国日本においても十分な耐震性を確保できる（Ⅳ編2-3-7（2）参照）。

コラム～地震の震度と建物の被害～

　2009年，気象庁は地震の震度ごとに予想される揺れ方や被害の目安を示す「震度解説表」を改定した。

　今回の改定では，同じ震度でも建物の耐震性の違いにより，被害が大きく異なる点を重視し，建物の倒壊に関する表現に加え，ひび割れ・亀裂やかわらの落下などの被害についても，耐震性の表現を加えている。

木造建物（住宅）の状況

震度階級	木造建物（住宅）	
	耐震性が高い	耐震性が低い
5弱	―	壁などに軽微なひび割れ・亀裂がみられることがある。
5強	―	壁などにひび割れ・亀裂がみられることがある。
6弱	壁などに軽微なひび割れ・亀裂がみられることがある。	壁などのひび割れ・亀裂が多くなる。壁などに大きなひび割れ・亀裂が入ることがある。かわらが落下したり，建物が傾いたりすることがある。倒れるものもある。
6強	壁などにひび割れ・亀裂がみられることがある。	壁などに大きなひび割れ・亀裂が入るものが多くなる。傾くものや，倒れるものが多くなる。
7	壁などのひび割れ・亀裂が多くなる。まれに傾くことがある。	傾くものや，倒れるものがさらに多くなる。

（注1）　木造建物（住宅）の耐震性により2つに区分けした。耐震性は，建築年代の新しいものほど高い傾向があり，おおむね昭和56年（1981年）以前は耐震性が低く，昭和57年（1982年）以降には耐震性が高い傾向がある。しかし，構法の違いや壁の配置などにより耐震性に幅があるため，必ずしも建築年代が古いというだけで耐震性の高低が決まるものではない。既存建築物の耐震性は，耐震診断により把握することができる。
（注2）　この表における木造の壁のひび割れ，亀裂，損壊は，土壁（割り竹下地），モルタル仕上壁（ラス，金網下地を含む）を想定している。下地の弱い壁は，建物の変形が少ない状況でも，モルタル等が剥離し，落下しやすくなる。
（注3）　木造建物の被害は，地震の際の地震動の周期や継続時間によって異なる。平成20年（2008年）岩手・宮城内陸地震のように，震度にくらべ建物被害が少ない事例もある。

鉄筋コンクリート造建物の状況

震度階級	鉄筋コンクリート造建物	
	耐震性が高い	耐震性が低い
5強	―	壁，梁，柱などの部材に，ひび割れ・亀裂が入ることがある。
6弱	壁，梁，柱などの部材に，ひび割れ・亀裂が入ることがある。	壁，梁，柱などの部材に，ひび割れ・亀裂が多くなる。
6強	壁，梁，柱などの部材に，ひび割れ・亀裂が多くなる。	壁，梁，柱などの部材に，斜めやX状のひび割れ・亀裂がみられることがある。1階あるいは中間階の柱が崩れ，倒れるものがある。
7	壁，梁，柱などの部材に，ひび割れ・亀裂がさらに多くなる。1階あるいは中間階が変形し，まれに傾くものがある。	壁，梁，柱などの部材に，斜めやX状のひび割れ・亀裂が多くなる。1階あるいは中間階の柱が崩れ，倒れるものが多くなる。

（注1）　鉄筋コンクリート造建物では，建築年代の新しいものほど耐震性が高い傾向があり，概昭和56年（1981年）以前は耐震性が低く，昭和57年（1982年）以降は耐震性が高い傾向がある。しかし，構造形式や平面的，立面的な耐震壁の配置により耐震性に幅があるため，必ずしも建築年代が古いというだけで耐震性の高低が決まるものではない。既存建築物の耐震性は，耐震診断により把握することができる。
（注2）　鉄筋コンクリート造建物は，建物の主体構造に影響を受けていない場合でも，軽微なひび割れがみられることもある。

（気象庁ホームページより）

Ⅱ編
部位と材料

序

●Ⅱ編　部位と材料

建築材料は，化学成分による分類（有機材料，無機材料など），成因による分類（天然材料，人工材料など），用途による分類（構造材料，仕上材料など），使用部位による分類および機能による分類（防水材料，防湿材料，防火材料，断熱材料など）に大きく区分できる。ここでは，このなかの使用部位による分類として，(1)屋根，(2)外壁，(3)内壁，(4)天井，(5)床，(6)建具，および(7)衛生器具について，これらの部位・部材の要求条件，部位の材料構成ならびに材料の種類について述べる。

1 屋　根

1-1 要求条件

屋根（roof）は，雨，雪，風，日射などが建物内部へ侵入するのを防ぐとともに，これらの気象作用から建物全体を保護するため，建築物の上部を覆っている部位である。ここでは，部位としての屋根に要求される条件，屋根材料に要求される条件および屋根材料の種類および特徴について，勾配屋根と陸屋根に区分して述べる。

1-1-1 屋根に要求される条件

（1）　安全性
① 強風・積雪・衝撃などの力・変形に対して破損しないこと。
② 地震などの振動に対して破損しないこと。
③ 隣家の火災に対して，火が移りにくく，燃え広がらないこと。
④ 日射，気温，降雨，強風などの気象作用に対して長期間にわたって傷まないこと。

（2）　遮蔽性
① 建物内部への風の吹込みや雨水の浸入を遮ること。
② 建物内部への不必要な日光の直射を遮ること。
③ 建物内外への不必要な音の流出入を遮ること。
④ 建物内外への不必要な熱の流出入を遮ること。
⑤ 日射，雨，雪が外壁に直接当たらないように深い軒を出して，建物を保護すること。

1-1-2 屋根材料に要求される性能

前項で示した屋根の要求条件を充たすために，屋根材料に要求される性能を安全性，居住性，耐久性に区分して以下に示す。

（1）　安全性
① 隣家が火災にあった場合，火の粉，高熱によって屋根材料が燃え広がらないために，不燃性を有すること。
② 強風により屋根材料や防水材料が飛散しないこと。
③ 落下物や飛来物の衝突や屋根工事中に作業員がハンマーなどを落としたときに破損しないために，耐衝撃性に優れていること。
④ 重量物の荷重が局所的に作用したときに破損しないために，耐局圧性に優れていること。

（2）　居住性
① 雨水が建物内部に入らないために，屋根材料および施工方法が水密性に優れていること。

② 不必要な熱の流出入を防ぐために，断熱性に優れていること。

③ 不必要な音の流出入を防ぐために，遮音性に優れていること。

（3） 耐久性

① 日光，風雨，乾湿，寒気など厳しい外気に接するため，耐侯性（耐光性，耐風性，耐水性，耐凍結融解性）に優れていること。

② 大気中の腐食性ガス，微小浮遊じん，これらを含む雨水などにより腐食しにくいこと。

③ 気温，湿度，振動などによる下地の繰返し変形やひび割れに対する疲労抵抗性，変形追従性に優れていること。

④ 美観の低下につながるかびやこけの発生しにくい耐汚染性に優れていること。

1-2 勾配屋根

屋根をその形態から分類すると，勾配屋根と陸屋根に区分できる。勾配屋根は，屋根の棟から軒先に向けて傾きをつけて，瓦や板類などの屋根葺き材料で覆ったもので，降った雨水を軒先に流して処理する機構をもつものである。陸屋根は，屋上を有効に利用するため，屋根面を水平にしたもので，水平な屋根全面に水を透さない防水材料で覆ったもので，降った雨水を屋上の端に設けたルーフドレンに集めて，処理する機構をもつものである。

（a） 瓦葺き屋根[1]

（b） 化粧スレート葺き屋根[1]

（c） 鉄板葺き屋根（JASS 12）

（d） 長尺折板葺き屋根（JIS A 6514）

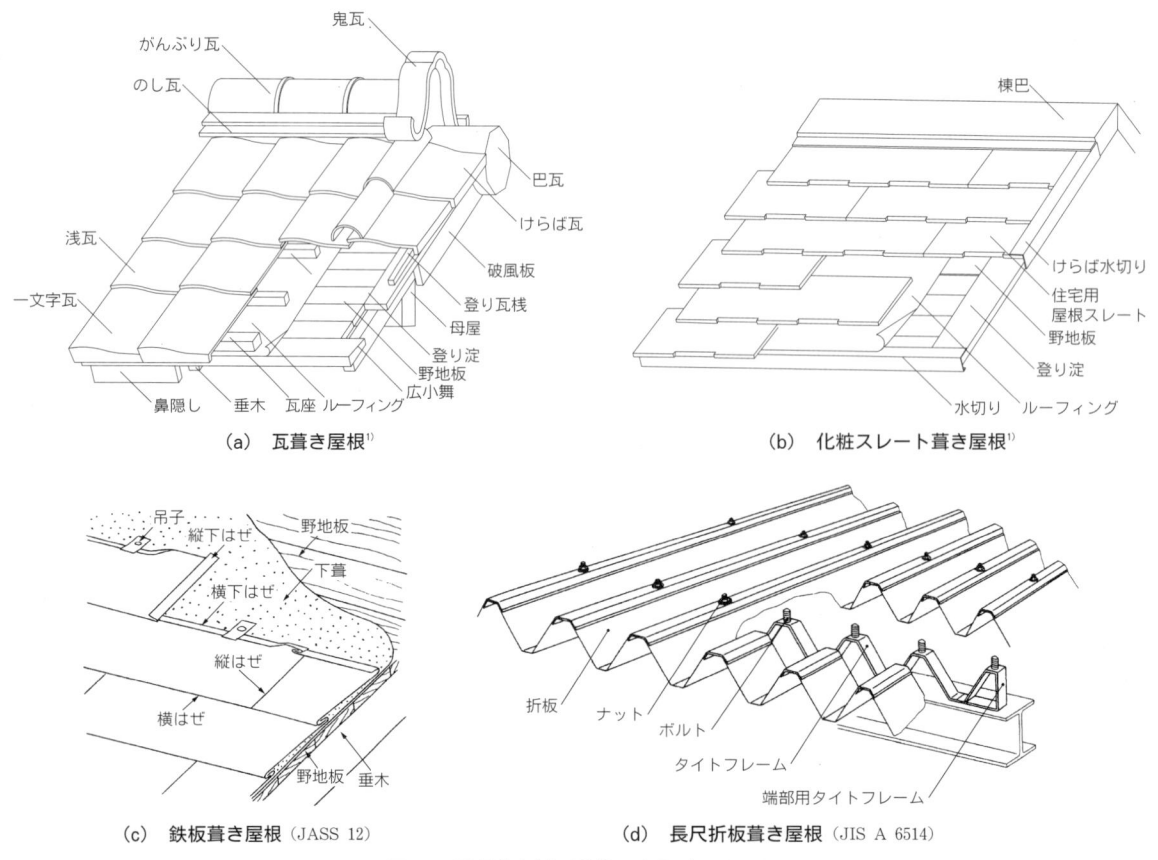

図1-1 屋根葺き材の形態によるディテール

1-2-1 勾配屋根の材料構成

　勾配屋根の葺き材料（一般に，屋根葺き材という）の形態によるディテールを図1-1に例示する。勾配屋根は屋根の傾きで雨水を流下させるものであるが，葺き材が瓦類や板類の場合，垂木の上に野地板を張り，葺き材の重ね部分のすきまから雨水が葺き材の背後に漏れないように，葺き材の背面にアスファルトルーフィングを下葺き材として張り付けている。長尺折板は，おもに工場，倉庫などスパンの大きい屋根に用いられ，折板の山部分でつないでいるため雨水が漏れるおそれがないので，母屋に直接取り付けている。

　施工方法については，日本建築学会編『建築工事標準仕様・同解説（JASS 12）屋根工事』を参照すること。また，テラスや車庫の葺き材を除いた材料構成についての規格としてJIS A 6602（金属製テラス用屋根構成材）およびJIS A 6604（金属製簡易車庫用構成材）がある。

1-2-2 屋根葺き材料の種類および特徴

　葺き材の素材および形態による種類・特徴を表1-1に示す。

　勾配屋根の材料には，セラミック系として，粘土瓦，セメント瓦，厚形スレート瓦，および板状のスレートがある。金属系としては，板類，長尺板，長尺折板がある。アスファルト系としては，アスファルトシングルがある。プラスチック系としては，テラスや車庫の屋根を葺く波板がある。

表1-1　勾配屋根に用いる葺き材料の種類と特徴

素　材	種　類	製　品	特　徴
粘土焼成品	粘土がわら（JIS A 5208）	和形瓦・洋形瓦	耐久性，耐火性，遮音性に優れているが，重量があり衝撃に対して割れやすい。一枚が破損しても取替えが容易である。
セメント系	プレスセメントがわら（JIS A 5402）	セメント瓦	
スレート類	瓦類	厚形スレート（旧規格JIS A 5402-1999）	比較的軽量で色彩は豊富である。比較的吸水性が大きいので勾配の大きい屋根に使用される。
	板類	住宅屋根用化粧スレート（JIS A 5423）	
		繊維強化セメント板（スレート波板）（JIS A 5430）	
金属類	板類	溶融亜鉛めっき鋼板 塗覆装鋼板 ポリ塩化ビニル樹脂金属積層板 アルミニウム板，ステンレス板，チタン板，銅板など	軽量で，加工しやすいため曲面や複雑な形状の屋根にも対応できる。裏面の結露対策や防錆対策が必要である。
	長尺板	金属波板	
	長尺折板	金属製折板屋根構成材（JIS A 6514）	
アスファルト系	アスファルトシングル	アスファルトシングル 不燃アスファルトシングル	軽量で，加工性がよく，緩やかな勾配や曲面の屋根にも適用。
プラスチック系	波板	ガラス繊維強化ポリエステル波板（JIS A 5701） 硬質塩化ビニル波板（JIS A 5702）	ベランダ，車庫などの雨よけ用の簡易な屋根に使用。透明性を有し，耐候性や衝撃に弱い。

1-3 陸屋根

1-3-1 陸屋根の材料構成

陸屋根は，屋上が利用できるように，水平な面で屋根を構成したものである。このため，水を透さないアスファルトやプラスチックなどの材料を用いて屋上全面に防水層を形成して覆っている。屋上には若干の水勾配をつけて，屋上の数箇所に設けたルーフドレン（roof drain）から雨水を排出している。陸屋根の防水工法としてのアスファルト防水，シート防水，塗膜防水およびステンレスシート防水のディテールを図1-2に例示する。屋上の防水層は，歩行，飛散防止，防火を目的として，シンダーコンクリート，モルタル，砂利などで保護する。施工方

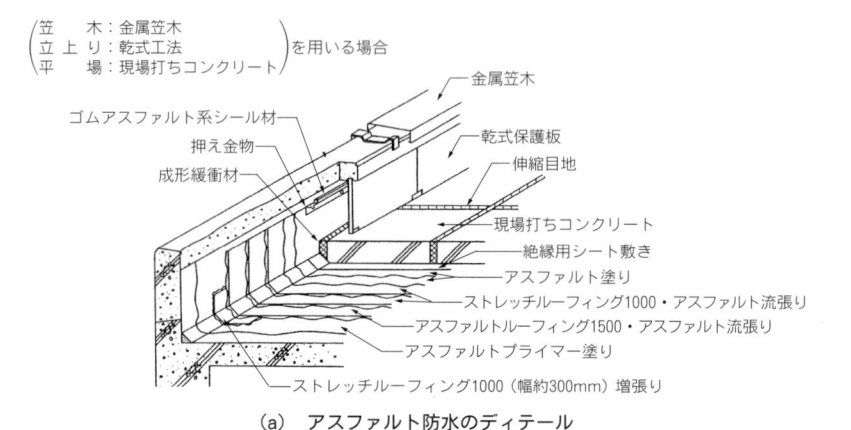

（a） アスファルト防水のディテール

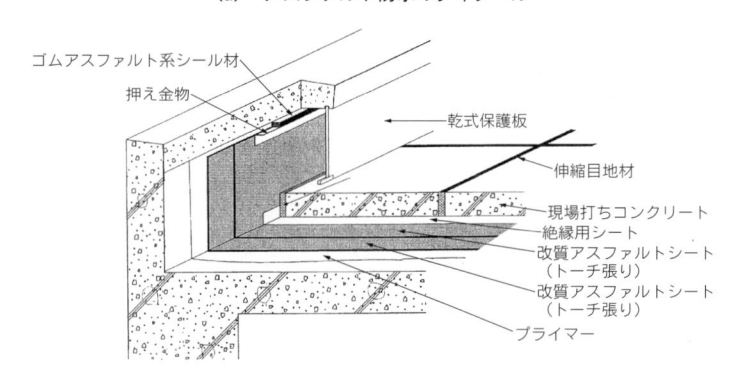

（b） シート防水のディテール

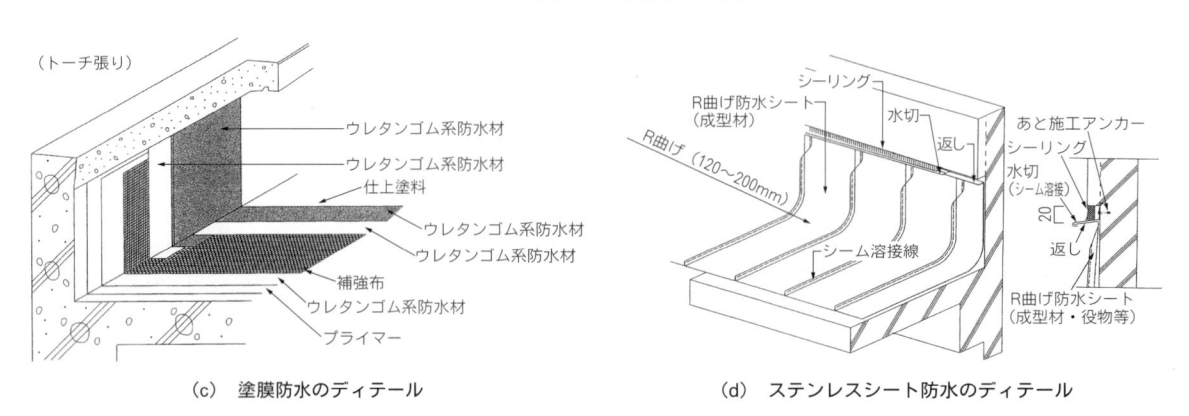

（c） 塗膜防水のディテール

（d） ステンレスシート防水のディテール

図1-2　陸屋根のディテール（JASS 8）

法については，JASS 8（防水工事）を参照すること。

1-3-2 防水材の種類および特徴

陸屋根に用いる防水材料の種類と特徴を表1-2に示す。

防水材料を大別するとアスファルトルーフィングとアスファルトを組み合わせたアスファルト防水，裏面に接着層を有しているアスファルトルーフィング，合成高分子シートと接着剤の組合せ，ゴム系の塗膜防水材，ステンレスおよびケイ酸質系塗布防水材がある。アスファルト防水は，施工時に火気を使用してアスファルトを溶融するため，火災，臭い，煙に対する対策が必要である。

これに対して，シート防水は，施工時にシート裏面の接着層を簡易な火気であるトーチなどによって熱して接着させるため，臭い，煙の問題が改善されている。

表1-2 陸屋根に用いる防水材料の種類と特徴

区　分	種　類	防水材料	特　徴
メンブレン防水	アスファルト防水	アスファルト（JIS K 2207） 石油アスファルト　温暖地域用・寒冷地域用 アスファルトルーフィングフェルト（JIS A 6005） 網状アスファルトルーフィング（JIS A 6012） 改質アスファルトルーフィングシート（JIS A 6013） ストレッチアスファルトルーフィングフェルト（JIS A 6022）	アスファルトを不透質膜とし，ルーフィングを数層重ねて密着させ，継目がない防水層を形成する。施工時に，火気を使用するので，火災，臭い，煙の対策が必要。 高温や低温時の性能がやや劣る。
	改質アスファルトシート防水	改質アスファルトルーフィングシート（JIS A 6013） 粘着層付改質アスファルトルーフィングシート	トーチ工法はシート裏面および下地をバーナーにより加熱しながら密着させる工法。 常温粘着工法は，シート裏面のはく離紙を剥がしながら転圧ローラで密着させる工法。火気を使用しない。
	合成高分子シート防水	加硫ゴム系 塩化ビニル樹脂系 エチレン酢酸ビニル樹脂系	強度，伸びが大きく，接着剤または機械的に下地に固定する。風対策や鳥害対策が必要。
	塗膜防水	ウレタンゴム系 アクリルゴム系（外壁仕様） ゴムアスファルト系（室内仕様・地下外壁仕様） FRP系	継目のない防水層を形成する。均一な塗厚を確保する管理が必要。 複雑な形状の部位でも信頼性が高い。施工時に溶剤・臭気の発生への対策が必要。
ステンレスシート防水	ステンレスシート防水	ステンレスシート（JIS G 4305） チタンシート（JIS H 4600）	固定吊り子シートを下地コンクリートに固定する。海岸耐候性は優れている。複雑な納まりには，他の防水工法と併用する。
ケイ酸質系塗布防水	ケイ酸質系塗布防水	セメント＋ケイ砂＋ケイ酸質微粉末を水またはポリマーディスパージョンで練り合わせたもの。	コンクリート表面に塗布し，コンクリートを緻密にして透水に対して防水性を付与する。地下構造物の外壁・床面・水槽・ピットに適用。

引用文献

1) 鈴木秀三編：図解 建築の構造と構法，井上書院，2005
2) 日本建築学会編：建築工事標準仕様書・同解説 JASS 8 防水工事，日本建築学会，2008
3) 日本建築学会編：建築工事標準仕様書・同解説 JASS 12 屋根工事，日本建築学会，2004

● II編　部位と材料

2　外　壁

2-1 要求条件

外壁（exterior wall）は，建物の内外を区画する部位という意味では，屋根と同じであるが，屋根は，建物全体を上部から勾配あるいは水平な部位で覆うものであるのに対し，外壁は，建物の側面周囲を覆う垂直な部位である。屋根との大きな違いは，採光のための窓や出入口があること，総面積が大きいこと，少なくとも方位の異なる4つの面で構成されていること，壁面にはひさし，ベランダなどが取り付けられていること，景観上人目に付きやすいことなど，風雨を遮ること以外に多くの条件が要求される。

ここでは，部位としての外壁に要求される条件，外壁仕上材料に要求される条件および外壁仕上材料の種類および特徴について述べる。

2-1-1　外壁に要求される条件

外壁は，内外を区画する部位という意味では，屋根とほぼ同じ条件が要求される。これらを以下に示す。

（1）安全性
① 外壁に作用する荷重に対して，変形，破損しないこと。
② 外壁に加わる強風などの力・変形に対して破損しないこと。
③ 外壁に加わる地震などの振動に対して破損しないこと。
④ 隣家の火災に対して，火が移りにくく，燃え広がらないこと。
⑤ 日射，気温などの気象変動に対して長期間にわたって傷まないこと。

（2）遮蔽性
① 建物内部への風の吹込みや雨水の浸入を遮ること。
② 建物内外への不必要な音の流出入を遮ること。
③ 建物内外への不必要な熱の流出入を遮ること。

2-1-2　外壁仕上材料に要求される性能

前項で示した外壁の要求条件を充たすために，外壁材料に要求される性能を安全性，居住性，耐久性に区分して以下に示す。

（1）安全性
① 強風による面外変形に対して破損・脱落しないために，耐風圧性に優れていること。
② 地震による面内変形性に対して破損・脱落しないために，耐震性に優れていること。
③ 隣家が火災によって，燃え広がらないために，難燃性に優れていること。
④ 飛来物の衝突に対して破損，変形しないために，耐衝撃性に優れていること。

（2） 居住性
① 雨水の浸入を防ぐために，水密性に優れていること。吸水率が小さく，止水性を有していること。
② 不必要な熱の流出入を防ぐために，熱伝導率が小さいこと。
③ 不必要な音の流出入を防ぐために，遮音性に優れていること。

（3） 耐久性
① 日射による品質低下，変退色を防ぐために，耐候性に優れていること。
② 気温，湿度，振動などによる繰返し変形によるひび割れ，強度低下を防ぐために，疲労抵抗性，変形追従性に優れていること。
③ 凍結融解の繰返しによって劣化しないために，耐凍結融解性に優れていること。
④ 美観低下につながるよごれ，かび，こけが発生しにくく，清掃しやすいために，耐汚染性，清掃性に優れていること。
⑤ 豊富な色彩，テクスチャーなど意匠性に富んでいること。

2-2 外壁の材料構成

外壁の材料構成を図2-1に例示する。

木造の外壁は，図(a)に示す湿式工法と図(b)に示す乾式工法によって施工される。前者はモルタルを仕上材とし，その下地としてのラス，防水紙，木摺りによって構成されている。後者はサイディングを仕上材とし，その下地に通気層を設けるための胴縁，透湿防水シート，合板によって構成されている。

図(c)は鉄筋コンクリート造のタイル張りの外壁を示したもので，下地のコンクリートに接着モルタルを用いて張り付けてある。

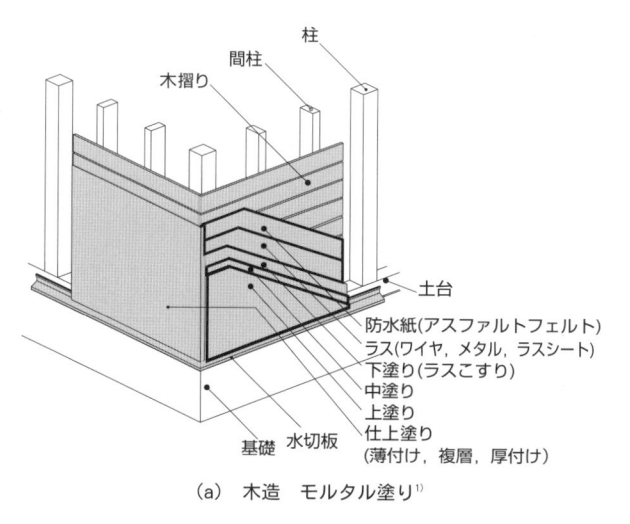

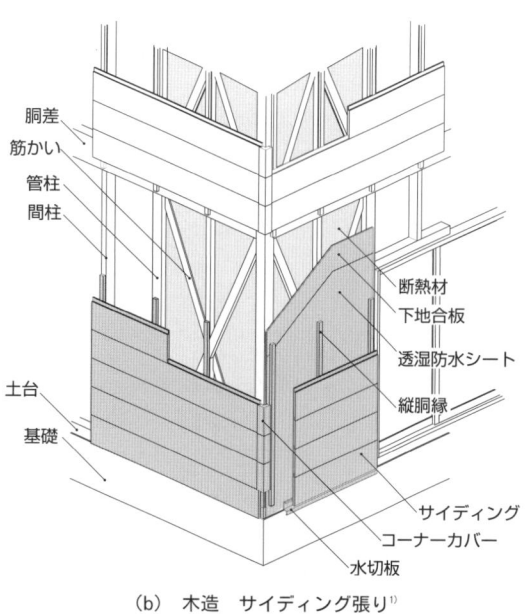

図2-1(1) 外壁の構成

図(d)は鉄骨造のALC（Autoclaved Light-weight Concrete）張りの外壁を示したもので，鉄骨骨組に取り付けたアングルでALCを取り付けてある。

図(e)はカーテンウォールの外壁を示したもので，コンクリートスラブに取り付けた金物によってカーテンウォールが取り付けられている。

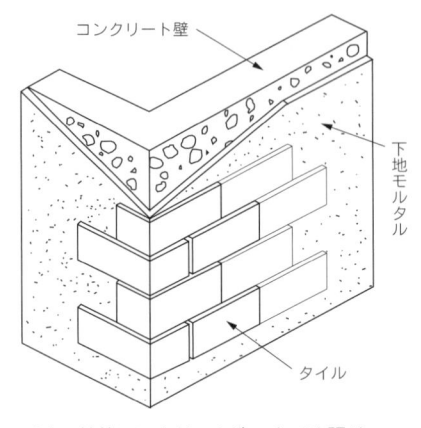

(c) 鉄筋コンクリート造　タイル張り

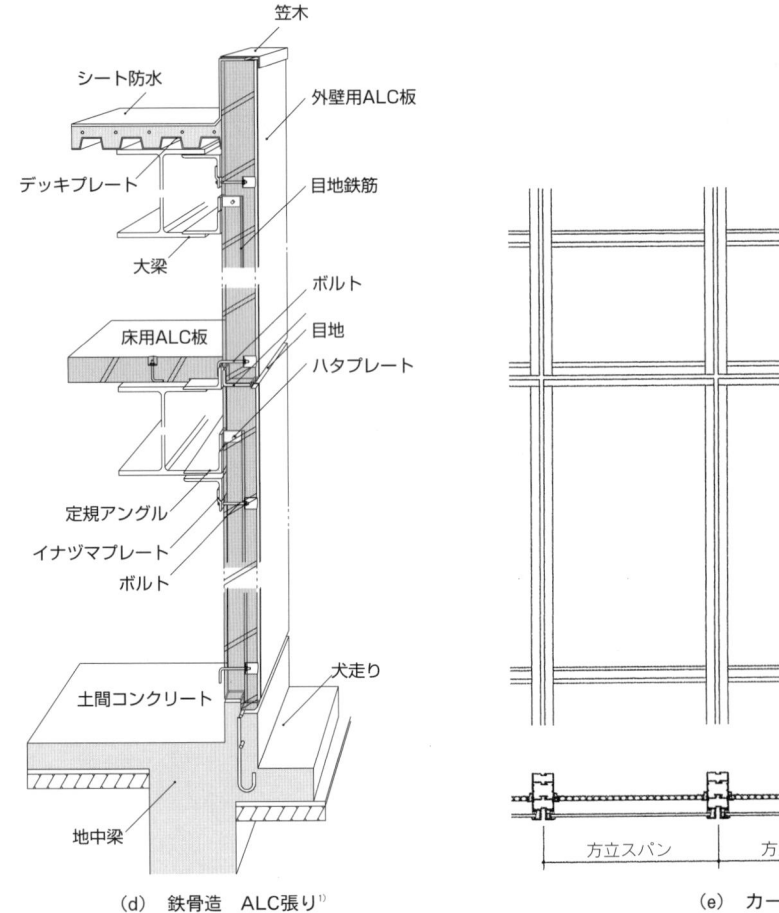

(d) 鉄骨造　ALC張り[1]

(e) カーテンウォール

図2-1(2)　外壁の構成

2-3 材料の種類および特徴

外壁材料は，壁面にモルタル，仕上塗材などの不定形材料を現場において，はけ・こてや吹付けガンを用いて塗り付ける材料と，パネルやボードをボルト・くぎなどによって取り付けあるいはタイル・石板を接着モルタルを用いて張り付ける材料とに区分できる。前者を湿式工法とよび後者を乾式工法とよんでいる。外壁材料の種類を湿式工法と乾式工法とに区分して表2-1(a)(b)に示す。

湿式工法に用いる材料は，不定形材料とよばれる液状のもので，複雑な形状の壁面に施工でき，壁面全体を継目なく覆うことができるのが特徴である。湿式工法の工程は，下地面への吸水調整材を塗布→下塗り→むら直し→中塗り→上塗りと，工程が多くそれぞれの工程で材料硬化するまでの養生期間が必要になる。施工後，硬化して初めてその品質が確保できるものである。湿式工法の下地には，平滑な面が必要で，下地処理が硬化後の品質を左右する。さらに気温によって作業時間，硬化時間が変わるので，入念な施工管理が求められる。現場で施工して養生することにより硬化する材料を湿式材料といい，湿式材料の塗膜の厚さは塗料が最も薄く，ついで仕上塗材，モルタルとなっている。

乾式工法に用いる材料は，ボード，パネル，タイル，石材など工場で製造加工された定形材料で，現場で下地胴縁にくぎ，ボルト，金物などで取り付けるものである。タイル，石材については，接着モルタルなどによって張り付ける工法と金物を用いて取り付ける工法とがある。接着剤を用いて張り付けるものは，接着剤が硬化するまで，湿式工法と同様に養生が必要となる。乾式工法では，ボード，パネル，タイルなどを張り付けたのち，目地の処理が必要である。

表2-1(a) 湿式工法による外壁材料の種類と特徴

工事区分	種類	製品・素材	特徴
塗装工事 JASS 18	塗料	ペイント，エナメル，ワニス，ラッカー，水性ペイント，油性ペイント，木質保護塗料，さび止めペイント	色彩が豊富。塗装下地が金属系，セメント系，木質系によって塗料の種類が異なる。はけ塗り，ローラーブラシ塗り，吹付け塗り
吹付け工事 JASS 23	仕上塗材 JIS A 6909	外装合成樹脂エマルション系薄付け仕上塗材，外装セメント系厚付け仕上塗材，外装合成樹脂エマルション系厚付け仕上塗材	豊富な色彩・凹凸パターンがあり意匠性が優れている。下地：コンクリート，モルタル，ALC，ガラス繊維補強セメント板，押出成形セメント板
左官工事 JASS 15	ドロマイトプラスターしっくい壁土	ドロマイトプラスター（JIS A 6903），しっくい・左官用消石灰（JIS A 6902），こまい壁土	プラスターは雨掛りのない外壁面に限る。しっくいは軒・ひさしのある外壁に限る。
	モルタル	色モルタル，かき落とし粗面仕上げ，骨材あらわし仕上げ，人造石塗り仕上げ	モルタル仕上げ以外に，塗り・吹付け工事の下地モルタルに使用。下地吸水調整剤（JIS A 6916）
張り石工事 JASS 9	石材	花崗岩，砂岩，擬石，JIS A 5003（石材）に定める1等品	高さ10m以下の外壁に適用。鉄筋コンクリート造外壁に適用。取付け金物（ステンレス製），裏込めモルタルを用いて張付け。一部乾式工法
陶磁器質タイル張り工事 JASS 19	タイル	陶磁器質タイル（JIS A 5209），磁器質・せっ器質タイルを使用	接着モルタルを用いて張付け（改良圧着張り，改良積上げ張り，密着張り，マスク張り）

表2-1(b) 乾式工法による外壁材料の種類と特徴

工事区分	種類	製品・素材	特徴
木工事 JASS 11	板類	ヒノキ，スギ（JAS）抜け節のない良材を用いる。	防火地区以外の区域で使用。下見板張り，羽目板張り
張り石工事 JASS 9	石材	花崗岩 JIS A 5003（石材）に定める1等品	建物高さ45mが限度。鉄筋コンクリート造外壁に適用。取付け金物（ファスナー）に留め付け。
陶磁器質タイル張り工事 JASS 19	タイル	陶磁器質タイル（JIS A 5209）磁器質・せっ器質タイルを使用。	取付け金物に留め付け。
乾式外壁工事 JASS 27	サイディング	ALC薄形パネル（JIS A 6511）GRCパネル（日本GRC工業会）押出成形セメント板（JIS A 5441）繊維強化セメント板（スレート）（JIS A 5430）複合金属系サイディング（JIS A 6711）窯業系サイディング（JIS A 5422）	ALCは高さ31mの鉄骨造・13m以下の木造に適用。GRC・押出成形セメント板は高さ31m以下の鉄骨造に適用。繊維強化セメント板は13m以下の鉄骨造に適用。窯業系・複合金属系は高さ13m以下の木造，鉄骨造に適用。
ALCパネル工事 JASS 21	ALCパネル	JIS A 6511（ALCパネル）に規定する厚形パネルを使用する。	縦張り：ロッキング構法・スライド構法，横張り：ボルト止め構法 パネルは鋼材に取り付ける。パネル間の溝部に目地鉄筋を埋設しモルタルを充填する。鉄骨造の外壁として多く使用される。
カーテンウォール工事 JASS 14	メタルカーテンウォール	アルミニウム製，鋼材製，ステンレス製	メタルカーテンウォール：方立（マリオン）方式，バックマリオン方式，パネル方式，スパンドレルパネル方式，小型パネル組合せ方式
	プレキャストコンクリート	RC製，CFRC製，GRC製	プレキャストコンクリートカーテンウォール：パネル方式，スパンドレルパネル方式，柱・梁カバー方式

RC：Reinforced Concrete 鉄筋コンクリート
CFRC：Carbon-fiber reinforced Concrete 炭素繊維補強コンクリート
GRC：Glass-fiber Reinforced Cement ガラス繊維補強セメント

引用文献
1) 鈴木秀三編：図解 建築の構造と構法，井上書院，2005

3 内壁

3-1 要求条件

内壁（interior wall）の役割は，基本的には外壁と同様である。ただし，内壁は屋外気象の影響を受けないため，気象作用に対する性能はやや緩やかになるが，人間と直接接触する部位であり，この点での性能への配慮が必要となる。内壁は，建物内部の空間を区画する垂直またはこれに近い面状の部位である。ここでは，部位としての内壁に要求される条件と，内壁仕上材料に要求される条件および内装仕上材料の種類および特徴について述べる。

3-1-1 内壁に要求される条件

内壁という場合には，一般に室内空間を仕切る間仕切壁をさすことが多い。間仕切壁のうち，特に集合住宅などにおいて各住戸を仕切る壁を戸境壁という。

内壁は，隣室，廊下などの間を区画するものであるため，遮音性能は欠かすことができない（密度の大きい，厚い部材で構成するほど，遮音性が大きい）。また，断熱性，不燃性に富んだ材料を用いる。

（1）安全性
  ① 火が移りにくく，燃え広がらず，有害燃焼ガスが発生しないこと。
  ② 局所的な衝撃力に対して破損しないこと。
  ③ 地震などの振動により剥落しないこと。

（2）遮蔽性
  ① 室内外の不必要な熱の出入りを遮ること。
  ② 室内外の不必要な音の出入りを遮ること。

3-1-2 内壁仕上材料に要求される性能

前項で示した内壁の要求条件を充たすために，内壁材料に要求される性能を安全性，居住性，耐久性に区分して以下に示す。

（1）安全性
  ① 火災に際して難燃性，有害燃焼ガス不発生性に優れていること。
  ② 衝撃的な力に対して破損，変形しないために，耐衝撃性に優れていること。

（2）居住性
  ① 室内外の不必要な音の出入りを防ぐために，吸音性に優れていること。
  ② 室内外の不必要な熱の出入りを防ぐために，断熱性に優れていること。
  ③ 揮発性有機化合物の放散が少ないこと。
  ④ 室内が調湿できる吸放湿性に優れていること。
  ⑤ 汚染，変色による美観の低下に対する耐汚染性，清掃性に優れていること。
  ⑥ 美観性，肌ざわりなどの感触性に優れていること。

（3）耐久性

① 温湿度の繰返しに対する耐湿性，寸法安定性に優れていること。
② 自然光に対する耐変退色性に優れていること。
③ 汚れが付きにくく，カビが発生しにくい防汚性，清掃性に優れていること。

3-2 内壁の材料構成

内壁構造は，主要な骨組材料によって，木造，鉄骨造，鉄筋コンクリート造およびカーテンウォールに大別される。これらに対応して，下地および仕上材料が定まる。内壁の構成を図3-1に示す。

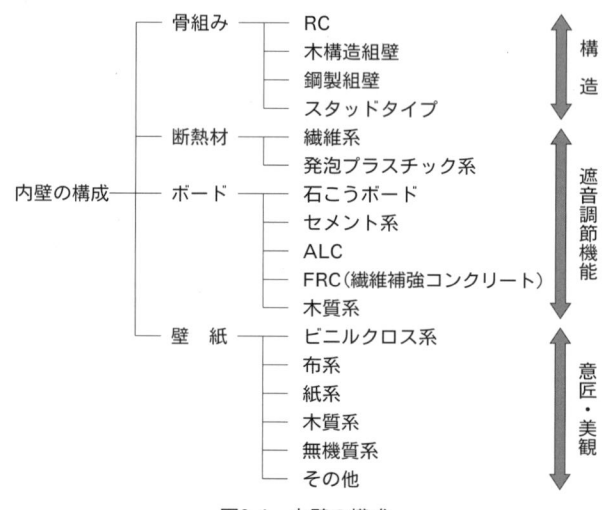

```
                ┌─ 骨組み ──┬─ RC
                │          ├─ 木構造組壁         ┐ 構
                │          ├─ 鋼製組壁           │ 造
                │          └─ スタッドタイプ      ┘
                │
                ├─ 断熱材 ──┬─ 繊維系
                │          └─ 発泡プラスチック系   ┐
                │                                 │
内壁の構成 ──┤─ ボード ──┬─ 石こうボード        │ 遮
                │          ├─ セメント系          │ 音
                │          ├─ ALC                │ 調
                │          ├─ FRC(繊維補強コンクリート)│ 節
                │          └─ 木質系             ┘ 機
                │                                   能
                └─ 壁 紙 ──┬─ ビニルクロス系
                           ├─ 布系                ┐
                           ├─ 紙系                │ 意
                           ├─ 木質系              │ 匠
                           ├─ 無機質系            │ ・
                           └─ その他              ┘ 美観
```

図3-1 内壁の構成

構造体（躯体）を構成する要素をビルディングエレメント（Building element）といい，基礎部分，躯体（主体）部分，屋根部分に分けられる。最近では構造体のことをスケルトンとよぶこともある。これに対して，建築物の建具，造作，内部仕上げをインテリアエレメント（Interior element）といい，床，内壁，天井，建具に分けられる。内装全般をインフィルとよぶ（図3-2参照）。

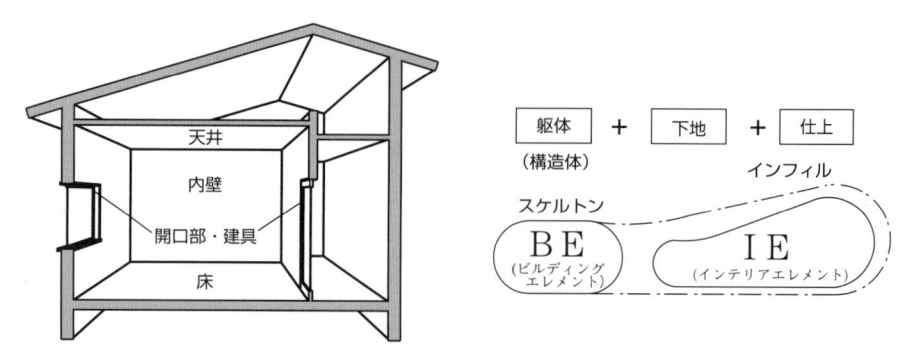

図3-2 インテリアエレメントの概念[1]

鉄筋コンクリート造の内装と木質構法の内装はほぼ同じである。図3-3に木質構造での各種塗り壁を，図3-4に化粧合板の板張り壁，図3-5にせっこうボードクロス張りの例を示す。図3-6に鉄筋コンクリート造における各種の内装の仕上げを示す。

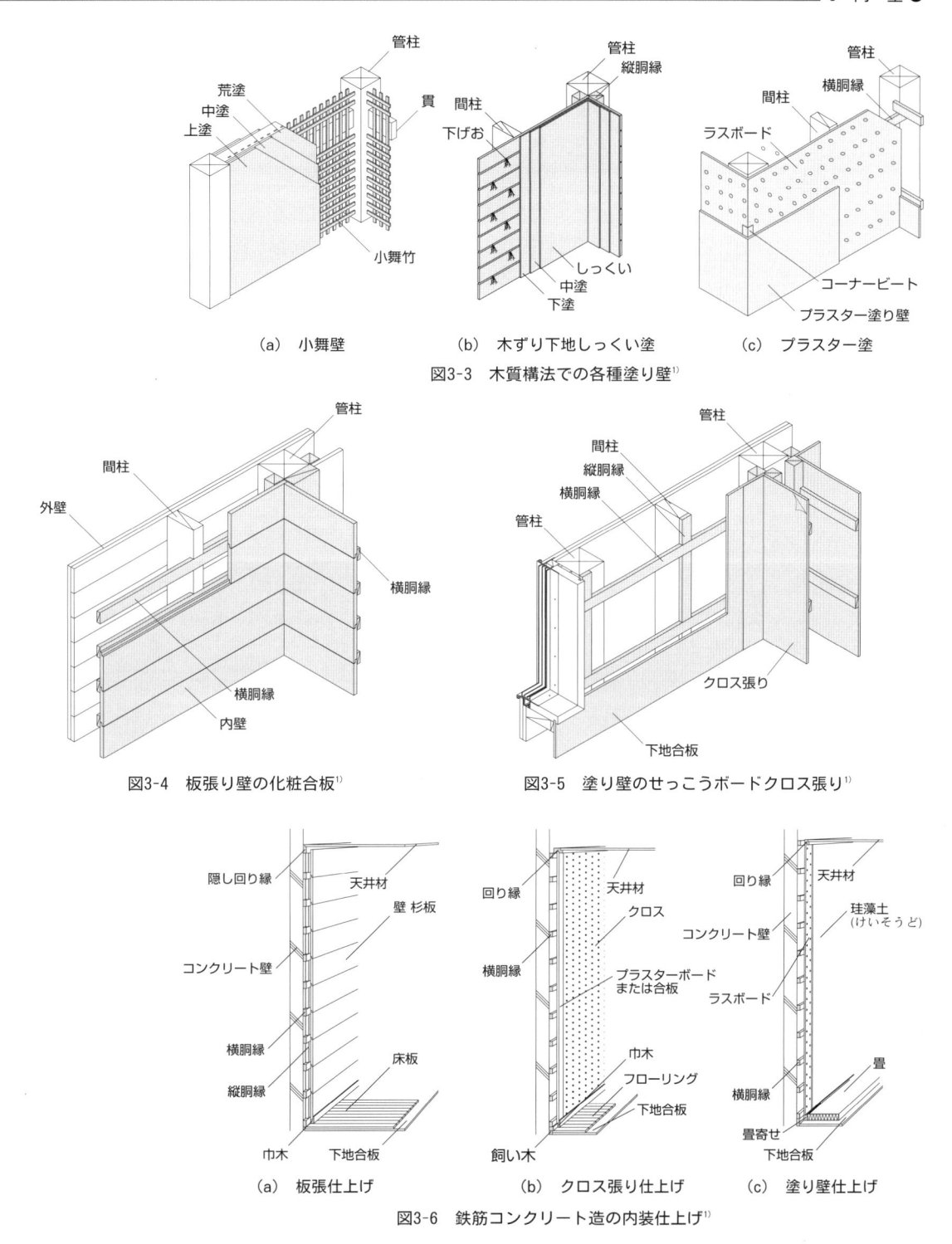

(a) 小舞壁　　(b) 木ずり下地しっくい塗　　(c) プラスター塗

図3-3　木質構法での各種塗り壁[1]

図3-4　板張り壁の化粧合板[1]　　図3-5　塗り壁のせっこうボードクロス張り[1]

(a) 板張仕上げ　　(b) クロス張り仕上げ　　(c) 塗り壁仕上げ

図3-6　鉄筋コンクリート造の内装仕上げ[1]

3-3 材料の種類および特徴

内壁材料の種類を表3-1に示す。これらの内装材料の場合は，一般に構造体に取り付けたボードや胴縁などが下地となるため，構造体の種類をさほど考慮せずに，かなり自由に選択できる。

表3-1 内装材料の種類・例示

有機・無機別	形　態	施　工　法	内装仕上材の例（適用）*
有機材料	塗　膜　状	はけ塗り・吹付け	ニス，ペイント塗り（全），厚吹付け（壁）
	厚塗膜状	こて塗り	アスファルト・プラスチック系塗り（床）
	（塗壁状）	こて塗り	繊維壁類（壁・天井）
	シート状	張付け	ゴムシート（床）・プラスチックシート・タイル（床），プラスチック系壁紙類（壁・天井），繊維類の織物・植毛シート（壁・天井）
	ボード状	くぎ・ビス止め，張付け	合板（全），プリント合板（全），プラスチック板（壁・天井），繊維板（壁・天井），パーティクルボード（壁・天井）
無機材料	塗　膜　状	はけ塗り・吹付け	無機ペイント塗り（全），厚吹付け（壁）
	（塗壁状）	こて塗り	土物壁，しっくい塗り（壁・天井），せっこうプラスター塗り（壁・天井），モルタル（全）
	フェルト状	吹付け	ロックウール吹付け（天井）
	ボード状	くぎ・ビス止め，張付け	スレート（壁・天井），ロックウールシージング板（天井），金属板（壁・天井）
	タイル状	張付け	セラミックタイル（床・壁）
	（直仕上）	－	鉄筋コンクリート（全），コンクリートブロック積（壁），ALC（壁・天井）
複合材料	ボード状	くぎ止め・張付け	木毛セメント板（壁・天井，主として下地材），せっこうボード（壁・天井，主として下地材），パルプセメント板（壁・天井）

＊（全）：壁，床，天井など内装全般に適用

　内壁に使われる材料には，ホルムアルデヒドなどの揮発性有機化合物（Volatile Organic Compounds：VOC）が含まれている場合がある。このVOCは防虫性能をもっているため，木材を使用する際に接着剤に混入して使われることが多く，人体にも悪影響を与える物質である。このVOCが原因で発生する症状がシックハウス症候群である。厚生労働省では，2002年にホルムアルデヒドの室内濃度指針値を0.08ppm以下と設定している。また，材料からのホルムアルデヒド放散量によって表3-2に示す表示記号が材料に記されている。

表3-2 ホルムアルデヒド放散量

区　分	表示記号	基　準　値		使用制限
		平均値	最大値	
－	F☆☆☆☆	0.3 mg/l	0.4 mg/l	制限なし
第3種ホルムアルデヒド発散建築材料	F☆☆☆	0.5 mg/l	0.7 mg/l	使用面積制限
第2種ホルムアルデヒド発散建築材料	F☆☆	1.5 mg/l	2.1 mg/l	使用面積制限
第1種ホルムアルデヒド発散建築材料	－	5.0 mg/l	7.0 mg/l	使用禁止

引用文献
1) 鈴木秀三編：図解 建築の構造と構法，井上書院，2005

4 天井

4-1 要求条件

天井（ceiling）は，室の上部を区画する部位である。一般には，水平面またはこれに近い平面をとるが，構造上あるいはデザイン上，斜面や曲面をとることもある。ここでは，部位としての天井に要求される条件と天井仕上材料に要求される条件および天井仕上材料の種類および特徴について述べる。

4-1-1 天井に要求される条件
（1） 安全性
　① 火が移りにくく，燃え広がらず，有害燃焼ガスが発生しないこと。
　② 地震などによる振動に対して天井が落下しないこと。
（2） 遮蔽性
　① 室内外の不必要な熱の出入りを遮ること。
　② 室内外の不必要な音の出入りを遮ること。
　③ ダクト，配管，梁などを美観上隠蔽できること。

4-1-2 天井仕上材料に要求される性能
前項で示した天井の要求条件を充たすために，天井材料に要求される性能を安全性，居住性，耐久性に区分して以下に示す。
（1） 安全性
　① 火災に際して不燃性，有害燃焼ガス不発生性に優れていること。
　② 振動に対して破損，変形しないために，耐震性に優れていること。
（2） 居住性
　① 室内外の不必要な音の出入りを防ぐために，吸音性，遮音性に優れていること。
　② 室内外の不必要な熱の出入りを防ぐために，断熱性に優れていること。
　③ 揮発性有機化合物の放散が少ないこと。
　④ 室内が調湿できる吸放湿性に優れていること。
　⑤ 美観性に優れていること。
（3） 耐久性
　① 温湿度の繰返しに対する耐湿性，寸法安定性に優れていること。
　② カビの発生に対する防かび性に優れていること。
　③ 懸垂状態であるため，長期間にわたって天井材がたわまないように，耐クリープ変形性に優れていること。

4-2 天井の材料構成

通常，天井は表面をつくる仕上げ部分と，その仕上げ部分を建築物の構造骨組（床組，小屋組）に接合するための下地部分から構成される。床や壁にくらべると，天井は人や家具類が直接触れることがない部分であり，意匠性に関しての自由度は高い。

図4-1～4に天井の構成例を示す。図4-1は木造建築における天井の構法例で，図4-3は鉄筋コンクリート造における吹上げ仕上げによる直天井の例である。

図4-3は，鉄筋コンクリート構造における木製下地構成，および図4-4は軽量鉄骨木製下地構成の例である。これらは，スラブにインサートやアンカーボルトを設けて，吊りボルト，吊り木を取り付けて，野縁受け，野縁を組み，天井仕上材を張り付ける工法である。

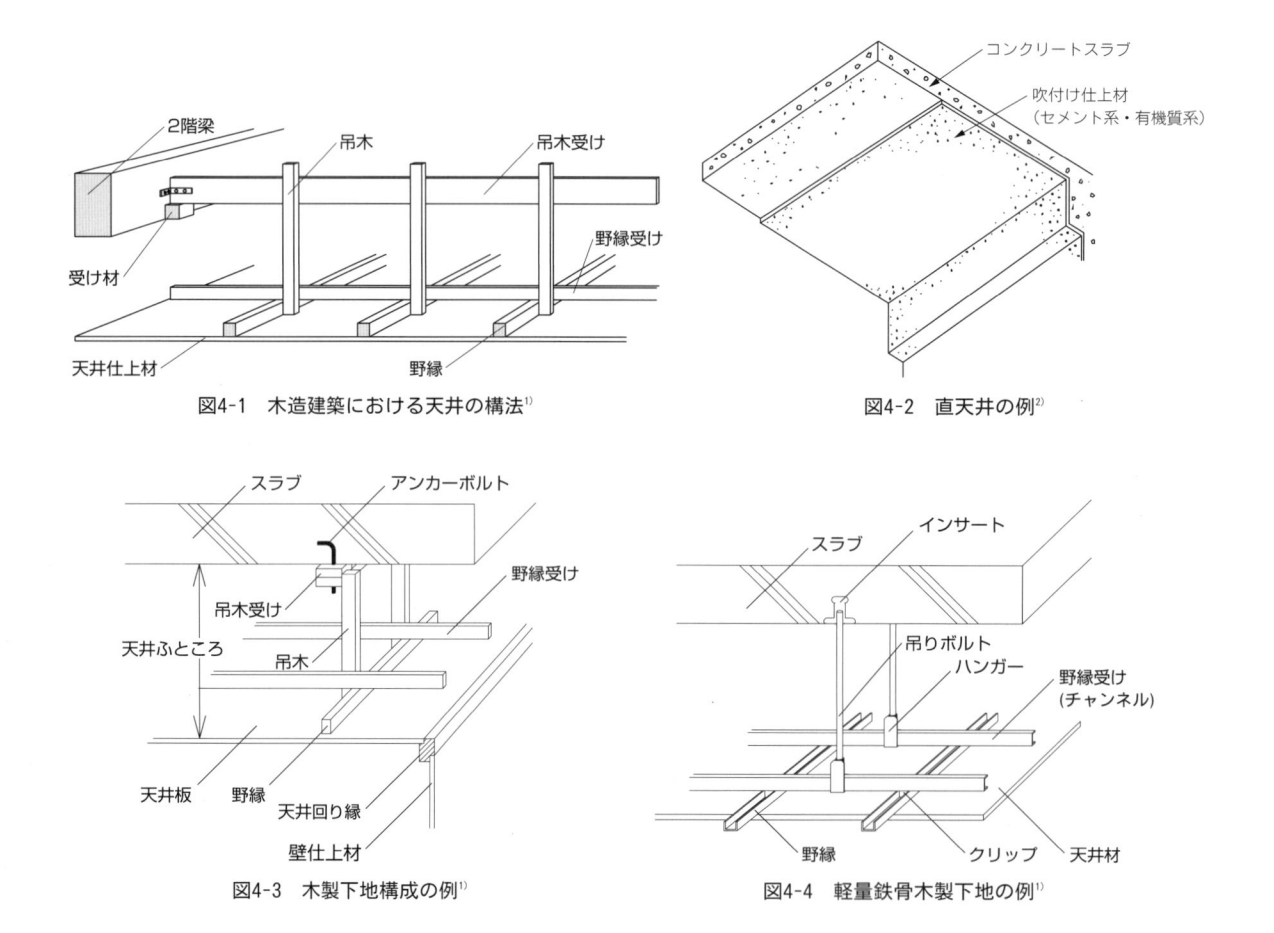

図4-1 木造建築における天井の構法[1]

図4-2 直天井の例[2]

図4-3 木製下地構成の例[1]

図4-4 軽量鉄骨木製下地の例[1]

4-3 材料の種類および特徴

天井材料の種類を表4-1に示す。天井下地および仕上材料は木造骨組，軽量形鋼骨組，鉄筋コンクリート構造など，構造に応じて定まる。

天井の仕上材は，化粧せっこうボード，吸音穴あきせっこうボード，繊維セメントケイ酸カルシウム板，ロックウール吸音板など種類が多い。

表4-1 天井の骨組・下地材・仕上材

骨組	天井の形式	天井下地材	天井仕上材の例
木構造	吊天井	木造小割材 木造小割材 木ずり下地	有機質系（広幅天井板，合板，プリント合板，繊維板） 無機質系（ロックウール，金属板） 無機質系（しっくい塗り，せっこうプラスター塗り）
軽量形鋼	吊天井	軽量形鋼	有機質系（繊維板） 無機質系（ロックウールシージング板，金属板）
鉄筋コンクリート構造	（一体式）天井	鉄筋コンクリート造	有機質系（繊維（壁）塗り） 無機質系（しっくい塗り，せっこうプラスター塗り，ロックウール吹付けなど）

天井の仕上げ方法を大きく分けると，張り仕上げと塗り仕上げに分けられる。一般的に，洋室などの空間ではクロス張り，和室などのでは板張り天井が用いられる。

① 板張り天井：さお縁天井，格天井，平板張り天井，打上げ天井，ボード類張り，合板張り
② 塗り天井：しっくい，ドロマイトプラスター，スタッコなど
③ 張り天井：クロス張り，紙類など

コラム ～天井の形状～

天井を形状の観点から分類すると，水平な平天井，傾斜のある傾斜天井，山形断面の船底天井，壁の上端より天井面が高い折上げ天井，天井の高さに段違いのある変形天井などがある。

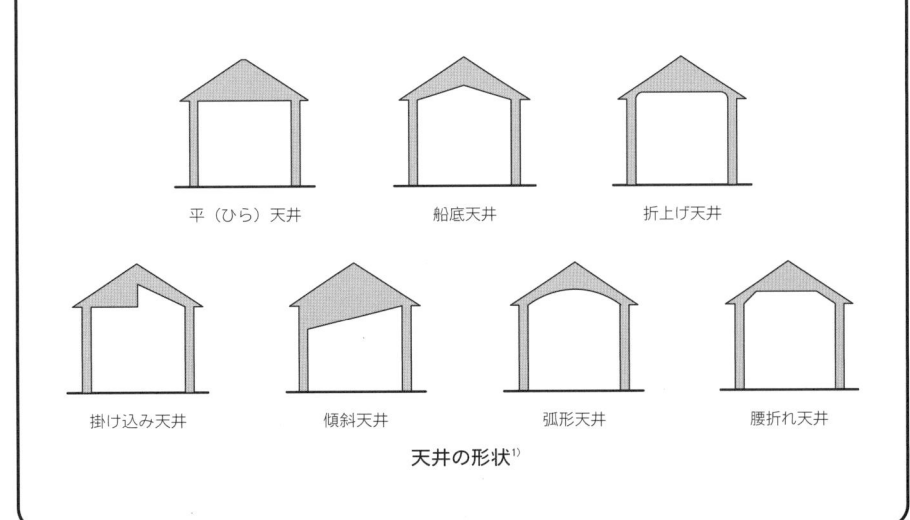

平（ひら）天井　船底天井　折上げ天井

掛け込み天井　傾斜天井　弧形天井　腰折れ天井

天井の形状[1]

引用文献
1） 鈴木秀三編：図解 建築の構造と構法，井上書院，2005
2） 日本建築学会編：構造用教材，日本建築学会，1995

5 床

5-1 要求条件

床（floor）は，屋内における水平な部位で，家具や機器類などの積載荷重に対して，床版として構造的に剛性を有し，安定していることが基本的な機能である。

床は，住宅の床のように人の足や腰が直接触れる，工場や実験室のように水や薬品などを使用する，浴室や厨房のように多量の湯水が流される，劇場など吸音や歩行時の発音を抑制する，駐車場のように車が走行するなど，部屋の用途に応じて，要求される条件が異なる。ここでは，部位としての床に要求される条件，床仕上材料に要求される条件および床仕上材料の種類および特徴について述べる。

5-1-1 床に要求される条件

床としての構造的な要求条件を示せば以下のようである。
① 積載荷重を支持し，梁，柱，壁に伝えること。
② 自重，積載荷重によりたわみが生じないこと。
③ 歩行，衝撃などにより振動しないこと。

5-1-2 床仕上材料に要求される性能

（1）居住性
① 接触・転倒による被害を少なくするため，衝撃吸収性や弾力性に優れていること。
② 安全に歩行・走行ができるように防滑性に優れていること。
③ 意匠・造形性が優れていること。
④ 室内外の不必要な音の流出入を少なくするため，低発音性，遮音性，吸音性に優れていること。
⑤ 室内外の不必要な熱の流出入を少なくするため，断熱性に優れていること。
⑥ よごれ，変色などによる美観の低下を少なくするため，耐汚染性，清掃性に優れていること。
⑦ ダニなどの害虫が発生しにくくするため，防虫性に優れていること。
⑧ 塵埃（じんあい）の発生を少なくするため，発塵性に優れていること。
⑨ 揮発性有害化学物質を放散しないこと。
⑩ 歩行・接触による感覚が優れていること。
⑪ 電気的な異常の発生を少なくするため，帯電防止性に優れていること。

（2）耐久性
① クリープによる品質の変動を少なくするため，耐局部変形性，耐へこみ性に優れていること。
② 熱による性能低下を防ぐため，耐熱変形性，床暖房使用によるくるい・反り・割れに対して優れていること。

③ 乾燥・収縮による品質の変動を小さくするため，耐水変形性に優れていること。
④ 下地水分の変動に伴う品質の変動を小さくするため，耐ふくれ性に優れていること。
⑤ 光による品質の変動を小さくするため，耐光性に優れていること。
⑥ 化学薬品による性能低下を防ぐため，耐薬品性に優れていること。
⑦ カビ，こけなどの発生を防止するため，防汚性に優れていること。
⑧ 耐キズ抵抗性，耐引っかき性に優れていること。

5-2 床の材料構成

木造軸組み構造，鉄筋コンクリート構造における床の構成を図5-1に例示する。木造の場合，大引きや梁に根太を架けて，この上に床板を直接張る直張り工法と，根太に床下地板を張り，この上に床仕上げ材料を張る下張り工法がある。鉄筋コンクリート構造の場合，床スラブ（床版）に転ばし根太を取り付け，これに下地

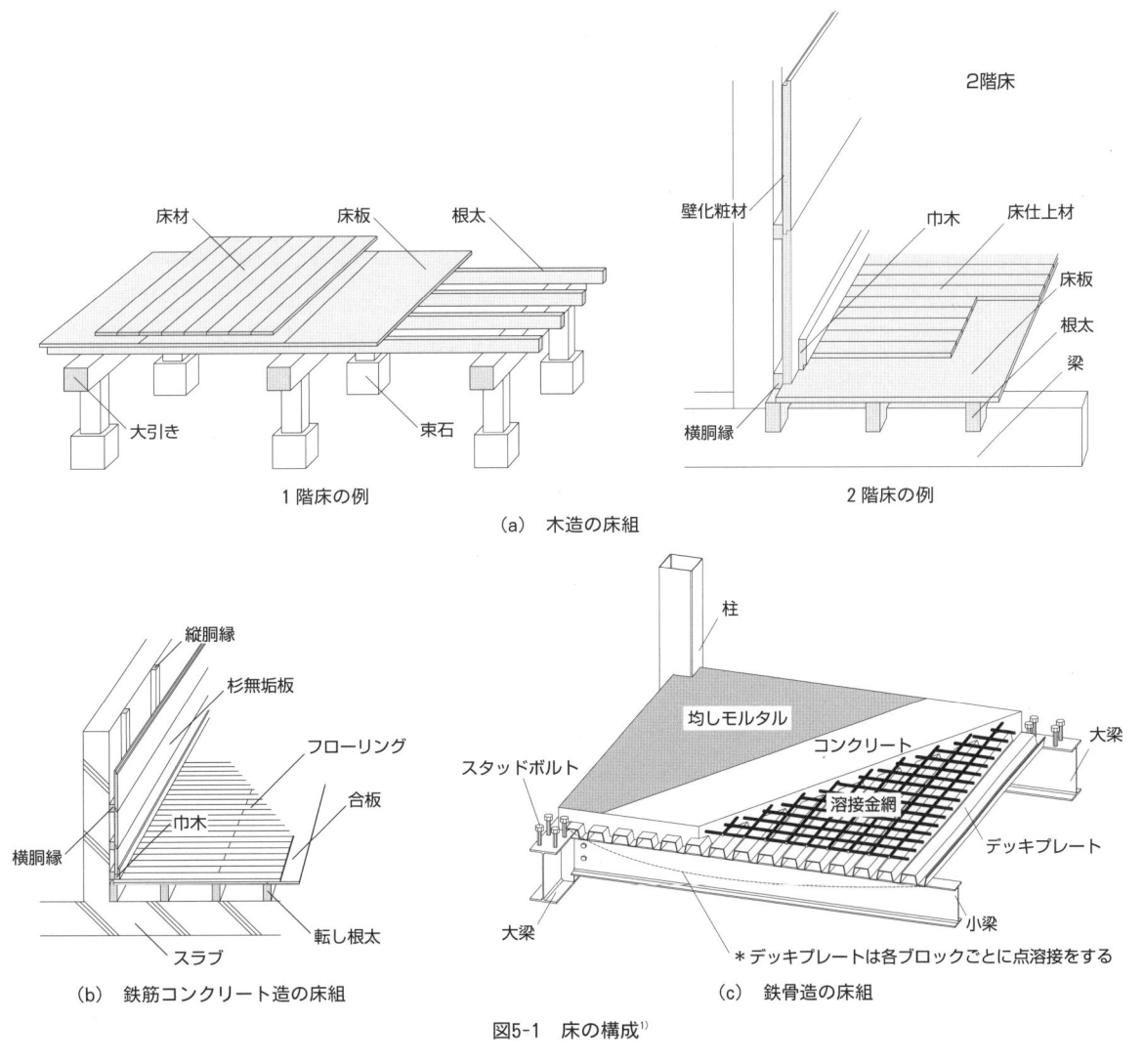

(a) 木造の床組

(b) 鉄筋コンクリート造の床組

(c) 鉄骨造の床組

図5-1 床の構成[1]

材を張り，この上に床仕上げ材料を張り付けたり，たたみ，カーペットを敷き詰めたりする。フリーアクセスフロア（OA床）は，床下に配線できるように床スラブに束（つか）を設置して，これに床パネルを敷き詰めたものである。

5-3 材料の種類および特徴

床仕上材料を素材別に区分すると表5-1のように，合成高分子系，木質系，繊維系，セラミック系，セメント系，金属系に分類できる。おもに使用されている床材料は，合成高分子系ではビニル系床材，塗り床材など，木質系ではフローリン

表5-1 床仕上げ材の分類および特徴

区 分	おもな材料	JIS・仕様書・指針	特　徴
合成高分子系	ビニル系床材 ゴム床材 リノリウムシート 塗り床材	JIS A 5705-2005 － － 日本建築学会施工指針	意匠性，弾力性，清掃性，耐薬品性などに優れ，医療施設・商業施設・学校施設・工場・倉庫・厨房などの床に使用。
	カーペット タイルカーペット	JIS L 4404，4405 JIS L 4406	意匠性，弾力性，断熱性などに優れ，居間・寝室・役職室などの床に使用。
木質系	フローリング コルクタイル	JAS －	意匠性，耐摩耗性などに優れ，住宅の居間，ダイニングに使用。
繊維系	畳	JIS A 5901，5902，5914-2004	感触性，弾力性，断熱性，発音性，衝撃吸収性などに優れ，和室の床に使用。
セラミック系	陶磁器質タイル 天然石タイル テラゾータイル	JIS A 5029-1994 JIS A 5003 JIS A 5411-1994	耐摩耗性，耐水性，耐汚染性，意匠性，清掃性などに優れ，玄関・エントランスホール・浴室・便所・厨房などの床に使用。
セメント系	モルタル コンクリート	JASS 15　左官工事 JASS 5　鉄筋コンクリート工事	コンクリート打放しまたはモルタル仕上げとして，フォークリフトなど使用する工場，倉庫などの床に使用。
金属系	鋼板 ステンレス鋼板 アルミニウム板	JIS G 3193 JIS G 4304 JIS H 4100-1999	耐衝撃性，耐摩耗性などに優れ，表面を凹凸加工した縞板として，工場の床，外階段踏み面などに使用。

表5-2 特殊な機能を有する床材および床

区 分	種　類	特徴および使用場所
特殊床材	視覚障害者用床タイル	表面に線状（誘導用），点状（警告用）の突起を付けた視覚障害者用誘導・警告タイル。エントランスホールや廊下などに張り付け，エレベーター，トイレなどに誘導する（写真5-2参照）。
	帯電防止床タイル	床全体に静電気を拡散・減衰させる機能。歩行により帯電した静電気をすみやかに下地に漏洩する床材で，電子機器工場，ホストコンピューター室などの床に使用する。
	導電床タイル	床材およびアースを通して静電気を地中へ逃がす機能。歩行により床タイルに帯電した静電気をアースによってすみやかに漏洩する床材で，伝導性材料を混入した床材で，病院手術室などの床に使用する。
	放射線防護床タイル	レントゲン室の床に使用する。
	ノンスリップ床タイル	表面に溝状，点状の凹凸を付けたもの。階段，廊下，エレベーターホールに使用する。
	軽量衝撃音防止床材	床材の裏面に制振マット，クッション材を貼付したもの。集合住宅の床に使用する。
特殊床	フリーアクセスフロア	配線・配管を床下に収納できるように床下空間を設けた床。事務所，教室などITを使用する室で使用する（写真5-1参照）。
	免震（振）床	床下に免震（振）装置を設置した床。精密機器などを地震による振動から保護する（写真5-1参照）。
	暖房床	床材の下部に発熱体を設置したもの。発熱形式には温水式と電気式とがある（写真5-1参照）。

グ，繊維系ではカーペット，たたみなど，セラミック系では陶磁器質タイル，天然石タイルなどである。

特殊な機能を有する床材および床を表5-2，写真5-1および写真5-2に示す。

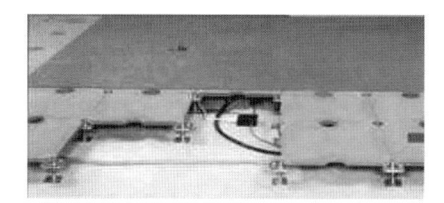

フリーアクセスフロアの設置状況

暖房床の設置状況

免震（振）床の設置状況

写真5-1　特殊な床

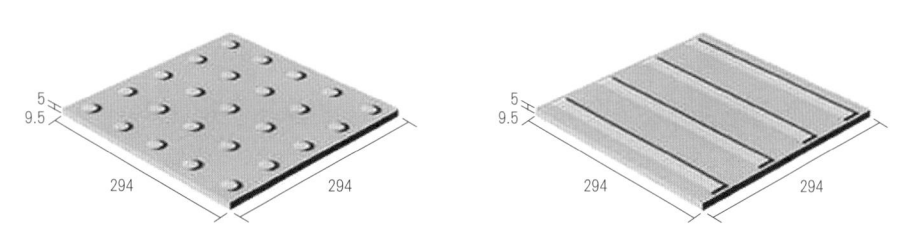

写真5-2　視覚障害者用床タイル（単位mm）（ABC商会カタログより）

引用文献
1) 鈴木秀三編：図解 建築の構造と構法，井上書院

6 建具

6-1 要求条件

建具（fittings）は，採光，通気，換気，収納，人や車の通行などの出入りのために，屋根，壁，床，天井などの一部の開口部に取り付けられた開閉できるサッシ，ドア，ふすま，障子，シャッターなどをいう。ここでは，部位としての建具に要求される条件，建具材料に要求される条件および建具材料の種類および特徴について述べる。

6-1-1 建具に要求される条件

（1） 安全性
① 建築基準法に基づく防火区画を構成する場合，防火性を有していること。
② 風により建具にかかる面外変形に対してして安全であること。
③ 通常の地震により建具にかかる面内変形に対して安全であること。
④ 小学生低学年児が走ってぶつかるなど，日常生じやすい衝撃的荷重に対して支障なく使用できること。
⑤ 建具，ガラス，金物を含めて，侵入者に対して一定の抵抗時間に耐える性能を有すること。

（2） 居住性
① 戸が円滑に開閉でき，人体に損傷を与えないこと。
② 風の波動に伴う雨水が室内に浸入しないこと（図6-1参照）。
③ 室内の空気が室外に漏れないこと。また室外の空気が室内に侵入しないこと。
④ 外の音が室内に侵入しないように遮ること，また外に音が漏れないように遮ること。
⑤ 室内から室外へ，室外から室内への熱の移動を少なくすること。
⑥ かまち，鏡板が結露しにくいこと。
⑦ ガラスが汚れにくいこと。
⑧ 室内に侵入する紫外線，熱線が少ないこと。

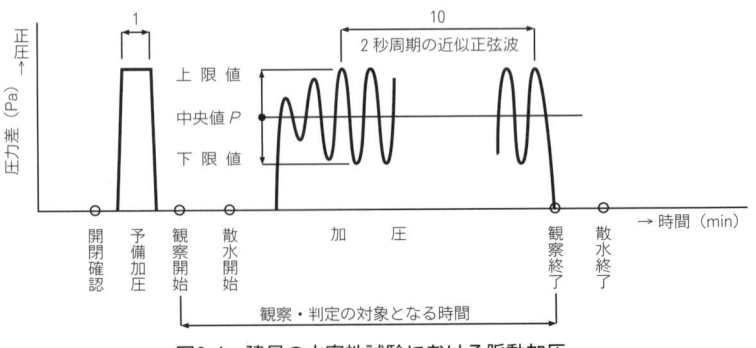

図6-1　建具の水密性試験における脈動加圧

（3） 耐久性

① 日射によって変色，変形しないこと。

② 気象作用，薬品などによって腐食しないこと。

③ 開閉の繰返しによって支障をきたさないこと。

6-1-2 建具材料に要求される性能

開口部に取り付けられる建具は，一般に，かまちと鏡板によって構成されている。

① 部材断面が小さいので，寸法変化，くるいが少なく，軽くて，強度があること。

② 耐候性および耐食性に優れていること。

③ 美しく，肌触りがよい，美観性，感触性に優れていること。

6-2 建具の材料構成

6-2-1 建具の材料構成

鉄筋コンクリート造の外部窓のディテール例を図6-2(a)に，木造の内部出入り建具のディテールを図6-2(b)に示す。

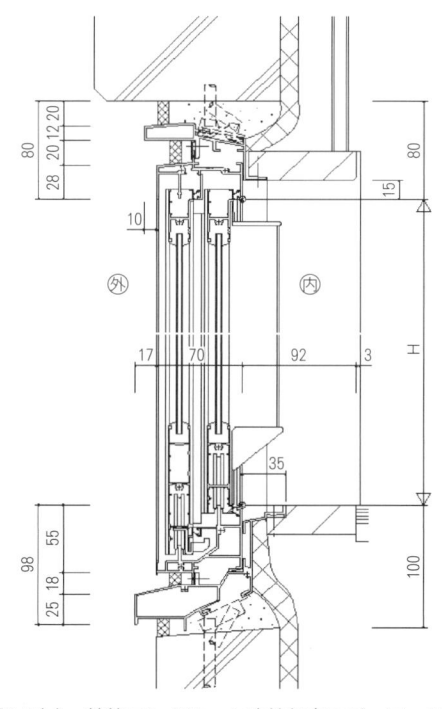

図6-2(a) 鉄筋コンクリート造外部窓のディテール例 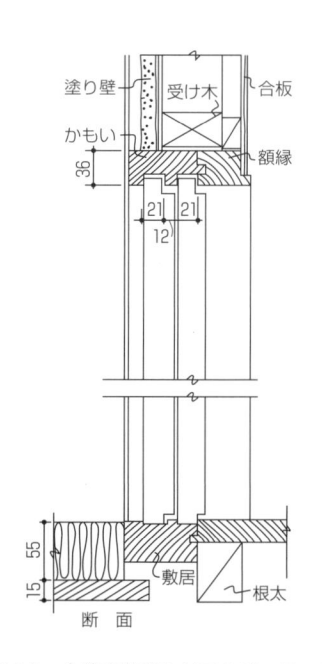　　図6-2(b) 木造内部出入り口のディテール例

開口部は，表6-1に示すように，壁面などに建具を取り付ける窓枠，開閉可動部の建具，建具の開閉・戸締りなどの金物などで構成されている。

表6-1 建具の構成部材

構成部材	部材・部品名
窓　枠	建具を取り付けるために壁面に取り付けた部材で，柱，梁，床が兼ねる場合がある。
建　具	戸，扉，障子，ふすまなど可動部分をいう。
金　物	開閉動作金物：レール，戸車，丁番など 開閉制御金物：クローザー，ダンパー，あふり止めなど 位置制御金物：戸当り，引戸レールなど 締まり金物：クレセント，錠，締まりハンドルなど 開閉操作金物：引き手，取手，ノブ，ハンドルなど
その他	カーテン，ブラインド，網戸

6-2-2　建具のおもな部材名称

　開き戸および引違い戸まわりのおもな部材名称を図6-3(a)(b)に示す。戸の構造となる周囲の枠をかまち（框）という。戸のかまちに取り付けた表面材を鏡板(かがみいた)という。

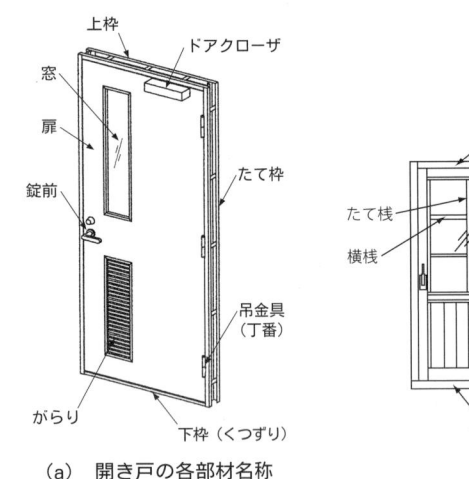

(a)　開き戸の各部材名称　　　　　(b)　引違い戸の各部材名称

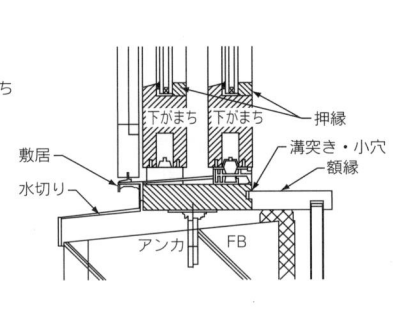

図6-3　建具の部材名称（JASS 16）

6-2-3　建具の種類

（1）　開閉方式による区分

　① 開き戸（スイングドア）：蝶番を軸にして回転するもので，開く側にスペースが必要である。両開き戸と片開き戸がある。

　② 引き戸（スライドドア）：扉を左右にスライドさせて開閉するタイプのもで，敷居のついたものと，上吊りで床にレールが不要の吊り戸がある。開口部の前後にスペースの必要がなく，車椅子の通行に適している。引き違い戸，片引き戸，引き分け戸などがある。

　③ 回転ドア（JIS A 4721-2005 回転ドアの安全性）：暖冷房効率を低下させないため，室内側と外側の2か所に開口部を有し，つねに一方が閉まっているため，外気が直接室内側に入ることがないように設計されている。

　④ その他：折りたたみ戸，上げ下げ戸，突き出し戸，ルーバーなどがある。

（2） 性能による種別

普通建具：特殊な機能・性能を付加したものでない建具
防音建具：防音性を重視した建具
断熱建具：断熱性を重視した建具
防火建具：建築基準法に基づく防火区画を構成することができる建具

6-3 材料の種類および特徴

6-3-1 建具に用いられる材料分類

建具の主要な部材の種類によって，木製建具，アルミニウム製建具，樹脂製建具，鋼製建具，ステンレス製建具，複合建具に区分できる。これらの建具に用いられるおもな材料を表6-2に示す。

表6-2 建具に用いられる材料分類

建具の種別	建具の主要な部材	鏡 板
木製建具	主要な部材が木製（木材・集成材）の建具	板目板，合板，繊維板，パーティクルボード，板ガラス，ふすま紙・障子紙・布
アルミニウム製建具	主要な部材がアルミニウム製（アルミニウム合金押出形材（JIS H 4100））の建具	板ガラス
樹脂製建具	主要な部材が樹脂製（硬質ポリ塩化ビニル製窓枠形材（JIS K 6785））の建具	板ガラス
鋼製建具	主要な部材が鋼製（鋼板・化粧鋼板）の建具	板ガラス 鋼板
ステンレス製建具	主要な部材がステンレス製の建具	板ガラス アルミニウム合金板
複合建具	主要な部材がアルミニウムと樹脂によって構成された複合構造の建具	板ガラス

参考として，建具に関連する日本工業規格を以下に示す。
JIS A 1526-1997 ドア用語
JIS A 4702-2007 ドアセット
JIS A 4704-2003 軽量シャッター構成部材
JIS A 4705-2003 重量シャッター構成部材
JIS A 4706-2007 サッシ
JIS A 4715-2008 オーバーヘッドドア構成部材
JIS A 4721-2005 自動回転ドア-安全性
JIS A 6512-2007 可動間仕切
JIS A 5545-1991 サッシ用金物
また，建具工事に関しては，JASS 16 建具工事を参照のこと。

引用文献
1) 日本建築学会編：建築工事標準仕様書・同解説 JASS 16 建具工事，日本建築学会，2008

7 衛生器具

7-1 要求条件

　衛生器具（sanitary fixture, plumbing fixture）は，流し台，浴槽，洗面器，給水槽，便器，浄化槽などをいい，水を受ける容器・洗浄する汚物を受けて排出するための容器・衛生器具および排水に用いられるトラップ管類などを排水器具という。これらの器具は，使用目的によって，複雑な形状をしたものが多く，陶磁器，ほうろう，繊維強化プラスチック，ステンレスなどの材料で製造されている。

　ここでは，部位としての衛生器具に要求される条件，衛生器具の材料に要求される条件および衛生器具の種類について述べる。

7-1-1　衛生器具に要求される条件
① 水や化学薬品を吸収したり，透過しないこと。
② 水や化学薬品に対して，変色や腐食しないこと。
③ 衝撃力に対して破損しないこと。
④ 汚れやキズが付きにくいこと。
⑤ 掃除が容易であること。
⑥ 色彩・形状が美しいこと。

7-1-2　材料に要求される性能
① 吸水性，透水性がないこと。
② 酸，アルカリなどの耐薬品性に優れていること。
③ 耐衝撃性に優れていること。
④ 表面硬度が大きいこと。
⑤ 面が平滑で，汚れが付着しにくく，汚れが落ちやすいこと。
⑥ 使用目的に応じた機能をもたせるため複雑な形がつくりやすいこと。

7-2 衛生器具類の種類

　建築物の衛生器具と排水器具の種類を図7-1に例示する。
　衛生器具は，一般的に上水を使ったあとに排水ができるようになっている。また，雨水の排水も雨水ますで受けている。
　排水器具を図7-2に，衛生器具を図7-3に例示する。また，衛生設備関連の製品規格を表7-1に示す。衛生器具については，浴槽・便器・排水管・排水トラップなどの個々の製品規格はあるが，近年，集合住宅やホテルなどで見られるように，浴室や便所などが一体化した室ユニットとした製品も利用されている。

7 衛生器具

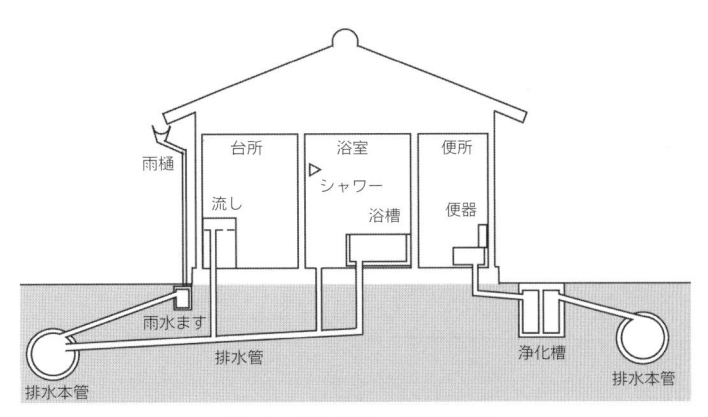

図7-1 衛生器具・排水器具類

7-3 材料の種類および特徴

衛生器具製品は，陶磁器質類，コンクリート，ステンレス，ほうろう，プラスチック，ガラス繊維強化プラスチックなど材料によって製造されている。これらの材料は，衛生器具を使用する目的に応じて，7-1-2の条件を満足するものを選択して用いられる。

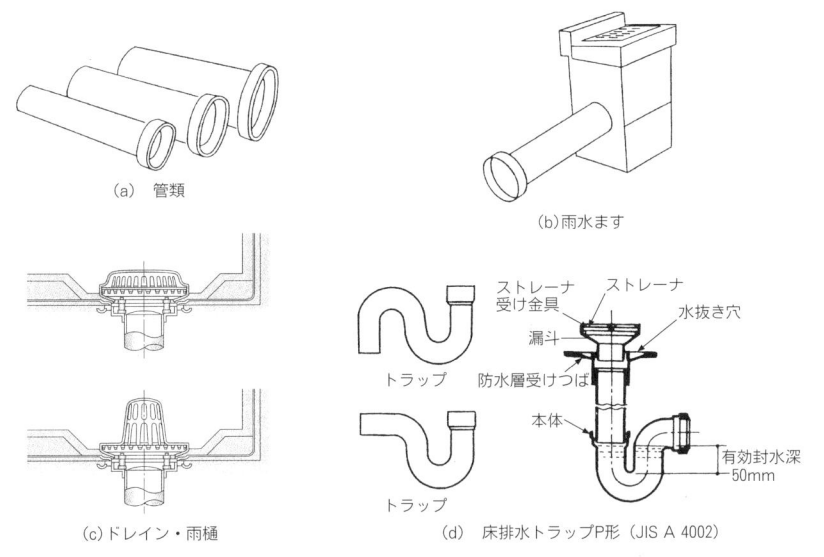

(a) 管類
(b) 雨水ます
(c) ドレイン・雨樋
(d) 床排水トラップP形（JIS A 4002）

図7-2 排水器具の例

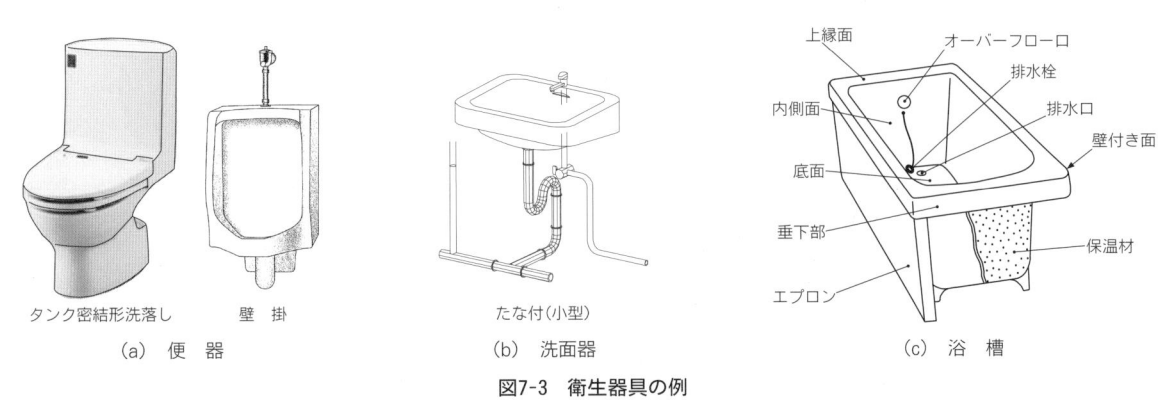

(a) 便器　タンク密結形洗落し　壁掛
(b) 洗面器　たな付(小型)
(c) 浴槽

図7-3 衛生器具の例

表7-1 衛生器具関連のJIS製品規格

衛生設備機器	材料・形式ほか
床排水トラップ（JIS A 4002-1987）	高温配管用炭素鋼鋼管（JIS G 3456）。P形，変形P形，わん形
ガラス繊維強化プラスチック製浄化槽構成部品（JIS A 4101-2006）	本体：ガラス繊維強化プラスチック，仕切り板ほか：塩化ビニル樹脂，ポリプロプレン，ABS
ガラス繊維強化ポリエステル製一体式水槽（JIS A 4110-2008）	軒高60m以下の建物内部および屋上に設置される，給水設備に使用する容器（50m^{3}以下）の水槽。円筒形　角形，球形
住宅用太陽熱利用温水器（JIS A 4111-1997）	自然循環型，くみ置型，真空貯湯型
洗面化粧ユニット類（JIS A 4401-2005）	洗面化粧台，化粧キャビネット，洗面化粧キャビネット
住宅用複合サニタリーユニット（JIS A 4410-2005）	入浴，洗面および用便のための機能を一室に複合した室型ユニット
住宅用配管ユニット（JIS A 4413-2006）	給水・給湯管・冷却水管，排水管のほかに通気管，ガス管など
住宅用浴室ユニット（JIS A 4416-2005）	入浴のための機能をもつ室型ユニット
住宅用便所ユニット（JIS A 4417-2005）	用便のための機能をもつ室型ユニット
住宅用洗面所ユニット（JIS A 4418-2005）	洗面または洗面・洗濯の機能をもつ室型ユニット
浴室用防水パン（JIS A 4419-2005）	ガラス繊維強化プラスチック製，ステンレス製　床形防水パン・壁形防水パン
キッチン設備の構成材（JIS A 4420-2005）	調理作業に必要なワークトップ，シンク，キャビネット・機器類で構成された設備。キッチンユニット
設備ユニット用排水器具（JIS A 4421-1991）	住宅の設備ユニット（浴室，台所流し台など）に使用する排水器具
温水洗浄便座（JIS A 4422-2009）	温水洗浄装置・電熱式便座を内蔵する便座
衛生陶器（JIS A 5207-2010）	大便器，節水形大便器，小便器，洗浄用タンク，洗面器，手洗い器，掃除流し
浴槽（JIS A 5532-2006）	鉄板ほうろう製，鋼板ほうろう製，ステンレス鋼板製，熱硬化性プラスチック製，FRP製
ガラス繊維強化ポリエステル洗い場付浴槽（JIS A 5712-2009）	洗い場を付けた浴槽ユニット
再生プラスチック製宅地内用雨水ます及びふた（JIS A 5731-2002）	再生プラスチックは，プレコンシューマー材，ポストコンシューマー材をリサイクルしたもの。

Ⅲ編
材料と機能

Ⅲ編 材料と機能

序

建築物の構成材料にはさまざまな機能が要求され，表に示すように，機能の内容ごとに材料が区分される。

機能による建築材料の分類

区分		機能の内容
一般機能	防水材料	降水・使用水・地下水の浸透を防ぐ
	防湿材料	地中や室内で発生する湿気を遮断する
	防火材料	火災に際し延焼や発煙・発ガスを防ぐ
	耐火材料	火炎による構造物の崩壊や耐力低下を防ぐ
	断熱材料	屋根・壁・床等の熱移動を防ぐ
	保温材料	配管類の放熱，吸熱を防ぐ
	遮音材料	空気伝搬音を遮断する
	吸音材料	音の反射を防ぐ（騒音低減，音響効果の向上）
	透光材料	光を透過する（採光，透視）
	防腐・防虫材料	木質構造を腐朽菌，シロアリ等に対して保護する
	接着・接合材料	部材相互の連結，部材の留め付け
	建具金物	開口部の開閉機能
特殊機能	透湿機能材料	壁内等において水蒸気の透過を妨げず，水や空気を遮断する
	調湿機能材料	吸放湿作用により接する空間の湿気を安定させる
	防食機能材料	防食性ガス，腐食性物質の作用に対して材料を保護する
	挙動調整機能材料	熱，外力による動きを吸収し，破損や機能障害を防ぐ
	制振・免振機能材料	地震，風等による振動を低減する
	防振機能材料	人間や機械等に起因する振動の伝搬を防ぐ
	安全・介助機能材料	歩行・接触等に伴う事故・損傷を防ぎ，日常行動を介護する
	防犯機能材料	建物内への故意の侵入，破壊に抵抗する
	OA機能材料	事務所建築等の情報設備の設置を容易にする
	電磁波制御機能材料	電磁波の反射や透過に伴う障害を防ぐ
	緑化機能材料	屋上や壁面への植栽に利用する

日本建築学会編：建築材料用教材，p.1，2009

本編では，おもに，建築材料の一般機能を取り扱うこととし，次のような項目により構成している。

（1） 防水・防湿性：水分の挙動と材料の性質および防水工法
（2） 耐火・防火性：構造体および建築物の分類と不燃・準不燃・難燃材料
（3） 断熱・保温性：その機能と原理，および断熱・保温材料・工法
（4） 吸音・遮音性：その機能と原理，および吸音・遮音材料・工法
（5） 接合性：その機能と原理，接着剤，溶接，自着および機械的接合材料
（6） 保護・仕上げ性：その機能と原理，塗料，仕上塗材，表面含浸材および塗り床材
（7） 感覚的性質：材料のもつ温冷・凹凸・べたつき・打音触感とよごれ
（8） 環境負荷と建築材料：環境負荷低減のための建築材料のあり方，および室内空気汚染と建築材料

（1）～（6）では，機能の考え方や評価法，その機能を有する材料・工法などについて概説している。（7）では，建築仕上材料の選択や日常生活において，建築材料の性質が人間の五感によっても評価されることから，建築材料に対する感覚的性質を述べている。（8）では，建築材料の使用や廃棄における地球環境および人間環境に対する負荷と考慮について概説している。

● III編　材料と機能

1 防水性

　古くから，建築物は雨風をしのぐシェルターとしての機能を担っている。防水性とは，屋根や外壁などにおいて，外部からの水分の浸入を防ぐことであり，材料自体，または材料や部材間の接合部に防水性が要求される。

1-1 水分の挙動

　材料や部材間に水分が浸入する原理には吸水と吸湿があり，浸入した液体の水および水蒸気（湿気）が材料中を移動して通過することを透水および透湿とよぶ。吸水とは，おもに，毛管作用によって材料中に液体の水が浸入する現象であり，加圧水中に材料を浸漬した状態で起こる吸水を圧力吸水という。吸湿とは，材料を大気中に置いておくと，大気中の水蒸気（湿気）が材料中に浸入して，その場の湿度と平衡状態になる現象である。

　吸水および吸湿を起源として生じる隔壁（材料）中の水分の移動の概念を図1-1に示す。

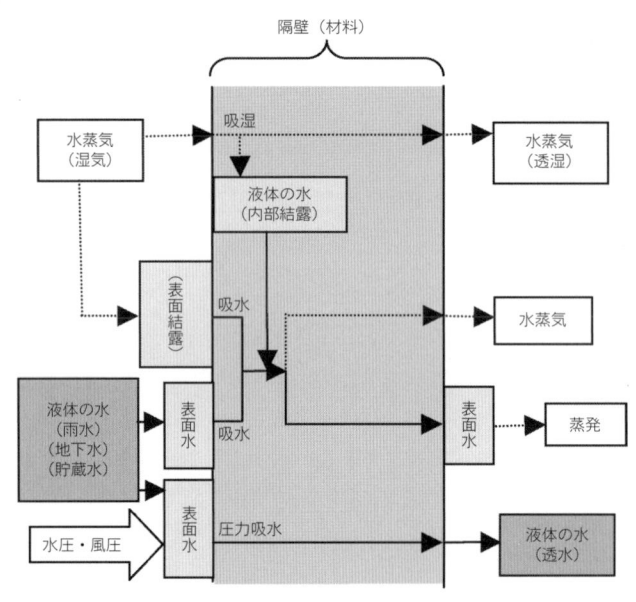

図1-1　隔壁（材料）中の水分の移動の概念
笠井芳夫：材料科学概説, p.174, 彰国社, 1977に加筆

　図1-1において，水分は隔壁（材料）中を左側から右側に移動するものとする。水分は水蒸気（湿気），または雨水，地下水，貯蔵水などの液体の水として供給される。水蒸気が材料中を通過する現象を透湿とよび，隔壁左側の湿度が右側よりも高いときに生じる。また，左側空間にくらべて隔壁の温度が低い場合，その表面および内部で結露（表面結露・内部結露）が生じて，液体の水となり，液体の水または水蒸気の状態で拡散し移動する。一方，液体の水が表面水として隔壁表面に存在する場合，吸水が生じ，液体の水または水蒸気の状態で拡散し移動す

る。地下水や貯蔵水の場合に生じている水圧および降雨時の風圧によって表面水に圧力が加わる場合には，圧力吸水が生じた後，液体の水が隔壁内を移動し，透水が生じる。なお，これらの現象を生じさせる水は材料の組織と結合せず，材料中を自由に出入りできる水（自由水：free water）である。

1-2 水分と材料の性質

材料の中を水分が出入りすることによって，含水率や吸湿率が変化して，次のような材料の強度，容積，熱伝導率，耐久性などへの影響が生じる。
- 木材の吸水による強度低下，乾燥による変形やひび割れ
- れんがなどのセラミック系材料の吸水膨張やコンクリートの乾燥収縮
- 吸水・吸湿による材料の断熱性の低下
- 木材の腐朽，鉄筋コンクリート中の鉄筋の腐食や凍結融解作用
- 塗料や塗り床材の膨れ

なお，このような材料の性質に関してはIV編の基本材料で取り扱っている。

1-3 防水工法と材料

隔壁（材料）または材料や部材間の接合部に対する防水工法の基本と使用する材料をあげれば次のようである。なお，屋根や壁における防水の詳細については，II編の部位と材料で扱っている。

1-3-1 隔壁（材料）表面を不透水性の材料で覆って水分を遮断する工法

勾配屋根の場合には，葺き材料と下葺き材によって防水が図られる。屋根葺き材としては，瓦，スレート瓦，金属板，樹脂板およびシングルが使用され，下葺き材としては，アスファルトおよび改質アスファルトルーフィング，透湿・防水シート，発泡スチロール瓦用下地板などが使用される。

一般に，鉄筋コンクリート造の陸屋根に連続したメンブレン（膜：membrane）によって防水層を形成する工法をメンブレン防水工法とよび，アスファルト防水，改質アスファルトシート防水，合成高分子シート防水および塗膜防水がある。また，ステンレスシートを溶接して防水層を形成する工法をステンレスシート防水という。

木材従来工法の壁においては，JIS A 6930（住宅用プラスチック系防湿フィルム）やJIS A 6111（透湿防水シート）に規定される防湿シートや透湿・防水シートが使用される。

1-3-2 隔壁（材料）自体の吸水・吸湿性を低下させて，透水・透湿が生じにくい性質に変える工法

モルタルやコンクリートに防水性を付与する工法である。高級脂肪酸系化合物やセメント混和用ポリマーなどの防水剤を混入したモルタルを用いる工法をモルタル防水とよび，コンクリート外壁に適用される。セメント混和用ポリマーは防水性効果に優れ，製造されたモルタルは，ポリマーセメントモルタルとなる。

吸水性を低下させる機能をもつ表面含浸材を硬化したコンクリート表面に含浸する工法もあり，使用する表面含浸材は浸透性吸水防止材ともよばれ，特にコンクリート外壁に適用される。

　鉄筋コンクリート造の地下構造物の外壁や床，水槽などの下地が水分を含んでいる場合には，ケイ酸質微粉末（活性シリカ），セメント，細骨材，セメント混和用ポリマーなどを調合したケイ酸質系塗布防水材が使用される。この防水工法においては，活性シリカから溶出するケイ酸イオンが下地コンクリート中のカルシウムイオンと反応してコンクリート表層部を緻密化して防水性を付与する。

1-3-3　材料や部材のすきまに不透水性の材料を詰める工法

　シーリング材を用いた工法であり，詳細については，本編7の水密・気密性の項で述べている。

2 防火性

建築物には，木材，紙，プラスチック類などの可燃性材料が多く使用されており，家具やその他の生活用品にも可燃性材料が多用されていることから，建築物は火災に対して潜在的危険性が高いといえる。また，最近の火災統計によれば，全火災の約55％は建築火災であり，そのうち約半数が住宅火災である。そのため，建築物については，建築基準法，同施行令などで，用途，規模およびそれが建てられている場所（地域）の状況などに応じて，火災に対する対策を講じることを規定している。以下「建築基準法」を「法」，「同施行令」を「令」と略称する。

2-1 構造，建築物および材料の分類

2-1-1 構造の分類

構造は，耐火構造，準耐火構造および防火構造に分類されるが，火災による建築物の倒壊や延焼，ならびに建築物周辺で発生する火災による延焼を防止・抑制する性能によって区分される。各構造において必要とされる性能については，耐火試験において，通常の火災（遮炎性においては，屋内において発生する通常の火災）による火熱が各部位に所要時間加えられたときに，次に示す非損傷性，遮熱性および遮炎性をもつことと規定されている。なお，通常の火災とは，一般的に建築物において発生することが想定される火災を指し，屋内で発生する火災と建築物周辺で発生する火災の両方を含んでいる。耐火試験時の炉内温度は，30分で約850℃，1時間で約950℃，3時間で約1 100℃に達する。

- 非損傷性：構造耐力上支障のある変形，溶融，破壊その他の損傷を生じないこと。
- 遮 熱 性：加熱面以外の面の温度が当該面に接する可燃物の延焼のおそれのある温度以上に上昇しないこと。なお，これを可燃物燃焼温度といい，加熱面以外の面（室内側に相当する面）の最も温度が高い部分の温度で200℃または面全体の平均温度で160℃のいずれか高いほうを指す。
- 遮 炎 性：屋外に火炎を出す原因となる亀裂その他の損傷を生じないこと。

（1）耐火構造（法2条七，令107条）

通常の火災が終了するまでの間，火災による建築物の倒壊および延焼を防止するために必要とされる性能を耐火性能といい，壁,柱,床その他の建築物の部分の構造のうち，耐火性能に関して政令で定める技術的基準に適合する鉄筋コンクリート造，れんが造その他の構造をいう。耐火構造に関する技術水準は，通常の火災による火熱が表2-1に示す時間加えられた場合に要求性能が得られるものである。

（2）準耐火構造（法2条七の二，令107条の2）

通常の火災による延焼を抑制するために必要とされる性能を準耐火構造といい，壁,柱,床その他の建築物の部分の構造のうち，耐火性能に関して政令で定める技

術的基準に適合する構造をいう。準耐火構造に関する技術水準は，通常の火災による火熱が表2-2に示す時間加えられた場合に要求性能が得られるものである。

（3）防火構造（法2条八，令108条）

　建築物の周囲において発生する通常の火災による延焼を抑制するために，建築物の外壁または軒裏に必要とされる性能を防火性能といい，外壁または軒裏の構造のうち，防火性能に関して政令で定める技術的基準に適合する鉄網モルタル塗，しっくい塗その他の構造をいう。防火構造に関する技術水準は，通常の火災による火熱が表2-3に示す時間加えられた場合に要求性能が得られるものである。

表2-1　耐火構造の性能基準

部位		火熱の加えられる時間 最上階からの階数			要求性能
		1〜4*	5〜14	15〜	
壁	間仕切壁（耐力壁）	1時間	2時間	2時間	非損傷性
	外壁（耐力壁）			2時間	
柱		1時間	2時間	3時間	
床				2時間	
梁				3時間	
屋根・階段		30分間			
非耐力壁	延焼のおそれのある部分	1時間			遮熱性
	それ以外の部分	30分間			
床		1時間			
外壁	延焼のおそれのある部分	1時間			遮炎性
	それ以外の部分	30分間			
屋根		1時間			

＊：最上階を1とした。

表2-2　準耐火構造の性能基準

部位		火熱の加えられる時間	要求性能
壁	間仕切壁（耐力壁）	45分間	非損傷性
	外壁（耐力壁）		
柱・床・梁			
屋根（軒裏を除く）・階段		30分間	
非耐力壁・軒裏	延焼のおそれのある部分	45分間	遮熱性
	それ以外の部分	30分間	
床		45分間	
外壁	延焼のおそれのある部分	45分間	遮炎性
	それ以外の部分	30分間	
屋根			

表2-3　防火構造の性能基準

部位	火熱の加えられる時間	要求性能
外壁（耐力壁）	30分間	非損傷性
外壁・軒裏	30分間	遮熱性

2-1-2　建築物の分類

　主要構造部分に加えて，外壁の開口部などの防耐火性能が規定され，表2-4に示すように，建築物は耐火建築物および準耐火建築物に分類される。

　耐火建築物の代表例としては，鉄筋コンクリート造，鉄骨鉄筋コンクリート造，鉄骨造でその軸組を耐火被覆材で覆ったものがある。鋼材は燃焼しないが，火熱によって性能が低下するため，鉄骨造では，構造材料を耐火被覆材で覆うことが必須であり，ロックウールなどの吹付け材，パーライトモルタルなどの塗り仕上材料，ケイ酸カルシウム板，軽量コンクリート板，ACLパネルなどの成形品が耐火被覆材として使用される。鉄筋および鉄骨鉄筋コンクリート造においてはコンクリートのかぶり厚の部分が鉄筋や鉄骨の耐火被覆の役目を果たしている。

　準耐火建築物は，柱および梁を不燃材料で構成するとともに，その他の主要構造部分を不燃材料を中心に構成し，外壁および屋根についても所要の防火性能を有する建築物である。木造軸組工法，枠組壁工法，鉄骨造，木質系プレハブ工法，鉄鋼系プレハブ工法などによる建築物があり，類焼の危険性は少ないが，耐火建築物にくらべて自己火災の場合の焼落ち現象が発生しやすい。

　防火建築物という名称はないが，木造建築物は，延焼のおそれのある外壁および軒裏をモルタル，スレートボード，コンクリートパネルなどで被覆するとともに，屋根を瓦，鉄板，スレートボードなどの不燃材料で葺き，近隣火災からの火炎の着火時間を遅延するように措置を講じなければならない。また，建築基準法（法25条）では，「延べ面積（同一敷地内に2以上の木造建築物等がある場合においては，その延べ面積の合計）が1 000m^{2}を超える木造建築物等は，その外壁及び軒裏で延焼のおそれのある部分を防火構造」にしなければならないとしており，木造建築物については，特に，延焼防止の観点からの防火対策が重要である。

表2-4　耐火性能による建築物の分類

耐火建築物 （法2条九の二）	壁，柱，床，階段などの主要構造部分を耐火構造とした建築物，または外壁および外壁以外の主要構造部について室内で発生する火災が終了するまでその火熱に耐えかつ，外壁が建築物周囲で発生する火災が終了するまでその火熱に耐える建築物で，外壁の開口部で延焼のおそれのある部分に防火性能の高い防火戸その他の防火設備*をもつ建築物
準耐火建築物 （法2条九の三）	耐火建築物以外の建築物で，主要構造部分を準耐火構造とした建築物，またはそれと同等の準耐火性能を有する主要構造部の措置がなされている建築物で，外壁の開口部で延焼のおそれのある部分に防火性能の高い防火戸その他の防火設備をもつ建築物

＊防火設備とは，通常の火災時における火炎を有効に遮るために防火設備に必要とされる遮炎性能をもつ構造を有しているものをいう。

2-1-3　材料の分類

　防火性に関して，材料は次の3種類に分類される。

　①不燃材料，②準不燃材料，③難燃材料

2-2 材料の燃焼と種類

2-2-1 材料の燃焼

材料の燃焼は，材料が加熱されて熱分解ガスを発生して，火源があると火がつく引火（着火）と，加熱温度が高く火源がなくても燃え始める発火にはじまり，それらの現象が生じる温度を引火温度（引火点）および発火温度（発火点）といい燃焼性の評価基準となる。また，火災の着火性試験においては，所要の条件下での着火までの時間（着火時間）が評価される。なお，材料に引火したら消えにくい温度を火災危険温度という。木材の場合，引火温度は250～290℃，発火温度は400～450℃，火災危険温度は260℃である。材料の燃焼は酸素と熱の供給によって継続されるため，大断面の木質部材表面が燃焼して炭化すると炭化層の熱伝導率が低いことによって部材が完全燃焼しないことがある。

燃焼しない場合でも，火災時の加熱によって，材料や材料中の空気の熱膨張，材料の軟化・溶融や強度低下が生じることになる。一方，火災時に材料の燃焼が継続すると火炎が伝播するとともに，発煙，発ガスが生じて，建物内での見通しが悪くなったり，呼吸困難が生じるなどの避難上の困難が発生する。

2-2-2 不燃・難燃材料の種類

建築材料のうち，材料に通常の火災による火熱が加えられた場合に，加熱開始後20，10および5分の間に次の要件を満たすものを，それぞれ，不燃材料，準不燃材料および難燃材料としている。（法2条九，令108条の2）

① 燃焼しないこと
② 防火上有害な変形，溶融，き裂その他の損傷を生じないものであること
③ 避難上有害なガスを発生しないものであること（外装材には適用しない）

平成12年の告示によれば，不燃・難燃材料としては，表2-5のようなものがある。

表2-5 不燃材料，準不燃材料，難燃材料の例（平成12年建設省告示）

不燃材料
・コンクリート・れんが・瓦・陶磁器質タイル・繊維強化セメント板
・ガラス繊維混入セメント板（厚さ3mm以上）
・繊維混入ケイ酸カルシウム板（厚さ5mm以上）
・鉄鋼・アルミニウム・金属板・ガラス・モルタル・しっくい・石
・せっこうボード（厚さ12mm以上，ボード用原紙の厚さ0.6mm以下）
・ロックウール・グラスウール板
準不燃材料
・せっこうボード（厚さ9mm以上，ボード用原紙の厚さ0.6mm以下）
・木毛セメント（厚さ15mm以上）
・硬質木片セメント（厚さ9mm以上，かさ比重0.9以上）
・木片セメント（厚さ30mm以上，かさ比重0.5以上）
・パルプセメント（厚さ6mm以上）
難燃材料
・難燃合板（厚さ5.5mm以上）
・せっこうボード（厚さ7mm以上，ボード用原紙の厚さ0.5mm以下）

コラム　〜コーンカロリーメーター試験〜

　平成12年（2000）の建築基準法改訂において，性能規定の観点から，材料防火性能を評価する試験として，コーンカロリーメーター試験が規定された。この試験方法においては，コーンヒーターにより試料を加熱して燃焼させ，その燃焼ガスの酸素濃度から材料の燃焼による発熱速度を測定するとともに，総発熱量および試験後の試験体の状態を性能評価項目としている。

コーンカロリーメーターによる燃焼時間と性能規定

試験時の燃焼時間	不燃材料	20分
	準不燃材料	10分
	難燃材料	5分
各試験時間において満足すべき性能（3回の試験による）	総発熱量	8MJ/m^2以下であること
	最高発熱速度	10秒を超えて継続して200kW/m^2を超えることがないこと
	試験後の試験体の状態	防火上有害な裏面まで貫通する亀裂および穴がないこと

コラム　〜仕様規定と性能規定〜

　材料の性能はさまざまな試験によって評価され，その性能を生かして建築材料として用いられている。材料を選択する場合には，その機能を見極める必要があるが，それを容易にするために，材料の種類やその寸法，材料の具体的な組合せなどをあらかじめ定めておく措置がとられ，これを「仕様規定」とよぶ。したがって，仕様規定が示されている場合には，建築物の設計時に，材料や部位の仕様を容易に選択でき，要求される最低限の性能を保証することができる。

　一方，技術革新が進むなかで，多くの新しい材料や構法が開発されており，それらを用いることによって，建築設計の自由度が増すことが考えられる。そこで，さまざまな材料や構法を用いることができるようにするために，「性能規定」という考え方がある。性能規定においては，材料や部位についての「性能」が示されており，その性能を満足する材料や構法であれば，材料の種類や寸法，材料の組合せにはとらわれないことになる。

　平成12年6月の建築基準法の改定においては，性能規定の考え方が導入されており，建築設計の自由度が増し，新しい材料や構法の開発が積極的に進められている。構造体に関する2時間耐火などの規定は，性能規定である。

　なお，法令などにおける仕様規定と性能規定の記述の違いは次のようである。

・**仕様規定**：
　　耐火構造の構造方法を定める件（平成12年建設省告示第1399号）（抜粋）

2時間耐火の耐力壁である間仕切壁

イ　鉄筋コンクリート造，鉄骨鉄筋コンクリート造，鉄骨コンクリート造（鉄骨に対するコンクリートのかぶり厚さ3cm未満を除く）で厚さが10cm以上のもの

ロ　軸組みを鉄骨造とし，その両面を塗厚さ4cm以上の鉄網モルタルで覆ったもの

・**性能規定：**

建築基準法施行令第107条（抜粋）

法第2条第七号の政令で定める技術的基準は，次に掲げるものとする。

　一　次の表に掲げる建築物の部分にあっては，当該部分に通常の火災による火熱がそれぞれ次の表に掲げる時間加えられた場合に，構造耐力上支障のある変形，溶融，破壊その他の損傷を生じないものであること。

3 断熱・保温性

3-1 機能と原理

建築物においては，暖・冷房，太陽熱の作用などにより，屋外から屋内，または屋内から屋外に熱の移動が生じる。そのような熱の移動によって，室内での温湿度変化や結露によるカビの発生などによって，居住性や作業性が影響されるとともに，壁や床の構成材料の性能にも影響が及ぶこともある。このような熱の移動に対して遮蔽性に優れる材料が断熱材料（thermal insulation material）であり，基本的には，材料中で空気の移動が生じにくい空気層を多く含む材料が断熱材料として使用される。

断熱材料は，狭義には，断熱材，保温材および保冷材に分類され，保温したい温度よりも高い温度の影響を防ぐための材料を断熱材，保温したい温度状態の熱損失を防ぐための材料を保温材（hot insulation material），常温以下の物体を被覆して侵入熱量を小さくし，その表面に結露を生じさせないために使用する材料を保冷材（cold insulation material）とよぶ。断熱材は壁などの断熱に，保温材や保冷材は設備配管などに使用される。ロックウールなどの断熱材料は基材とよばれ，その表面を覆ったり，表面材を張り付けたりした製品を断熱材というが，ここでは，それらを区別することなく断熱材と称することとする。

3-1-1 熱の移動と性質

熱はエネルギーの一種で，高温の部分から低温の部分へ移動する性質があり，熱の移動は次の3つの要因で生じる。

- 伝導（conduction）：均質物質（固体・流体・気体）内で生じる熱の移動
- 対流（convection）：流体（液体・気体）内の温度差による熱の移動
- 放射（radiation）：互いに離れている物体間で電磁波として伝わる熱の移動（ふく射ともいう）。

なお，熱が伝導，対流，放射またはこれらの複合によって移動することを熱移動または伝熱，熱が対流，放射またはこれらの複合によって移動することを熱伝達という（いずれも，heat transfer）。

建築物における壁や床などの壁体で仕切られた2つの空間に温度差がある場合の熱移動の概念を図3-1に示す。放射や対流によって表面材に熱が伝達し，表面材内部では伝導が生じる。表面材を移動した熱は，壁体の空間部分では放射や対流によって，表面材に接する断熱材などでは伝導によって移動する。その結果，さらに，放射・対流によって低温空間に熱が移動して，空間・部材温度が変化する。

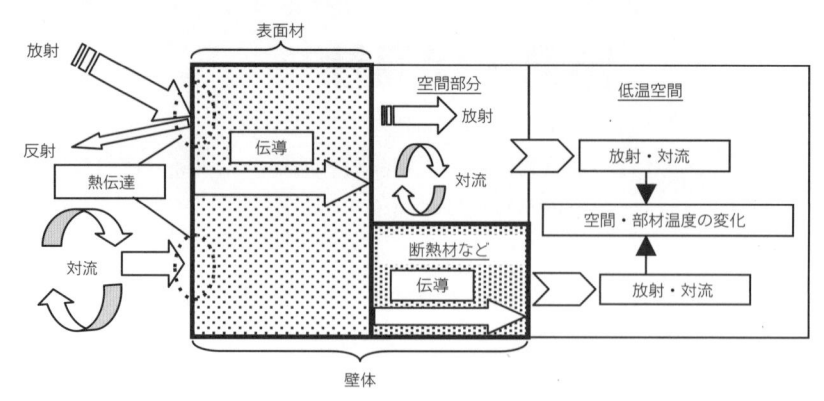

図3-1 壁体を通しての熱移動の概念図

3-1-2 断熱材の性質

材料や部位の断熱・保温にかかわる熱的性質は，比熱，熱伝導率，熱貫流率などを指標として表される。これらの単位については，V編の3で述べられている。

また，（質量）×（比熱）〔単位：J/K〕で表される物性値として熱容量（heat capacity, thermal capacity）がある。熱容量が大きい材料は温まるまでに時間がかかるが冷めにくい性質を有している。コンクリートの壁などは熱容量が大きいため，外断熱工法を適用すると，外気温の影響を遮断するばかりでなく，室内の空調によって得られた熱を壁に貯えることによって，室内空間の温度を安定化させ，温度制御のためのエネルギー削減も可能になる。熱伝導率は，材料の熱の伝えやすさを表す指標であるが，熱の伝わりにくさを示す指標として熱抵抗がある。これは，材料の2表面において単位時間に単位面積を通過する単位熱流量によって生じる両面の温度差を表わしている。したがって，断熱材料としては，熱伝導率が小さく，熱抵抗が大きいものが使用され，建築物に用いられる断熱材は，常温での熱伝導率が 0.065 W/(m·K) 以下で，0.5 (m²·K)/W 以上の熱抵抗をもつものといわれている。

熱貫流率は，壁や床などの壁体の両面が温度の異なる空気に接するとき，単位面積の壁体を通過して，高温側から低温側空気へ単位時間に伝わる熱量を表している。建築物においては，壁体はいくつかの材料で構成されており，その場合の熱貫流率は，壁構成材料のそれぞれの厚さと熱伝導率の合計値を用いて算出される。一般に，断熱材料などの単体の断熱性能については熱伝導率，壁や床などの構成部材全体の断熱性能については熱貫流率を指標として評価する。表3-1には，おもな断熱材の熱伝導率を示す。

なお，材料の断熱性能は厚さが厚いほど優れ，気密性の高い空間層も断熱性を高めるのに有効に作用する。また，図3-2に示すように，密度が小さい材料ほど熱伝導率が小さく断熱性が高いといえるが，繊維系断熱材の場合，密度が小さくなりすぎると断熱材中で対流が生じ，熱伝導率が大きくなる傾向を示す。材料表面での熱の移動は対流によるため，材料表面が粗面であると，対流現象に追従し

にくい空気層ができるため，表面が粗面状であるほど熱伝達が少なく，断熱性を高めることになる。

一方，表3-1に示したように，空気にくらべて水の熱伝導率は大きいため，断

表3-1 おもな断熱材の熱伝導率

材料分類	材料名	熱伝導率 (W/(m·K))	比熱 (kJ/(kg·℃))	密度 (kg/m³)
繊維系断熱材	グラスウール	0.049	0.84	—
	グラスウール保温板	0.046	0.84	32
	ロックウール保温板	0.044	0.84	40〜100
	吹込み用グラスウール	0.052	0.84	13〜20
	セルローズファイバー	0.044	1.26	25
	吹付けロックウール	0.047	0.84	200
発泡プラスチック系断熱材	ビーズ法ポリスチレンフォーム	0.034	1.01〜1.51	27以上
	押出法ポリスチレンフォーム	0.028		20以上
	硬質ウレタンフォーム	0.024		35〜45
	吹付け硬質ウレタンフォーム	0.025	—	25以上
	高発泡ポリエチレン	0.043	1.01〜1.59	40〜65
	フェノールフォーム保温板	0.030		30以上
無機多孔質保温材	けい酸カルシウム保温材	0.049〜0.062	—	135〜220
繊維板	インシュレーションボード	0.045〜0.070	1.30	350未満
水		0.60	4.2	998
空気		0.022	1.0	1.3

「日本建築学会編：建築材料用教材，2009 p.115」からの抜粋

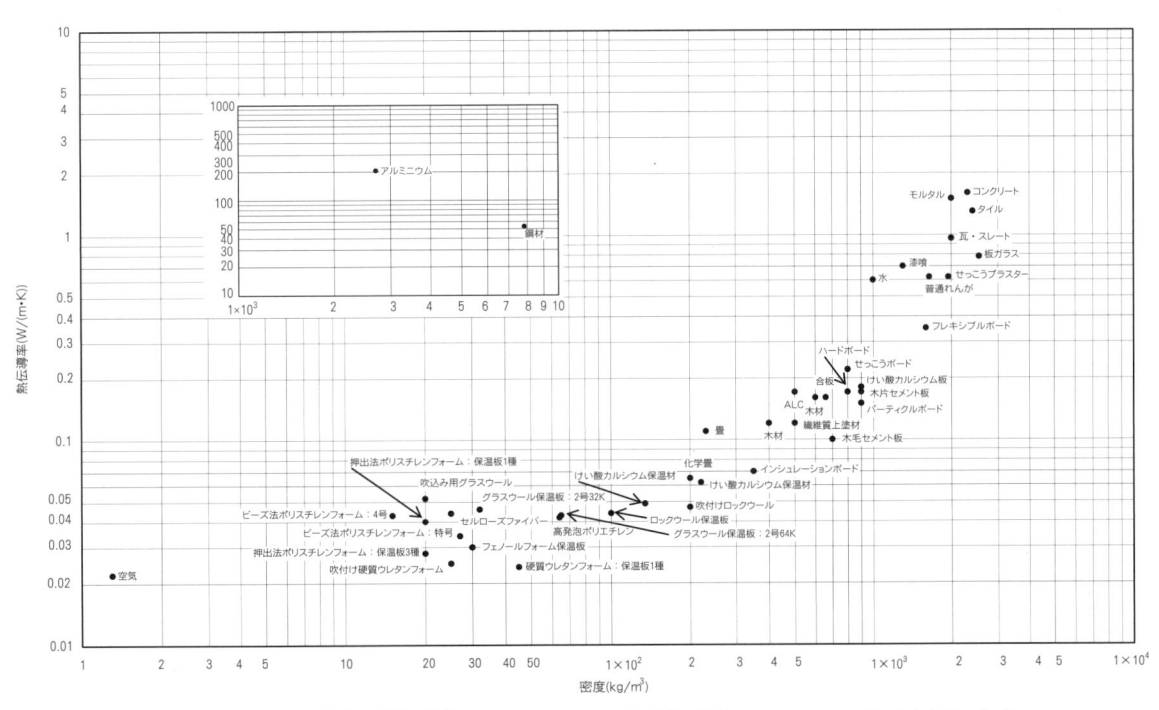

図3-2 建築材料の密度と熱伝導率（日本建築学会編：建築材料用教材，2009，p.115のデータを参考に作成）

熱材が湿気や水分を含むと熱伝導率は低下する。したがって，同一材料であっても，湿度環境の異なる空間ではその性能が変化するため，断熱設計に際してはこのことを十分考慮する必要がある。

熱の移動は放射によっても生じるため，放射線の吸収や材料からの放射を低減することも重要である。そのような熱遮断性を向上させるために，断熱材表面や部材にアルミニウムはくなどの反射材が積層される。

3-2 断熱材の種類と断熱工法

3-2-1 断熱材の種類

断熱材は，材料中に多くの空気層を含む組織構造をもつものであり，フェルト状やマット状の繊維系断熱材や繊維板，独立気泡を多く含む発泡プラスチック系断熱材，気泡を含ませた成形品として製造される無機系多孔質保温材，反射材と空気層からなる層状組織に大別される。ここでは，JISに規定されている断熱材および保温材を示す。

(1) 繊維系断熱材

- JIS A 9504（人造鉱物繊維保温材）：グラスウールおよびロックウールを用いた断熱材で，フェルト状，ブランケット状，ボード状などの製品がある。
- JIS A 9523（吹込み用繊維質断熱材）：グラスウールを小塊状に加工したもの，ロックウールに接着材を加えたものを小塊状に加工したもの，および木質繊維を解繊して面状にしたセルローズファイバーがあり，断熱箇所に吹き込んで使用される。

(2) 発泡プラスチック系断熱材

- JIS A 9511（発泡プラスチック保温材）：ビーズ法ポリスチレンフォーム，押出法ポリスチレンフォーム，硬質ウレタンフォームおよびフェノールフォームで製造したもので，ボード状や筒状の製品がある。製品は，定形の型内で発泡させる方法，押出しによって定形に成形する方法，ならびに板状などに成形したものから切り出す方法によって製造される。
- JIS A 9526（建築物断熱用吹付け硬質ウレタンフォーム）：建築物の断熱用として吹付けによって成形する硬質ウレタンフォームであり，現場で施工するもの（現場発泡）または工場で吹付けによってボード状製品を製造するものを指している。

(3) 無機系多孔質保温材

JIS A 9510（無機多孔質保温材）に規定されるもので，ロックウールのような補強材用繊維を混合したケイ酸カルシウム水和物およびこれにはっ水剤を添加してはっ水性をもたせたケイ酸カルシウム保温材成形物，パーライト，結合材，補強用繊維およびはっ水剤を成分とするはっ水パーライト保温材がある。これらの保温材は高温の設備配管の保温に使用されることが多く，たとえば，ケイ酸カルシウム保温材は100℃での熱伝導率が0.065W/(m・K)以下，はっ水パーライト保温材は平均70℃での熱伝導率が0.072W/(m・K)以下と規定されている。

（4） 繊維板

植物繊維を主成分として成形したもので，JIS A 5905（繊維板）には，インシュレーションファイバーボード（インシュレーションボード），ミディアムデンシティファイバーボード（MDF）およびハードファイバーボード（ハードボード）がある。断熱材としては，密度350kg/m³以下のインシュレーションボーが使用される。

3-2-2 断熱工法

断熱材を建築物に使用する場合には，その形状によって適用される工法が異なる。表3-2には，JASS 24（断熱工事）による断熱工法の種類を示す。

表3-2　断熱工法の種類 (JASS 24)

種　類	解　説
はめ込み工法	フェルト状またはボード状断熱材を根太や間柱などの下地材の間にはめ込む工法
張付け工法	ボード状断熱材を接着剤・ボルト・釘などにより壁面などに取り付ける工法
打込み工法	ボード状断熱材をあらかじめせき板に取り付けるか，そのものをせき板として用いてコンクリートを打ち込むことにより取り付ける工法
吹込み工法	ばら状断熱材または現場発泡断熱材をホースなどにより吹き込む工法，または壁体などの空隙に流し込む工法
吹付け工法	現場発泡断熱材またはばら状断熱材を壁面などに吹き付ける工法

コラム　〜複層ガラス〜

複層ガラスとは，2枚の板ガラスの密封空間に露点−35℃以下の乾燥空気を封入したものであり，JIS R 3209（複層ガラス）には，断熱複層ガラスと日射熱遮へい複層ガラスがある。空気の熱伝導率が小さく，密封空間が微小で対流が生じにくいことを利用したもので，日射熱遮へい複層ガラスは放射による熱伝達の抑制効果を有している。最近では，密封空間を真空状態にした複層ガラスも開発されており，空気層による伝導と対流が生じないため，断熱性がさらに向上する。

コラム　〜遮熱材料〜

放射による伝熱を抑制する材料として，屋根や壁用の遮熱塗料，ガラス面用の透明遮熱塗料および壁や屋根構成材料としての遮熱材料が開発されている。放射による熱の移動は電磁波によるものであり，これらの遮熱材料はその反射性能に優れている。たとえば，波長3〜5μmの電磁波に対するコンクリートや木材の反射率は5〜10%程度であるが，光沢のあるアルミニウムは95%の反射率をもつ。

4 音響特性

4-1 機能と原理

人間にとって音はさまざまな役目を果たしている。また，音楽堂，劇場，放送施設などにおいて，室内空間における音響調整が要求される。一方，それらを含めた建築物の内部においても，走行時の衝撃音，機械の騒音などの低減や遮蔽，室内音の外部への遮断および外部の騒音の遮断などが求められる。このような音環境の制御のために，吸音材料（sound absorptive material）および遮音材料（sound insulation material）が使用される。

図4-1には，音の反射，吸収および透過の概念を示す。音は，I_i の音エネルギーとして壁体に入射する。その際，入射音の一部は，I_r の音エネルギーとして壁体に反射され，壁体に入射した音エネルギーの一部は，I_a の音エネルギーとして壁体に吸収され，I_t の音エネルギーが透過音として伝播する。

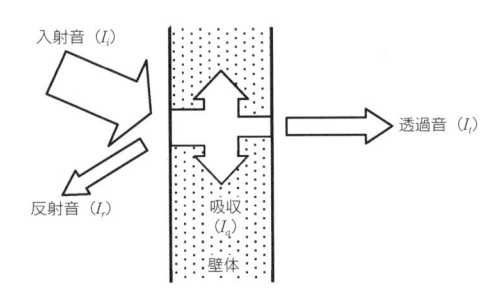

図4-1 音の反射，吸収および透過

吸音性とは，一般に，音エネルギー I_i に対して I_r がいかに小さいかを意味する概念であり，その指標として吸音率（sound absorption coefficient）が用いられ，反射される音エネルギーの程度は反射率（reflection coefficient）で表される。一方，遮音性とは，一般に，音エネルギー I_i に対して I_t がいかに小さいかを意味する概念であり，その指標として透過率（transmission coefficient）が用いられる。

ただし，通常，材料の遮音特性を示す場合には，音の透過損失（transmission loss）による表示方法が用いられる。音の透過損失とは，入射音の音エネルギー I_i と透過音の音エネルギー I_t の音圧レベル差で表されるもので，次式のように示される。

$$TL = 10 \log_{10}\left(\frac{I_i}{I_t}\right) = 10 \log_{10}\left(\frac{1}{\tau}\right)$$

ここに，TL：音の透過損失（dB），τ：透過率

なお，これらの音エネルギーとその指標である吸音率，透過率および反射率については，V編の5で述べられている。

4-2 吸音方法と材料

材料の吸音方法は次のように大別される。

4-2-1 多孔質材料による方法

微細な連続気泡を多く含む材料を用いる方法であり，材料に音が入射すると，

微細組織中で反射しながら音エネルギーが熱エネルギーに変換されて吸音される。この種の材料では，高周波数音に対する吸音効果が大きい。

4-2-2 板状材料の振動による方法

板状材料の裏面に空気層を設け，板材の下地への取付けを柔軟にする方法で，音による板材の振動が裏面空気層に伝播して，振動エネルギーが熱エネルギーに変換されて吸音される。しかし，この方法においては，音の種類と材料との組合せを誤ると，かえって不快を伴う残響音を長く残すことになるので，音響設計時にはこのことを十分に配慮する必要がある。この方法は，膜状材料による方法とともに，低音域の吸音効果が大きい。

4-2-3 膜状材料による方法

膜状材料の裏面に空気層を設けるか，または空気を多く含んだ繊維材料などを配置して，音による膜状材料の振動エネルギーを熱エネルギーに変換させることによって吸音する方法である。この方法は，壁や天井面に柔らかさを与え，化粧性も向上することから多目的に広く用いられている。

4-2-4 あなあき板による方法

ボード類に貫通孔を設けておき，表面から入る音を貫通孔を通じて裏面の空気層に導き，吸音させる方法である。しかし，この方法においては，音の周波数，穴の大きさや形状，裏面空気層の厚さなどによって吸音効果が大きく異なるので，その選択には，十分な配慮が必要である。なお，裏面の空気層に繊維質材料などを配置することによって吸音効果の向上が期待できる。

4-2-5 成形吸音板による方法

材料表面に凹凸模様または半貫通孔を設けておき，入射音に対し反射度数を多くし，エネルギーを吸収低減させ，反射音を小さくする方法である。この方法による場合は，高周波音に対する吸音効果が大きい。

これらの方法に使用される吸音材の種類を表4-1に示す。

表4-1　吸音材の種類

吸音材の分類	吸音材の種類
多孔質材料	ロックルール，グラスウール，吹付けロックウール，木毛セメント板，木片セメント板，軽量コンクリート，ブロック，軟質ウレタンフォーム，ポリエチレンフォーム，織物，じゅうたん
板状材料	せっこうボード，スレート，ハードファイバーボード，合板
膜状材料	ポリ塩化ビニルシート，ポリエチレンシート，帆布カンバス
あなあき板	吸音用あなあきせっこうボード，吸音用あなあきスレートボード，吸音用あなあきハードファイバーボード，あなあき合板，あなあきケイ酸カルシウム板
成形吸音板	吸音用インシュレーションファイバーボード，ロックウール吸音ボード，グラスウール吸音ボード，ロックウール化粧吸音板

なお，JIS A 6301（吸音材料）では，ロックウール吸音板，グラスウール吸音板，吸音用軟質ウレタンフォーム，ロックウール化粧吸音板，吸音用インシュレーションファイバーボード，吸音用木毛セメント板，吸音用あなあきせっこうボード，吸音用あなあきスレートボードおよび吸音用あなあきハードボードの品質や試験方法などについて規定している。

4-3 遮音方法と材料

単一材料のボード類やパネルの場合，ALCパネルのような厚い材料では比較的高い遮音性が得られるが，通常のボード類では，それ自体による遮音性はあまり期待できない。そのため，さらに優れた遮音性を期待する場合には，適当な空気層を設けるなどした複合パネルを用いたり，複数の材料を使用して床や壁を構成する。たとえば，複合パネルとしては，せっこうボード＋グラスウール＋せっこうボード，合板＋ウレタンフォーム＋合板などの材料構成で製造されたものがある。

建物のうち，特に，長屋および集合住宅の戸境壁の遮音性はきわめて重要なことから，建築基準法などでその遮音性能を規定している。

一方，床や陸屋根においては，種々の衝撃音の影響を受ける。このうち日常生活に関係するのは，靴履での歩行，生活用品の落下などの比較的軽量で硬い衝撃が加わったときの床衝撃音である軽量床衝撃音，および子供の飛跳ねや走り回りなどによる比較的重く柔らかい衝撃による床衝撃音である重量床衝撃音である。床の材料構成においては，これらの衝撃音の遮断を考慮する必要がある。また，運動競技施設の床については，遮音性に加えて防振性や競技者の安全性も要求されるため，クッションゴムやコイルスプリングなどを用いた束によって床を構成している。

なお，Ⅱ編の部位と材料には，壁や床の材料構成が示されている。

5 接着性・接合性

5-1 機能と性能

建築物は，さまざまな部材や材料を継ぎ合わせたり，張り付けたり，塗り付けたりして，すなわち，材料と材料を接合して構成されている。これらの接合の目的は，構造上の力を伝達するため，被着材を下地に保持するための2種類に分類できる。前者は，主として構造部材の継手や仕口の力の伝達を目的とし，継手は同種材料の長手方向につなぐもので，仕口は柱部材と梁部材など部材の取り合い部分をいう。後者は構造躯体に施工する下地材や仕上材を取付ける部分で，下地材や仕上材の自重の保持，強風時の負荷や地震時の層間変形による剥離防止を目的としている。また，接合部の性能向上を目的として，水密性・気密性を確保するためのシーリング材や美観性を確保するためのコーナービートなどがある。

接合の原理は図5-1のように，物理化学的接合と機械的接合に区分でき，物理化学的接合とは，接着剤を用いる接合，材料を加熱溶融する接合および自着をいう。機械的接合には，木材の仕口，継手などの母材を加工する接合，くぎ・ボルト・ビスなどの金物による接合，接合部を補強する補強金物による接合，左官材料の塗り付けに用いられるラスにおける接合などがある。

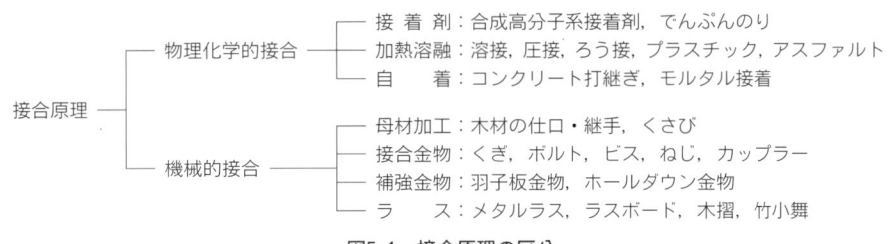

```
                    ┌ 接 着 剤：合成高分子系接着剤，でんぷんのり
         ┌物理化学的接合─┼ 加熱溶融：溶接，圧接，ろう接，プラスチック，アスファルト
         │          └ 自   着：コンクリート打継ぎ，モルタル接着
接合原理 ─┤
         │          ┌ 母材加工：木材の仕口・継手，くさび
         │          ├ 接合金物：くぎ，ボルト，ビス，ねじ，カップラー
         └機械的接合─┼ 補強金物：羽子板金物，ホールダウン金物
                    └ ラ   ス：メタルラス，ラスボード，木摺，竹小舞
```

図5-1 接合原理の区分

5-2 物理化学的接合

物理化学的接合には，接着，溶接，自着がある。接着（adhesion）とは，同種または異種材料間に接着剤（材）（adhesive）を介在させて，それらを接合させることである。一方，セメントコンクリートやモルタルの打継ぎ，熱可塑性樹脂を高温半溶融状態にするかまたは溶剤で溶かした状態での接合は，同種の材料の構成分子が入り混じることによるもので，自着（autohesion）という。

一方，金属や熱可塑性樹脂などの接合において，2個以上の母材（接合される材料）を熱，加圧またはその両方によって一体化する操作を溶接（welding）という。溶接には，母材に近い組成をもつ溶加材（溶融して接合部と一体になる材料）を用いる場合と用いない場合があるが，接合部は母材や溶加材の構成分子あるいは原子が入り混じった組織構造となる。

5-2-1 接 着

（1） 接着の機構

接着とは，同種または異種材料の間に接着剤（材）を介在させて，それらを接

合させることである。接合される材料は被着材または被着体（adherent）とよばれる。接着は，固有接着と被着材表面に対する機械的な作用によるもので，2つの材料間に接着剤が介在した状態で生じているが，厳密には，接着剤がそれぞれの材料と結合し，その結果，2つの材料が接着していると理解することができる。したがって，塗料や仕上塗材を施工する場合にも，それらの材料は素地（下地）に接着して性能を発揮するため，塗料や仕上塗材についても接着の機構を理解することが重要となる。

a 固有接着

固有接着（specific adhesion）とは，接着剤と被着材間で生じる原子間結合（一次結合）としての共有結合およびイオン結合，分子間結合としてのファンデルワールス結合（二次結合）および水素結合による接着をいう。一般的には，二次結合による接着が多いが，エポキシ樹脂による接着は水素結合を伴うことから，その接着性が優れることが知られている。なお，一次結合による接着剤としてはイソシアネート系接着剤がある。

b 機械的な作用による接着

機械的な作用による接着とは，被着体表面のミクロな細孔のなかに接着剤が浸入する作用（投錨効果）と被着体表面のミクロな細孔や凹凸と接着剤がからみあう作用（ファスナー効果）によって接着の効果を得ることをいう。

接着剤や塗料を用いる場合に，被着材や素地表面を平滑に仕上げるのは物理化学的な作用を発揮させるためであり，目荒らしを施すのは機械的な作用を発揮させるためである。したがって，塗料における素地ごしらえと同様に，接着剤の利用においても，被着材表面の処理が重要となる。図5-2には，被着材と接着剤との接着界面における機械的な作用による接着の概念図を示す。

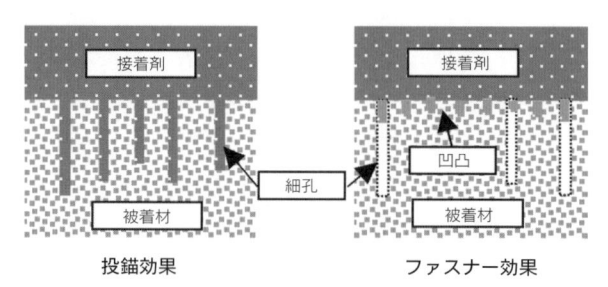

図5-2 被着材と接着剤との接着界面における機械的な作用による接着の概念図

（2） 接着剤の種類

接着剤の種類を主成分によって分類すれば，天然高分子系接着剤，合成高分子系接着剤およびその他に分類できる。

a 天然高分子系接着剤

デンプン，カゼイン，ゼラチン，メチルセルロースなどがあるが，接着力や耐水性に劣る欠点があり，最近では，合成高分子系接着剤が多用されている。

b 合成高分子系接着剤

1) **熱硬化性樹脂系接着剤**　熱硬化性樹脂を主成分とする接着剤で，配合された触媒や硬化剤と反応して硬化する。熱硬化性樹脂接着剤には，尿素樹脂，メラミン樹脂，フェノール樹脂，レゾルシノール樹脂，ポリエステル樹脂などを主成分とするものがある。

2) **熱可塑性樹脂系接着剤**　熱可塑性樹脂を主成分とする接着剤で，有機溶剤または水を溶剤とし，溶剤が揮発することによって接着力を発揮する溶剤揮散形（前者を溶剤系，後者をエマルション系という）と，固形またはフィルム状の樹脂を加熱溶融して被着体に塗布し，冷却することによって接着力を発揮するホットメルト形がある。熱可塑性樹脂系接着剤には，酢酸ビニル樹脂およびその誘導体やアクリル樹脂を主成分とするものと，シアノアクリレート接着剤などがある。熱可塑性樹脂はガラス転移点を有することから，接着剤として使用された後にガラス転移温度よりも高い温度にさらされると接着力が低下する。

3) **エラストマー接着剤**　Ⅳ編 3-2 で述べるゴム状弾性をもつ高分子であるエラストマーを主成分とする溶剤揮散形の接着剤であり，溶剤系とラテックス系（水を溶剤としたもの）に分類される。エラストマー接着剤には，天然ゴムおよび再生ゴム，クロロプレンゴム，ニトリルゴム，スチレンブタジエンゴムなどを主成分とするものがある。

4) **その他の接着剤**　その他の接着剤としては，エマルションやラテックスとイソシアネート化合物あるいはそのプレポリマーからなる混合形接着剤，水ガラスのような無機高分子系接着剤などがある。

(3) 接着剤の性質

接着剤の接着機構は前述したとおりであるが，その性質は接着剤の主成分に依存するほか，接着剤への配合材料によってもその性質を制御することができる。主成分や配合材料によって次のような性質を発揮する接着剤があり，機能性接着剤として分類される。

　電気的性質：導電性接着剤・絶縁性接着剤
　力学的性質：構造用接着剤・弾性接着剤
　熱的性質：耐熱性接着剤・極低温用接着剤・難燃性接着剤
　被着体表面の性質：油面用接着剤・湿潤面用接着剤
　硬化機能の改質：紫外線硬化形接着剤・電子線硬化形接着剤
　光学的性質：透明接着剤

(4) 接着剤の用途

機能性接着剤のうち，建築分野で使用されるものに，構造用接着剤（長期間大きな荷重に耐える信頼できる接着剤）があり，SSG (Structural Sealant Grazing) 工法に用いられるシリコーン系接着剤や，RC 構造物のひび割れ補修に用いられる建築補修用注入エポキシ樹脂などがそれに相当する。しかし，建築分野における接着剤の用途としては，非構造用のものが多い。表 5-2 には，建築

用接着剤のJIS一覧を示す。また，表5-3には，接着剤の種類とおもな用途を示す。なお，接着剤の選択にあたっては，塗料と同様に被着材との相性を考慮する

表5-2 建築用接着剤のJIS一覧

JIS番号	名称
JIS A 5536	床仕上げ材用接着剤
JIS A 5537	木れんが用接着剤
JIS A 5538	壁・天井ボード用接着剤
JIS A 5547	発泡プラスチック保温板用接着剤
JIS A 5548	陶磁器質タイル用接着剤
JIS A 5549	造作用接着剤
JIS A 5550	床根太用接着剤
JIS A 5557	外装タイル張り用有機系接着剤
JIS A 6024	建築補修用注入エポキシ樹脂
JIS A 6922	壁紙施工用および建具用でん粉系接着剤
JIS K 6804	酢酸ビニル樹脂エマルジョン木材接着剤
JIS K 6806	水性高分子－イソシアネート系木材接着剤

表5-3 建築分野で使用される接着剤の種類とおもな用途

	種　　類		おもな用途
建材取付用	酢酸ビニル樹脂系	エマルション形	ビニル床タイル，壁ボード，天井ボード
		溶剤形	ビニル床タイル，木レンガ，壁ボード，天井ボード
	ビニル共重合樹脂系	エマルション形	ビニル床タイル，プラスチックフォームボード
		溶剤形	ビニル床タイル，プラスチックフォームボード
	合成ゴム系	溶剤形	壁ボード，天井ボード，プラスチックフォームボード，陶磁器質タイル
		ラテックス形	ビニル床タイル，プラスチックフォームボード，陶磁器質タイル
	エポキシ樹脂系		ビニル床タイル，木レンガ，壁ボード，天井ボード，プラスチックボード，陶磁器質タイル
	ポリマーセメント系		プラスチックフォームボード
	でん粉系		壁紙
木材接着用	ユリア樹脂		合板，集成材，パーティクルボード，一般木工
	フェノール樹脂		合板，集成材，積層材，パーティクルボード，一般木工
	カゼイン		家具，建具，集成材合成
	メラミン・ユリア共縮合樹脂		合板，集成材，パーティクルボード，一般木工
一般工作用	セルロース系		木材，紙
	ビニル樹脂系	酢酸ビニル樹脂系	木材，紙
		塩化ビニル樹脂系	塩化ビニル樹脂
	酢酸ビニル樹脂エマルジョン系		木材，紙，布
	合成ゴム系	クロロプレンゴム系	ゴム，皮革
		ニトリルゴム系	塩化ビニル樹脂，皮革，木材
	エポキシ樹脂系		金属，陶器，硬質プラスチック

ことが重要であり，コンクリートとコンクリートのような同種の材料を接着する場合とコンクリートと金属のような異種材料を接着する場合では，選択される接着剤が異なることがある。

コラム　～接着試験～

接着剤の性能試験として，接着界面に引張力を作用させて行う引張接着試験がある。この方法は，塗料や仕上塗材の下地に対する接着性能を評価する場合にも適用される。そのような接着試験においては，試験体の接着力の測定に加えて，その破壊形態の評価が重要である。下図には，接着試験時の破壊形態の概念図を示す。接着剤は2つの材料間に存在してその接着力を発揮する。また，2つの材料が同じ場合と異なる場合があるが，この図では被着材をAおよびBとしている。塗料や仕上塗材の場合には，被着材Aが下地となり，接着剤がそれらの材料であるととらえることができる。図に示すように，接着試験後の破壊形態は次の4種類に大別される。

（1）　接着破壊：接着剤と被着材の接着界面での破壊。界面破壊ともいう。
（2）　接着剤の凝集破壊：接着剤組織の破壊
（3）　被着材の凝集破壊：被着材組織の破壊。被着材破壊ともいう。
（4）　複合破壊：接着剤組織と被着材組織の両方の破壊を含む破壊

接着破壊が生じた場合には接着剤が接着性に劣ると評価される。接着性に優れていても，接着剤組織の強度が被着材組織の強度よりも小さい場合には，接着剤の凝集破壊が生じる。また，接着剤組織の強度が大きい場合には，被着材の凝集破壊が生じることになる。

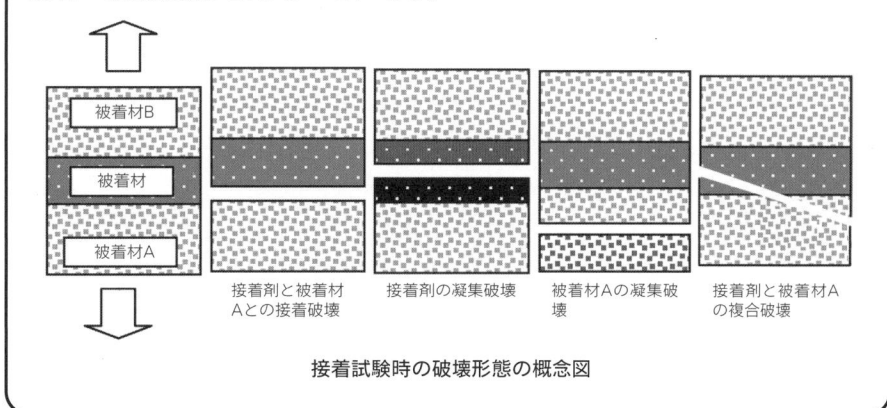

接着試験時の破壊形態の概念図

5-2-2　溶　接

ここでは，金属溶接としての融接，圧接およびろう接（図5-3参照），ならびにプラスチック溶接，防水工事における溶接について述べる。

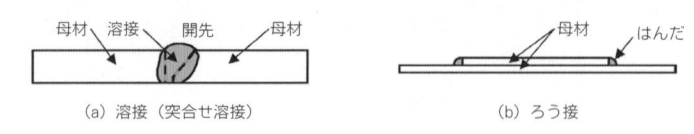

図5-3 金属の溶接・ろう接

(1) 金属溶接
　a　融　接

　一般に，母材の金属に近い組成をもつ溶加材（溶融して接合部と一体になる材料）と母材の接合部を溶融状態にして機械的圧力を加えずに行う溶接を融接（fusion welding）という。アーク溶接，高エネルギービーム溶接，抵抗溶接，ガス溶接，超音波溶接などがあり，建築分野では，ガス溶接とアーク溶接がよく用いられる。融接後の接合部分では，溶加材から移行した金属（溶着金属）と母材の溶融した部分の金属とで合金（溶接金属）層をつくることになる。

- アーク溶接：溶接棒と母材との間に放電現象（アーク放電）を生じさせて，発生したアークによって得られる局部的な高温により溶接棒と母材の接合部を溶融して接合する方法である。溶接棒は，金属線を心線（溶加材）とし，それを被覆剤で被覆したものであり，被覆アーク溶接棒とよばれる。被覆剤は溶接時の母材および溶加材の酸化防止，溶接金属の精錬などの機能をもっている。
- ガス溶接：溶加棒（棒状の溶加材）と母材の接合部をガス炎で溶融して溶接する方法である。溶加材としては溶接する金属に近いものが用いられるが，溶接部の耐力低下や酸化を防止するための金属元素や添加剤が配合されている。

　b　圧　接

　溶加材を用いないで大きな機械的圧力を加えて行う溶接を圧接（welding with pressure）という。通常は母材を溶解することなく接合するため固相接合ともよばれる。圧接には，接合する母材同士の原子が拡散するほどに加熱して行う拡散接合法と，加熱するかまたはしないで母材間の接合部で金属結合が生じる程度に加圧して行う摩擦圧接，熱間圧接，冷間圧接，爆発圧接，ガス圧接などがある。拡散接合法以外の圧接では，接合部を局所的に塑性変形させることが接合の主要因となるが，高温下の圧接では拡散の効果も加わる。

- 摩擦圧接：円形断面の材料を突き合わせて接合するもので，部材を回転させて接触させ，摩擦熱で加熱し加圧して接合する。摩擦溶接ともいう。
- 熱間圧接：加熱した母材を打撃または母材を加熱して接合する鍛接，加熱工具により加熱・加圧して接合する熱間圧延などがある。
- 冷間圧接：常温圧接ともいい，加圧力によって接合部に塑性変形を生じさせて接合する。
- 爆発圧接：爆薬の爆発衝撃力を利用して接合する。

- ガス圧接：接合部をガス炎で加熱して，加圧して接合するもので，鉄筋の接合に利用されている。

c　ろう接

母材よりも融点の低いろう材を用いて，溶融したろう材と母材とのぬれ現象および母材間の毛管現象によってろう材を接合部に浸入させて行う接合方法をいい，母材をできるだけ溶融しないで接合する。接合部において，母材との界面では合金がつくられるが，基本的には母材とろう材は異種金属として存在することが融接と異なる。

ろう材としては，450℃未満の低い融点をもつはんだ（軟ろうともいう）と450℃以上の高い融点をもつろう（硬ろうともいう）が用いられ，それらを用いた接合をはんだ付（ソルダリング，soldering）およびろう付（ブレージング，brazing）という。ろう材として用いられる合金としては，接合する母材表面になじんで広がる（ぬれの良い）ものを選択する必要がある。

(2)　プラスチック溶接

溶加材を用いて接合する方法で，次のようなものがある。床材として用いられる硬質塩化ビニル板や塩化ビニルシートなどの接合に用いられる。

- フロー溶接：あらかじめ加熱された開先（溶接する母材に設ける溝）部へ，ガンノズルから溶融した溶加材を充填して溶接する方法。
- ホットジェット溶接：熱風を吹き付けて，溶加材の先端と開先を加熱しながら，溶加材を開先に押し付けて溶接する方法。
- 熱風溶接：溶接面に高温の空気または不活性ガスを噴射しながら，母材と同質の溶加材を用いて溶接する方法。
- ガス溶接：溶加材を用い，ガスの炎で接合する方法。

(3)　防水工事における溶接

メンブレン防水としてのアスファルト防水および改質アスファルトシート防水においては，ルーフィングシートが溶接される。

- アスファルト防水：アスファルトルーフィングフェルトやシートを溶融アスファルトで接合して積層し，防水層を形成する工法であり，下地に対する接合にも溶融アスファルトが使用される。
- 改質アスファルトシート防水：改質アスファルトルーフィングシートと下地をバーナーによって加熱しながら密着させて防水層を形成する工法で，トーチ工法とよばれる。

5-2-3　自　着

(1)　プラスチックの自着

a　熱溶接法

加熱して母材の溶接部を軟化させて接合する方法で，次のようなものがある。なお，塩化ビニル，ポリエチレンシートなどの接合に用いられる。

- 熱板溶接：溶接温度より高い一定温度に保たれた熱板を直接または間接的に接合部に押し付けて，熱伝導によってプラスチックを溶接する方法。
- 高周波溶接：高周波の熱を利用して溶接する方法。
- ステッチ溶接：高周波の熱を利用した，縫製ミシンのように電極が機械的に作動する高周波ミシンによって溶接する方法。
- 摩擦溶接：高速回転によって発生する摩擦熱を利用して溶接する方法。

b 溶剤接着法

溶剤によく溶ける易溶性プラスチックの接合に用いられるもので，溶剤を用いて接合面を膨潤・軟化させて，軽く押さえて接着する方法を溶剤接着という。

（2） コンクリートおよびモルタルの自着

コンクリートの打継ぎやモルタルの塗継ぎは一種の自着と考えることができる。コンクリートの打継ぎやモルタルの塗継ぎにおいて，先に施工したコンクリートやモルタルがまだ固まらないフレッシュな状態であれば，振動締め固めや十分なこて押さえによって，後から施工されるコンクリートやモルタルと一体化できる。しかし，先に施工したコンクリートやモルタルがある程度硬化した後にそれらを打ち継ぐか塗り継いだ場合には，新旧コンクリートやモルタルは一体化せず，ミクロな接着界面が形成される。その界面をコールドジョイント（cold joint）とよんでいる。特に，鉄筋コンクリート構造物において，コールドジョイントがマクロな状態で形成されると，中性化が早くなったり，防水性の欠如などによってその耐久性が損なわれることになる。したがって，ある程度硬化した後のコンクリートに新しいコンクリートを打ち継ぐ場合には，先に施工した旧コンクリート表面のレイタンスを取り除き，十分に水洗いするなどして，コールドジョイントの発生を防ぐ必要がある。

しかし，ある程度硬化した後のコンクリートに新しいコンクリートを打ち継いだ場合には，ミクロには，コールドジョイントが発生するものであり，外部に面するコンクリート部材の打継ぎにおいては，先に施工したコンクリートの打継ぎ面を外部に向けて傾斜させて施工するなどの手法がとられる。また，新旧コンクリートの自着を得るために，先に施工するコンクリートに遅延剤を混入する工法や，自着とは異なるが，打継ぎ面に養生剤や接着剤を塗布する工法などがある。モルタルの塗継ぎにおいて下地に水湿しを行うのもコールドジョイントの発生を防止するためである。

コラム ～水湿し～

接着という観点から，モルタル塗りにおける水湿し（みずしめ）が重要である。

コンクリート表面にモルタルを塗る場合には，下地コンクリートに水を吹きかけてから行うのが原則であり，水を吹きかけることを水湿しという。コ

ンクリートは多孔質材料であり、その表面にもミクロな気泡が存在しており、その表層部は乾燥状態にあることが多いため、気泡が水で満たされていることはほとんどないことになる。そのようなコンクリート表面にモルタルを塗り付けた場合、気泡中の空気は塗り付けたモルタル中に移動しようとするが、そのとき、移動する空気と入れ替わってモルタル中の水分が気泡中に移動することになる。このようなモルタルからの水分の移動をドライアウト現象という。ドライアウトが生じると、コンクリートとモルタルの接着界面においては、塗り付けるモルタル中のセメントの水和反応が阻害されることになり、モルタルの接着力の低下が生じる。このような現象を防止するために、乾燥した下地コンクリートにモルタルを塗る場合には、コンクリート表面をあらかじめ湿らせておく必要があり、その行為を水湿しという。水湿しを行うことによって、モルタルからの水分の移動が抑制され、その接着力を確保することができる。

5-3 機械的接合

5-3-1 仕口・継手による接合

木造の仕口や継手は、くぎを使わずに木材の接合部を加工して接合するものある。仕口は、柱と梁の取合い部、あるいは柱と土台の取合い部分をいう。これは、梁や土台にほぞ穴をあけて、その穴に柱のほぞを差し込んで接合するものである。また、梁や土台など長手方向につなぐために、加工したものを継手といい、鎌継ぎ、蟻継ぎなどがある。これらの仕口や継手については、Ⅰ編1章（木質構造）図1-3に記載されている。

5-3-2 接合金物による接合

接合金物による接合は、図5-4に示すように、くぎやボルトなどを用いて、材料をつなぎ合わせたり、下地に取り付けるものである。くぎは引抜き力に対して、くぎの周長と木材との摩擦力によって抵抗している。ねじは、ねじ山で引抜き力に抵抗するものである。普通ボルトは、母材の側圧とボルトのせん断力で抵抗している。高張力ボルトは、ボルトの締付け力（引張り力）によって母材間を圧縮し、母材間の摩擦力によって抵抗している。

鉄筋の継手には、前項で述べた圧接のほかに、図5-5に示すように、重ね継手、カップラー継手がある。これらは機械的接合となる。

接合金物による機械的接合は、接着接合にくらべて、以下に示すような長所・短所がある。

長所
① 接合力は気温の変動に左右されない。
② 接合力は接着剤にくらべて信頼性が高い。
③ 解体が容易である。

短所
① 接合部の形態が複雑な場合がある。
② 添え板などの補助材が必要になる場合がある。
③ 接合部の気密性，水密性が低下する。

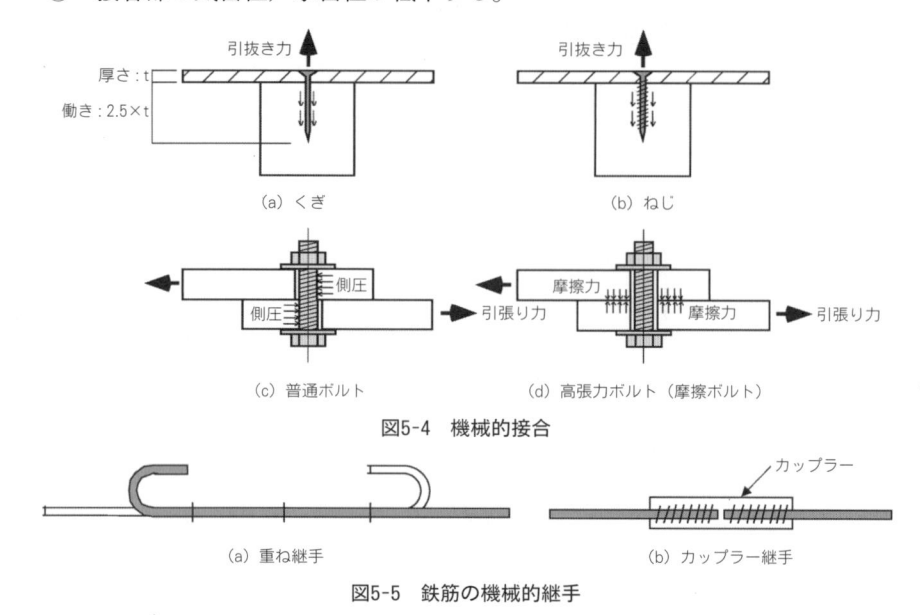

(a) くぎ　(b) ねじ
(c) 普通ボルト　(d) 高張力ボルト（摩擦ボルト）

図5-4　機械的接合

(a) 重ね継手　(b) カップラー継手

図5-5　鉄筋の機械的継手

5-3-3　補強金物による接合

　木造建築物の耐震性向上を目的として，建設省告示第1460号（木造継手および仕口の構造方法を定める件）が平成12（2000）年5月31日に制定され，図5-6に示すように木造の仕口，継手部を補強金物によって補強することが義務化された。羽子板ボルト，ホールダウン金物，かすがいなどを補強金物という。

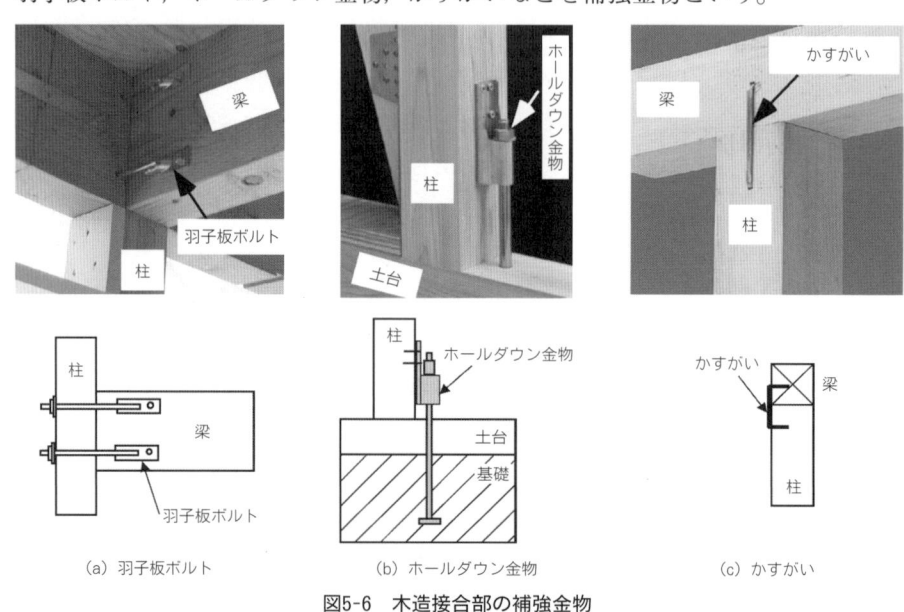

(a) 羽子板ボルト　(b) ホールダウン金物　(c) かすがい

図5-6　木造接合部の補強金物

5-3-4 ラスによる接合

　モルタル，プラスター，しっくい，土などの左官材料を壁に塗り付ける場合，図5-7に示すように，間隔をあけた木摺板に塗り付けるもの，下地の面材にメタルラスを取り付け，これに塗り付けるもの，表面処理したラスボードに塗り付けるもの，小舞竹に土壁を塗り付けるのもなどがある。これらのラス（lath）の凹凸部に塗材が引っ掛かって塗材が保持される機構で接合がなされる。細長い薄板を用いるものを木摺り，竹を用いるものを小舞，金属板に切込みを入れたものをメタルラス，ボード表面に凹凸を付けたものをラスボードといい，針金を網状に編んだワイヤーラスなども使用される。

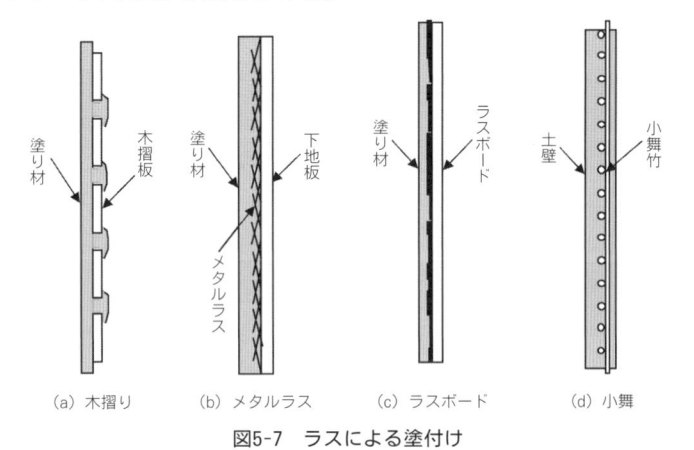

(a) 木摺り　　(b) メタルラス　　(c) ラスボード　　(d) 小舞

図5-7　ラスによる塗付け

6 保護・仕上げ性

6-1 機能と性能

　建築物は長期期間にわたって使用されるものであるため，その構造躯体には耐久性が要求される。たとえば，建物の外壁は構造躯体を構成する構造材料，構造躯体と仕上げの中間に用いられる下地材料，仕上材料で構成されており，構造躯体はもちろんのこと下地材料の保護も重要である。構造躯体や下地材料の耐久性の欠如は，外部からの水，湿分，空気，二酸化炭素などの浸入によってもたらされるものであり，それらの浸入を抑制・防止する機能として保護性能が要求される。一方，建築物には，居住性や使用性のほか，美観が要求され，美観を付与する仕上げ性として評価される。したがって，保護・仕上げ性については，部位表層部を構成する材料がもつべき性能ととらえることができる。

　保護・仕上げ性を有する建築材料には，防水材，塗料，仕上塗材，床材などがあるが，防水材については本編1章 防水性で，床材についてはⅡ編5章 床で取り扱っている。さらに，石材，タイルやれんがなどの張り材料，屋根材料としての葺き材料も保護および仕上げ性を有するが，それらについては，Ⅳ編 基本材料，Ⅱ編1章 屋根で取り扱っている。ここでは，特に，現場で施工される塗料および仕上塗材について述べる。

6-2 塗料

6-2-1 概説

　塗料は素地(そじ)(塗装する材料の表面)に塗り広げて，塗膜(連続した皮膜)を形成する材料である。

　次のようなことを目的に塗料が塗装される。

① 素地の保護：防湿，防食，さび止め，防火など
② 素地の色彩調整：色彩設計による美観の付与
③ マーキング：面状・線状に塗装することによる安全性確保など

　塗料は広い面積を容易に塗装でき，塗料の種類にもよるが，塗り重ねによる再塗装が容易であることも特徴としてあげることができる。その選択にあたっては，下地との相性や，内装用か外装用かを考慮し，内装用であっても水回りなどを塗装する場合には外装用を選択する必要がある。

　塗膜が形成された後に塗膜中に残る不揮発分を塗膜形成要素とよび，それと溶剤から塗料が構成される。塗膜形成主要素および助要素を溶剤に溶解・分散させたものをビヒクル(展色材)といい，必要に応じて顔料が配合される。その材料構成を図6-1に示す。

6-2-2 種類

　一般に，天然または合成樹脂を溶剤に溶かした透明な塗膜を形成するワニス(クリヤーともいう)と，顔料の混ざった不透明な塗膜を形成するペイント(エ

6 保護・仕上げ性

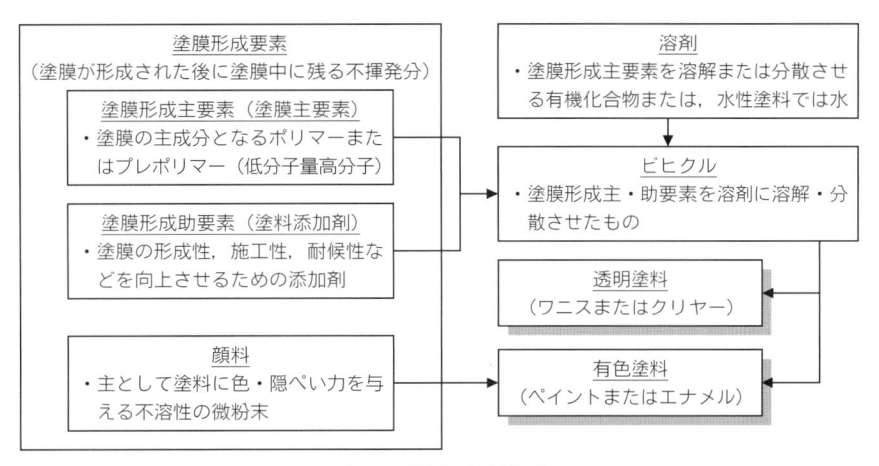

```
┌─────────────────────────────────────┐      ┌─────────────────────────────┐
│ 塗膜形成要素                         │      │ 溶剤                         │
│（塗膜が形成された後に塗膜中に残る不揮発分）│      │・塗膜形成主要素を溶解または分散させ │
│  ┌───────────────────────────┐      │      │  る有機化合物または，水性塗料では水 │
│  │ 塗膜形成主要素（塗膜主要素） │      │      └─────────────────────────────┘
│  │・塗膜の主成分となるポリマーまた├──┐  │      ┌─────────────────────────────┐
│  │  はプレポリマー（低分子量高分子）│  │  │      │ ビヒクル                     │
│  └───────────────────────────┘  │  │──→│・塗膜形成主・助要素を溶剤に溶解・分 │
│  ┌───────────────────────────┐  │  │      │  散させたもの                 │
│  │ 塗膜形成助要素（塗料添加剤） │  │  │      └─────────────────────────────┘
│  │・塗膜の形成性，施工性，耐候性な├──┘  │      ┌─────────────────────────────┐
│  │  どを向上させるための添加剤   │      │      │ 透明塗料                     │
│  └───────────────────────────┘      │   ←──│（ワニスまたはクリヤー）         │
│  ┌───────────────────────────┐      │      └─────────────────────────────┘
│  │ 顔料                       │      │      ┌─────────────────────────────┐
│  │・主として塗料に色・隠ぺい力を与├──────│      │ 有色塗料                     │
│  │  える不溶性の微粉末           │      │   ←──│（ペイントまたはエナメル）       │
│  └───────────────────────────┘      │      └─────────────────────────────┘
└─────────────────────────────────────┘
```

図6-1 塗料の材料構成

ナメルともいう）に大別される。また，合成樹脂を用いたペイントのうち，合成樹脂を揮発性溶剤に溶かしたものをエナメルペイント，合成樹脂を水に分散させたものを合成樹脂エマルションペイントとよんでいる。最近では，作業環境および塗装後の揮発物質の飛散を考慮して，水性塗料（水で希釈できる塗料の総称）である合成樹脂エマルションペイントがよく用いられる。

(1) 油性塗料

乾性油を塗膜形成主要素とし，空気中の酸素と化合して塗膜を形成する塗料を油性塗料といい，油ペイント，油ワニス，エナメルペイントなどの種類がある。

(2) 合成樹脂ペイント

長油性フタル酸樹脂ワニスをビヒクルとして用い，着色顔料および炭酸カルシウムなどの体質顔料を練り合わせて製造されるもので，下塗り用，中塗り用，上塗り用の種別がある。なお，フタル酸樹脂中の油の量が多い順に，長油性＞中油性＞短油性とよばれる。

(3) ラッカー

ニトロセルロースラッカーのことで，ニトロセルロース，添加剤を溶剤に溶解して製造されるクリアラッカーと，それに顔料を配合したラッカーエナメルがある。

(4) 合成樹脂ワニスおよびエナメル

合成樹脂を溶剤などに溶解して製造されるものを合成樹脂ワニスとよび，それをビヒクルとして用いたものを合成樹脂エナメルとよんでいる。溶剤が揮発することによって塗膜を形成する溶剤形塗料である。これらの製造には，塩化ビニル樹脂，アクリル樹脂，フタル酸樹脂，ポリウレタン，エポキシ樹脂，フッ素樹脂，アクリルシリコーン樹脂などが使用される。

(5) 合成樹脂エマルションペイント

ラテックスペイントともよばれ，合成樹脂のエマルションやラテックスを添加剤に加えてビヒクルとし，水の蒸発によって塗膜を形成する塗料である。

（6） 多彩模様塗料

塗装後において，2色以上の色が混在した模様が得られるように調製して製造される塗料を多彩模様塗料とよんでいる。

（7） さび止めペイント

鋼材の防せい（錆）〔さび止め〕のために，下塗り用として使用される塗料を総称して，さび止めペイントとよんでいる。下塗り用のため，耐候性のよい塗料で上塗りして塗膜を形成する。JISに規定されている建築用さび止めペイントの一覧を表6-1に示す。

表6-1　JISに規定されている建築用さび止めペイント

JIS番号	名　称
JIS K 5551	構造物用さび止めペイント
JIS K 5621	一般用さび止めペイント
JIS K 5622	鉛丹さび止めペイント（旧規格）
JIS K 5623	亜酸化鉛さび止めペイント
JIS K 5624	塩基性クロム酸鉛さび止めペイント（旧規格）
JIS K 5625	シアナミド鉛さび止めペイント
JIS K 5627	ジンククロメートさび止めペイント（旧規格）
JIS K 5628	鉛丹ジンククロメートさび止めペイント（旧規格）
JIS K 5629	鉛酸カルシウムさび止めペイント
JIS K 5674	鉛・クロムフリーさび止めペイント

（8） 防火塗料

木材などの建築材料に塗装して，難燃性の塗膜を形成するか，または熱によって発泡することにより断熱層を形成して，材料の燃焼を防ぐ作用をもつ塗料である。後者の作用をもつ塗料については，JIS K 5661（建築用防火塗料）にその品質が規定されている。

（9） 漆およびカシュー樹脂塗料

漆（うるし）およびカシュー樹脂塗料は天然樹脂塗料であり，その品質がJIS K 5950（精製漆）およびJIS K 5641（カシュー樹脂塗料）（旧規格）に規定されている。漆は，漆の木の樹皮から採取した樹液を精製して製造され，カシュー樹脂塗料は，カシュー樹の実の外殻から採取されるカシューナットセル油を原料として製造される。漆は常温の高湿の大気中で乾燥して塗膜を形成し，カシュー樹脂塗料は湿気を必要としない塗料であるが，いずれも外観と性質が類似している。

（10） オイルステインおよびピグメントステイン

トルエンやキシレンなどの溶剤に油溶性染料を溶解し，油ワニスや合成樹脂ワニスを少量添加して製造される着色剤をオイルステイン，顔料を合成樹脂などと練り合わせ，溶剤を加えて製造される着色剤をピグメントステインとよび，いずれも塗膜を形成しないため，はがれにくい特徴がある。

> **コラム　〜塗料用語〜**
>
> 塗料に関してよく用いられる用語について，JIS K 5500（塗料用語）の定義を抜粋して示す。
>
> - 塗料（coating material, coating）：素地に塗装したとき，保護的，装飾的，または特殊機能をもった膜を形成する液状，ペースト状，または粉末状の製品。
> - 塗装（coating, application, painting, finishing）：物体の表面に，塗料を用いて塗膜または塗膜層をつくる作業の総称。単に塗るだけの操作は"塗り""塗付け"などという。
> - 塗装系（coating system, paint system）：塗料の塗膜層の総称。
> - 塗膜（coat film, paint film）：塗られた塗料が乾燥してできた固体皮膜。
> - 素地（substrate）：塗料が塗装される表面。（備考：素地は未塗装表面および既塗装表面の両者を含む。生地，下地も同義で用いられる）
> - ペイント（paint）：素地に塗付したとき，保護，装飾または特殊な性能をもつ不透明膜を形成する，液状，ペースト状または粉末状の顔料を含む塗料。
> - シーラー（sealer, sealing coat, size）：素地の多孔性による塗料の過度の吸収や素地からの浸出物による塗膜の劣化などの悪影響が，上層の塗膜に及ぶのを防ぐために用いる素地塗り用の塗料。
> - パテ（putty）：下地のくぼみ，割れ，あななどの欠陥を埋めて，塗装系の平滑さを向上させるために用いる肉盛り用の塗料。
> - プライマー（primer）：塗装系のなかで素地に初めて用いる塗料。プライマーは，素地の種類や塗装系の種類に応じた各種のものがある。
> - 染料（dyestuff）：溶解したとき，その塗料に所期の色を与える天然または合成の物質。
> - 顔料（pigment）：一般に水や溶剤に溶けない微粉末状で，光学的，保護的または装飾的な性能によって用いられる物質。
> - 指触乾燥（set-to-touch, dust free）：塗料の乾燥状態の一つ。塗った面の中央に触れてみて，試料で指先が汚れない状態になったときをいう。

6-2-3　塗料の機能と素地

塗料の機能としては，塗装後の塗膜に要求される機能，塗膜を形成するための塗装系に要求される機能に分けて考える必要がある。また，要求される塗膜の性能を発揮させるためには，塗料と素地の相性および素地自体の状態（素地ごしらえ）が重要な要因となる。

（1）塗装後の塗膜の機能

塗装後の塗膜の機能は，物体表面の保護と美観の付与にあるが，その機能の程度は，塗料の種類によって相当に異なる。

（2） 塗装系の機能

塗料は1回の塗装で塗膜を形成するものは少なく，下塗り系，中塗り系および上塗り系に分類される。1回の塗装で塗膜を形成する場合には，下塗り系と上塗り系の機能が同時に要求されることになる。

1) **下塗り系に要求される性能**　下塗り系には，特に，素地に対する性能，つまり，素地との相性が重要となる。要求される性能としては，耐アルカリ性，耐水性，防せい性などの化学的性質，素地に対する接着性，素地表面の吸収性の均一化や表面強度の向上などの素地表面の改質性である。たとえば，コンクリート用塗料の下塗り系については，耐アルカリ性がないと，アルカリ性を有するコンクリートに対して必要な接着性が得られないことになる。

2) **中塗り系に要求される性能**　中塗り系には上塗り系塗装に要求される性能を補強，強化する性能が要求される。たとえば，金属系素地に塗装する場合には，防せい性が発揮されるように透湿性を制御する機能，上塗りの仕上りを考慮して厚膜をつくって模様を形成する機能などである。

3) **上塗り系に要求される性能**　上塗り系は最終仕上げに用いられるため，美装性が要求されるとともに，美装性維持のための耐汚染性が要求される。また，防水性や防湿性に加えて，塗料に要求される保護性能などが長期間発揮されるよう，耐候性，耐凍結融解性などの耐久性が要求される。

（3） 素地調整

素地に見合った塗料を選択した場合でも，素地調整が不十分な場合には，塗膜の性能が発揮されないことになる。素地調整の手順は素地の種類によって異なる。なお，素地調整は生地ごしらえ，下地ごしらえともいう。

1) **木部やコンクリート・モルタル，プラスター系素地**　乾燥，汚れ，付着物，突起物などの除去，塗料の吸込み防止のためのパテ処理，研磨とぎが施される。

2) **金属系素地**　汚れおよび付着物の除去，油類の除去，さび落しが施される。なお，めっきなどの皮膜処理を行った場合には，水洗い後に乾燥する。

3) **プラスチック素地**　汚れおよび付着物の除去，油類の除去を施した後，全面を研磨して平滑に仕上げる。塗料の接着性を向上させるため，素地の種類によっては，表面の目荒らしが要求される。

6-2-4　用途と製品

6-2-2に示したように，塗料には多くの種類があり，その用途と製品も多岐にわたる。一般には，素地の種類によって塗装仕様が異なり，素地に見合った塗料を選択する必要がある。日本建築学会「JASS 18 塗装工事」には，金属系素地，セメント系およびせっこうボード素地および木質系素地に対する塗装仕様の目安が示されている。なお，塗膜の性状および性能，被塗装物によって，塗料は次のように分類される（日本建築学会編：建築材料用教材による）。

① 塗膜の性状による分類：

つやなし塗料，透明塗料（クリア），蛍光塗料，多彩模様塗料
② 塗膜の性能による分類：
下塗塗料，さび止め塗料，耐酸塗料，防火塗料，殺虫塗料，示温塗料
③ 被塗装物による分類：
木材用塗料，石材用塗料，コンクリート用塗料，鉄鋼板用塗料，トタン用塗料，軽金属用塗料，皮革用塗料，紙用塗料，プラスチック用塗料，ゴム用塗料

コラム　～塗料および仕上塗材の施工と選択のポイント～

図には，塗料および仕上塗材の施工と選択のポイントを示す。塗料および仕上塗材については，下塗り層，中塗り層および上塗り層から構成されるものとしているが，その仕様によっては，1層または2層で構成されるものもある。塗料および仕上塗材の施工と選択のポイントをあげれば次のようである。なお，各材料間には確実は接着性が確保されなければならない。

① 下地については，その後に施工される材料との確実な接着性が得られるように，下地の表面を処理［下地（素地）調整・処理，素地ごしらえなどと称する］する必要がある。

② 下地の表面に最初に施工される下塗り（プライマー）については，下地との相性のよい材料を選択し，確実な接着性を確保する。また，下塗りは中塗りの下地ともなる材料である。

③ 中塗りは，上塗りの下地・補助となる材料で，中塗りに下地の保護性能をもたせることが多い。

④ 上塗り・仕上げは，中塗りの保護を目的として施工されることが多いが，仕上げ層の美観に及ぼす影響が現れる。上塗り・仕上げが透明な場合には，中塗りが美観の主体をなす。

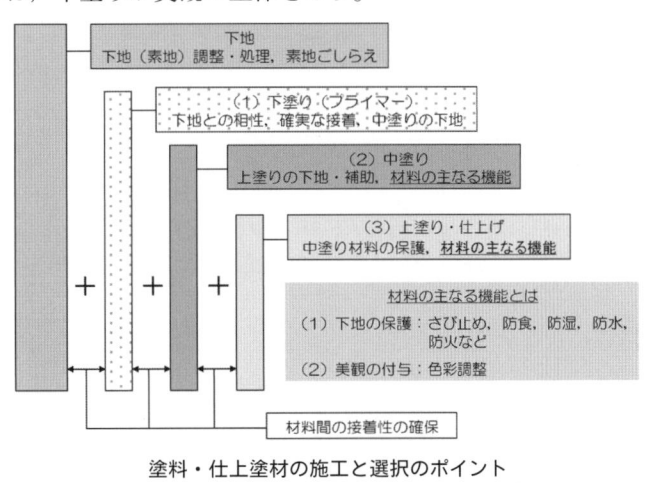

塗料・仕上塗材の施工と選択のポイント

6-3 建築用仕上塗材

6-3-1 概説

建築用仕上塗材（coating material for textured finishes of buildings）とは，無機質系粉体，砂，着色顔料に，結合材としてのセメントや合成樹脂系結合材を混合したものである。これに適量の水，溶剤などを加えて練り混ぜ，建物の内外壁および天井の仕上げに用いられ，立体的な造形性をもつ模様に仕上げることができ，略称して，仕上塗料とよばれる。以前は吹付け材とよばれていたが，仕上工法が，吹付けのほかに，こて塗り，ローラー塗り，はけ塗りなど多様化してきたため，呼び方が仕上塗材に改められた。仕上塗材は，昭和初期よりリシン仕上げに用いる材料として使用され始めたが，本格的に使用されるようになってきたのは，合成樹脂系結合材を用いるようになった1960年代からである。仕上塗材は，次のような特徴をもっている。

○建物の用途，構造の種類にかかわらず，広く適用することができる。
○仕上げのパターンが多様で，色調も豊富であり，化粧性に優れている。
○塗替え，模様替えなどの再施工が容易である。
○工期が短く，施工が比較的容易である。
○安価である。

なお，鉄筋コンクリート造建物においては，仕上塗材で仕上げることにより，コンクリートの中性化や塩化物イオンの浸透に対する抑制効果が期待でき，建物の耐久性向上の観点からも注目される材料といえる。

建築用仕上塗材には，結合材，骨材，塗膜の構成方法，塗膜の性能などにより多くの種類がある。JIS A 6909（建築用仕上塗材）では，塗膜の構成方法により，図6-2に示すように区分し，結合材の種類，用途および性能によって，外装用，内装用，可とう形，防水形，こて塗用などに分類している。

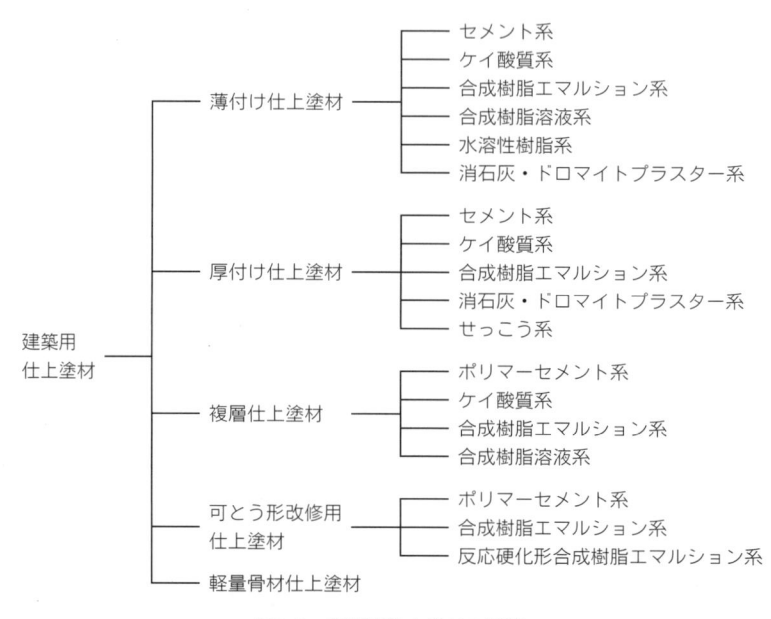

```
建築用       ┬─ 薄付け仕上塗材 ──┬─ セメント系
仕上塗材     │                    ├─ ケイ酸質系
             │                    ├─ 合成樹脂エマルション系
             │                    ├─ 合成樹脂溶液系
             │                    ├─ 水溶性樹脂系
             │                    └─ 消石灰・ドロマイトプラスター系
             │
             ├─ 厚付け仕上塗材 ──┬─ セメント系
             │                    ├─ ケイ酸質系
             │                    ├─ 合成樹脂エマルション系
             │                    ├─ 消石灰・ドロマイトプラスター系
             │                    └─ せっこう系
             │
             ├─ 複層仕上塗材 ────┬─ ポリマーセメント系
             │                    ├─ ケイ酸質系
             │                    ├─ 合成樹脂エマルション系
             │                    └─ 合成樹脂溶液系
             │
             ├─ 可とう形改修用 ──┬─ ポリマーセメント系
             │   仕上塗材         ├─ 合成樹脂エマルション系
             │                    └─ 反応硬化形合成樹脂エマルション系
             │
             └─ 軽量骨材仕上塗材
```

図6-2 建築用仕上塗材の種類

6-3-2　薄付け仕上塗材

薄付け仕上塗材は，原則として1層で塗膜を構成する仕上塗材で，塗膜の厚さは3mm以下のものが多い。結合材にセメントを用い，骨材に粒径の粗いものを用いたセメントリシンは，仕上塗材として最も古いから用いられてきたもので，砂壁状のテクスチャーを有し，外装仕上材として多用されていた。しかし，よごれやすいこと，耐久性に乏しいことなどから，結合材に合成樹脂エマルションを用いるものが多くなってきた。骨材に微粒の色砂を用いたり顔料を混入したものは，聚楽壁のテクスチャーが表現できるため，内装用として用いられている。また，アクリルゴム系などの伸び性能のよい結合材を用いた薄付け仕上塗材もあり，一般のものよりも変形に対する追従性に優れる。砂壁模様（リシン）の例を写真6-1に示す。

写真6-1　薄付け仕上塗材の例－砂壁模様（リシン）－

6-3-3　厚付け仕上塗材

厚付け仕上塗材は，塗厚を4～10mm程度に仕上げて凹凸模様をつけやすくした仕上塗材で，薄付け仕上塗材と同様に，原則として同一配合の材料を1回もしくは2回に分けて塗り付けて仕上げる。1回の施工量が多いため，だれによる下地との接着性の低下や，仕上がりパターンの変調が生じないように，原料配合，練混ぜ，塗付け作業上の配慮が必要である。代表的な仕上がりパターンにスタッコ仕上げ（写真6-2）がある。

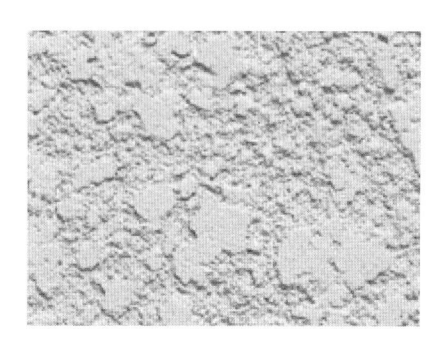

写真6-2　厚付け仕上塗材の例－スタッコ模様（押さえ状）－

6-3-4　複層仕上塗材

複層仕上塗材は，下塗材，主材，上塗材の3種類の材料によって塗膜を構成する仕上塗材である。下塗材はコンクリートなどの下地に仕上塗材の接着が良好になり，かつ，主材施工時の水引きにむらが生じないようにするために用いられる材料である。主材は，仕上り面に凹凸を付与するために，上塗材は，仕上面の着色，光沢付与，耐候性向上，吸水防止などのために用いられる材料である。塗膜の厚さは，1～5mm程度のものが多く，吹付けタイルとも称され，仕上りパターンにはクレーター模様，ゆず肌模様（写真6-3），キャスト模様など多様なものがある。特に，合成樹脂系の結合材を用いたものは，透水性，透気性が低いことから，鉄筋コンクリート造建物の仕上げに用いた場合には，コンクリートの中性化

の進行を遅らせたり，塩化物イオンの浸透を防ぐ効果があり，建物の耐久性向上に寄与する仕上材の一つといえる。

結合材にクロロプレンゴム，アクリルゴム，ウレタンゴムなどを用いた伸び性能のよいものを防水形複層仕上塗材とよび，ひび割れなどによる下地の局部変形に追従する性能を有し，美観上のみならず，壁面防水の効果も大きい。

写真6-3　複層仕上塗材の例－ゆず肌模様－

写真6-4に示すように，仕上工法によってさまざまな表面形状が得られる。

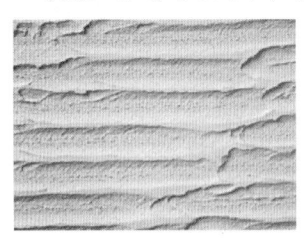

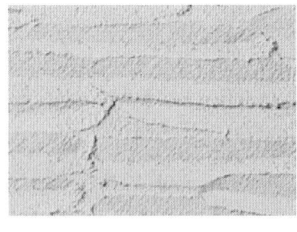

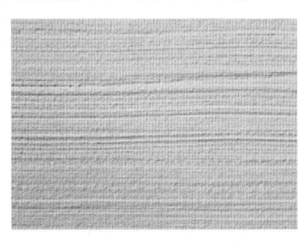

ローラーはけ　　　　　　左官こて　　　　　　刷毛

写真6-4　ローラーはけ，左官こておよび刷毛を用いて表面形状を形成した仕上塗材の例

6-3-5　可とう形改修用仕上塗材

可とう形改修用仕上塗材は，結合材として合成樹脂エマルション，反応硬化形合成樹脂エマルションおよびポリマーセメント系結合材を用いたもので，可とう性および耐候性に優れた仕上塗材であり，特に，改修工事の外装用として，0.5～1mm程度の仕上げに用いられる。材料は主材と上塗材で構成され，凹凸状，ゆず肌状および平坦状に仕上げられる。

6-3-6　軽量骨材仕上塗材

軽量骨材仕上塗材は，施工時の落下も考慮して，天井などに用いる仕上塗材で，軽量，かつ，吸音性に優れたものである。骨材にはパーライト，バーミキュライトなどの軽量骨材が用いられ，結合材としてはセメント，合成樹脂エマルションなどが用いられる。また，吸湿性も大きいことから，結露防止の効果もある。

6-3-7　建築用下地調整塗材

建築用下地調整塗材（surface preparation material for finishing）とは，骨材，無機質粉体および混和材に，結合材として，セメント，合成樹脂系結合材を混合したもので，建築用仕上塗材，塗料，陶磁器質タイルなどによる内外装工事の下地調整に使用するものである。その種類，呼び名および品質は，JIS A 6916（建築用下地調整塗材）に規定されている。

6-4 表面含浸材

6-4-1 概説

表面含浸材（surface penetrant）は，コンクリート表面から含浸（表面から浸透）させ，コンクリート表層部に特殊機能を付与する材料をいう。従来から，コンクリート表面に含浸して，その表層部を改質する材料としては，浸透性吸水防止材，浸透性固化材，浸透性アルカリ性付与材などがあり，これらは塗布含浸材と総称されており，表面含浸材と同義語である。

表面含浸材の含浸深さは，その種類やコンクリート組織の緻密さによって異なるが，数mmから1cm程度であり，次のような特徴を有している。

○コンクリート表面の外観を著しく損ねることがない。

○塗装やモルタルなどを用いる表面被覆材料と比較して，少ない工程で，かつ短期間に施工できる。

○経年後に再施工する場合，表面含浸材を再度含浸するだけで効果を発揮する。

表面含浸材は，その主成分によって，図6-3のように分類される。

```
                ┌─ シラン系
表面含浸材 ──┼─ ケイ酸塩系 ──┬─ ケイ酸リチウム系
                └─ その他          └─ ケイ酸ナトリウム系
```

図6-3 表面含浸材の種類

これらの表面含浸材は，鉄筋コンクリート構造物の表面保護工法用材料として，その中性化対策，塩害対策，凍害対策，アルカリ骨材反応対策，防水，美観・景観対策，はく落抵抗性付与，表層部固化などを目的に使用される。

6-4-2 シラン系表面含浸材

シラン系表面含浸材はアルキルアルコキシシランモノマーあるいはオリゴマー，または，これらの混合物を主成分として，水または有機溶剤であるミネラルスピリットやイソプロピルアルコールで希釈した材料で，コンクリート表層部にはっ水層を形成するのが特徴であり，水や塩化物イオンなどの劣化因子の侵入を抑制することができる。コンクリート構造物の外観を損ねることなく，比較的簡便に施工できるうえ，成膜せず，細孔を埋めることがないため，コンクリートが本来有する吸放湿性を損なうことがない。写真6-5には，シラン系表面含浸材を含浸したコンクリート表面でのはっ水状況を，写真6-6には，コンクリート断面のシラン系表面含浸材の

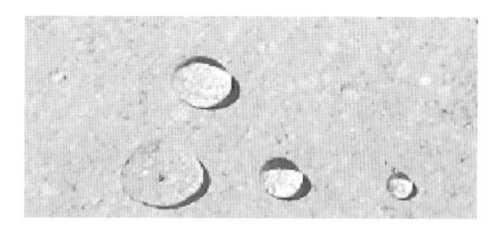

写真6-5 シラン系表面含浸材を含浸したコンクリート表面でのはっ水状況

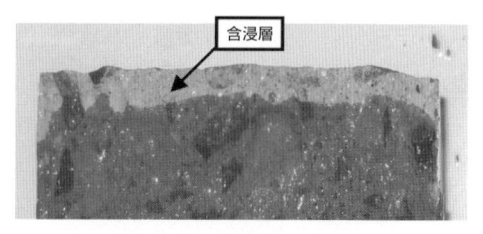

写真6-6 コンクリート断面のシラン系表面含浸材の含浸層

含浸層を示す。

　一般に，シラン系表面含浸材を含浸させたコンクリート表面のはっ水性の欠如によってその性能が低下したと指摘されることがある。しかし，コンクリート内部に形成されている疎水層は長期間にわたって吸水防止性能を発揮することから，シラン系表面含浸材の効果がコンクリート表面のはっ水性の有無に左右されることはほとんどないと考えることができる。写真6-7には，シラン系表面含浸材を含浸した試験体の屋外暴露1.5年後の状況を示す。暴露直後の表面に水を噴霧してもはっ水性が認められないが，コンクリート表面を＃120研磨紙で研磨するとはっ水性を確認することができる。

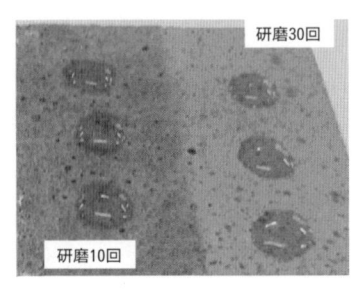

写真6-7　屋外暴露1.5年後のシラン系表面含浸材を含浸した試験体表面に水を噴霧した後の状況

6-4-3　ケイ酸塩系表面含浸材

　ケイ酸塩系表面含浸材には，ケイ酸リチウム系とケイ酸ナトリウム系がある。ケイ酸リチウム系表面含浸材は，化学式Li_4SiO_4で表されるケイ酸リチウムを主成分とする水溶液であり，この材料をコンクリート表層部に含浸させることにより，ぜい弱なコンクリート表層部を固化したり，中性化したコンクリート表層部にアルカリ性を付与して鉄筋の腐食環境を改善する。

　ケイ酸ナトリウム系表面含浸材は，ケイ酸ナトリウムを主成分とする水溶液であり，材料によっては，コンクリートへの含浸性を向上させるための界面活性剤，コンクリート中の水酸化カルシウムとの反応を改善するための反応促進剤，ケイ酸ナトリウム自体の硬化剤などが配合されている。この材料をコンクリート表面やひび割れ部に含浸させることにより，細孔内部に不溶性の結晶体（写真6-8）を生成し，外部からの水や炭素ガスの浸入を抑制したり，中性化したコンクリート表層部にアルカリ性を付与して鉄筋の腐食環境を改善する。

　ケイ酸リチウム系およびケイ酸ナトリウム系表面含浸材ともに，ロー

写真6-8　ケイ酸ナトリウム系表面含浸材の結晶（×10 000）

ラー刷毛などにより含浸させる点では共通しているが，ケイ酸リチウム系は乾燥下地への含浸および乾燥養生により性能を発揮するのに対し，ケイ酸ナトリウム系は湿潤下地への含浸および湿潤養生により性能を発揮する点が異なっている。

6-5 塗り床材

6-5-1 概 説

塗り床は，床面に塗材を塗布して仕上げ面を構成したものであり，それに用いる材料を塗り床材という。塗り床材の種類，施工管理，施工法，試験方法などについては，日本塗り床工業会の『塗り床ハンドブック』[1]にその詳細が示されている。また，JIS K 5970（建築用床塗料）には，建物の屋内床面に塗装する塗料に関しての耐摩耗性，耐衝撃性，耐水性，耐アルカリ性などの性能のほか，ホルムアルデヒド放散等級が示されており，屋内で施工される塗り床材やそのトップコートについては，このJISに準拠する必要がある。なお，木製の床に適用する塗料については，JIS K 5961（家庭用屋内木床塗料）がある。

塗り床材は，使用する材料種別によって，合成樹脂系とセメント系に分類され，施工法によって，塗布型と一体型に分類される。塗り床材による仕上げ面には，耐荷重性，耐摩耗性，耐衝撃性などの機械的特性，耐水性，耐薬品性，耐熱性，耐候性などの化学的特性，歩行感，美観性，防音性などの居住性の機能が付与される。

塗り床材の種類を図6-4に，その一般的な特徴と用途を表6-2に示す。

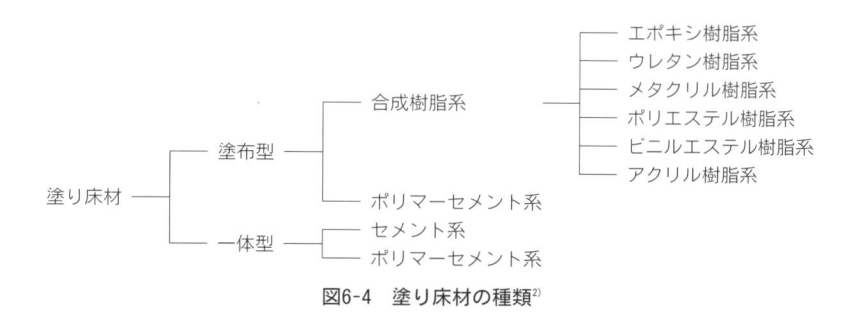

```
                                     ┌── エポキシ樹脂系
                                     ├── ウレタン樹脂系
                       ┌── 合成樹脂系 ──┼── メタクリル樹脂系
              ┌── 塗布型┤             ├── ポリエステル樹脂系
              │         │             ├── ビニルエステル樹脂系
塗り床材 ──────┤         │             └── アクリル樹脂系
              │         └── ポリマーセメント系
              │         ┌── セメント系
              └── 一体型┤
                        └── ポリマーセメント系
```

図6-4 塗り床材の種類[2]

6-5-2 塗布型塗り床材

塗布型塗り床材とは，硬化コンクリート，鋼板，アスファルトコンクリートなどの床面に塗布して，仕上げ面を構成する塗り床材であり，合成樹脂系とポリマーセメント系がある。いずれの塗り床材を用いる場合も，プライマーによる下地処理の後，ベースコート（主体となる塗り床材）が施工され，必要に応じてトップコートが施工される。

（1） 合成樹脂系塗り床材

合成樹脂系塗り床材は，ビヒクル，希釈剤，着色顔料，充填材，添加剤などを配合したもので，硬化反応の形態から，1液型と2液型に分類される。1液型は，1種類の材料で供給され施工されるもので，2液型は，反応の主体となる主剤と

表6-2 塗り床材の一般的な特徴とおもな用途[3]

塗り床材の種類		一般的な特徴	おもな用途
合成樹脂系	エポキシ樹脂系	現在,塗り床材として最も一般的に用いられており,機械的性能や耐薬品性に優れる。	各種工場,実験室,倉庫,厨房,事務所など
	ウレタン樹脂系	軟質であることを特徴として用いられるが,近年,硬質タイプも開発されている。	事務所,倉庫,廊下,教室,医療施設,食品工場など
	メタクリル樹脂系	速硬化性であることが大きな特徴で,工期の短い改修用途などに用いられることが多い。	厨房,歩経路,冷凍倉庫,各種工場など
	ポリエステル樹脂系 ビニルエステル樹脂系	美装性には劣るが,耐薬品性が高く,高濃度の薬品を使用するエリアに用いられる。	化学工場,めっき工場など
	アクリル樹脂系	機械的強度や耐薬品性が乏しいため,簡易防塵などに用いられる。ただし,耐候性が高い特徴がある。	一般事務所,レジャー施設,舗道など
セメント系	セメント系	耐熱・耐火性に優れ,特に塗膜の厚いものは,耐衝撃性に優れる。	各種工場,研究・実験室,倉庫,厨房など
	ポリマーセメント系	セメント系よりも可撓性に優れる特徴をもっている。下地修正材として用いられることがある。	事務所,廊下,学校,工場など

それを硬化させる成分を含む硬化剤からなり,主剤と硬化剤(基剤と硬化剤ともいう)を混合してから施工される。

また,合成樹脂塗り床材は,膜厚および溶剤の種類によって,次のように分類される。

①厚膜型塗り床材:塗膜の厚さが0.8mm程度以上の厚塗り用で,2液型塗り床材が使用される。おもにこてを使用して施工される。

②薄膜溶剤型塗り床材:有機溶剤によって粘度調整した1液型の塗り床で,ローラーはけやはけなどで施工する。

③薄膜水性型塗り床材:水を希釈剤として粘度調整した1液型の塗り床で,ローラーはけやはけなどで施工する。

合成樹脂系塗り床材は工法の種類によっても,コーティング工法(膜厚:0.15〜0.5mm),流しのべ工法(膜厚:0.8〜3mm),ライニング工法(膜厚:1.2〜2.5mm)およびモルタル工法(膜厚:3〜10mm)に分類される。

(2) 塗布型ポリマーセメント系塗り床材

結合材としてセメント系の無機質結合材とセメント混和用ポリマーを用い,骨材,顔料,添加剤などを混合した塗り床材で,一般的には,1〜5mmの塗り厚で施工されるが,厚塗り用のものは,10〜15mmの塗り厚となる。施工には,こてやローラーはけが使用される。

6-5-3 一体型塗り床材

一体型塗り床材とは,コンクリート床面に用いられる塗り床材であり,下地の

コンクリートが硬化する前（生乾きのとき）に，材料を散布または塗り付けて施工するもので，セメント系とポリマーセメント系がある。いずれの塗り床も耐摩耗性の付与を目的に用いられるステンレスや鋼などの粉体や繊維を骨材として用いる金属系と，天然および人工骨材やスラグのみを骨材とする非金属系に大別される。

（1） 一体型セメント系塗り床材

一体型セメント系塗り床材は，セメントと骨材，顔料および添加剤からなる粉体材料であり，それを未硬化のコンクリート表面に散布し，金ごて押さえして施工される。下地コンクリートが未硬化の状態で施工されるため，下地と塗り床材の一体化を図ることができることから，モノリシック工法ともよばれる。一体型セメント系塗り床材の施工後は，必要に応じて，白華防止，意匠性，汚れ防止などのために，ワックスなどのトップコートが施工される。

（2） 一体型ポリマーセメント系塗り床材

一体型ポリマーセメント系塗り床材は，ペースト状に調製したものを未硬化のコンクリート表面に流して，金ごてで均一に塗り付けて，1〜15mmの塗り厚となるように施工され，必要に応じて，トップコートが施工される。

引用・参考文献
1） 小野英哲監修，日本塗り床工業会編著：塗り床ハンドブック（平成18年版），工文社，2006
2） 1）のp.5
3） 1）のp.3〜4

7 水密・気密性

建築物は，多種多様な材料，部品，部材をつなぎ合わせてつくられており，同種または異種材料の継目や目地，部材と部品の取り合い部分には，必ずすきまが生じる。これらのすきまから雨水，風，音，ほこり，においなどが室内に侵入するのを防ぐために，すきまの水密性・気密性を確保する必要があり，すきまをふさぐ材料として，シーリング材やガスケットなどとよばれている充填材が用いられる。一方，コンクリートなどにひび割れが発生した場合，このひび割れからの雨水などの浸入を防ぐために，ひび割れに樹脂などを注入する充填材もある。

7-1 機能と原理

すきまは，目地，部材と部材の接合部，材料と材料の接合部などに見られたり，あるいは材料そのものに発生したひび割れなどをいい，これらのすきまをふさいで，すきまの水密性や気密性を確保することが充填材の機能である。すきまには，振動，温度変化などによってその幅が開いたり，閉じたり繰返し作用を受けるすきま（ワーキングジョイント：working joint）と，ほとんど動きのないすきま（ノンワーキングジョイント：non-working joint）とがある。

一般に，ワーキングジョイントには，不定形の弾力性を有する液状の充填材を注入する。ノンワーキングジョイントには，定形の充填材をはめ込む。後者は，特に，その幅が広がらないすきまに弾力性を有する充填材（ガスケット）をはめ込み，ガスケットを圧縮した状態で使用するものである。

充填材には，狭いすきまに注入するための充填性，材料との接着性，ムーブメント（movement：繰返しの動き）に対する追従性・弾力性，繰返し作用に対する耐疲労性，屋外に使用するものには耐候性などが求められる。

充填材を分類すると，図7-1に示すように，不定形材として，建築用シーリング材，油性コーキング材，金属製建具用ガラスパテ，補修用注入エポキシ樹脂がある。定形材として，建築用発泡体ガスケット，建築用ガスケットが規格化されている。

```
                    ┌─ 建築用シーリング材（JIS A 5758）
          ┌─ 不定形材 ─┼─ 油性コーキング材（JIS A 5751　2004廃止）
          │           ├─ 金属製建具用ガラスパテ（JIS A 5752）
  充填材 ──┤           └─ 建築用補修用注入エポキシ樹脂（JIS A 6024）
          │           ┌─ 建築用発泡体ガスケット（JIS A 5750）
          └─ 定形材 ──┴─ 建築用ガスケット（JIS A 5756）
```

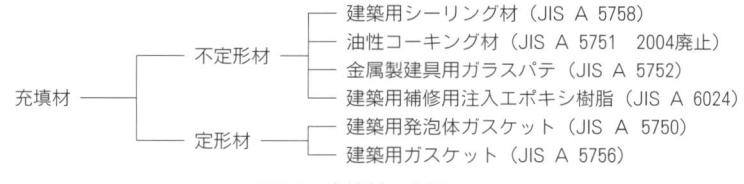

図7-1　充填材の分類

7-2 シーリング材・コーキング材

7-2-1　建築用シーリング材

建築用シーリング材（sealing compound）は，温度変化や繰返し外力によって目地幅が変動する建築構成材の目地部分やガラスのはめ込みなどに使用する不定形の液状のもので，ガンやへらなどを用いてすきまに注入する。

建築用シーリング材は，JIS A 5758に規定され，表7-1に示す種類がある。温度により性能が低下する場合があるので使用時には注意を要する。

JIS A 5758に規定されているシーリング材の主成分を表7-2示す。また，シーリング材の設計伸縮・せん断変形率とおもな用途を表7-3に示す。

これらの材料特性をふまえて，図7-2に示すように，ムーブメントの大きさに応じたシーリング材を選定し，目地幅と目地深さをすきまの状態に適合するように設計することが大切である。

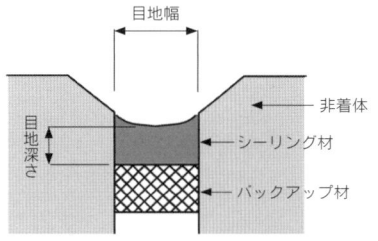

図7-2 目地幅と目地深さ

表7-1 建築シーリング材の区分

区　　分	種　　類	用　　　途
ガラスはめ込みの有無による区分	Gタイプ	ガラスにはめ込んで固定するグレイジング用シーリング材
	Fタイプ	グレイジング以外に使用するシーリング材
ムーブメント追従性による区分	クラス25*，20，12.5，7.5，30**（両方向）	目地に対する適用能力を示すムーブメント追従性
一定伸び時の引張応力（モジュラス）による区分	低モジュラス（LM）	クラス25および20のシーリング材
	高モジュラス（HM）	
弾性復元性による区分	弾性シーリング材（E）	硬化後，弾性的な挙動を示すシーリング材で，目地のムーブメントによって生じた応力がひずみにほぼ比例するシーリング材。クラス25，20および12.5E***のもの。
	塑性シーリング材（P）	硬化後，塑性的な挙動を示すシーリング材で，目地のムーブメントによって生じた応力が早く緩和するシーリング材。クラス12.5P***および7.5のもの。
使用形態による区分	1成分形シーリング材	そのまま現場で使用することができるように調整されたシーリング材
	多成分形シーリング材	2つ以上の成分に分けた形態で，現場でそれらを練り混ぜて使用するように調整されたシーリング材

注）＊：数字は試験における目地幅の拡大・縮小率（％）を表す。
　　＊＊：クラス30については，目地幅に対するせん断変形率（％）。
　　＊＊＊：クラス12.5については，弾性復元性により，弾性（E）と塑性（P）に区分される。

表7-2 シーリング材の主成分 (JIS A 5758)

主成分による区分	記　号	主　　成　　分
シリコーン系	SR	シリコーン（オルガノポリシロキサン）
ポリイソブチレン系	IB	ポリイソブチレン（シリル基を末端にもつポリイソブチレン）
変成シリコーン系	MS	変成シリコーン（シリル基を末端にもつポリエーテル）
ポリサルファイド系	PS	ポリサルファイド
アクリルウレタン系	UA	アクリルウレタン
ポリウレタン系	PU	ポリウレタン
アクリル系	AC	アクリル樹脂

表7-3 シーリング材の設計伸縮・せん断変形率とおもな用途[1]

シーリング材の種類	変形率の標準値(%)			主な用途								
		伸縮	せん断	超高層		高層		中・低層		ALCパネル・大型プレキャストコンクリート壁式構造	ガラスとサッシのシール	一般の窓回り	コンクリート壁の亀裂誘発目的
				金属カーテンウォール	コンクリートカーテンウォール	金属カーテンウォール	コンクリートカーテンウォール	金属カーテンウォール	コンクリートカーテンウォール				
シリコーン系	M_1	20(10)	30(20)	○		○		○			○		
	M_2	30(10)	60(30)										
変性シリコーン系	M_1	20	30	○	○	○	○	○	○	○	○	○	○
	M_2	30	60										
ポリサルファイド系	M_1	15	30	○		○		○			○	○	
	M_2	30	60										
アクリルウレタン系	M_1	10	20							○			○
	M_2	20	40										
ポリウレタン系	M_1	10	20							○			○
	M_2	20	40										
アクリル系	M_1	7	10									○	
	M_2	10	20										

〔注〕 M_1は温度によるムーブメントを考慮する場合,M_2は風・地震・振動によるムーブメントを考慮する場合,( )は1成分形の場合,○は適していることを示す。

7-2-2 建築用油性コーキング材

油性コーキング材(caulking compound)はシーリング材の一種で,ムーブメントのほとんどない目地部分,サッシ回りの充填およびひび割れの補修などに使用する不定形の材料で,ガンやナイフですきまに充填するものである。ガン用コーキング材とナイフ用コーキング材とがある。炭酸カルシウムなどの鉱物質充填材と液状の展色材(天然および合成の油脂または樹脂)をおもな原料とし,よく練り混ぜて製造したものである。

7-2-3 金属製建具用ガラスパテ

金属製建具用ガラスパテ(glass putty)は,金属製建具にガラスを取り付ける場合に使用する不定形のガラスパテである。板ガラスを窓枠に固定したり,すきまから漏水を防ぐために使用する不定形材で,硬化性ガラスパテ(M_1)と非硬化性ガラスパテ(M_2)とがある。鉱物質充てん材(炭酸カルシウム・鉛白・亜鉛華・チタン白)と液状の展色材(油脂,または樹脂)をおもな原料とし,よく練り混ぜて製造したものである。

7-2-4 補修用注入エポキシ樹脂

補修用注入エポキシ樹脂は,モルタル,タイル,コンクリートなどのひび割れ,浮きの補修およびアンカーピンの固定に用いられる主剤と硬化剤とからなる注入用エポキシ樹脂である。

エポキシ樹脂による区分として,硬質形(I)引張破壊伸びが10%以下のもの,

軟質形（II）引張破壊伸びが50％以上のものがある。

粘性による区分として，低粘度形（L）はひび割れ補修用，中粘度形（M）はひび割れ，浮きの補修に用い，高揺性を付与したもの。粘度形（H）は大きなひび割れ，浮きの補修に用い，高揺変形を付与したものである。

施工時期による区分として，一般用は，春季，夏季，秋季に用いる。冬季用は冬季に用いる。

7-3 ガスケット

ガスケット（gasket）は，成形されたゴム状弾性体で，目地幅の変動がほとんどなく，しかも目地幅が広がらない目地の場合，断面形状の定まった定形ゴム弾性体をすきまに押し込んで充填し，被着体間で圧縮された状態で使用するものである。建築用発泡体ガスケットと建築用ガスケットとがある。

7-3-1 建築用発泡体ガスケット

発泡体ガスケットは，用途・材料・寸法・耐久性・性能によって，表7-4に示すように区分されている。図7-3には，目地ガスケットの例を示す。

表7-4 建築用発泡体ガスケットの区分と種類

区　分	種　類	使　用　箇　所
用途区分	複合ガスケット	発泡体とその他の材料を複合したもの
	気密ガスケット（We・f）	ドアセットおよびサッシの可動部や枠材に装着し，気密性を保持するためのガスケット
	目地ガスケット（Jo・f）	建築構成材の目地部分に使用するもので，水密性，気密性を保持するためのガスケット
性能区分	耐火目地ガスケット（F）	準耐火建築物および耐火構造物の外壁の目地部分に使用するもので，水密性，気密性を保持するためのガスケット
材料区分	クロロプレン系（CR），EPDM系（EM），シリコーン系（SR），ポリウレタン系（U）	
耐久性による区分	A級（加熱時間14日），B級（加熱時間7日），C級1種（加熱時間3日），C級2種（加熱時間3日）	
寸法による区分	目地幅の基準寸法	8，10，15，20，25，30mm

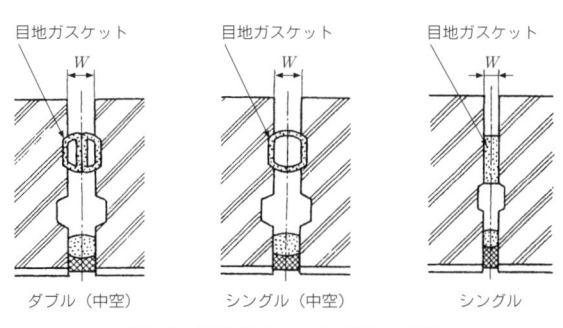

図7-3 目地ガスケット（JIS A 5750）

7-3-2 建築用ガスケット

建築用ガスケットは，用途・材料・形状・寸法・耐久性・性能によって，表7-5に示すように区分されている。図7-4には，ガラスはめに用いられている建築用

ガスケットの例を示す。

表7-5 建築用ガスケットの区分

区　分	種　　　類	内　　　容
用途による区分	グレイジングガスケット(Gl)	おもにドアセットおよびサッシに用いられる。
	気密ガスケット（We）	
	目地ガスケット（Jo）	建築構成材の目地部分に使用するもので，水密性，気密性を維持するための定形シーリング材
	構造ガスケット（SG）	建築構成材の開口部に取り付けてガラスなどを直接支持し，水密性，気密性を保持するための定形シーリング材。H型，Y型があり，ジッパーガスケットまたはロックストリップガスケットともよぶ。
材料による区分	塩化ビニル系	塩化ビニル系（V），サーモ・プラスチック・エラストマー系（TPE）
	合成ゴム系	クロロプレンゴム系（CR），EPDM系（EM），シリコーン系（SR）
形状による区分		H型，Y型，C型
寸法による区分	グレイジングガスケットの面クリアランス*の呼び寸法	ガスケットの種類による。1〜30mm。H型，Y型，C型はガラスの厚さとクリアランスの関係で
耐久性による区分	加熱時間による区分	加熱時間14日：A級（A），加熱時間7日：B級1種（B1），B級2種（B2），加熱時間3日：C級（C）
性能による区分	グレイジングガスケット	
	防かびグレイジングガスケット	かびの発育に抵抗する性質をもつグレイジンガスケット

* 面クリアランス：ガラス面とサッシ枠，障子または押縁の内側面とのすきま

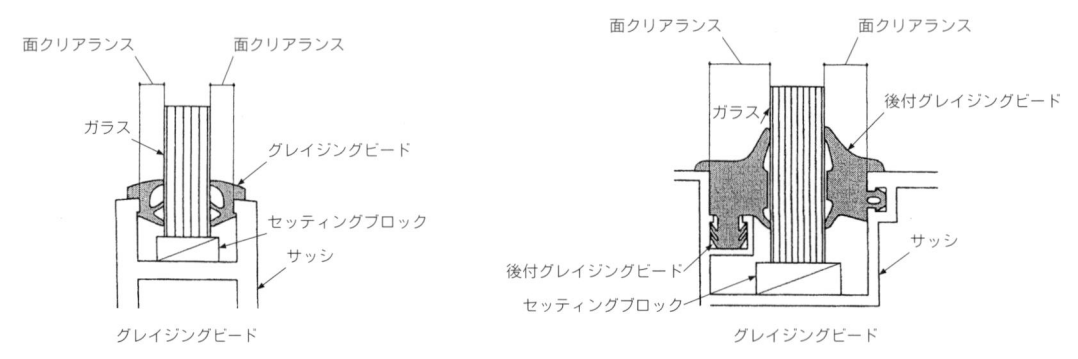

図7-4　建築用ガスケット（JIS A 5756）

引用文献
1) 日本建築学会編：建築材料用教材，p.109，日本建築学会，2006

8 材料の感覚的性能

8-1 概　説

建築仕上材料を選定するとき，材料を手にとって，じっくり眺めたり，こぶしで叩いたり，手のひらで触れたり，臭いをかいだりして，人間の五感で評価することがある。一方，日常生活において，手・足・腰など，人が触れて，不快感を覚えることがある。特に，床，壁，手摺り，ドアノブなど，それを構成している材料の種類によって，触れたときの感触が異なる。建築材料の感覚的性能とは，人が建築材料を見たり，叩いたり，触れたり，臭いをかいだりしたときに感じるもので，視覚，聴覚，皮膚感覚，嗅覚で評価している性能をいう。ここでは，各種材料の感覚的性能について述べる。

8-2 温冷感触

材料に触れたときの温冷感触は，材料の種類，材料の厚さ，表面あらさ，材料の温度，接触している時間などによって異なる。図8-1は，手のひらで触れた直後の材料の温冷感触を示したものである。金属や大理石のように温度伝達率の大きい材料は，材料の温度が皮膚温度より低い場合（室温10℃，20℃の場合）は，「冷たく」感じるが，これとは逆に，材料温度が皮膚温度より高い場合（室温40℃，50℃）は，「温かく」感じる。

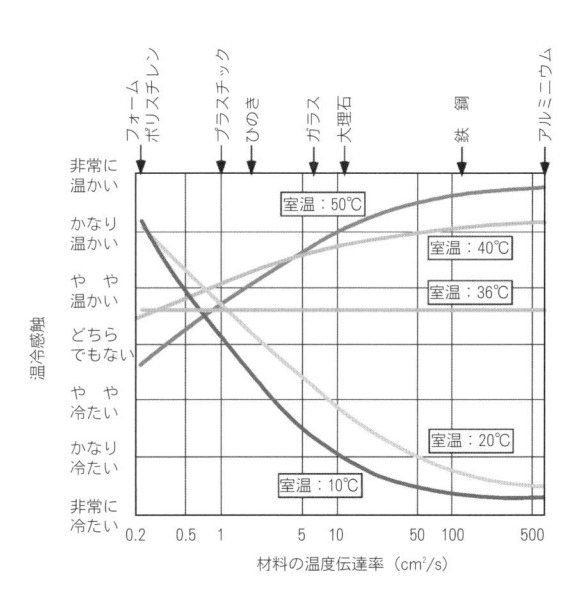

図8-1　手のひらで触れた直後の材料の温冷感触

これに対し，ポリスチレンフォームのように温度伝達率が非常に小さい材料は，温度10℃，20℃の室内では「温かく」感じ，40℃，50℃の室中では，「どちらでもない」「冷たい」側に感じる。木材，プラスチックのような材料は，室温10℃から50℃と変わっても温冷感触は大きく変化しない。また，材料温度と皮膚温度がほぼ等しくなる30℃の室内では，いずれの材料もほぼ同じ温冷感触を示す。図の横軸に示した温度伝達率は，非定常の熱移動の解析に用いられる熱物性値で，熱伝導率/（比熱×密度）によって求められ，材料の熱の伝導による温度の伝わりやすさを評価する物性値である。これらの材料は板厚5mm一定としたものである。金属の場合は，板厚によって温冷感触は異なり，アルミニウムなどは板厚が厚くなるほど冷たく感じる。温冷感触は，手すりやドアノブの材料を選定するときに有効な指標となる。

図8-2は，床暖房の床温度を変えた各種床材料の上に裸足で10分間接触したときの温冷感触を示したものである。各床材料とも，床温度が高くなるに従い温冷感触は温かくなっているが，直線の傾きは床材料の種類によって異なり，温度伝達率の大きい材料ほど傾きが大きい。また，各床材料の直線は床温度約30℃付近で交差している。床暖房の床温度は一般に30℃程度としている。この温度であれば床材料の種類による温冷感触の影響は小さい。これらの温冷感触は，図8-1の30℃の室内における温冷感触とほぼ一致している。

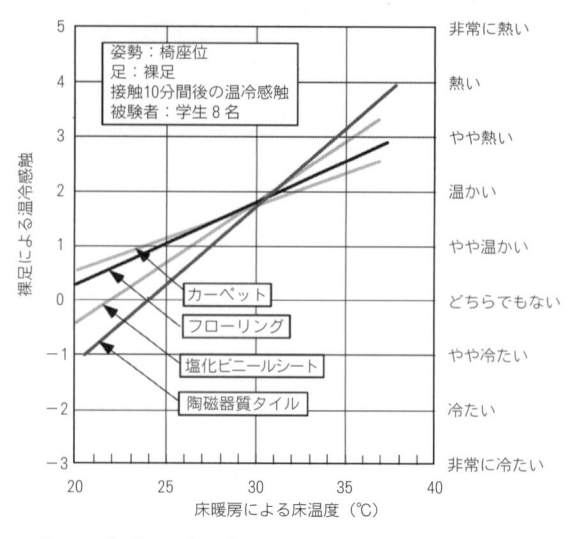

図8-2 床暖房の床温度と各種床材の裸足による温冷感触

一方，高温表面に触れて作業する場合，または，暖房器具など不注意で高温表面に触れる場合がある。そのような場合，高温表面に触れて安全に作業できる時間，または安全に触れていることのできる時間が問題となる。図8-3は

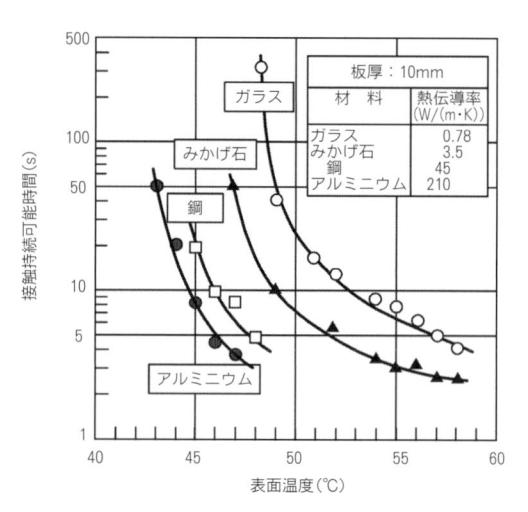

図8-3 高温表面に触れていられる安全な時間

高温表面に触れていられる安全な時間（接触持続可能時間とよぶ）を示したものである。たとえば，表面温度が47℃における各材料の接触持続可能時間を比較すると，アルミニウムは3秒間，鋼は6秒間，みかげ石は30秒間，ガラスは500秒間以上となる。

8-3 凹凸感触

建築材料の仕上げ方法には，表面を平滑に仕上げる場合と，凹凸状の粗面に仕上げる場合がある。平滑仕上げにおいては，数ミクロンあるいは数ミリの仕上がり精度が要求され，平滑仕上げの仕上がり具合は，表面を手のひらや指先で触れて感じたり，光に当てて目視で判断している。

一方，凹凸状の粗面仕上げは，表面をデザインとして凹凸上に仕上げたもので，手のひらで触れて，「ちくちく」「ざらざら」「でこぼこ」などとその凹凸感触を

表現する場合がある。

これらの表現がどの程度の大きさの凹凸に対して用いられているかを示したものが図8-4である。これは，粒度別にふるい分けた骨材を一粒ずつ張り付けた表面に手のひらで触れたときの感触を示したものである。粒度5mmを境にして，これより小さい粗面は「ざらざら」と表現され，これより大きい粗面は「でこぼこ」と表現されている。コンクリート用骨材として，粒度5mm以下を細骨材，5mm以上を粗骨材と区分していることにも対応しているといえる。

「ちくちく」という表現は，骨材の1.2〜5mmの範囲で多く使われている。これより小さくても，大きくても「ちくちく」という表現は使用されていない。「ちくちく」は痛覚によるもので，尖った部分が皮膚を刺激したためであり，これより小さいものや大きいものでは痛覚を刺激するほどの尖った部分がないことを示している。

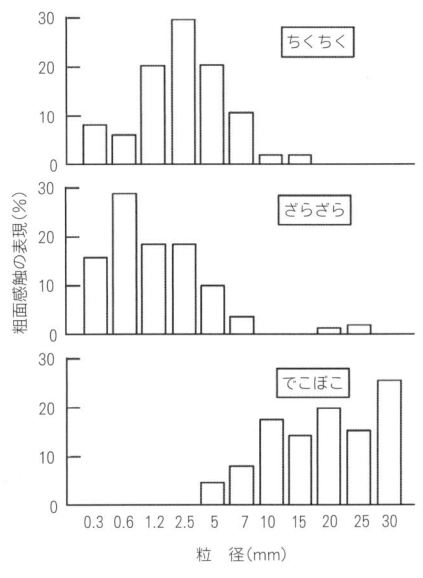

図8-4 粒径と粗面感触

8-4 べたつき感触

床の上をはだしで歩いていると足裏の発汗によって，床がべたついて不快を感じることがある。これは特に，夏季の高温多湿のときに感じることが多い。図8-5は，足裏と床との間の湿度とべたつき感触の関係を示したものである。足裏と床との間の湿度が高いほどべたつきを感じている。これは足裏から発散している汗を床材料が吸水しやすいか否かで決まり，吸水しやすいござやカーペットは，吸水しにくいビニル床材料にくらべてべたつき感触が小さいことを示している。べたつき感触を改善するには，吸水性のよい材料を用いるか，表面を粗くして皮膚との接触部分を小さくするなどの工夫によって可能である。

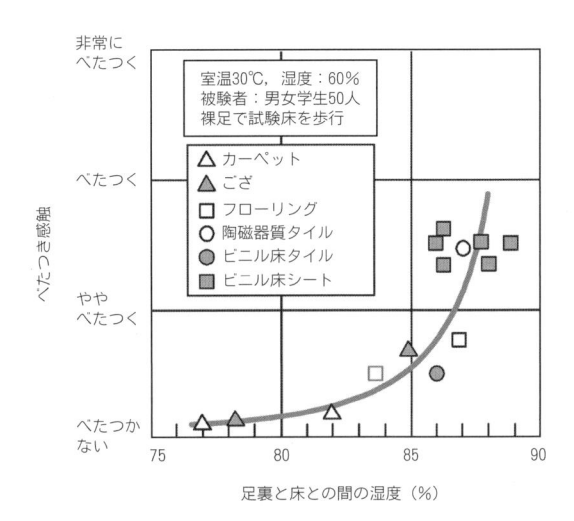

図8-5 足裏と床との間の湿度とべたつき感触

8-5 よごれの程度

建築物は，経年とともに，降雨水などの影響で，外壁などによごれが目立ってきて，美観性が失われていく。よごれは，壁面などに塵埃，土砂，排気ガスなどのよごれ物質が不均質に付着している部分が付着していない部分の色と違っていることを視覚によって主観的に識別して認知される。両者の色の違いは，一般には，$L^*a^*b^*$表色系における色差（ΔE^*ab）あるいは明度差（ΔL^*）によって表されている。図8-6は，屋外に3年間暴露した材料の色差を例示したもので，材料の種類によって色差が異なっており，色差の大きい材料は小さい材料にくらべてよごれているといえる。

図8-7は，屋外暴露前と3年間暴露後の色差とよごれの程度の関係の一例を示したもので，色差が大きくなるに従いよごれの程度も著しくなっている。これは，よごれの程度を色差によって判定できることを示している。色差の数値は，よごれがひどいから洗浄するか，または，洗浄後によごれが落ちて美観性が回復されたかなどの判断に使用することができる。

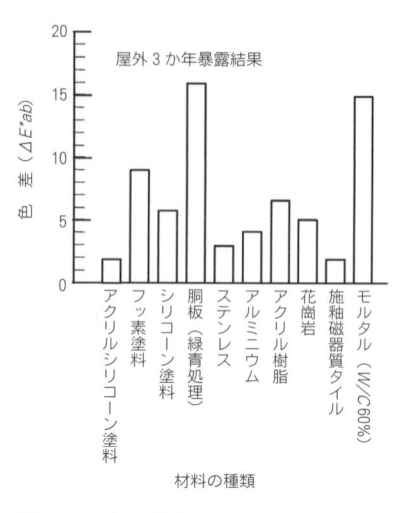

図8-6 3年間暴露した各種材料の色差

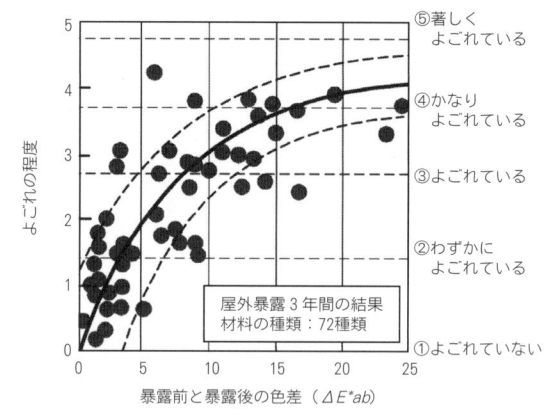

図8-7 色差とよごれの程度

8-6 打音感触

内壁をこぶしで軽く叩いて，その打音によって壁の構成を品定めすることがある。壁は，化粧ボードを胴縁に張り付けて仕上げているものや，胴縁に張り付けた下地ボードに壁紙を張って仕上げたものなどがある。図8-8は，合板の板厚を変えて（胴縁間隔300mm，取付けは接着剤，コンクリート下地）打音を分析した結果を示したものである。合板の板厚が薄いと，こぶしで叩いたときの打音は低く（周波数が小さく），大きな音（音圧レベルが大きい）に聞こえる。これとは逆に，板厚が厚いと打音は高く（周波数が高く），小さな音（音圧レベルが小さい）に聞こえる。前者の打音は後者にくらべて安っぽく感じる。打音の特性は，ボードの板厚のほかに，胴縁の間隔，ボード取付けくぎの間隔，ボードの背後の空気層の厚さ（胴縁の厚さ）が小さいほど，周波数は大きく，音圧レベルが小さ

くなる。すなわち，薄いボードでもこれらの条件を変えることで厚く感じる打音感触を得ることができる。

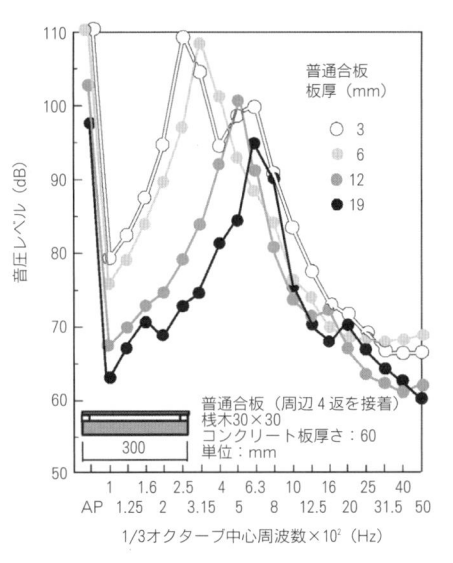

図8-8 板厚を変えた打音の周波数特性

9 環境負荷と建築材料

9-1 概説

　建築材料はさまざまな天然資源を原料として製造されており，また，その製造のためには多くのエネルギーを必要とする。その一方で，建築物の建設や廃棄に伴って大量の廃棄物を排出している。一方，建築物が人間の快適な社会活動や居住を可能にしているが，使用する材料によっては，生活環境に悪影響を及ぼすことも指摘されている。このようなことから，さまざまな建築行為については，地球環境および人間の生活環境に対する配慮が必要であることが指摘されている。

　そのような人間の諸活動による環境負荷が社会の存続に対して重要な問題を含んでいることを指摘したのが，1972年，ローマクラブによるレポート「The Limits to Growth」[1] である。その後，国際連合の環境と開発に関する世界委員会の第96回会議において「Our Common Future」と題する最終報告書[2] が提出され，そのなかで，「持続可能な開発（sustainable development）」という理念が示された。この理念は，これからの社会における人類の活動は，地球の永続的存在を可能にするものでなければならないことを指摘したものである。

　このような背景のもと，わが国においては，1993（平成5）年に環境基本法が制定され，その第4条は，「環境への負荷の少ない持続的発展が可能な社会の構築等」についての条文であり，持続可能な開発の思想が取り入れられている。なお，「環境への負荷」とは，同第2条において，「人の活動により環境に加えられる影響であって，環境の保全上の支障の原因となるおそれのあるものをいう。」と定義している。さらに，2000（平成12）年には，環境基本法の基本理念にのっとり，循環型社会形成推進基本法が制定され，それに関する個別の規制も整備されている。これらの法体系を図9-1に示す。

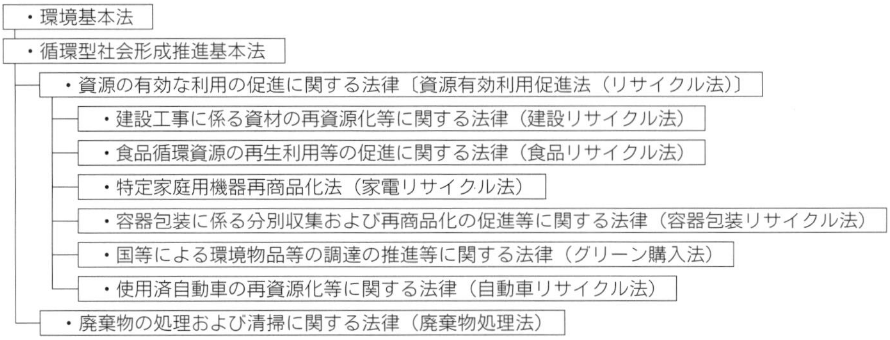

```
・環境基本法
  ・循環型社会形成推進基本法
    ・資源の有効な利用の促進に関する法律〔資源有効利用促進法（リサイクル法）〕
      ・建設工事に係る資材の再資源化等に関する法律（建設リサイクル法）
      ・食品循環資源の再生利用等の促進に関する法律（食品リサイクル法）
      ・特定家庭用機器再商品化法（家電リサイクル法）
      ・容器包装に係る分別収集および再商品化の促進等に関する法律（容器包装リサイクル法）
      ・国等による環境物品等の調達の推進等に関する法律（グリーン購入法）
      ・使用済自動車の再資源化等に関する法律（自動車リサイクル法）
  ・廃棄物の処理および清掃に関する法律（廃棄物処理法）
```

図9-1　環境基本法とその関連法令の体系

　さらに，循環型社会形成推進基本法においては，①リデュース，②リユース，③リサイクル，④熱回収（サーマルリサイクル），⑤適正な廃棄物の処理の順で循環資源を取り扱うこととし，できるだけ循環的な利用を行い，その利用にあたっては，環境の保全上の支障が生じないようにすることとしている。①～③は，次

のような意味を与えた用語の頭文字をとって3R（スリーアール）とよばれ，経済産業省では「3R政策」を推進している。

- Reduce（発生抑制）：廃棄物の発生を抑制することであり，物を長持ちさせ，できるだけゴミにならないようにすること。
- Reuse（再使用）：循環資源を製品としてそのまま使用すること，および循環資源の全部または一部を部品その他製品の一部として使用すること。
- Recycle（再生利用）：循環資源の全部または一部を原材料として利用すること。

なお，循環的な利用とは再使用，再生利用および熱回収を指し，廃棄物などのうち，それらに利用できるものが循環資源とされる。熱回収とは，循環資源の全部または一部で，燃焼として用いるかまたはその可能性のあるものを，熱を得るために利用することをいう。

一方，日本建築学会を含む建築関連5団体は，2000年6月に「地球環境・建築憲章」を宣言し，長寿命，自然共生，省エネルギー，省資源・循環および継承性を可能にする建築の創造に取り組むとしている。

9-2 環境負荷低減のための建築材料のあり方

ここでは，建築基準法，その関連法規および地球環境・建築憲章に示される概念の建築材料のあり方，ならびに室内空気汚染にかかわる建築材料についての概要を述べる。なお，地球環境への負荷低減，資源の有効利用などによる，持続可能な社会形成に役立つ材料は，環境調和型の材料（environment conscious material, environmentally harmonized material）としてとらえられ，エコマテリアルとよばれている。

次に示す9-2-2～9-2-5については，相互に関連する事項である。たとえば，省資源を目的としてある種の材料を用いる場合，その材料の製造や運搬にかかわるエネルギーが，その材料を使用しない場合よりも多く消費されるようなことがある。このような場合は，省エネルギーの観点からその使用は避けるべきである。このような考慮はライフサイクルアセスメント（LCA：Life Cycle Assessment）の観点からなされるものであり，日本建築学会では，「建物のLCA指針」を1999年に示している。

9-2-1 環境基本法とその関連法令に示される建築材料

「建設工事に係る資材の再資源化等に関する法律」で取り扱う特定建設資材として，同施行令では次の材料が指定され，できるだけ循環的利用を行うこととしている。

- 木材：木質ボードや木材チップなどの建設発生木材
- コンクリート：路盤材，プレキャスト部材などのコンクリート塊
- コンクリートおよび鉄から成る建設資材：鉄筋コンクリートの廃材
- アスファルト・コンクリート：再生加熱アスファルト混合物，路盤材など

また,「資源の有効な利用の促進に関する法律」では,指定再利用促進製品50種類が指定されており,そのなかには,浴室ユニットなども含まれている。特に浴室ユニットは,FRP製品のなかでもその廃棄量が多い現状にある。しかしながら,FRPは耐久性に優れる材料として製造されているため,その再利用はこのことと相反することになるため,再使用,再生利用技術の開発が急務とされている。

9-2-2 長寿命と建築材料

長寿命とは建築の長寿命化を指し,それにかかわる材料の役目は,材料自体の耐久性が優れること,および材料が複合化された部材の耐久性が優れることを意味する。したがって,各材料の性能を十分に把握して,使用箇所や使用方法に合わせた材料の選択が重要となる。建築の長寿化に貢献する建築材料およびその利用法としては次のようなものが考えられる。

- 高強度・高耐久性コンクリートの利用
- エポキシ樹脂塗装鉄筋の利用(RC造建築物の長寿命化)
- 木材の防腐処理・防炎処理
- 高耐久性塗料の使用

9-2-3 自然共生と建築材料

自然共生の面からは,建築が自然環境と調和し,多様な生物と共存を図ることが求められており,建築材料の使用によって環境温度を著しく変化させたり,生物の棲家を奪うようなことがあってはならない。後者の場合には,天然材料の利用における自然破壊の問題も含まれることになる。このことは,後述する省資源・循環とも関連することであり,建築材料を次のような考え方でとらえる必要がある。

- 冷暖房廃熱による環境への影響を抑制するための優れた断熱材の利用
- 屋上緑化などによる都市空間の温度上昇の抑制
- 木材資源の無作為な伐採による環境破壊の抑制
- 人工木材,人工軽量骨材の利用など,天然材料の枯渇を防止するための人工材料の代替利用
- 建築材料からの化学成分や環境ホルモンなどの溶出による生態系への影響を抑制するための材料組成の考慮や溶出防止のための仕様の検討

9-2-4 省エネルギーと建築材料

省エネルギーとは,建築の生涯のエネルギー消費は最小限に,自然・未利用エネルギーは最大限に活用するという概念である。このことに関連する建築材料のあり方は,建築材料の生産においてエネルギー消費が最小であること,また,建築材料の使用が建築物を維持するうえでのエネルギー消費を最小にすることと考

えることができる。省エネルギーに貢献する建築材料については，次のような考え方がある。

- 施工が省力化される材料や各部材における材料構成の検討
- コンクリート製品製造時のエネルギー低減のための早強性混和剤の利用
- 高炉スラグ微粉末やフライアッシュなどのコンクリート用材料としての利用
- エネルギー効率のよい建築物とするための優れた断熱材・遮熱材の利用
- 雨水による自浄効果に優れた外装材料とすることによる清掃エネルギーの低減
- 水洗式衛生機器などにおいての使用水量の低減

9-2-5 省資源・循環と建築材料

省資源・循環とは，環境負荷の小さい建築材料の使用や再利用・再生が可能な建築材料の使用によって，建築生産にかかわる資源消費を最小に留めることである。したがって，天然資源の枯渇につながるような建築材料の開発を防止し，各種建築材料においては，再使用，再生利用可能なものが望まれる。これらのことに関連する技術として次のようなものがある。

- 再生骨材や各種スラグ骨材などのコンクリート用材料としての利用
- コンクリートにおける化学混和剤の使用による単位セメント量の低減
- 鉄筋の代替材料としての竹筋の利用
- 間伐材や建築廃材を利用した木質系材料の利用

9-2-6 室内空気汚染と建築材料

室内空気汚染と建築材料の関係については，特に，シックハウス症候群と化学物質過敏症について配慮する必要がある。なお，地球環境・建築憲章では，継承性について，「建築は多様な地域の風土・歴史を尊重しつつ新しい文化として創造され，良好な成育環境として次世代に継承される。」と述べており，この継承性にも関連するものである。

新築やリフォームした住宅やビルに入ると気分が悪くなる，咳がでるなどの体調不良を引き起こすことがあり，これがシックハウス症候群や化学物質過敏症として認知されるようになった。これらの症状は，過去において多量の化学物質に接触または微量な化学物質に長期間接触した経験をもつ者が，化学物質に再接触したときに発症するものであり，シックハウス症候群は，その原因物質を発散するような住宅やビルなどから離れると症状が消える。原因物質の量が基準値を超えて発症する場合をシックハウス症候群，その基準値よりも相当に微量な負荷でも発症する場合を化学物質過敏症という。これらの症状の原因物質のうち，特に問題視されているのが揮発性有機化合物（VOC：Volatile Organic Compound）である。なお，シックハウス症候群については，VOC，カビ，ダニ，花粉，燃焼ガス成分などが原因とされる。

厚生労働省では，13種類のVOCについての室内濃度指針値を定めている。一方，建築基準法では，VOCのうちクロルピリホスおよびホルムアルデヒドについての規制がなされ，建築材料にクロルピリホスを添加しないことおよびそれを添加した建築材料を使用しないことが示され，ホルムアルデヒドについては，内装仕上げの制限，換気設備の義務づけおよび天井裏などの制限が示されている。ホルムアルデヒドに関する制限の対象となる建築材料（ホルムアルデヒド発散建築材料）としては，合板，構造用パネル，集成材，MDFなどの木質系材料，壁紙，接着剤，保温材，断熱材，塗料などがあり，これらの建築材料からのホルムアルデヒド放散量については，表9-1のように区分し，その使用が制限されている。

表9-1　ホルムアルデヒド発散建築材料の区分と使用制限

建築材料の種類	ホルムアルデヒド発散速度 $(mg/(m^2 \cdot h))$*	JIS・JASの表示記号	使用制限
第一種ホルムアルデヒド発散建築材料	0.12を超える	—	使用禁止
第二種ホルムアルデヒド発散建築材料	0.02を超え，0.12以下	F☆☆	使用面積制限（天井裏は不可）
第三種ホルムアルデヒド発散建築材料	0.005を超え，20以下	F☆☆☆	使用面積制限
—	0.005以下	F☆☆☆☆	制限なし

＊夏季（28℃）における発散速度

参考文献

1) D. Meadows, D. Meadowa et.al.,"The Limits to Growth", A Report for the Club of Rome's Project on the Predicament of Mankind, 1972
2) "Report of the World Commission on Environment and Development," Our Common Future", UN Documents, Gathering a Body of Global Agreements, December 1987

IV編
基本材料

序

 建築物には，紙から鉄まで多種多様な材料が使われている。建築材料の選定は，適材を適所に使用することであり，それには，建築材料の性質を知ることが大切である。しかし，このように多くの種類の材料の性質を理解することは大変難しいものであるが，建築材料の性質は，その素材によっておおよそ見当がつくものである。下表は，多種多様な建築材料を素材別に金属材料，無機材料，有機材料に区分したものである。金属材料も無機材料に含めることもできるが，両者の性質がかなり相違するので，ここでは，無機材料と区別している。

 金属は，一般に密度が大きく，金属光沢を有し，延性・展性に富むので塑性加工が可能であり，酸化によって腐食しやすく，熱伝導率が大きい。

 セラミックは，一般に融点が高く，耐熱性・耐薬品性・耐候性に優れ，展性・延性に乏しく塑性加工が不可能である。また，熱伝導率が小さく，硬く，圧縮強度は大きいが引張り強度は小さい。

 有機材料のうち，木質は，天然材料で，密度が樹種によって異なり，水分の吸放出によって伸縮が著しい。また繊維の方向によって強度，伸縮が異なるため反りや割れなどのくるいを生じる。燃えやすく，細胞間に多量の空隙を含むため熱伝導率は小さい。高湿度環境では腐りやすく，またシロアリなどの虫害を受けるので，防腐・防蟻処理が必要である。

 プラスチックは重合度が高くなるに従い，気体から，液体，固体となる。軽くて，強く（比強度が大きい），その性質は温度依存性をもつ。耐水性・耐薬品性に優れているが，燃えやすく，燃焼時に有害ガスを発生するものもある。

材料の区分とおもな建築材料

区　分		おもな素材名	おもな建築材料名
金属材料	鉄	鉄鋼	鉄筋，形鋼，板類，線類，屋根葺材など
	非鉄	アルミニウム，銅，チタン，	サッシ，屋根葺材，板類
		亜鉛，すず，鉛，	防錆めっき
		金，銀，白金	装飾品
無機材料（セラミック）		石材	板類，ブロック，間地石
		セメント，コンクリート	セメント製品，コンクリート製品
		石灰，せっこう，プラスター	左官材料
		陶磁器	タイル，衛生陶器，瓦，れんが
		ガラス	板ガラス，ガラス繊維，ガラスブロック
有機材料		木質	木材，合板，積層材，集成材
			チップ，木毛ボード類，紙類
		プラスチック・ゴム	塗料，接着剤，仕上塗材，床タイル・シート，塗床材，カーペット
		瀝青材	アスファルト防水材，防水シート

1 金属材料

1-1 鉄 鋼

　鉄を主成分とする金属材料を総称して鉄鋼というが，一般には，鋼を指すことが多い。鉄鋼は，きわめて広範囲に用いられる最も重要な金属材料の一つであり，構造部材とした場合には，コンクリートにくらべ軽量で経済的であり，比強度が大きいため，大空間の建築および高層建築には欠かすことのできない材料である。また，鉄骨や鉄筋コンクリートに用いる鉄筋に加え，ボルト・ナットなどの金物や設備機械などにも用いられる。

　鉄鋼は，図1-1に示すように，炭素含有量により，純鉄，炭素鋼および鋳鉄に区分される。なお，JIS G 0203（鉄鋼用語（製品及び品質））では，炭素その他の不純物元素が，非常に少ない鉄（炭素含有率0.02%程度まで）を純鉄（pure iron），鉄を主成分として，一般に約2%以下の炭素とその他の成分を含むものを鋼（steel），鉄と炭素を主成分として，一般に約2%を超える炭素と，その他の成分を含むものを鋳鉄（cast iron）と定義している。また，炭素鋼は，鉄と炭素の合金で炭素含有率が，通常0.02〜約2.0%の範囲の鋼で，少量のケイ素，マンガン，リン，イオウなどを含むのが普通であると定義している。なお，炭素鋼に合金元素を1種または2種以上含有させたものを特殊鋼（合金鋼），鋳造によって製造される炭素鋼製品を鋳鋼という。

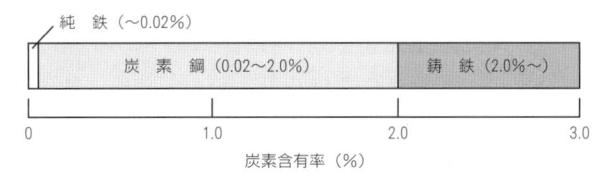

図1-1　炭素含有率による鉄鋼の区別

1-1-1 製 法

　鉄鉱石から鉄（銑鉄）をつくることを製鉄（製銑）といい，銑鉄，くず鉄を原料として各種の鋼（steel）をつくることを製鋼という。したがって，鋼材は図1-2のような工程で製造され，その工程は，銑鉄工程と製鋼工程の2つに大きく

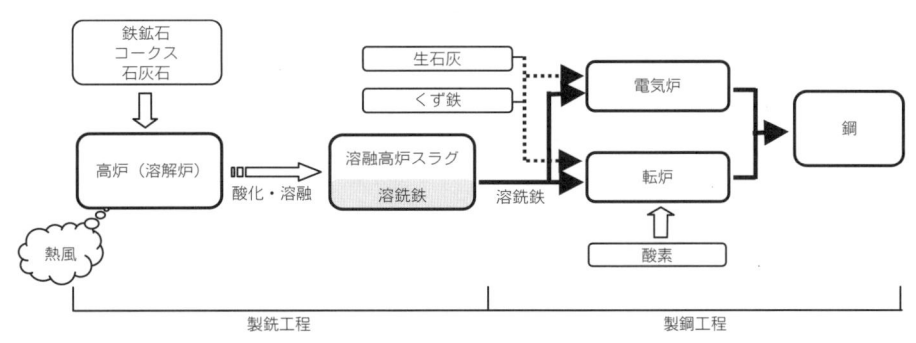

図1-2　鋼材の製造工程

分けられる。銑鉄工程では，鉄鉱石を溶融炉で溶融したものが銑鉄である。通常は鉱石を粒状に砕いたり，ペレット状に焼結し，粒度を調整したものとコークス・石灰石を高炉の上部から投入し，下部からは熱風を吹き込み，コークスを燃焼させて高温を得る。炉中に発生するCOガスと鉄鉱石中の酸素Oが反応して酸化鉄が還元・溶融される。この方法で得られた銑鉄は，密度が大きいため高炉の底部にたまる。一方，石灰石は，鉄鉱石中の不純物と反応し，溶融高炉スラグとなる。溶銑鉄と溶融高炉スラグでは，密度が違うため高炉から取り出すときに分離し，溶銑鉄だけ取り出すことが可能である。溶銑鉄のFe含有量は，92〜96％であり，炭素含有量も多いため，硬くて脆い材料である。したがって，製鋼工程で炭素含有量を減らして，製鋼する。

　製鋼工程では，銑鉄工程で製造した銑鉄，くず鉄を原料とし，それらの炭素（C）量を減らすことにより鋼材を製造する。また製鋼工程では，不純物を除去したり，合金元素を添加することによって性質の異なる多種類の鋼材を製造することができ，製鋼に用いる炉の種類には，転炉と電気炉がある。

（1）転炉

　製鉄された溶銑鉄と生石灰を材料として鉄鋼を製造する。このとき，炉の上部および底部から酸素を吹き込むことで，溶銑鉄中の不純物を酸化し，溶銑鉄から不純物を取り除くことができる。

（2）電気炉

　熱源に電力を用いる製鋼方法。成分調整が容易であることが特徴であり，高級鋼の製鋼によく用いられる。

　1）**高炉内の変化**　炉の上部から鉄鉱石，コークス，石灰石を入れ，下から熱風を吹き込んだとき，コークスの不完全燃焼などで生じるCOには還元作用がある。そのときの主要な反応は以下のとおりである。

　　　$2C + O_2 \rightarrow 2CO$（コークスが熱風と反応して一酸化炭素）

　　　$\boxed{Fe_2O_3} + 3CO \rightarrow \boxed{2Fe} + 3CO_2$　　（コークスの不完全燃焼などで生じるCOには還元作用があり，Feに変化する。

　　　$\boxed{Fe_3O_4} + 4CO \rightarrow \boxed{3Fe} + 4CO_2$

　　　酸化鉄　　　　銑鉄→Feの含有量は92〜96％

　2）**溶高炉内のスラグの生成**　石灰石（$CaCO_3$）の分解で生じた生石灰（CaO）は鉱石に混じっている二酸化ケイ素（SiO_2）と反応して，軽いスラグとなって鉄と分離する。

　　　$CaCO_3 \rightarrow CaO + CO_2$（石灰石$CaCO_3$を熱分解で生じる生石灰$CaO$）

　　　$CaO + SiO_2 \rightarrow CaSiO_3$

　　　　　　　　（石灰石CaOは高炉中の二酸化ケイ素と反応してスラグとなる）

　1tの銑鉄を得るのに高炉スラグが約0.3t排出される。高炉スラグの密度は鉄の約1/3であるので，銑鉄の生産体積と高炉スラグの排出体積はほぼ等しい

1-1-2 炭素鋼
(1) 物理的性質

炭素鋼(carbon steel)は,炭素の含有量によって物理的性質が大きく変化する。炭素の含有量が多くなると,炭素鋼の融点は低くなる。また,熱膨張係数は,コンクリートとほぼ等しいことから,鉄筋コンクリート構造に用いることができる。鉄鋼の物理的・力学的性質を表1-1に示す。

表1-1 鉄鋼の物理的・力学的性質

種類	物理的性質						力学的性質				
	密度	融点	比熱	熱伝導率	線膨張係数 比抵抗	電気比抵抗	炭素含有量	降伏点	引張強度	伸び	ヤング係数
			$J/(kg \cdot K) \times 10^3$	$W/(m \cdot K)$	$(\times 10^{-5} K^{-1})$	$(\times 10^{-6} \Omega \cdot cm)$					
	(g/cm^3)	(℃)	(100℃)	(100℃)	(20～100℃)	(20℃)	(%)	(N/mm^2)	(N/mm^2)	(%)	(kN/mm^2)
鉄	7.86	1 535	0.460～	65.9	1.15	10～	0.1	200～270	300～420	約30	210～220
鋼	7.85	1 490	0.481	46.5～58.1	1.10～1.15	13～19	0.3	235～500	400～850	約17	210～220

(2) 力学的性質

1) **応力度とひずみ度の関係**　応力度とひずみ度の関係を図1-3に示す。図1-4は降伏点が明瞭でない鋼材の応力度－ひずみ度曲線である。応力度とひずみ度の関係は,初め正比例し,フックの法則が成立する。弾性域では,応力度を減少させるとひずみ度も小さくなる。降伏点に達した後は,応力度とひずみ度に比例の関係がなくなり,応力度が一定であっても,ひずみ度が増加する。降伏終了後は,ふたたび応力度の増加に伴い,ひずみ度も増加し,最大応力度に達した後,破断する。応力度が小さい領域では直線関係を示し,この勾配をヤング係数という。ヤング係数は,鋼材の種類にかかわらずほぼ一定である。構造計算では,$2.05 \times 10^5 N/mm^2$として計算する。JIS G 3101(一般構造用圧延鋼材)には降伏点または,耐力,引張強度,伸びなどが規定されている。降伏応力度を引張強さで除したものを降伏比という。図1-4のような応力度とひずみ度の関係を示す

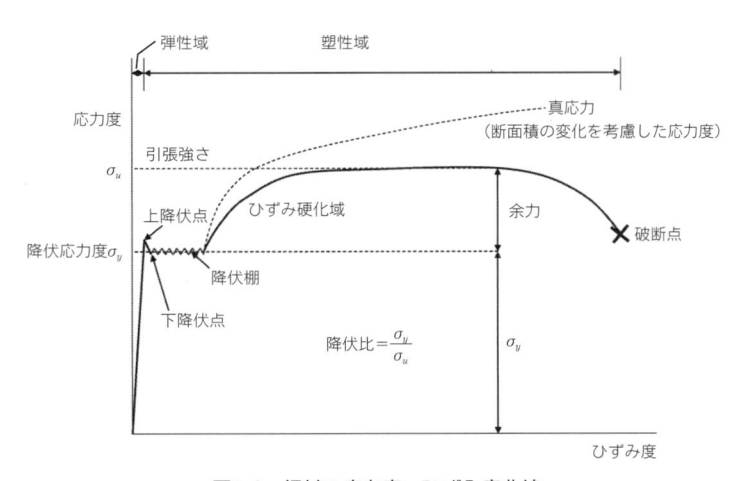

図1-3 鋼材の応力度－ひずみ度曲線

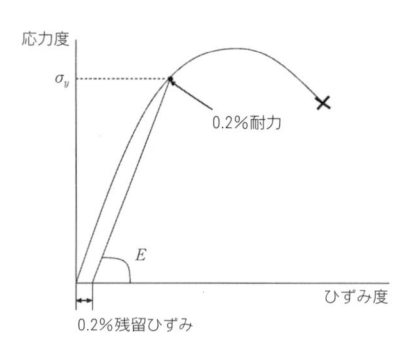

図1-4　降伏点が明瞭でない鋼材の応力度－ひずみ度曲線

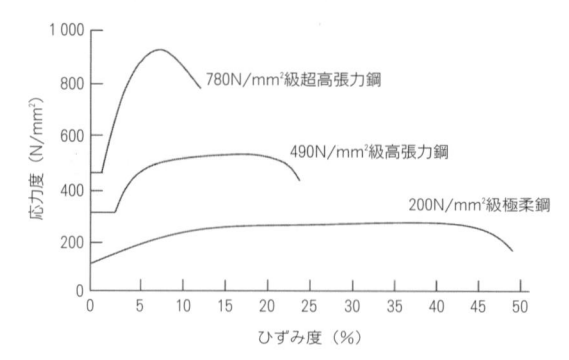

図1-5　各種鋼材の応力度－ひずみ度曲線

鋼材は，降伏棚をもたず，比例限界から次第に離れ最大応力に達した後，破断する。図1-5には，各種鋼材の応力度－ひずみ度曲線を示す。

　　2）　炭素含有量と強度の関係　　炭素鋼は，炭素含有量によって硬さや強度が大きく変化する。炭素含有量約0.15～0.28％程度のものを軟鋼，0.4～0.5％のものを硬鋼という。図1-6に示すように，炭素含有量は引張強度や伸びに影響を及ぼし，引張強度は，炭素含有量1％くらいまで上昇するがこれを超えると下降する。伸びは，炭素含有量が多くなると小さくなる。ヤング係数は，炭素量の影響は受けず，$2.1 \times 10^5 \mathrm{N/mm^2}$とほぼ一定である。

　　3）　温度による力学的性質の変化　　鉄鋼は，温度によっても性質が変わる材料であり，図1-7に示すように，200～300℃で引張強度は最大となり，伸びは最小となる。このことは，硬くて脆いことを示しており，常温よりも加工性が悪くなったといえる。さらに，温度を上げていき，引張強度は500℃に達したとき，常温の約1/2となり，1 000℃では0となる。そのため，鉄骨構造に用いる耐火被覆は，火災における被害を小さくする役割を担っている。

　　図1-8に，高温時の応力度－ひずみ度曲線を示す。

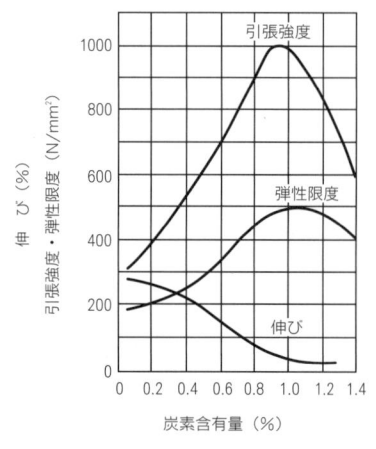

図1-6　炭素鋼の強度および伸び

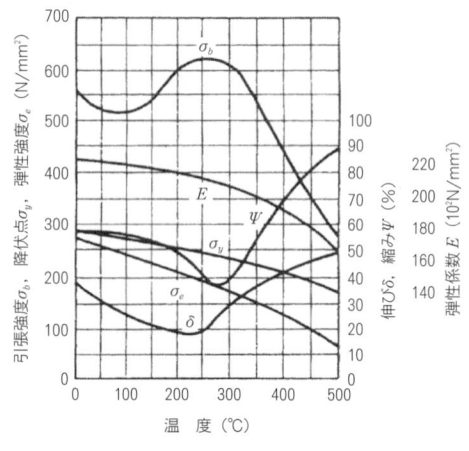

図1-7　温度と鋼の力学的特性　（浜住松二郎）

　　4）　熱処理　　鉄鋼は，熱処理によって組織や力学的性質を変えることができる。熱処理の種類には，焼ならし，焼なまし，焼入れ，焼戻しなどがある。

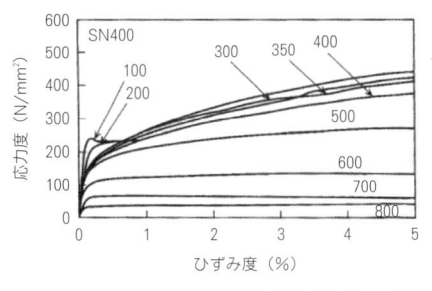

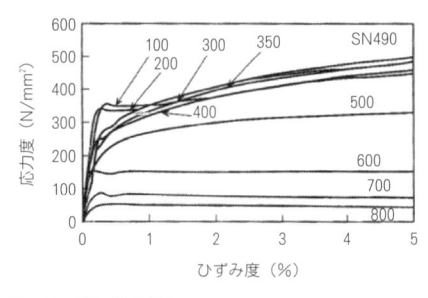

図1-8　高温時の応力度－ひずみ度曲線[1]

○焼きならし（normalising）：鋼を加熱し，空気中で放冷することをいう。熱間加工によって粗大化した組織を均一にしたり，粘強さを回復させる。焼きならしによって，組織は標準状態となる。

○焼きなまし（annealing）：鋼を加熱し，十分な時間を保持し，高炉中で徐冷する。徐冷方法により異なるが，加工した鋼の内部ひずみ除去，軟化，結晶粒の微細化，加工性の向上が期待できる。

○焼入れ（quenching）：鋼を加熱し，水，油などにより急冷する。高温状態で固溶された比較的量の多い炭素が急冷によってそのままの常温の状態になるため，非常に固い組織をつくり，鋼は硬くなる。

○焼戻し（tempering）：焼入れした鋼の内部応力を除去し，硬さを減じて粘りを増すために行う。通常720℃以下の温度に熱し，適当な速さで多くは徐冷却する操作をいう。

5）**疲　労**　　一般に疲労に関する性質は$S-N$曲線で表される。図1-9に明瞭な降伏点をもつ普通鋼材と，明瞭な降伏点をもたない非鉄金属（アルミニウムや溶接した鋼）の破断サイクル概念図を示す。縦軸に応力振幅，横軸に破断までの繰り返し回数をとって図示される。明瞭な降伏点をもつ鋼材では，応力振幅がある値以上の値になると，$S-N$曲線が水平となる。このときの応力振幅を疲労限度，または耐久限度という。非鉄金属では，明瞭な疲労限度は存在しない。

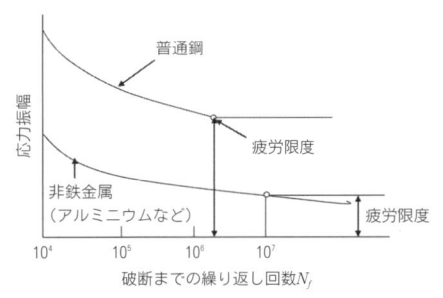

図1-9　応力振幅と繰り返し回数の関係

1-1-3　特殊鋼

炭素鋼にCr，Ni，Mn，Co，W，Mo，Siなどの元素を1種類または2種類以上添加し，特殊な性質をもたせた鋼を特殊鋼（special steel）といい，合金鋼（alloy steel）ともよばれる。添加元素の種類や含有量，用途などによって多様なものがある。一般に，Cr，Niの添加は耐食性を大きくし，Mn，Cr，Wは耐摩耗性を，W，Coは耐熱性を改善する。

1-1-4 鋳鋼

鋳鋼（cast steel）は，鋳造によって成形するが，粘りがあり，引張強度が大きく構造用あるいは各種機械に使用できる鋼である。鋳鋼には，普通鋳鋼と特殊鋳鋼があり，鋳型に流し込んでつくるため，複雑な形状の大型部材をつくることができる。

（1）普通鋳鋼

炭素含有量によって低・中・高炭素鋳鋼がある。これらにSi，Mnなどを少量添加したものも用いられる。

（2）特殊鋳鋼

Mn，Cr，Siなどを添加して，焼入れ性を改善した低合金鋳鋼やステンレス鋼鋳鋼，耐熱鋼鋳鋼，高マンガン鋼鋳鋼など種々のものがある。

1-1-5 用途と製品

これまでに述べたように，鉄鋼には数多くの種類があるため，製品としても多種，多様である。表1-2には，鉄鋼を用いた材料の用途と製品の種類を示す。

表1-2　鉄鋼を用いた材料の用途・製品

分　類	種　類	用途・製品
構造用鋼材	鋼　　板	厚板は構造骨組用，しま鋼板は，鉄骨階段の踏み板
	形　　鋼	H型鋼が多く，柱・梁に使用
	棒　　鋼	鉄筋コンクリート用，プレストレスコンクリート用
接合用金物	ボルト・ナット	一般の接合用
	く　　ぎ	木材の接合
	ね　　じ	木材の接合
下地用材料	ラ　　ス	モルタル塗り下地用
	サ ッ シ	ドアサッシ,窓サッシ
	シャッター	窓出口のシャッター，防犯，防火用シャッター
	軽量鉄骨	フェンス
仮設材料	矢 板 類	山留
	パイプ足場	足場用

（1）構造用鋼材

鋼板，平鋼，形鋼，棒鋼，鋼線，軽量形鋼，鋼管，鋼管杭，鋼矢板など多様な種類があり，かつ寸法も多様である（写真1-1参照）。

（2）薄板・特殊な板類

黒鋼板，冷間圧延鋼板，磨き鋼板，トタン板，カラートタン板，ブリキ板，ステンレス鋼板など多様である。

（3）接合用金物

ボルト・ナット，リベット，くぎ，ねじなど多様なものがある。

（4）下地用材料・建具類・その他（写真1-2参照）

ラス，鉄鋼，サッシ，シャッターなど多様なものがある。

####（5） 仮設材料
鋼製矢板，パイプ足場，仮設建物骨組などがある。

写真1-1　鋼板を使用した例（梅田スカイビル）

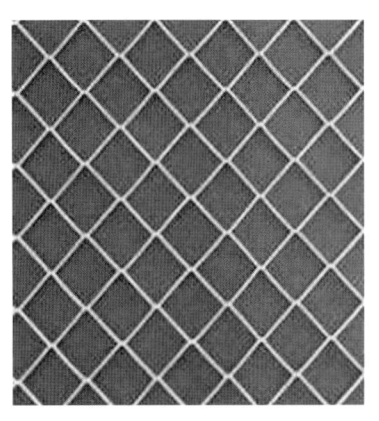

写真1-2　モルタル塗り下地用ラス

1-2 アルミニウムおよびその合金

1-2-1 製法

アルミニウム（aluminium：Al）は，大別して以下に示す工程により，生成される（図1-10参照）。

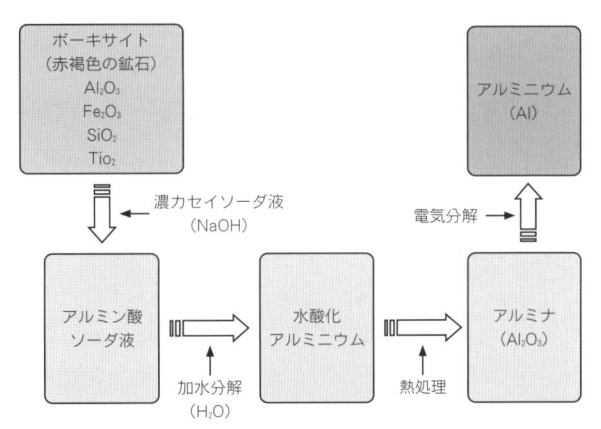

図1-10　アルミニウムの製造方法

① ボーキサイト（酸化アルミニウム：Al_2O_3，酸化鉄：Fe_2O_3，二酸化ケイ素：SiO_2，二酸化チタン：TiO_2などを含む）とよばれる赤褐色の鉱石を濃カセイソーダ溶液に溶かすと，アルミナ（Al_2O_3）が溶解し，アルミン酸ソーダ溶液を得る。

$$Al_2O_3 + 2NaOH \rightarrow 2NaAlO_2 + H_2O$$

② これを加水分解して水酸化アルミニウムとし，熱処理してアルミナを得る。

$$NaAlO_2 + 2H_2O \rightarrow Al(OH)_3 + NaOH$$

$$2Al(OH)_3 \rightarrow Al_2O_3 \cdot 3H_2O$$

③ アルミナを電解してアルミニウムを得る。

$$Al_2O_3 + 3C \rightarrow 2Al + 3CO_2$$

④ アルミニウム(地金)製品素材の製造

地金を原材料として圧延,押出し,鍛造,鋳造などの加工を行い,いろいろな形の製品素材に成形する工程。

アルミニウムの原料は,水酸化アルミニウム系の鉱物を主成分とするボーキサイトであり,製錬に大量の電気を消費することから,日本国内でのアルミニウムの製錬は行われていない。アルミニウムの塊(インゴット)を輸入し,それを加工している。また,廃棄後に再生できる金属として代表的なものである。新規に製錬するよりリサイクルしたほうが,エネルギーコストが少なくすむため,リサイクル率が高い金属である。

1-2-2 種類・特徴

近年,アルミニウムは,多量に用いられているため,鉄についで重要な金属とされている。強度が小さい材料であるが,合金元素の添加などにより強度を改善し,多くの用途に使用することができる。したがって,アルミニウムおよびその合金を分類すると,純アルミニウムとアルミニウム合金に大別される。

(1) 純アルミニウム

電解によって得られるアルミニウムの純度は,99.0~99.9%程度である。さらに高級な電解を行うと,99.998%程度のものが得られる。

純度の高いアルミニウムは,耐食性に優れ,電気伝導度が大きい。また,軟らかく,加工性に富み,光・熱線の反射率が大きい。陽極酸化被膜(アルマイト)の形成も良好なため,装飾品にも用いられ,はく(箔)や電線などとしても用いられる。

(2) アルミニウム合金

アルミニウム合金は,耐食性アルミニウム合金と高力アルミニウム合金に区別される。耐食性アルミニウム合金は,Mgの含有量により,より細かく分類される。

一般に,Mgを5%程度以下含む合金で,Mn,Crを少量含むものが多い。アルミニウム合金は,加工することにより,硬さや引張強度が大きくなるが,加工後に安定化処理をしないと,経年により硬さや引張強度が低下し,伸びが大きくなる傾向があるので,設計上注意する。Mgを2.5%程度含む合金(52S)は中位の強度をもち,耐食性もよく,アルマイトの仕上がりもよいため,建築,高級家庭器具などに用いられる。Mgを5%含む合金(56S)は強度が大きい。

高力アルミニウム合金は,強度の大きいアルミニウム合金のことをいい,引張強度などの力学的性質は,合金の種類,添加元素の量,熱処理の仕方によって大幅に変わるが,引張強度200~500N/mm^{2}程度を得ることができる。

1-2-3 性 質

(1) 物理的性質

普通アルミニウム(純度99.5%)の物理的・力学的性質を表1-3に示す。なお,

表1-3 アルミニウムの物理的・力学的性質

物理的性質							力学的性質		
純度	密度	融点	比熱	熱伝導率	線膨張係数比抵抗	電気比抵抗	引張強度	伸び	ヤング係数
(%)	(g/cm^3)	(℃)	J/(kg・K)×10^3 (100℃)	W/(m・K) (100℃)	(×10^{-5}K^{-1}) (20〜100℃)	(×10^{-6}Ω・cm) (20℃)	(N/mm^2)	(%)	(kN/mm^2)
99.996	2.689	660	0.9318	—	2.386	2.655	—	—	—
99.5	2.71	655	0.9615	222.1	2.35	2.992	焼きなまし材 67	焼きなまし材 25〜40	焼きなまし材 67

アルミニウムの特徴を示すと，次のようである。

① 軽い

アルミニウムの密度は，約2.7g/cm^{3}である。鉄や銅と比較すると約1/3程度の密度である。

② 耐食性に優れている

アルミニウムは空気中では，緻密で，安定な酸化皮膜を生成し，この皮膜が腐食を自然に防止する。ただし，海水，酸，アルカリに侵されやすいので，注意を要する。

③ 加工性がよい

アルミニウムは塑性加工がしやすく，さまざまな形状に成形することが可能である。また，できあがった製品素材をさらに成形加工したり，製品の表面などに精密加工を施したりすることも比較的容易である。

④ 電気をよく通す

アルミニウムは導電体としてきわめて経済的な金属である。また，電気抵抗は銅の約60%であるが，密度が約1/3であり，そのため同じ重さの銅にくらべて2倍もの電流を通すことができる。特殊な例として，地磁気の観測室の構造部材としての利用がある。

⑤ 磁気を帯びない

アルミニウムは非磁性体で，磁場に影響されないため，さまざまな製品に生かされている。

⑥ 熱伝導率がよい

アルミニウムの熱伝導率は鉄の約3倍である。

⑦ 低温に強い

アルミニウムは鉄鋼などと違って，液体窒素（−196℃）や液体酸素（−183℃）の極低温下でも脆性破壊がなく，靭性が大きい。

⑧ 光や熱を反射する

よく磨かれたアルミニウムは，赤外線や紫外線などの光線，ラジオやレーダーから発する電磁波，さらに各種熱線をよく反射する。純度の高いアルミニウムほどこの性質は優れており，純度99.8%以上のアルミニウムは放射エネルギーの90

％以上を反射するため，遮熱材料として利用される。

⑨ 美しい

陽極酸化皮膜処理（アルマイト処理）などさまざまな表面処理を施すことによってより美しくなり，また，表面を硬くしたり，防食効果を高めたりすることができる。陽極酸化皮膜処理の際に自然発色や電解着色などによって，アルミニウムに多彩な色をつけることが可能であり，建築外装や包装材などデザイン性が強く求められる用途にも適する。

⑩ 表面処理皮膜

アルミニウムは活性な金属であり，大気中では酸素と結合して自然に表面に薄い酸化アルミニウムの皮膜を形成する。この酸化アルミニウムは，それ以上変化しないという性質をもっているので，内側のアルミニウムを保護する役目をもち，そのために，一般にアルミニウムは腐食しにくいといわれる。

自然に生成する酸化皮膜は非常に薄い（約 1 nm）ものであるが，人工的に厚くて強固な酸化皮膜をつくる電気化学的表面処理を陽極酸化皮膜処理という（図1-11参照）。工業的には，電解液（硫酸，シュウ酸，その他の有機酸）の中にアルミニウム製品を入れ，これを陽極として弱い直流，交流または，交直流の電流を流し，表面に酸化皮膜を形成する。このとき，電解液の種類・濃度・温度・電流密度などの電解条件やアルミ合金の種類

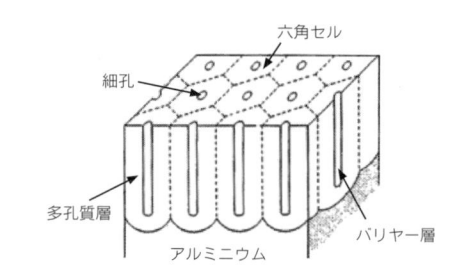

図1-11　陽極酸化モデル

をさまざまに組み合わせることによって，シルバー，ゴールド，アンバー，黒などの色を出したり（発色・着色），耐摩耗性を付与した，より硬い皮膜をつくることもできる。

なお，アルマイトにおける着色方法として交流電解着色法や，自然発色法などがある。

（2）力学的性質

アルミニウムおよびその合金は，組成，加工の程度，熱処理，熱処理後の時効などによって力学的性質が大幅に変化する。加工硬化や人工時効によって，耐力は2.5～4倍になり，引張強度は2.0～2.5倍になる。また，伸びは1/2～1/4となる。このように，アルミニウム系合金は，目的，用途に応じて，多様な合金や，処理方法があるので，設計の際，材料の選択を慎重にする必要がある。

1-2-4　用途と製品

アルミニウム製品には，主として，押出形成を用いたサッシ類（窓，雨戸，ドアなど），各種ルーバー，フェンス，台所洗い台などがある。建築材料以外でも多くの日用品や電気機械などに用いられている。

1-3 銅およびその合金

1-3-1 製法

銅（copper：Cu）は，製錬法が比較的簡単であり，原鉱は，硫化銅（黄銅鉱，輝銅鉱），酸化銅，自然銅などである。製錬法には乾式法（溶鉱炉によって粗銅を得，これを電気分解法によって精製する）と湿式法（ばい焼し，薬剤で処理し，電解する）とがある。

1-3-2 種類・特徴

銅は，耐食性に優れ，加工性がよく，外観も美しいため，建築物の内外装材，金物類として用いられることが多い。銅は，屋根葺材として古くから用いられている（写真1-3参照）。これは，銅板の表面に緑青の被膜ができると腐食の進行が止まり，他の屋根葺材にくらべて耐久性に優れているためである。

また，銅および銅合金を組成によって分類すると，純銅，黄銅，青銅および洋銀に大別される。

（1）純銅

銅地金として用いられるもので，通常，Cu：99.3％以上のものである。色調は赤銅色で，軟らかく，延展性に富み，熱伝導率および電気伝導率が大きい。また，純銅は空気中および水に対して良好な耐食性を有しているため，銅板や銅線などに塗装などを施さず使用することが多い。

（2）黄銅

黄銅（brass）は，銅と亜鉛の合金をいう。通常，真鍮ともいう。銅と亜鉛の合金は，任意の割合（Zn/Cu＝0～100％）でつくることができる。合金の色調は，銅の含有量により変わる。亜鉛4～22％付近（Cu：96～78％）の黄金色の合金を丹銅といい，加工性，耐食性に優れているため，建築用，家具，装身具，ファスナーなどに用いる。銅含有量60％くらいまで伸びが大きく，板，条，管，棒，線などへの加工が容易である。

（3）青銅

広義には，銅合金のうち，黄銅以外の合金は，すべて青銅（bronze）とよばれるが，狭義には，銅－スズ合金を青銅とよんでいる。

1）青銅（スズ青銅）　通常，スズ10％内外のものが用いられ，鋳造性がよく，かつ，耐食性に富むため，美術品の鋳造，兵器，機械器具の部品に用いられる。砲金（gum metal）は，スズ青銅に亜鉛を2～4％添加して，鋳造の際の湯流れをよくしたもので，昔はこれで大砲をつくったため，この名がある。

写真1-3　青銅葺き屋根（御茶ノ水のニコライ堂）

2) アルミニウム青銅　銅－アルミニウム合金に鉄，ニッケルなどを添加した複雑な合金で，機械的性質がよく，耐食性に優れ，加工用として，また，一部は鋳物用としても用いられる。鉄を添加して結晶粒の微細化を図ったものは，耐水圧性に富んでいる。アルミニウム：5％，鉄：0.5％を含む銅合金は，色調光沢が黄金色で，模造金として用いられる。

3) リン青銅　銅にスズ：約7.5％と少量のリン：約0.15％を添加した合金で，耐食性に優れ，磁性がないため，通信機，計器などの高級ばね材に用いられる。また，耐摩耗性に優れているため歯車，軸受けなどに用いられる。

4) 洋銀　洋銀（nickel silver）は，銅に，亜鉛，ニッケル，少量のマンガンなどを添加した合金で，銀白色の美しい色をもち，洋白ともよぶ。装飾品，食器などに用いられる。耐食性がよく，加工しやすいため，楽器，電気材料，精密機械の部品などにも用いる。

1-3-3 性質

銅の物理的・力学的性質を示すと，表1-4のようである。
銅は電気抵抗が小さく電気の良導体であるため，電線材料として使用される。力学的性質は純度，加工の程度，熱処理などによって変わる。

表1-4　銅の物理的・力学的性質

物理的性質						力学的性質		
密度	融点	比熱	熱伝導率	線膨張係数比抵抗	電気比抵抗	引張強度	伸び	ヤング係数
(g/cm³)	(℃)	J/(kg・K)×10³ (0〜100℃)	W/(m・K) (100℃)	(×10⁻⁵K⁻¹) (20〜100℃)	(×10⁻⁶Ω・cm) (20℃)	(N/mm²)	(％)	(kN/mm²)
8.92	1 083	0.3847	386	1.669	1.56	227〜241	49〜60	120〜123

1-3-4 用途と製品

銅を焼なましたものは軟らかく，展性に富むため，平板から順次打出し→加工→焼なましを繰返しながら，なべ，つぼ，やかんのような複雑な形状の器物を成形することができる。

1-4 チタンおよびその合金

1-4-1 製法

チタン（titanium：Ti）は地球上の地殻中の元素の中では9番目，金属では4番目に多い。採掘も容易で，資源的にはかなり多量にあるので，将来，鉄，アルミニウムに次ぐ有用金属になると考えられている。チタンの鉱石には，ルチル，イルメナイトなどが，豊富に存在している。

生産されている金属チタンのほとんどは，マグネシウム還元法で生産されており，その発明者の名前からクロール法ともよばれている。

この製造方法では、塩素を利用して酸化チタンの酸素を取り去り（還元），四塩化チタン（TiCl$_4$）を生成する。高温状態で四塩化チタンの塩素をマグネシウムにより，塩化マグネシウムとして気体で回収する。ガスが排出されて残ったチタン金属をスポンジチタンという。このスポンジチタンをスクラップした物をインゴットという。チタン展伸材の製造工程を図1-12に示す。

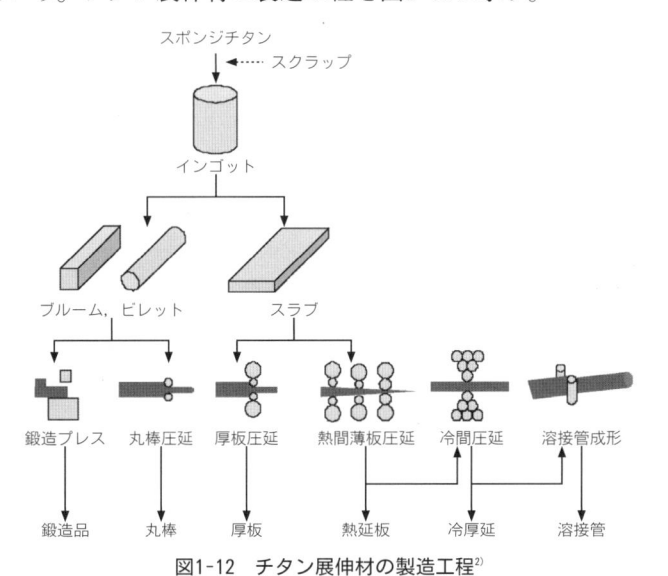

図1-12　チタン展伸材の製造工程[2]

1-4-2　種類・特徴

チタンの種類をおおまかに分類すると，純チタンと合金チタンに分類できる。チタン合金は，純チタンの性質をさらに改善するために合金としたものであるが，加工が難しいため，建築材料としてはあまり使用されていない。

チタンは，アルカリ，その他の腐食源に対して優れた耐食性をもつ。また，酸性雨などに対しても強い。

1-4-3　性　質

チタンの物理的・力学的性質を表1-5に示す（図1-13参照）。

チタンは，密度が比較的小さく（鉄の3/5程度），また，引張強度が大きい，すなわち，比強度が大きい金属である（鋼とほぼ同等）。熱膨張係数は，ステン

表1-5　チタンの物理的・力学的性質

種類	物理的性質						力学的性質			
	密度 (g/cm^3)	融点 (℃)	比熱 J/(kg·K)×10^3 (0～100℃)	熱伝導率 W/(m·K) (100℃)	線膨張係数 比抵抗 (×10^{-5}K^{-1}) (25℃)	電気比抵抗 (×10^{-6}Ω·cm) (25℃)	耐力[*] (N/mm^2)	引張強度[*] (N/mm^2)	伸び[*] (％)	ヤング係数[*] (kN/mm^2)
チタン	4.50	1 725	0.6863	170.9	8.5	4.78	200～500	300～550	30～15	119

[*]：工業用チタンの値

レス鋼，銅の約1/2，アルミニウムの約1/3であるので，気温変化による伸縮が少ない。チタンは，加工性もよく，耐候性に優れた材料である。

1-4-4　用途と製品

チタンが建築材料として発展した理由として，優れた耐食性を有していることがあげられる。通常の建材使用環境で腐食する可能性が皆無であることから，海浜，海岸など大気自然環境下において使用されてきた。また，優れた意匠性をもち，発光性だけでもおよそ100種類以上のつくり分けが可能である。

このように，チタンはさまざまな性能を持ち合わせているので，建築物の屋根，内外壁，モニュメントなどに使用されている（写真1-4参照）。また，チタン合金は，海水淡水化装置の配管系統，化学装置など高温耐食性が要求されるところにも使用される。

図1-13　チタンの性質

写真1-4　チタン使用量最大の物件（東京ビッグサイト）

1-5　亜鉛・スズ・鉛

1-5-1　製　法

（1）亜　鉛

亜鉛鉱石と鉛鉱石は，おおむね随伴し合いながら産出する。亜鉛鉱石には，鉛以外に金，銀，磁鉄鉱などが含まれることがある。

亜鉛（zinc：Zn）の原鉱は，閃亜鉛鉱を主とする。粗鉱が高純度のものであれば，そのまま製錬原料とするが，純度が10%以下であれば，選鉱して35～60%とし，これを精錬する。精錬したものは粗亜鉛であり，これをさらに精錬して純度98.5～99.9%とする。

（2）ス　ズ

スズ（tin：Sn）は古くから利用されてきた金属材料である。スズの鉱石はスズ石である。鉱石のスズの含有率は数%であるが，これを選鉱し，製錬を行う。

（3）鉛

鉛（lead：Pb）は，おおむね方鉛鉱として，鉄，亜鉛，銅，銀などの鉱石を伴って産出する。これを精錬して粗鉛（純度95～98%）とするが，粗鉛の段階では，まだ銅や銀ならびにヒ素，アンチモンなどの不純物を含んでいるため，粗鉛をさらに精錬し，純度99.9%以上とする。

1-5-2 種類・特徴
(1) 亜鉛

亜鉛は，亜鉛めっき鋼板として用いる防錆材と，合金として用いる場合とに大別される。防錆材として用いる方法として，溶融亜鉛めっきや，電気亜鉛めっきがある（写真1-5参照）。

亜鉛をベースとする合金としては，ダイカスト（圧力鋳造）用亜鉛合金がある。また，銅，鉛，アルミニウムなどに合金元素として添加する。

写真1-5 溶融亜鉛めっき鋼材の施工例（立体駐車場）

亜鉛は，酸およびアルカリに弱いが，空気中および水中では耐食性が大きい。

(2) ス ズ

スズにはαスズ，βスズおよび，γスズの同素体があり，この3種の同素体の関係は図2-19のとおりである。

$$\alpha スズ \xrightleftharpoons{18℃} \beta スズ \xrightleftharpoons{161℃} \gamma スズ \xrightleftharpoons{232℃} 溶融体 \xrightleftharpoons{2275℃} 沸騰$$

図1-14 スズの同素体の関係

スズを加熱して冷却していくと，18℃でβスズ（体心立方晶形）からαスズ（無定形粉末）に変わるとされているが，実際には過冷却現象により，αスズに変わり，粉化するのは，-30～-40℃程度である。したがって，低温で使用する場合，注意する必要がある。

(3) 鉛

化学的には無機酸類に対する耐食性は大きいが，有機酸類には侵される。水酸化カルシウムなどアルカリ類に侵されるので，コンクリートに接して用いる場合にはアスファルトなどで絶縁して用いる。

1-5-3 性 質
(1) 亜 鉛

酸およびアルカリに弱いが，空気中および水中では耐食性が大で，表面に形成される水酸化物の皮膜が保護の役割を果たすので内部への酸化を防ぐことができる。

亜鉛の物理的・力学的性質を表1-6に示す。

(2) ス ズ

スズは，延展性に富み，薄い酸には侵されてしまうものの，空気中および水中

ではさびにくく，高温では表面に薄い酸化物被膜をつくり，酸化の進行を防ぐため，昔は，スズの薄板を防湿容器の内張りとして用いていたが，最近では，アルミニウムに代わった。スズの物理的・力学的性質を表1-6に示す。

（3）　鉛

鉛は，密度が大きく，融点が低く，また，軟らかく，延展性に富み，加工が容易である。密度が大きいところから，X線など放射線の防護に用いる。鉛の物理的・力学的性質を表1-6に示す。

表1-6　亜鉛・スズ・鉛の物理的・力学的性質

種類	物理的性質						力学的性質		
	密度 (g/cm³) (20℃)	融点 (℃)	比熱 J/(kg・K)×10³ (20℃)	熱伝導率 W/(m・K) (20℃)	線膨張係数 比抵抗 (×10⁻⁵K⁻¹)	電気比抵抗 (×10⁻⁶Ω・cm)	引張強度 (N/mm²)	伸び (％)	ヤング係数 (kN/mm²)
亜鉛	7.14〜7.16	419.5	0.3872	110.9	2.9	a軸5.89 c軸6.16	極軟材（焼きなまし）110〜150	左同 30〜40	左同 7.7〜8.1
スズ（βスズ）	7.29	231.9	0.2260	64.4	2.7	a軸14.30 c軸 9.90	板（焼きなまし材）16〜17	左同 50〜96	（一般的値）4.0〜5.5
鉛	11.35	327.5	0.1293	35	2.9	20.64	（焼きなまし材）9〜15	左同 35〜60	左同 0.4

1-5-4　用途と製品

（1）　亜　鉛

単体では，鋼板，線，またはくぎなどとして用いられるほか，さび止めの目的として，亜鉛めっき鉄板（トタン板：亜鉛を鉄板にめっきした板），鉄塔，パイプ，ボルト，ナット，くぎなどの防錆めっきに用いられる（写真1-6参照）。酸化亜鉛は，塗料の顔料として用いられる。

（2）　ス　ズ

スズは，有機酸にほとんど侵されず，かつ，人体に無害であるため，家庭内の器具，食器に使用されている。缶詰の缶のめっきにも用いられる。スズめっき鉄板をブリキ板とよび，バケツなどに用いる（写真1-7参照）。

写真1-6　トタンを使用した外壁

写真1-7　ブリキのバケツ

(3) 鉛

　鉛は，従来，上水道管に用いられてきたが，最近では，亜鉛めっき鉄管やポリ塩化ビニル管を用いることが多い。また，アンモニア類に安定なため，水洗便所の排水管などに用いられたが，最近では，ポリ塩化ビニル管に代わった。鉛丹（PbO_3：光明丹）は，防錆顔料として優れたものである。

　ハンダは，鉛とスズの合金で，スズ含有量の多いものは，融点が低く，良品とされている。ハンダの融点は，鉛，スズの融点のいずれよりも低い。鉛－アンチモン系合金は，ケーブル被覆材や活字合金として用いる。

1-6　銀・金・白金

1-6-1　製法

（1）銀，金

　わずかに金を含んでいる精製された銅は，電気分解によって金・銀スライムと純銅に分離し，さらに金スライムと純銀とに分離する。残った金スライムは，電気分解を経て純度99.99％の電気金となり，これが電気炉によって溶解・鋳造され，それぞれの大きさのインゴット（金塊）となる。

1-6-2　種類・特徴

（1）銀

　銀（silver：Ag）は，一般に，耐食性は優れているが，無機酸，硫化物，ハロゲン化合物に侵され，黒く変色する。軟らかいため，合金として用いる。品位（純度）には千分率を用いる。また，色は，合金の種類成分によって，黒，茶，赤，黄，緑，青，白など多様に変化する。

　銀合金の種類としては，銀－銅－亜鉛系合金が主成分の銀ろう，装飾用としてスターリングシルバーに代表される銀－銅系合金，また，銀－パラジウム系合金などがある。

（2）金

　金（gold：Au）は，耐食性に優れている。純金として用いることは少なく，一般に，合金として用いられる。金の品位（純度）は，カラットcarat（K・金）によることが多い。この場合，24Kは純金で，22Kとは金の含有率22/24×100＝91.7％である。純金を1000として示す場合，ファイネス（fineness）というが，22K合金は917ファイネスとなる。

　ピンクゴールドといわれる合金は，帯紅色の合金で，一方，ホワイトゴールドといわれる合金は，金を主成分とするものでなく，銀を主成分としている。

（3）白金

　白金（platinum：Pt）は，銀白色をした加工性に富む面心立方格子の金属で，水酸化アルカリ，塩素とは高温で反応するが，空気や水に対してはきわめて安定である。

　白金は，灰白色の金属で，耐食性に優れている。白金は，純度によって，A，

B，C，Dの4種に分類される。Aは物理的に，Bは化学的に保証される。Cは，99.5％程度でるつぼ用，Dは，99.0％で装飾用，電気部品用に用いる。

1-6-3 性 質
（1） 銀

銀は，金属の中で電気，および熱の伝導率が最も高い材料である。また，銀は独特の白い輝きをもち，銀世界，銀盤，銀飯などの真白さをイメージする表現として用いられる。表1-7に銀の物理的・力学的性質を示す。

（2） 金

金は，展性・延性に富み，$2～3×10^{-5}$mm厚のはく（箔）まで加工でき，耐食性に優れている。表1-7に金の物理的・力学的性質を示す。

（3） 白 金

白金は加工が容易なうえ，融点が高く，大気中で加熱してもほとんど酸化しない。白金だけでは柔らかく，高温強度が小さいため，白金に他の金属を含ませた合金として使用される。表1-7に白金の物理的・力学的性質を示す。

1-6-4 用途と製品
（1） 銀

銀は，歯科医療で利用されている。比較的安価な材料として，おもに保険診療で使用される。用途はおもに虫歯の患部を削った空洞などに，失った歯牙部分を補完する形で銀合金をかぶせたり，はめ込んだりする方法である。また，電気接点材料，軸受材料に利用されるほか，感光特性を生かした写真フィルム感光材としての使用量も多い。

（2） 金

金は，高耐食性と加工性に優れており，高電気伝導体である特徴から，通貨や装飾品以外には，半導体実験用のボンディングワイヤ，人工衛星の部材，接点材料に利用される。

表1-7 銀・金・白金の物理的・力学的性質

種類	物 理 的 性 質						力 学 的 性 質		
	密度 (g/cm³) (20℃)	融点 (℃)	比熱 J/(kg·K)×10³ (18℃)	熱伝導率 W/(m·K) (0～100℃)	線膨張係数 比抵抗 (×10⁻⁵K⁻¹) (0～100℃)	電気比抵抗 (×10⁻⁶Ω·cm) (20℃)	引張強度 (N/mm²)	伸び (%)	ヤング係数 (N/mm²)
銀	10.49	（酸素を含まない） 960.5	0.234	422.1	1.97	1.59	160～290	（高純度） 54	（5％加工） 7.21×10⁴
金	19.32	1063.0	0.136	296.5	1.42	2.35	100～200	（鍛造・焼なまし） 45	8.12×10⁴
白金	21.45	1773.5	0.134	69.4	(20℃) 0.89	9.83	120～340	25～40	15.82×10⁴

1 金属材料：銀・金・白金

（3）白　金

白金－パラジウム合金（Pd：10～75％）は，装飾用に用いられる。白金－ロジウム合金（Rh：10または13％）は熱電対用に，白金－イリジウム合金（Ir：1.0％）は度量衡原器に用いる。

1-7 耐久性

金属の耐久性とは，その表面が化学的作用によって侵される腐食，化学的・物理的作用によって損耗する浸食に対する抵抗性をいう。金属の腐食には湿式腐食と乾式腐食があり，それぞれ，湿食および乾食とよばれる。一般の用途においては湿食が問題視され，金属の腐食といえば湿食を指すことが多い。湿食は金属が電解質を含む溶液と接する場合に生じ，乾食は酸素や他の気体との反応によって酸化する現象である。湿食および乾食は，金属が陽イオンとなって金属素材から抜け出す現象であり，金属の陽イオンは金属表面で環境中の陰イオンと反応してさび（錆）を形成する。

湿食は電気化学的機構にもとづいた局部電池の形成によって生じる。水に溶けて陽イオンと陰イオンに分かれる物質を電解質といい，電解質を含む液体と接するときに，金属が陽イオンとなって水溶液中に溶出する。一般環境下では，液体は水溶液である。このような現象は，電解質溶液中に2個の電極を浸せきして，導体で接続された化学電池の機構で説明される。その機構と金属の湿食における局部電池の構成を図1-14に示す。

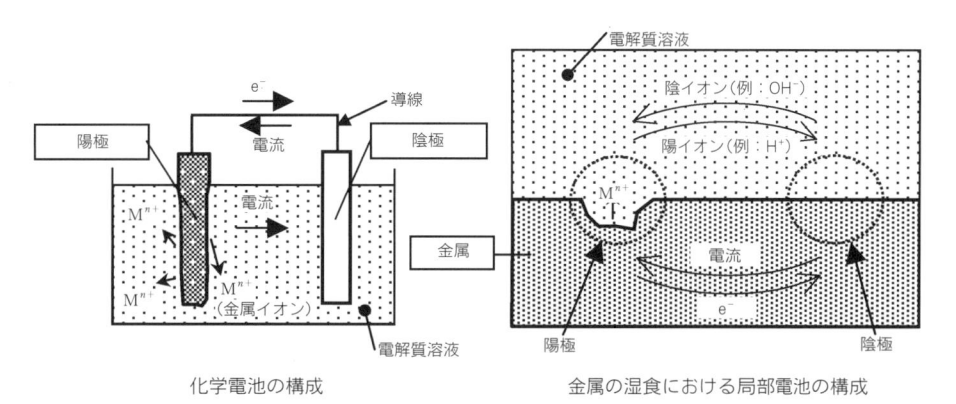

図1-14　化学電池と金属の湿食における局部電池の構成

金属の湿食によって形成された局部電池の陽極（アノード）では，金属が金属イオン（陽イオン）となって電解質溶液中に溶出し，電子は金属中に放出される。また，電解質溶液中の陰イオンが金属面で放電する（酸化反応が生じる）場所であり，そのさびが生成される。陰極（カソード）となる金属表面では，金属中に放出された電子を消費するような還元反応が生じる。陽極および陰極における反応を，それぞれ，アノード反応およびカソード反応という。なお，電解質溶液中に金属が浸せきされていると，局部電池の活動が活発になり，陽極と陰極は入れ替わりながら，金属表面に均一に腐食が生じる。このような状態の腐食電池をミ

クロ腐食電池（ミクロセル）とよぶ。一方，金属表面に形成される陽極部と陰極部の位置が明確で離れている場合には，マクロ腐食電池（マクロセル）とよばれる。

なお，鉄の湿食におけるアノードおよびカソード反応は，次のようである。

アノード反応：$Fe \rightarrow Fe^+ + 2e^-$

カソード反応：$O_2 + 2H_2O + 4e^- \rightarrow 4OH^-$

さらに，アノード領域で生じた鉄イオンは，カソード領域で生じた水酸化イオン（OH^-）と反応して，次のような反応を生じてさびを生成する。

$$2Fe^{2+} + 4OH^- \rightarrow 2Fe(OH)_2$$

$$2Fe(OH)_2 + \frac{1}{2}O_2 + H_2O \rightarrow 2Fe(OH)_3$$

$$2Fe(OH)_3 \rightarrow Fe_2O_3 + 3H_2O$$

または

$$2Fe(OH)_3 \rightarrow 2FeOOH + 2H_2O$$

粗で，柔らかく，吸水性があり，不安定な赤さびは，Fe_2O_3，$Fe_2O_3 \cdot nH_2O$，$Fe(OH)_3$，$FeOOH$などと記される。

金属の陽イオンになりやすさを示す指標がイオン化傾向であり，イオン化傾向の大きいものほど腐食しやすいといえる。また，イオン化傾向の異なる金属が接触していると電池作用が生じて，腐食が生じる。金属材料とその接合材料の選択においては，このことを考慮する必要がある。表1-8におもな金属のイオン化傾向を示す。また，表1-9には，おもな金属の耐食性を示す。

表1-8　おもな金属のイオン化傾向

元素記号	K	Ca	Na	Mg	Al	Zn	Cr	Fe	Ni	Sn	S	Pb	(H)	Cu	Ag	Hg	Pt	Au
名　称	カリウム	カルシウム	ナトリウム	マグネシウム	アルミニウム	亜鉛	クロム	鉄	ニッケル	スズ	イオウ	鉛	水素	銅	銀	水銀	白金	金
両性元素	−	−	−	−	○	○	−	−	−	○	−	○	−	−	−	−	−	−
イオン化傾向	大 ←――――――――――――――――――――→ 小																	
自然電極電位	低 ←――――――――――――――――――――→ 高																	

表1-9 おもな金属の耐食性

金属の種類		耐 食 性
鉄		塩酸，硫酸，硝酸などの希薄溶液に侵され，高濃度のものにはかえって侵されにくい。濃厚なアルカリには侵されるが，希薄なアルカリには保護される。
銅		大気中では耐食性があるが，アンモニアなどのアルカリに対して弱い。水にはほとんど侵されないが，海水には比較的弱い。希薄酸は侵されにくく，濃硫酸，硝酸などには侵される。
チタン		湿潤塩素，硝酸，防食抑制剤を入れた塩酸，硫酸，海水などに優れた耐食性を示す。強い還元性酸および鉛塩には侵される。
銀		一般には，耐食性は優れているが，無機酸，硫化物，ハロゲン化合物に侵される。黒く変色する。
金		熱伝導，電気伝導ともに優れた性質をもち，空気には侵食されない。熱，湿気，酸素，その他ほとんどの化学的腐食に対して非常に強い。
白金		酸に対して強い耐食性を示し，金と同じく王水以外には溶けない。
両性元素	アルミニウム	大気中では腐食性があるが，アルカリ，硫酸，塩酸に侵される。塩化物，塩水にも同様に侵される。濃硝酸，酢酸には耐える。
	亜鉛	酸，アルカリに弱い。大気中，水中には強く，水中では銅より耐食性が大きい。
	スズ	大気中では容易に錆びず，鉄，銅，鉛の表面を被覆する。有機酸には侵されず，無機の希酸，アルカリには徐々に侵される。濃塩酸，濃硫酸には侵され，アンモニアには侵されない。
	鉛	化学的には無機酸類に対する耐食性は大きいが，有機酸類には侵される。水酸化カルシウムなどアルカリ類に侵される。

引用文献

1) 本多孝行ほか：SN鋼材の高温特性調査，日本建築学会大会学術講演梗概集，A-2分冊，pp.15-16，1999
2) 森崎・平石・福田ほか：チタン製造技術シリーズ4 チタンの分塊圧延・熱間圧延，チタンVol.43，No.2，日本チタン協会，1995

2 無機材料

2-1 石材

2-1-1 概説

石材とは，天然の岩石を板状，ブロック状などに加工して建築・土木の用途に供するものの総称である。

石材は，人類の歴史が始まって以来使用されている建築材料であり，近年に至るまで，特に西洋建築は石造り建築の歴史であった。

しかし，わが国においては，建築物の高級化・多様化に伴って，高級感や荘厳さおよび自然との一体感などから，石材の色調，模様など化粧性に重点を置いた張り石を中心とした床・壁などの内外装材料として多く用いられている。

石材を採取する場所を石丁場といい，硬質の火成岩は，割れやすい石目にさん（鑽）孔して爆破薬を装填し，爆破によって大塊を採掘する。つぎにこの大塊を「矢割」（小さな鉄くさびを一列に明けた孔に差し込み，玄能で打ち割る）して，運搬または用途に適した大きさとする。比較的軟質な水成岩や火成岩は矢割やコールカッターなどによる切掘りなどの方法で採石する。

2-1-2 種類および組成

（1）成因による分類

おもな岩石の特徴を表2-1に示す。

1) **火成岩**（igneous rock） 地球内部の岩しょうが冷却するに従って凝固したものである。

比較的深い地中の高圧下で徐々にできた花崗岩などの深成岩，地上に噴出する前に既存の岩石中に貫入した半深成岩，地表近くで急激に冷却されて凝固してできた安山岩などの火山岩(噴出岩)があり，建築用として多く使用されている。

2) **堆積岩**（sedimentary rock） 破砕した岩石，水に溶けた鉱物質や生物の遺骸などが層をなして堆積し固まったものである。種々の岩石粒子が堆積して固まってできた砂岩，生物の化石などが堆積固化した石灰岩，火山噴出物が堆積して凝固した凝灰岩などがある。水中で堆積してできたものを水成岩という。

3) **変成岩**（metamorphic rock） 火成岩や水成岩などが，地殻の変動による圧力や熱により，その組織や成分が変化したものである。層状をなし，縞状を現わす大理石などがある。

2-1-3 一般的性質

わが国は，火山活動が活発なことから，ほぼ全国的に，火成岩を中心とした石材が多く産出される。一般的に石材は耐久性，耐水性，耐摩耗性に優れ，研磨することによって光沢を発するもの，種々の色調のあるものなど化粧性に富んでいる。一方，密度が大きく，硬質であるため加工が困難で，圧縮強度にくらべて引

張強度が小さいため，割れ，欠けに注意が必要である。

表2-1　おもな岩石の特徴

種類	岩石名	特徴
火成岩	花崗岩	みかげ石とよばれ，結晶質造岩鉱物の細・粗により，粗みかげ，中みかげ，小みかげがある。また，色調によって，さくら，さび，くろなどとよぶ。圧縮強度は20N/mm²内外，吸水率は0.4％程度で，磨けば光沢がでる。構造用や装飾用として用いられるが，耐火性に劣る。
火成岩	安山岩	色調は鮮明でなく，赤味，青味，かっ色を呈する。圧縮強度は花崗岩にくらべて小さく，10N/mm²，吸水率は1.0％程度であるが，耐火性に優れている。光沢はないが，加工性がよい。
堆積岩	砂岩	砂の粒径，混入物質などにより石質が堅硬，軟質などに変化する。耐火性には優れているが吸水性や摩滅性が大のため汚れやすい。圧縮強度は2～4N/mm²と小さく，吸水率は9.5％程度と大きい。
堆積岩	凝灰岩	一般に軽量で，軟質であり加工しやすい。耐火性は大きいが強度が小さく，吸水率が約24.0％程度と大きいので，耐久性に劣る。石垣などに用いられ，硬質のものは外装用として用いられる。
変成岩	大理石	国産以外に，イタリア，カナダなどから輸入。堅硬緻密で吸水率は約0.08％と小さいが，耐久性に劣り，酸類に弱い。屋外では光沢を失い，耐火性にも劣り，約600℃で崩壊する。
変成岩	蛇紋岩	黒と青色のものを蛇紋岩，白の網のあるものを蛇灰岩とよぶ。磨くと光沢が得られ模様状の組織が美しい。大理石とほぼ似た性質をもち，装飾用として用いられる。

（1）　密度・吸水率

　石材の密度はおよそ2.5～2.7g/cm³の範囲であるが，抗火石など空隙が大きい石材では見掛け密度が0.8～1.2g/cm³のものもある。また，吸水率は空隙に大きく関連し，空隙の大きいものほど吸水率も大きくなる。

（2）　強　度

　岩石は一般に圧縮強度は大きいが，それにくらべて引張強度は小さく，圧縮強度の1/10～1/20の値を示し，節理や石目によって力学的に異方性を示すものが多い。石材の圧縮強度による区分は，表2-2に示すように，硬石49N/mm²以上，準硬石9.8N/mm²以上49N/mm²未満，軟石9.8N/mm²未満となっている。

表2-2　圧縮強度による石材の区分 (JIS A 5003)

種類	圧縮強度 (N/mm²)	参考値	
		吸水率（％）	見かけ密度（g/cm³）
硬石	49以上	5未満	約2.7～2.5
準硬石	49未満9.8以上	5以上15未満	約2.5～2
軟石	9.8未満	15以上	約2未満

（3）　耐摩耗性

　耐摩耗性は強度とかなりの相関性を示すが，硬質の岩石はそれだけ仕上加工が困難となる。耐摩耗性は，床材や外装材としての使用にあたっては特に重要な性質であり，一般に火成岩や大理石は大きく，堆積岩類は小さいものが多い。

（4）　耐久性

　石材の耐久性は，造岩鉱物の熱膨張の差異や吸水による凍結時の結晶圧のほか，空気中の炭酸ガスや亜硫酸ガスによる化学変化によって低下することが多い。

石材表面が雨水に含まれた酸分により浸食溶解され，空気の汚染度が大きいところほど風化（変質）は大きい。風化に強い花崗岩で耐久期間は約100年，弱い粗粒の砂岩で10年前後といわれる。

（5） 耐火性

石材は不燃材であるが，構成鉱物やその構造によっては必ずしも耐火性が大きいといえないものもある。石材中に石英を含む花崗岩や石英質砂岩は600℃弱で異常膨張を起こし，膨張破壊する。また，石灰岩や炭酸石灰を主成分とする大理石は熱膨張係数が方向により異なることから大きな応力を生じ，変質・分解し，耐熱性を欠く。安山岩，凝灰岩，砂岩，軽石などは概して耐火性に富み，これらの石材は暖炉など特に高温の場所に使用することができる。図2-1に石材の加熱温度と強度の関係を示す。

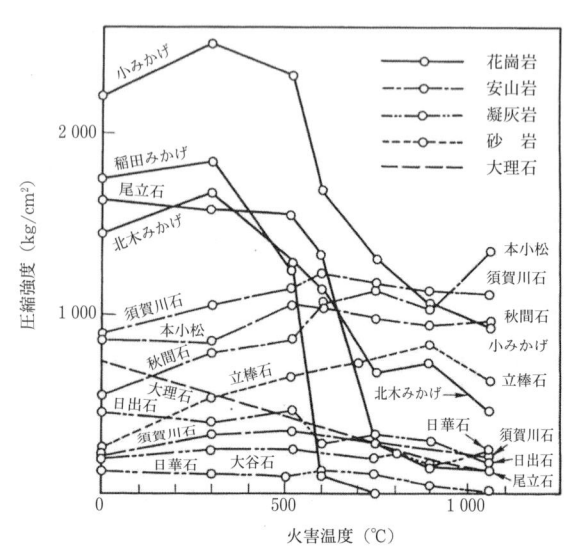

図2-1　各種石材の火害温度と圧縮強度[2]

2-1-4　製　品

（1） 形状と仕上げ

石材は図2-2に示すような形状で使われ，間知石（けんちいし）や割石は石垣などに，板石は内外壁の張り石や敷石に，角石は石垣や基礎に用いられる。

また，採石して加工したままの石材表面を野面といい，そのままで用いることもあるが，用途によってさらに表面仕上げを行う。表面仕上げには大きく分けて粗面仕上げと磨き仕上げがあり，それらはほとんどが人力による手仕上げで，図2-3に示すように，使用する工具によって仕上げの種類が異なる。

（2） 人造石（artificial stone）

種石としての砕石や砕石粉に各種の顔料を入れ，セメントモルタルや樹脂で混ぜ固めたものを人造石という。一般にセメントに白色ポルトランドセメント，種石として大理石・花崗岩などの砕石を用

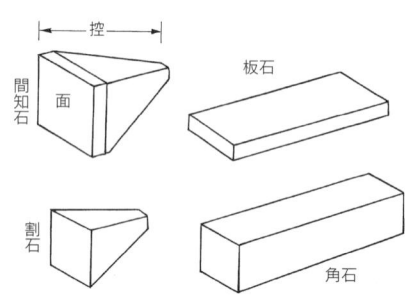

図2-2　石材の形状

い，モルタル表面を洗い出して種石を浮き出させたものを洗い出しといい，グラインダーで平滑に仕上げたものを研出しという。また，大理石・蛇紋石・花崗岩・安山岩などを用いて，色調本位に研磨したものをテラゾーとよび，花崗岩・安山

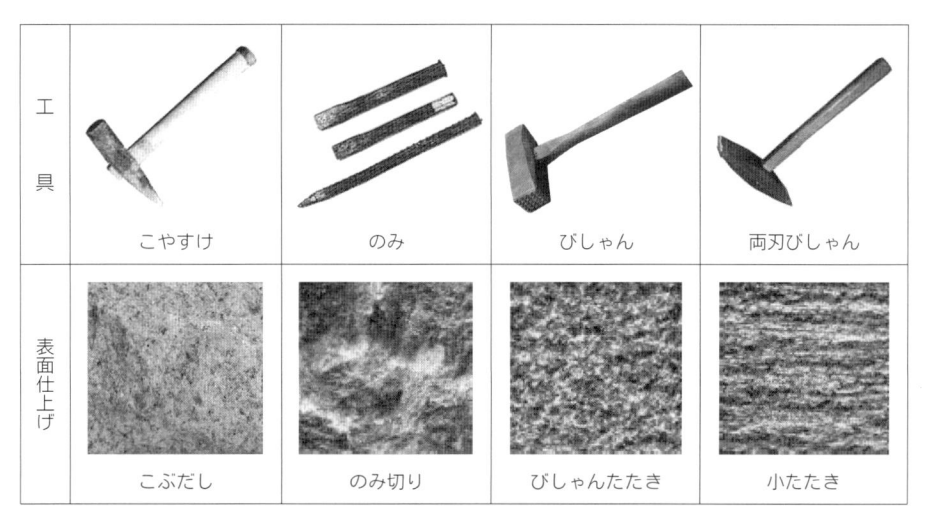

工具				
	こやすけ	のみ	びしゃん	両刃びしゃん
表面仕上げ				
	こぶだし	のみ切り	びしゃんたたき	小たたき

図2-3 石工用手工具（例）と仕上面

岩などを用いてたたき仕上げをした天然石材に似せたものを擬石という。

（3）岩綿（rock wool）

安山岩・玄武岩などを溶解し，高圧空気で吹き付け急冷して繊維状にしたもので，主として石綿に代わって用いられる（鉱物質繊維）。

ケイ酸を主成分とし，それ自体は不燃材料で耐熱性があり，吸音性，断熱性に優れるが，紡糸が難しいことから，綿状および粒状，樹脂処理したフェルト状・板状・筒状の製品や，無機質結合材を用いて板状（厚さ12mm）に成形した製品などとして断熱用充填および裏打ち材料として用いられる。綿状および粒状のものは，下地材料の上に張ったり，吹付材料として用いられる。

（4）石材の張付け

石材は色相，模様の豊かさから内外装仕上材料として多く使用されている。表2-3は，石材の装飾性，摩耗性などの特徴を生かした適用部位を示したものである。図2-4は，石材の張付け工法を示したもので，湿式工法と裏込めモルタルを用いない乾式工法とがある。

表2-3 石材の適用範囲

種類	床		壁		笠木	浴室内部
	屋外	屋内	屋外	屋内		
花崗岩	○	○	○	○	○	○
大理石	—	○	—	○	—	○
砂岩	—	—	○	○	○	○
石灰岩	—	○	—	○	—	—

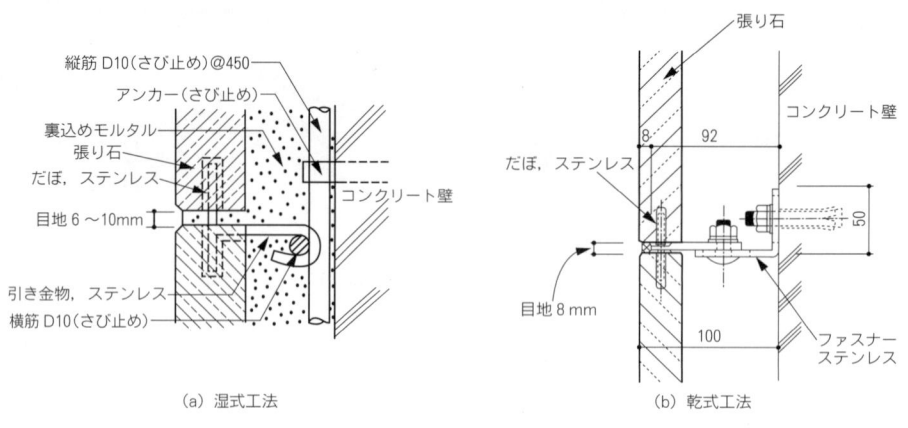

図2-4　石材の張付け工法断面図の例（JASS 9）

引用文献
1) 日本建築学会編：建築工事標準仕様書・同解説JASS 9 張り石工事，日本建築学会，2009
2) 復興局技術試験所編：大正14年度復興局技術試験所報告第2部第4篇，近藤鐵郎による「本邦産建築石材ノ耐火度ニ就イテ（第一報）」より昭和2年度の（第四報）まで，復興局技術試験所，1927

2-2 セメント

2-2-1 概　説

セメントは水と反応（水和）し，強固な硬化体をつくる。

今日，一般的に用いられているセメントは，ポルトランドセメント（Portland cement）とよばれているもので，1824年，J. Aspdinの発明によるものである。その色調や硬さがイギリスのポルトランド島から産出される石材に似ていることから，このように名付けられた。

わが国では，官営セメント工場（東京・深川）において，1875年に初めて製造された。資源の少ないわが国にあって，セメントの主原料となる石灰石は良質であるとともに豊富であり，加えて製造技術の進歩などにより，世界有数のセメント生産国となっている。今日，わが国では，年間約7 000万 t 生産または使用されている（中国では約12億 t ）が，そのおもなセメントの種類を示すと表2-4のようになる。

2-2-2 ポルトランドセメントの製造

（1）原材料

普通ポルトランドセメント1 t を製造するために，およそ石灰石1 200kg，粘土240kg，ケイ砂40kg，鉄原料等30kgが主原料として使用される。

（2）工　程

セメントの製造工程には，①原料の調合・粉砕工程（原料を乾燥・粉砕し，均一に調合・混合する），②焼成工程（半溶融する1 450℃前後の高温で焼成した後，急冷してクリンカーをつくる），③粉砕・調整の工程（反応がきわめて早いC_3Aの水和によるこわばり（瞬結）を防止するため，クリンカーにせっこうを3～4％加えて微粉砕する）がある。

（3）混合セメントの製造

混合セメントの製造方法には，①混合粉砕方式（クリンカー，せっこう，混合材を混合機で粉砕）と，②分離粉砕方式（混合材を単独で粉砕し，ポルトランドセメントと混合）がある。

2-2-3 ポルトランドセメントの成分

各種セメントの化学成分は，表2-5に示すように，酸化カルシウム（石灰，CaO），二酸化ケイ素（シリカ，SiO_2）および酸化アルミニウム（アルミナ，Al_2O_3）を主成分としたもので，それに若干の鉄分やイオウが含まれている。これらの原料としては，石灰石および粘土が用いられ，粘土中のシリカ質や酸化鉄の含有量の調整にケイ石や鉄原料が使用される。

これらのセメント原料を焼成すると，

① 1 000～1 200℃で水硬性化合物の一つであるビーライト（ケイ酸二カルシウム：$2CaO \cdot SiO_2$（略称C_2S））

表2-4 セメントの種類と特徴・用途

	種類	2014年度生産高* （単位：千t） （ ）は構成比（%）	特徴	おもな用途
ポルトランドセメント	普通ポルトランドセメント （JIS R 5210）	39 266 （69.3）	標準的な性質をもち，通常のコンクリート工事に広く用いられるセメント。	建築・土木の各工事一般，コンクリート製品，左官材料
	早強ポルトランドセメント （JIS R 5210）	3 141 （5.5）	普通ポルトランドセメントよりもC_3Sが多く，粉末度を大きくしたセメントで，早期に強度を発現する。水和熱が大きい。	工期を急ぐ工事や寒中施工，プレストレストコンクリート，コンクリート製品
	超早強ポルトランドセメント （JIS R 5210）		早強ポルトランドセメントより，さらにC_3Sを多くし，粉末度を大きくしたセメントで，きわめて早期に強度が発現する。現在はほとんど生産されていない。	緊急工事，寒中工事，グラウト用
	中庸熱ポルトランドセメント （JIS R 5210）	676 （1.2）	C_3SとC_3Aを少なくし，C_2Sを多くして，水和速度を抑えたセメント。水和熱が小さく，温度ひび割れ抑制効果がある。初期強度は小さいが，長期強度は大きい。	巨大な建築物の基礎や，ダムなどのマスコンクリート，暑中コンクリート
	低熱ポルトランドセメント （JIS R 5210）	189 （0.3）	中庸熱ポルトランドセメントよりもさらにC_2Sを多くしたセメント。水和熱が小さい。低水セメント比でも良好な流動性が得られる。	マスコンクリート，高強度コンクリート，高流動コンクリート
	耐硫酸塩ポルトランドセメント （JIS R 5210）	7 （0.0）	C_3Aを少なくし，硫酸塩の浸食作用に対する抵抗性を高めたセメント。	硫酸塩を含む土壌，排水，海水などに接するコンクリート
混合セメント	高炉セメントA種・B種・C種[1] （JIS R 5211）	12 230 （21.6）	高炉スラグを混合したセメント。水和熱が小さい。初期強度は小さいが，長期強度は大きい。水密性，化学抵抗性，耐熱性，アルカリ骨材反応抵抗性に優れる。	マスコンクリート，暑中コンクリート，海水や熱の作用を受けるコンクリート，土中コンクリート
	フライアッシュセメントA種・B種・C種[2] （JIS R 5213）	74 （0.1）	フライアッシュ（石炭灰）を混合したセメント。水和熱が小さい。初期強度は小さいが，長期強度は大きい。収縮が小さい。水密性や化学抵抗性が大きい。流動性がよく，単位水量を減らせる。アルカリ骨材反応抑制に用いられる。	ダムなどのマスコンクリート，水密コンクリート，プレパックドコンクリート，注入モルタル，暑中コンクリート，海水の作用を受けるコンクリート
	シリカセメントA種・B種・C種[2] （JIS R 5212）	0 （0.0）	シリカ質の粉末であるけい石などを混合したセメント。水和熱が小さい。水密性・耐久性が良好。化学抵抗性が大きい。	オートクレーブ養生をするコンクリート製品
	エコセメント （JIS R 5214）		都市ごみを焼却した際に発生する灰を原料ベースで50%以上使用してつくられたセメント。塩化物イオン量が0.1%以下の普通エコセメント，0.5%以上1.5%以下の速硬エコセメントがある。	無筋コンクリート，コンクリート製品，鉄筋コンクリート
特殊セメント	膨張セメント	1 109 （2.0）	乾燥収縮を補償する無収縮セメントと化学的にプレストレスを導入するケミカルプレストレスセメントがある。日本では，コンクリート用膨張材（JIS A 6202）を混合して用いる。	乾燥収縮防止
	アルミナセメント		アルミン酸カルシウムを主成分とするセメント。早強性がきわめて高いが，長期では強度が低下することもある。耐熱性が大きい。	緊急工事，築炉など耐火物の工事
	白色セメント		Fe_2O_3などの呈色成分を減じたセメント	化粧工事，着色工事
	その他		超速硬セメント，地熱井セメント，超微粒子セメント，グラウト用セメント，油井セメント，セメント系固化材などがある。	緊急工事，止水工事，地盤改良，地熱井・油井工事など
	計	56 694	左記合計は，日本で使用されたセメント量の合計であり，このほかに輸出用クリンカーなどが444万t生産されている。	

＊セメント・コンクリートNo.736, p.74（2008年6月）掲載データに加筆
1) 混合材の分量（%）として，5＜A種≦30, 30＜B種≦60, 60＜C種≦70
2) 混合材の分量（%）として，5＜A種≦10, 10＜B種≦20, 20＜C種≦30

表2-5 各種セメントの化学分析結果[1]

セメントの種類		化 学 成 分（%）												
		ig.loss	insol.	SiO_2	Al_2O_3	Fe_2O_3	CaO	MgO	SO_3	Na_2O	K_2O	TiO_2	P_2O_5	MnO	Cl
ポルトランドセメント	普通	1.80	0.15	20.68	5.28	2.91	64.25	1.40	2.10	0.28	0.40	0.28	0.25	0.09	0.015
	早強	1.18	0.08	20.42	4.84	2.61	65.26	1.32	2.98	0.23	0.37	0.27	0.22	0.07	0.008
	中庸熱	0.69	0.08	23.36	3.79	3.88	63.64	1.09	2.24	0.26	0.39	0.22	0.19	0.12	0.004
	低熱	0.80	0.06	26.10	2.83	2.95	63.24	0.74	2.38	0.18	0.38	0.14	0.08	0.09	0.005
高炉セメント	B種	1.52	0.16	25.50	8.90	1.94	55.16	3.24	2.00	0.25	0.37	0.42	0.14	0.16	0.010
フライアッシュセメント	B種	1.04	12.85	19.04	4.62	2.82	55.47	1.04	1.70	0.28	0.37	0.24	0.23	0.09	0.005
エコセメント	普通	1.68	0.10	16.67	7.23	3.94	61.52	1.84	3.56	0.51	0.02	0.80	1.27	0.10	0.035

② 1 200～1 300℃でフェライト相（鉄アルミン酸四カルシウム：$4CaO \cdot Al_2O_3 \cdot Fe_2O_3$（略称$C_4AF$））

③ 1 300～1 450℃でエーライト（ケイ酸三カルシウム：$3CaO \cdot SiO_2$（略称C_3S））

を生成する。

これらのセメントクリンカーの組成化合物とその特性は表2-6に示すようである。

これらの組成化合物の含有量を変えることにより、各種のポルトランドセメントが製造される（図2-5）。組成化合物の量的関係（質量%）は、セメントの化学分析の結果から、次のBogueの式で算出される。

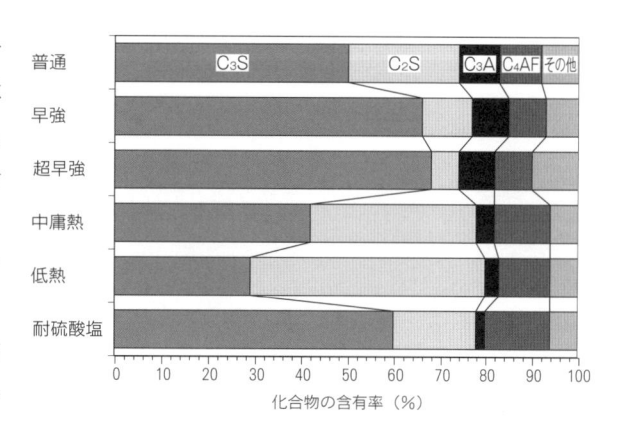

図2-5 ポルトランドセメントの化合物組成（%）の一例

$$C_3S = (4.07 \times CaO) - (7.60 \times SiO_2) - (6.72 \times Al_2O_3) - (1.43 \times Fe_2O_3) - (2.85 \times SO_3)$$

$$C_2S = (2.87 \times SiO_2) - (0.754 \times C_3S)$$

$$C_3A = (2.65 \times Al_2O_3) - (1.69 \times Fe_2O_3)$$

$$C_4AF = (3.04 \times Fe_2O_3)$$

表2-6 セメントクリンカーの組成化合物とその特性

名称	分子式	略号	水和反応速度	特性 強度	水和熱	収縮	化学抵抗性
エーライト（ケイ酸三カルシウム）	$3CaO \cdot SiO_2$	C_3S	比較的速い	28日以内の早期	中～500J/g	中	中
ビーライト（ケイ酸二カルシウム）	$2CaO \cdot SiO_2$	C_2S	遅い	28日以後の長期	小～250J/g	小	大
アルミネート相（アルミン酸三カルシウム）	$3CaO \cdot Al_2O_3$	C_3A	非常に速い	1日以内の早期	大～850J/g	大	小
フェライト相（鉄アルミン酸四カルシウム）	$4CaO \cdot Al_2O_3 \cdot Fe_2O_3$	C_4AF	かなり速い	強度にあまり寄与しない	中～420J/g	小	中

日本コンクリート工学協会編：コンクリート技術の要点'97，p.5，日本コンクリート工学協会
大門正機：セメントの科学－ポーランドセメントの製造と硬化－，内田老鶴圃，p.4，(1989) より検討のうえ作成。

2-2-4　ポルトランドセメントの水和

　コンクリートの凝結（setting）と硬化（hardening）は，セメントと水の間に起こる水和反応（hydration，単に水和ともよぶ）によるものである。

　セメントクリンカーの組成化合物の水和反応は，図2-6のようである。エーライト（C_3S），ビーライト（C_2S）の水和反応による固体生成物のほとんどは非晶質のケイ酸カルシウム水和物（C-S-H，calcium silicate hydrate）と水酸化カルシウムである。このC-S-Hは，大気中では安定した化合物である。

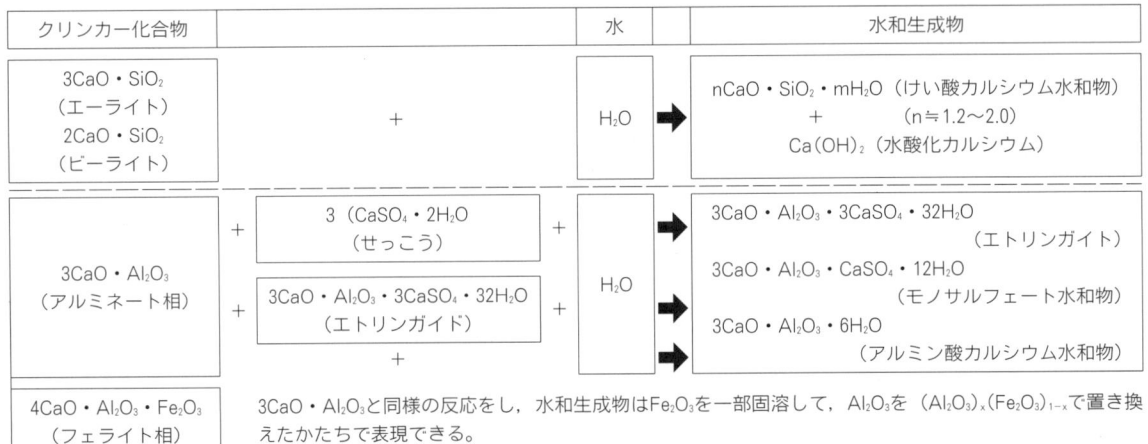

クリンカー化合物		水	水和生成物
$3CaO \cdot SiO_2$（エーライト） $2CaO \cdot SiO_2$（ビーライト）	＋	H_2O ➡	$nCaO \cdot SiO_2 \cdot mH_2O$（けい酸カルシウム水和物） ＋　　　　　　　　（n≒1.2〜2.0） $Ca(OH)_2$（水酸化カルシウム）
$3CaO \cdot Al_2O_3$（アルミネート相）	＋ $3(CaSO_4 \cdot 2H_2O)$（せっこう） ＋ $3CaO \cdot Al_2O_3 \cdot 3CaSO_4 \cdot 32H_2O$（エトリンガイド） ＋	H_2O ➡ ➡ ➡	$3CaO \cdot Al_2O_3 \cdot 3CaSO_4 \cdot 32H_2O$（エトリンガイト） $3CaO \cdot Al_2O_3 \cdot CaSO_4 \cdot 12H_2O$（モノサルフェート水和物） $3CaO \cdot Al_2O_3 \cdot 6H_2O$（アルミン酸カルシウム水和物）
$4CaO \cdot Al_2O_3 \cdot Fe_2O_3$（フェライト相）	$3CaO \cdot Al_2O_3$と同様の反応をし，水和生成物はFe_2O_3を一部固溶して，Al_2O_3を$(Al_2O_3)_x(Fe_2O_3)_{1-x}$で置き換えたかたちで表現できる。		

図2-6　ポルトランドセメントの水和の説明[1]

　水和生成物は，1 nm〜1 μmであり，セメント粒子より非常に小さい。ただし，総体積はセメント粒子よりも大きくなる。したがって，生成物は，セメント粒子のあった場所のほか，水が占めていた空間に生成する。図2-7は，セメントの凝結，硬化を模式的に示したものである。セメント粒子表面のゲル状の被覆層が互いに結合しあうと，凝結が起こり，さらにゲル状の構造が緻密化することにより硬化が進む。写真2-1および2-2には，普通ポルトランドセメントおよびフライアッシュセメントB種の水和物を示す。

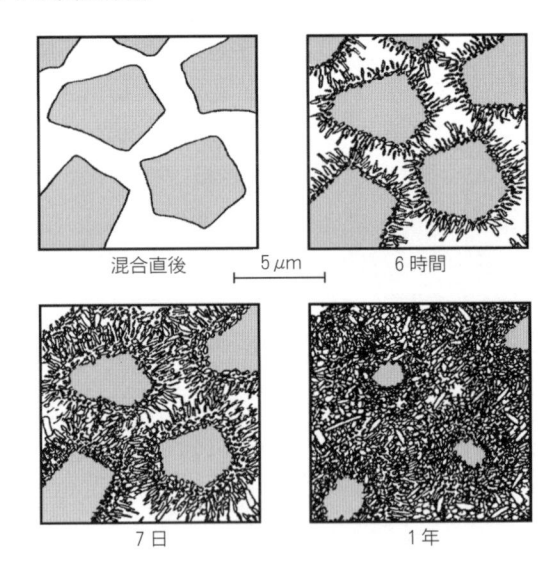

図2-7　凝結，硬化の模式図[2]

写真2-1　普通ポルトランドセメントの水和物
（W/C=50%，材齢1日）
（長さ1～4μm程度の柱状の結晶はエトリンガイト，基盤をなす微細な繊維状の物質はC-S-H）［提供：三菱マテリアル］

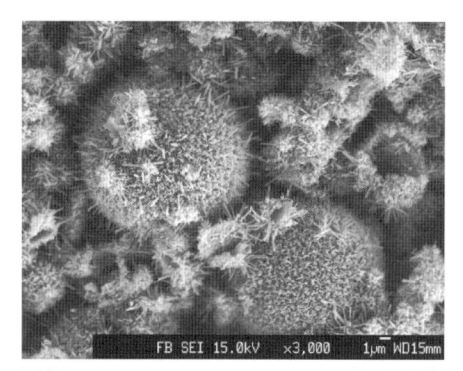

写真2-2　フライアッシュセメントB種の水和物
（W/C=50%，材齢1日）
（球状体のフライアッシュの表面に，微細な繊維状のC-S-Hが析出している）［提供：三菱マテリアル］

2-2-5　混和材

セメントの一部を置換もしくはセメントの外割りで混ぜる混和材が，コンクリートの品質改善ならびにセメントの代替材としての経済効果，さらには産業副産物の有効利用を図る目的で使用されている。

（1）　潜在水硬性物質

それ自身には水硬性がないが，ある刺激材を添加もしくは共存させると，水硬性を発現する物質をいう。高炉スラグがこれにあたる。

高炉スラグ微粉末（JIS A 6206）　高炉スラグ微粉末は，製鉄における高炉から排出された溶融状態のスラグを水や空気を多量に吹き付けて急冷し，これを微粉砕して，調製したものである。急冷によって，スラグは結晶化することなくガラス質で化学反応を起こしやすい状態となっている。

高炉スラグ微粉末は，その潜在水硬性によりSiO_2やAl_2O_3の鎖状結合がpH12以上（アルカリの刺激）で切断し，CaO，Al_2O_3，MgOなどが溶出して，カルシウムシリケート水和物（C-S-H）およびカルシウムアルミネート水和物（C-A-H）を生成し硬化する。ここで，pH12以上のアルカリの刺激となるのは，共存セメントの水和により生成される水酸化カルシウムである。

高炉スラグ微粉末を使用したコンクリートは，水和熱が低減され，水密性，化学的抵抗性，耐熱性に優れている。また高炉スラグ微粉末によるセメントの置換率は大きいので，アルカリ骨材反応の抑制効果が大きい。

しかしながら，高炉スラグ微粉末の置換により初期の水和反応は遅くなるので，特に材齢初期に十分な湿潤養生を行うことが重要である。

（2）　ポゾラン

それ自体は水硬性をもたないが，これに含まれる可溶性のケイ酸成分がセメントの水和で生成する水酸化カルシウムと常温でゆっくりと反応して，水溶性で安定な化合物（カルシウムシリケート水和物）をつくって硬化する鉱物質の微粉末

のことで，イタリアの火山灰のポツオナラが語源とされる。フライアッシュ，シリカフューム，火山灰，ケイ酸白土などがこれにあたる。

1) **フライアッシュ**（fly ash）（JIS A 6201）　フライアッシュは，ポゾランの一種で，石炭火力発電所などから排出される石炭灰のうち，微粉炭燃焼ボイラの燃焼ガスから集塵器で回収される灰で，強熱減量等の違いにより4つの等級に区分されている。

現在，利用されているフライアッシュの密度は2.0〜2.2 g/cm² 程度で，比表面積は3 000〜5 000 cm²/g の範囲，粒径は1〜100μm であり，平均は20μm 程度である。フライアッシュのおもな化学成分として，SiO_2が50〜60％程度，およびAl_2O_3が25％程度含まれ，Fe_2O_3，Cなどが少量含まれる。

フライアッシュは，表面が滑らかな球状を呈しているので，これを使用したコンクリートは流動性に優れる（写真2-2参照）。

フライアッシュの強熱減量が大きいものは未燃炭素量が多いことを示すが，未燃炭素量が多いほどAE剤の吸着量が多くなり，連行空気量が低下する。

フライアッシュを用いたコンクリートは，十分な湿潤養生を行えば，ポゾラン反応生成物で組織が満され，長期にわたる強度増進，水密性の向上がみられる。しかしながら，材齢初期において，湿潤養生が十分といえない場合，コンクリート組織が密にならず，初期から長期にわたる強度の低下，耐久性の低下を招く。

なお，フライアッシュのセメントの一部代替は，水和熱の抑制，アルカリ骨材反応の抑制に効果がある。

2) **シリカフューム**（JIS A 6207）　シリカフュームは，金属シリコンやフェロシリコンを電気炉で製造する際に発生する排ガスから集塵器で回収される超微粒子であり，高強度・高耐久性を得るための混和材である。

シリカフュームの主成分は，85％以上がSiO_2で，その大部分が非結晶質・完全な球形で粒径1μm以下（平均粒径0.1μm），比表面積200 000cm²/g程度の超微粒子であり，たばこの煙粒子より細かい。密度は2.1〜2.2g/cm³程度，かさ密度0.25〜0.3g/m³である。シリカフュームを混和しない超低水セメント比（25％以下）のコンクリートでは，いくら高性能AE減水剤を加えても流動性が得られないが，シリカフュームを混和すると流動性が確保される。これは図2-8に示すように，シリカフュームがセメント粒子間に充填される（マイクロフィラー効果）ためである。

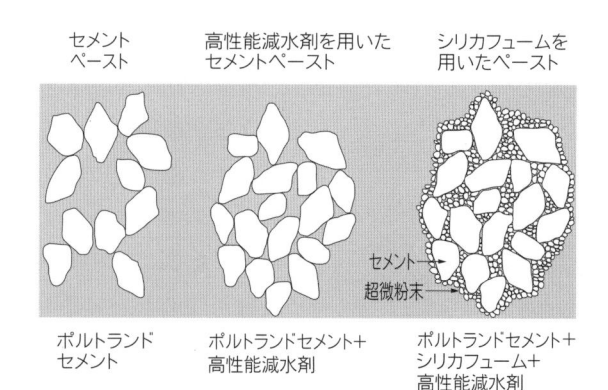

図2-8　まだ固まらないコンクリート中のペースト構造[3]

（3） その他

1) **膨張材**（JIS A 6202）　　膨張材は，セメントおよび水と練り混ぜると水和反応によってエトリンガイト（$3CaO \cdot Al_2O_3 \cdot 3CaSO_4 \cdot 32H_2O$）あるいは水酸化カルシウム（$Ca(OH)_2$）の結晶を生成し，その結晶成長あるいは生成量の増大により，コンクリートを膨張させる作用を有する混和剤である。

2) **石灰石微粉末**　　石灰石微粉末は，コンクリートの流動性の改善を目的に，材料の分離抵抗性を確保するため，粉体として多量に使われ，水和熱抑制に役立っている。石灰石微粉末は活性度が低いため，一般に結合材と見なされていない。この活性の低さから，水和熱を増加させずに，粉体量を増大させることを可能としている。

2-2-6　性　質

（1）　密　度

セメントの密度（density）は，表2-7に示すように，ポルトランドセメントについては$3.15g/cm^3$程度で，種類による変化は比較的小さい。高炉スラグ，シリカ質混和材，フライアッシュなどの混和材の密度は，ポルトランドセメントより小さいため，混合セメントの密度は，A種＞B種＞C種の順に小さくなる。また，風化したセメントは，密度が小さくなる。

（2）　比表面積

セメントの単位質量当たりの表面積を比表面積（specific surface area）といい，粉末度（fineness）の高いものほど大きい値となる。一般に，比表面積の大きいセメントほど水和反応が速く，初期強度が高くなる。しかし，比表面積が過度に大きいセメントは，水和熱が一時期に集中して発生するため，蓄熱量が大となって，熱応力発生の原因となる。また，硬化後においては，収縮が大きく，このようなセメントを用いたコンクリートは，熱応力や収縮が原因で，ひび割れを発生しやすい。

表2-7　各種セメントの物理試験結果および水和熱試験結果[1]

セメントの種類		密度 (g/cm^3)	粉末度		凝結			圧縮強さ (N/mm^2)*					水和熱 (J/g)	
			比表面積 (cm^2/g)	網ふるい 90μm残分 (%)	水量 (%)	始発 (h-m)	終結 (h-m)	1日	3日	7日	28日	91日	7日	28日
ポルトランドセメント	普通	3.14	3 400	0.8	28.1	2-20	3-28	—	29.5	45.2	62.6	—	—	—
	早強	3.12	4 630	0.2	31.2	2-04	3-14	27.6	46.6	57.3	66.6	—	—	—
	中庸熱	3.21	3 280	0.4	28.2	3-14	4-45	—	20.4	30.1	56.2	—	262	322
	低熱	3.21	3 440	0.2	27.6	3-17	4-40	—	14.6	21.6	55.3	80.8	214	276
高炉セメント	B種	3.03	3 880	0.4	29.5	2-53	4-21	—	22.4	36.2	62.8	—	—	—
フライアッシュセメント	B種	2.97	3 370	0.5	29.4	3-09	4-11	—	25.7	39.4	58.5	—	—	—
エコセメント	普通	3.15	4 300	0.1	28.4	2-52	4-24	—	31.0	43.9	55.6	—	—	—

＊　セメントと標準砂の質量比を1：3とした水セメント比50%のモルタル

（3） 凝結・硬化

セメントに水を加えると，初めのうちは流動性をもったペースト状であるが，水和反応が進行するにつれて次第に流動性を失い，さらに塑性も乏しくなり，固化していく。このように，セメントペーストが流動性を失って固化していく一連の現象を凝結（set または setting）という。凝結時間は，普通ポルトランドセメントでは始発が2.5h内外，終結が3.5h内外であるが，温度が高い場合や，比表面積が大きい場合には，凝結時間は短くなる傾向がある。また，セメントが凝結した後の時間の経過に伴って，硬さおよび強さが増加する現象を硬化（hardening）とよぶ。

（4） 安定性

安定性（soundness）とは，セメントが凝結した後に，膨張などの異常な体積変化を生じるかどうか，安定して水和するかどうかの評価をいう。焼成が不十分で，遊離石灰が多い場合には，水和反応の進行に伴い，次第にセメント硬化体に体積膨張が生じ，ひび割れの原因となる。このほかにも，酸化マグネシウム（MgO）および硫酸カルシウム（$CaSO_4$）の量が多い場合も膨張が認められ，ひび割れの原因となる。

（5） 強 さ

セメントの強さ（strength）を支配するセメント自体のおもな要因は，水硬性化合物の種類と生成量である。前出表2-5には，セメントの組成化合物の種類とその特性を示している。C_3Sは，水和反応速度が速く，初期強さの発現に寄与する特性がある。そのため，早強ポルトランドセメントや超早強ポルトランドセメントでは，C_3S分を多くするように調合している。

一方，C_2Sは，水和速度が緩やかで，材齢28日以後の強さ発現に寄与する性質があることから，水和熱の影響を低く抑えることを目的とした中庸熱および低熱ポルトランドセメントでは，C_2Sの割合を高くしている。

また，セメントの強さ発現には，粉末度の影響も大きい。すなわち，粉末度の大きいセメントほど水和反応速度が速いため早強セメントでは，C_3S分を多くするとともに，比表面積を大きくするように調整している（表2-7参照）。各種セメントの圧縮強さのJIS規格値を表2-8に示す。

（6） 収 縮

セメントは，水和反応に基づく硬化に伴って硬化収縮する（自己収縮）とともに，その後の乾燥によっても収縮（乾燥収縮）がみられる。一般に，水和反応速度の早い早強性セメントや超早強性セメントでは，収縮が大きくなる傾向がみられる。

表2-8 各種セメントの圧縮強さのJISの規定値

セメントの種類		圧縮強さ（N/mm²）				
		1日	3日	7日	28日	91日
ポルトランドセメント （JIS R 5210）	普通	—	12.5 以上	22.5 以上	42.5 以上	—
	早強	10.0 以上	20.0 以上	35.5 以上	47.5 以上	—
	超早強	20.0 以上	30.0 以上	40.0 以上	50.0 以上	—
	中庸熱	—	7.5 以上	15.0 以上	32.5 以上	—
	低熱	—	—	7.5 以上	22.5 以上	42.5 以上
	耐硫酸塩	—	10.0 以上	20.0 以上	40.0 以上	—
高炉セメント （JIS R 5211）	A 種	—	12.5 以上	22.5 以上	42.5 以上	—
	B 種	—	10.0 以上	17.5 以上	42.5 以上	—
	C 種	—	7.5 以上	15.0 以上	40.0 以上	—
フライアッシュセメント （JIS R 5213）	A 種	—	12.5 以上	22.5 以上	42.5 以上	—
	B 種	—	10.0 以上	17.5 以上	37.5 以上	—
	C 種	—	7.5 以上	15.0 以上	32.5 以上	—
エコセメント （JIS R 5214）	普通	—	12.5 以上	22.5 以上	42.5 以上	—
	速硬	15.0 以上	22.5 以上	25.0 以上	32.5 以上	—

引用・参考文献
1) セメント協会編：セメントの常識，セメント協会，2009
2) 大門正機編訳：セメントの科学―ポルトランドセメントの製造と硬化，内田老鶴圃，1995
3) Beche, H.H.：Densified Cement/Ultra-Fine Particle-Ased Materials
4) 日本建築学会編：建築工事標準仕様書・同解説 JASS 5 鉄筋コンクリート工事，日本建築学会，2009

2-3 コンクリート

2-3-1 コンクリート用材料

(1) セメント

セメントは，2-2を参照すること。

(2) 骨材

a 分類

骨材（aggregate）とは，コンクリート（concrete）やモルタル（mortar）に用いる砂（sand），砂利（gravel），砕石（crushed stone），そのほかの各種重量骨材や軽量骨材の総称である。骨材がコンクリートの増量効果ならびにワーカビリティー，強度，単位容積質量，耐久性（durability）などに及ぼす影響は大きい。

近年では，砕砂および砕石の利用が一般的である。一方，これらの骨材とは別に，建物の高層化により，軽量化を図る目的で，コンクリートに高強度軽量骨材を用いる場合がある。

骨材は，粒度および材質により，次のように区分することができる。

1) 粒度による区分

細骨材（fine aggregate）：5 mmふるいを85％以上通過する細粒の骨材で，砂，砕砂，人工軽量細骨材，スラグ細骨材など。

粗骨材（coarse aggregate）：5 mmふるいに85％以上とどまる粗粒の骨材で，砂利，砕石，人工軽量粗骨材，スラグ粗骨材，火山れきなど。

2) 材質（密度）による区分

普通骨材（ordinary aggregate）：自然作用によって岩石が細粒になった砂，砂利，岩石を人工的に破砕した砕砂・砕石，スラグ細骨材・粗骨材など。密度が$2.4 \sim 2.9 \text{ g/cm}^3$のもの。

軽量骨材（lightweight aggregate）：軽量化を目的としたコンクリートに用いられる骨材で，人工軽量骨材，天然軽量骨材および副産軽量骨材がある。密度が$0.9 \sim 1.8 \text{ g/cm}^3$のもの。

重量骨材（heavy-weight aggregate）：放射線の遮蔽のためのコンクリートに用いられる骨材で，密度の大きい重晶石，磁鉄鉱などの岩石などを破砕したもの。密度が$3.0 \sim 5.2 \text{ g/cm}^3$のもの。

b 一般的性質

骨材は，コンクリートの性質や強度に大きく影響を及ぼすため，次のような性質が求められる。

① 物理的，化学的に安定していること。
② 清浄で，塩分，泥，有機不純物などを有害量含んでいないこと。
③ 粒形が球状に近く，粒度配列もよく，実積率が大きいこと。
④ 堅硬で，強度が大きいこと。

a) 骨材中の水分　骨材の含水状態には図2-9に示す4つの状態がある。絶乾状態（絶対乾燥状態：absolutely dry condition, oven dry condition）とは，

100～110℃の乾燥炉で一定質量になるまで乾燥した状態をいい，表乾状態（表面乾燥飽水内部状態：saturated and surface-dry condition）とは，骨材内部が飽水し，表面には水分がない状態をいう。また，気乾状態（air-dry condition）とは，日常的な温度，湿度の範囲で乾燥し，骨材内部の水分と空気湿度が平衡した状態をいう。湿潤状態（wet condition）とは，骨材の内部が飽水しているうえ，表面にも水分のある状態である。骨材の含水状態を調べる試験として，フローコーンを用いた試験方法，JIS A 1109-2006（細骨材の密度及び吸水率試験方法）がある。写真2-3は，細骨材をフローコーンにゆるく詰め，上面を平らにしたのち力を加えずに突き棒で25回軽く突き，フローコーンを鉛直に引き上げたときの状態である。写真2-3の骨材の含水状態は左から湿潤状態，表乾状態，絶乾状態である。

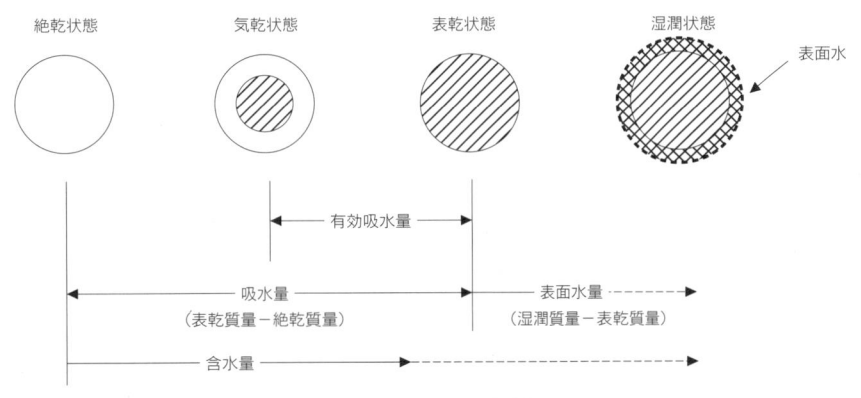

図2-9　骨材の含水状態

写真2-3　骨材の含水状態の見分け方（左から順に湿潤状態，表乾状態，絶乾状態）

骨材は，含水状態によって質量や容積が変わるだけではなく，コンクリートの製造の際に，練混ぜ水が増加したり，あるいは練混ぜ水を骨材が吸収したりするので，そのような場合には，コンクリートの品質はきわめて不安定なものとなる。したがって，コンクリートの調合は，骨材の表面に水の付着がなく，骨材内部の空隙が水で満たされている状態（表乾状態）を基準として計画される。

なお，骨材の含水状態にかかわる吸水率，含水率などは，下式によって求められる。

$$吸水率（％）=\frac{表乾質量（g）-絶乾質量（g）}{絶乾質量（g）}\times 100 \qquad (2\text{-}1)$$

$$表面水率（％）=\frac{湿潤質量（g）-表乾質量（g）}{表乾質量（g）}\times 100 \qquad (2\text{-}2)$$

$$含水率（％）=\frac{含水量（g）}{絶乾質量（g）}\times 100 \qquad (2\text{-}3)$$

$$気乾含水率（％）=\frac{気乾質量（g）-絶乾質量（g）}{絶乾質量（g）}\times 100 \qquad (2\text{-}4)$$

$$有効吸水率（％）=\frac{表乾質量（g）-気乾質量（g）}{表乾質量（g）}\times 100 \qquad (2\text{-}5)$$

$$表乾密度（g/cm^3）=絶乾密度（g/cm^3）\times \left(1+\frac{吸水率（％）}{100}\right) \qquad (2\text{-}6)$$

b) 密 度 密度（density）は，骨材を構成する岩石の種類，空隙率，含水状態などによって異なる。構造用コンクリート骨材の材質（密度）による区分を表2-9に示す。普通骨材の密度は，2.4〜2.9g/cm^{3}とほぼ一定である。一方，軽量骨材は，細骨材と粗骨材では骨材中の空隙量が異なるため，細骨材は，粗骨材より密度が大きい。骨材の密度は，含水状態によっても異なるので，絶乾状態または表乾状態として求める。絶乾状態の密度を絶乾密度（density in oven-dry condition），表乾状態の密度を表乾密度（density in saturated and surface-dry condition）という。表乾密度および絶乾密度は式（2-7）および式（2-8）により求められる。

$$表乾密度（g/cm^3）=\frac{表乾状態の質量（g）}{表乾状態の体積（cm^3）} \qquad (2\text{-}7)$$

$$絶乾密度（g/cm^3）=\frac{絶乾状態の質量（g）}{絶乾状態の体積（cm^3）} \qquad (2\text{-}8)$$

密度の小さい骨材を用いた場合，コンクリートの単位容積質量が小さくなるので，構造物の自重を軽減することができる。また，密度の大きい骨材は，遮蔽コンクリートに用いることが多い。密度の大きい骨材を用いると，コンクリートの単位容積質量が大きくなるため圧縮強度も大きくなる。

表2-9 構造用コンクリート骨材の材質（密度）による区分

骨材の区分および種類			絶乾密度（g/cm³）の範囲*	備考
普通骨材	粗骨材	陸砂利，海砂利，川砂利	2.5 以上	JASS 5-2009
		砕石	2.5 以上	JIS A 5005-1993
		高炉スラグ粗骨材	L：2.2 以上	JIS A 5011-1-2003
	細骨材	陸砂，海砂，川砂	2.5 以上	JASS 5-2009
		砕石	2.5 以上	JIS A 5005-1993
		高炉スラグ粗骨材	2.5 以上	JIS A 5011-1-2003
		フェロニッケルスラグ細骨材	2.7 以上	JIS A 5011-2-2003
		銅スラグ細骨材	3.2 以上	JIS A 5011-3-2003
軽量骨材	粗骨材	人工軽量粗骨材 天然軽量粗骨材 副産軽量粗骨材	L：1.0 未満 M：1.0 以上1.5 未満 H：1.5 以上2.0 未満	JIS A 5002-2003
	細骨材	人工軽量細骨材 天然軽量細骨材 副産軽量細骨材	L：1.3 未満 M：1.3 以上1.8 未満 H：1.8 以上2.3 未満	
重量骨材		重晶石，磁鉄鉱，褐鉄鉱など	3.0〜5.2	―

＊：JASS 5-2009 および JIS の規定値を示す。

c) **単位容積質量・実積率および空隙率**　骨材の単位容積質量（bulk density）とは，単位容積（1 l）当たりの骨材の質量をいい，骨材の密度，粒形，粒度分布，容器への詰め方などによって異なる。JIS A 1104-2006（骨材の単位容積質量及び実積率試験方法）には，棒突きによる方法とジッキングによる方法とがあり，通常，普通骨材は棒突き法，軽量骨材はジッキング法（jigging method）による場合が多い。

一般にいう実積率（solid content）とは，ある容器のなかにある骨材が占めるその骨材自体の実際の容積の割合をいい，これに反しその物体で占められていない部分，すなわち空隙の部分の割合を空隙率という。

実積率および空隙率（pores content, voids content）は式（2-9），および式（2-10）により求められる（図2-10参照）。

実積率は，砕石の粒形判定の基準となるほか，骨材の粒度分布の適否を判断する基準ともなる。

同一密度の場合，骨材の単位容積質量が大きいほど実積率が大きく，粒形のよい骨材といえる。粒形のよい骨材を用いるとスランプが大きくなるため，コンクリートの調合において単位水量を減らすことができる。しかし，表面が粗である骨材を用いたほうがセメントペーストとの付着が良好となるため，コンクリートの圧縮強度は大きくなる。

$$実積率（\%）= \frac{絶乾状態の骨材の単位容積質量（kg/l）}{骨材の表乾密度（g/cm^3）} \times 100 \tag{2-9}$$

$$空隙率（\%）= 100 - 実積率 \tag{2-10}$$

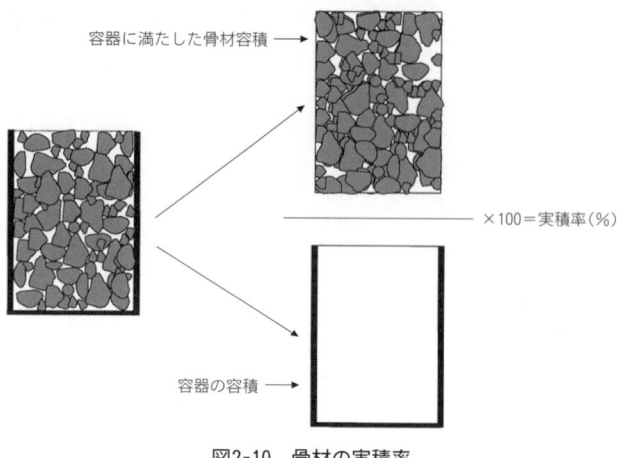

図2-10 骨材の実積率

d) **粒度および最大寸法**　骨材の粒度（grading）は，骨材の大小粒の分布の程度をいう。粒度分布の良好な骨材は，実積率が大きく，ワーカビリティーのよいコンクリートを得やすい。表2-10に砂利および砂の標準粒度範囲を示す。

表2-10　砂利および砂の標準粒度（JASS 5-2009）

種類	最大寸法 ふるいの呼び寸法 (mm)	ふるいを通るものの質量分率（％）											
	(mm)	50	40	30	25	20	15	10	5	2.5	1.2	0.6	0.3	0.15
砂利	40	100	95〜100	—	—	35〜70	—	10〜30	0〜5	—	—	—	—	—
	25	—	—	100	95〜100	—	30〜70	—	0〜10	0〜5	—	—	—	—
	20	—	—	—	100	90〜100	—	20〜55	0〜10	0〜5	—	—	—	—
砂		—	—	—	—	—	—	100	90〜100	80〜100	50〜90	25〜65	10〜35	2〜10*

＊：砕砂またはスラグ砂を混合して使用する場合の混合した細骨材は15％とする。

　骨材の粒度を表す方法には，このほかにJIS A 1102-2006（骨材のふるい分け試験方法）の結果により求められる粗粒率および粗骨材の最大寸法がある。粗粒率はF.M.（Fineness Modulus）と略称することもある。

　ここで，コンクリート用骨材の標準粒度分布を図2-11に示す。この範囲に入る骨材を用いると，所要の性質のコンクリートを経済的につくることができる。

　図2-11の標準粒度分布内に入る細骨材と粗骨材の粗粒率の計算例を表2-11に示す。

　粗粒率は，JIS A 1102-2006（骨材のふるい分け試験方法）において，決められたふるい（表2-11参照）にとどまる試料の質量の百分率の累計合計を求め，100で割った値として求められる。

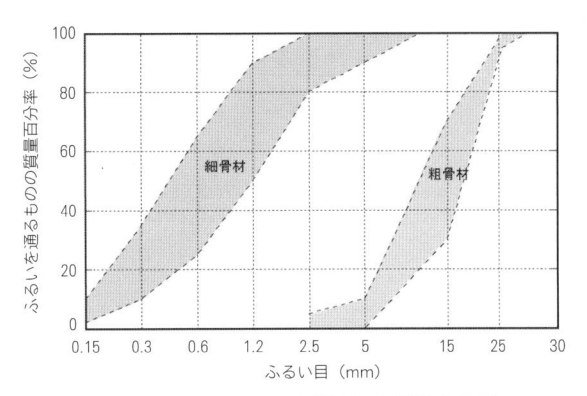

図2-11　コンクリート用骨材の標準粒度範囲

表2-11　細骨材の粗粒率の計算例

粗粒率の計算に用いるもの	ふるいの寸法(mm)	粗骨材				細骨材			
		各ふるいにとどまる質量(g)	各ふるいにとどまる質量の累計(g)	各ふるいにとどまる質量の百分率の累計(%)	通過率(%)	各ふるいにとどまる質量(g)	各ふるいにとどまる質量の累計(g)	各ふるいにとどまる質量の百分率の累計(%)	通過率(%)
※	40	0	0	0	100	0	0	0	100
	30	0	0	0	100	0	0	0	100
	25	124	124	2	98	0	0	0	100
※	20	489	613	12	88	0	0	0	100
	15	1 811	2 424	48	52	0	0	0	100
※	10	1 014	3 438	69	31	0	0	0	100
※	5	1 345	4 783	96	4	10.4	10.4	2	98
※	2.5	170	4 953	99	1	35.4	45.8	9	91
※	1.2	47	5 000	100	0	106.0	151.8	30	70
※	0.6	0	5 000	100	0	139.7	291.5	58	42
※	0.3	0	5 000	100	0	102.3	393.8	79	21
※	0.15	0	5 000	100	0	75.4	469.2	94	6
	受け皿	0	5 000	100	0	30.8	500.0	100	0
	合計	5 000	—	676*	—	500.0	—	272*	—
粗粒率		676/100＝6.76				272/100＝2.72			

＊　粗粒率の計算に用いる各ふるいの累計の合計値

$$粗骨材の粗粒率(\text{F.M.}) = \frac{(0+12+69+96+99+100+100+100+100)}{100}$$

$$= 6.76$$

$$細骨材の粗粒率(\text{F.M.}) = \frac{(0+0+0+2+9+30+58+79+94)}{100}$$

$$= 2.72$$

　一般に粗粒率が大きいものは，粒形が粗くなっており，材料分離の傾向が高くなる。粗粒率に規定はないが，標準粒度の粗骨材の粗粒率は7〜8，細骨材では2〜3.5の範囲にある。

コラム　～アルキメデスの原理～

アルキメデス（Archmedes）の原理とは，水中の物体はその物体が押しのけた水の量の重さの分だけ軽くなるというものであり，式で表すと以下のようになる。

$$F = -\rho V g$$

F：浮力（N），ρ：水の密度（kg/m³），V：物体の体積（m³），g：重力加速度（m/s²）

この原理を図で示すと以下のようになる。

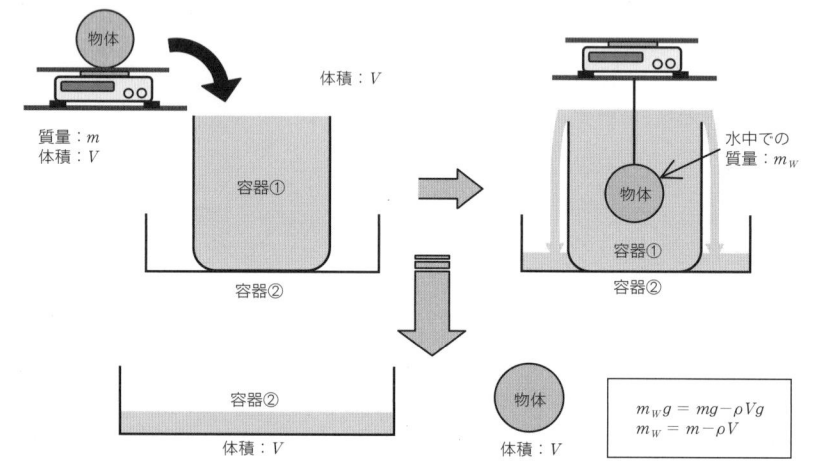

アルキメデスの原理

$$m_W g = mg - \rho V g$$
$$m_W = m - \rho V$$

また，アルキメデスの原理は，JIS A 1104-2006（骨材の単位容積質量及び実積率試験方法）やJIS A 1109-2006（細骨材の密度及び吸水率試験方法），JIS A 1110-2006（粗骨材の密度及び吸水率試験方法）などのコンクリートに用いる骨材の物理試験にも利用されている。

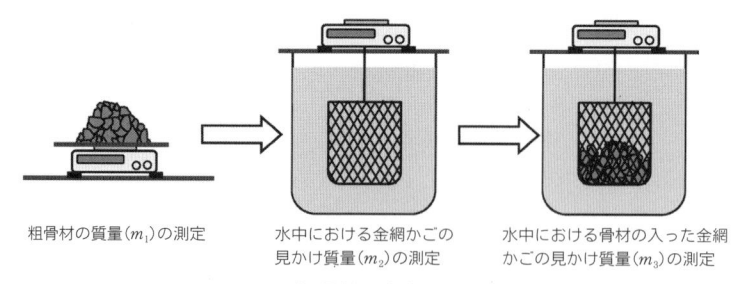

JIS A 1109-2006（粗骨材の密度及び吸水率試験方法）

粗骨材の質量，水中における金網かごの質量および水中における骨材が入った金網かごの質量より，粗骨材の密度を求めることができる。

$$粗骨材の密度 = \frac{m_1 \rho_W}{m_1 - m_2 + m_3}$$

ここに，ρ_W：試験時の水の密度

e) **有害物質** 骨材中の有害物質には，微粒分，塩化物，有機不純物などがある。微粒分は，75μmの網ふるいを通過するものの総称で，これが多く含まれた骨材を用いたコンクリートでは，単位水量が増加し，また，局部的に硬化不良を起こすなど，強度および耐久性の観点から好ましくない。

塩化物（chloride）は，海砂使用の場合，問題となる。海砂など塩化物が含まれている骨材を用いたコンクリートでは，鉄筋などの補強鋼材を腐食させる作用があるばかりでなく，乾燥収縮を助長させる原因ともなる。したがって，海砂を使用する場合は，除塩などの措置を講じる必要がある。

c 各種骨材の特性

a) **川砂（river sand）・川砂利（river gravel）** コンクリート用骨材の代表的なもので，丸味を帯びた粒形をしており，ワーカビリティーの良好なコンクリートを得やすい。物理的にも化学的にも安定したものが多く，有害物質の混入量も少ない。かつては主として河川の砂，砂利が使用されてきたが，現在では，細骨材には山（陸）砂や砕砂が使用され，粗骨材には山（陸）砂利や砕石の使用割合が増大した。

b) **山（陸）砂（pit sand）・山砂利（pit gravel）** 旧河川床または旧海底が隆起してできた箇所より採取する骨材のことである。通常は表土をかぶっているため，これを取り除いて採取するが，水洗いが不十分で泥分の混入が多い場合には，コンクリートのひび割れ発生の原因ともなる。

c) **海砂・海砂利** 砂浜，砂丘，海底，河口などから採取される骨材の総称である。海砂については，塩化物の含有，粒度など問題が多い。塩化物が0.04％以上（NaClとして）含まれる骨材を用いた場合は，鉄筋にさびが発生しやすく，コンクリートの収縮ひび割れを助長する原因ともなるので，使用する前の散水や洗浄による除塩などの対策が必要である。

d) **砕砂（crushed sand）・砕石（crushed stone）** 砂岩，安山岩，石灰岩などの岩石を破砕し，粒度調整した骨材である（写真2-4参照）。有機不純物などを含まず安定したものが得られやすいが，川砂・川砂利にくらべて，実積率は小さく，コンクリートの単位水量は大きくなる。

砕砂は，特に，微粒分が多くなりやすく，その場合には，乾燥収縮が大きくな

写真2-4 砕石の例（左：硬質砂岩砕石 右：石灰岩砕石）

るなど，コンクリートの品質低下の原因となることもある。また，砕砂および砕石の使用にあたっては，アルカリ骨材反応に対して無害であることを確認する必要がある。

　e）　**軽量骨材**（lightweight aggregate）　　軽量骨材には，人工軽量骨材，天然軽量骨材，副産軽量骨材などの種類があり，JIS A 5002-2003（構造用軽量コンクリート骨材）にその品質が規定されている（表2-12参照）。

　人工軽量骨材（artificial lightweight aggregate）は，主として，膨張頁岩，膨張粘土，膨張スレート，フライアッシュなどの原料を焼成し膨張させたものである。また，微粉状の原料を球状に造粒して焼成した造粒タイプと，原石を破砕したままの状態で焼成した非造粒タイプがあるが，その物性は類似したものである（表2-13参照）。

　天然軽量骨材（natural lightweight aggregate）は，火山れきを粒度調整したものである。天然軽量骨材中の空隙の多くは相互に貫通しており，吸水性が大きいことなど，コンクリート用骨材としての品質は，人工軽量骨材にくらべて劣る。

表2-12　軽量骨材の種類（JIS A 5002-2003）

種　類	説　明
人工軽量骨材	膨張頁岩，膨張粘土，膨張スレート，フライアッシュ
天然軽量骨材	火山れきおよびその加工品
副産軽量骨材	膨張スラグなどの副産軽量骨材およびそれらの加工品

表2-13　市販人工軽量骨材の代表的品質（JASS 5-2009）

人工軽量骨材の種類		絶乾密度 (g/cm^3)	吸水率（%）		絶乾単位容積質量 (kg/l)	実積率* （%）	粗粒率
			24時間	出荷品			
細骨材	M	1.65±0.05	7〜13	15.0±2.5	—	52〜56	2.75±0.15
	A	1.68±0.05	9〜11	15.0±2.5	—	52〜54	2.65±0.15
粗骨材	M	1.29±0.05	7〜13	28.0±2.5	0.87〜0.86	61〜67	6.35±0.30
	A	1.25±0.05	9〜11	28.0±2.5	0.78〜0.82	62〜66	6.35±0.30

＊　細骨材の実積率は，モルタル中の実積率（%）を表している［付24参照］。

　f）　**再生骨材**（recycled aggregate）　　再生骨材は，コンクリート構造物の解体の過程において発生したコンクリート塊を原料とし，粉砕処理を行って製造したコンクリート用骨材である。JISでは，骨材中に含まれるモルタルの量によって，再生骨材を再生骨材H，再生骨材Mおよび再生骨材Lの3水準に区分している。再生骨材Hのみレディーミクストコンクリート工場で使用できる骨材であり，再生骨材Mと再生骨材Lは決められた用途のみに使用できる骨材である。表2-14に再生骨材の物理的品質を示す。モルタルの量が多いほど，乾燥収縮が大きく，ひび割れの原因となる。

表2-14 再生骨材の物理的品質 (JIS A 5021-2005, 5022-2007, 5023-2006)

試験項目	再生骨材 H		再生骨材 M		再生骨材 L	
	粗骨材	細骨材	粗骨材	細骨材	粗骨材	細骨材
絶乾密度（g/cm³）	2.5 以上	2.5 以上	2.3 以上	2.2 以上	─	─
吸水率（％）	3.0 以下	3.5 以下	5.0 以下	7.0 以下	7.0 以下	13.0 以下
微粒分量（％）	1.0 以下	7.0 以下	1.5 以下	7.0 以下	2.0 以下	10.0 以下
すりへり減量（％）	35 以下	─	─	─	─	─

g) スラグ骨材 (slag aggregate)

銑鉄やニッケルなどの金属製錬の過程において副産される溶融スラグを急冷または徐冷後に破砕して，骨材に調整したもので，コンクリート用としては，高炉スラグ粗骨材・細骨材，フェロニッケルスラグ細骨材，銅スラグ細骨材および溶融スラグ細骨材などがある（表2-15 および写真2-5参照）。

写真2-5 溶融スラグ細骨材

表2-15 コンクリート用スラグ骨材 (JIS A 5011-2003, 5031-2006)

種　類		絶乾密度 (g/cm³)	吸水率 (％)	単位容積質量 (kg/l)
高炉スラグ粗骨材	L	2.2 以上	6.0 以上	1.25 以上
	N	2.4 以上	4.0 以下	1.35 以上
高炉スラグ細骨材		2.5 以上	3.5 以下	1.45 以上
フェロニッケルスラグ細骨材		2.7 以上	3.0 以下	1.50 以上
銅スラグ細骨材		3.2 以上	2.0 以下	1.80 以上
溶融スラグ	細骨材	2.5 以上	3.0 以下	─
	粗骨材	2.5 以上	3.0 以下	

(3) 水と化学混和剤

a 水

　水は，セメントの水和反応に必要不可欠な材料である。したがって，その水質はセメントの水和反応や各種混和材料の効果を阻害するものではなく，硬化したコンクリートの強度，乾燥収縮，耐久性などにも影響を及ぼすものであってはならない。そのため，一般には，酸，油，ごみなどの不純物を有害量含まないことが必要とされ，主として，上水道水が用いられる。しかし，最近では，工業用水，地下水，河川水なども使用されるが，これらについては，表2-16に示す品質をもつ必要がある。

表2-16　コンクリート練混ぜ水の水質（JIS A 5308-2009）

項　目	品　質
懸濁物質の量	2 g/l 以下
溶解性蒸発残留物の量	1 g/l 以下
塩化物イオン（Cl⁻）量	200ppm以下
セメントの凝結時間の差	始発は30分以内 終結は60分以内
モルタルの圧縮強さの比	材齢7日および材齢28日で90％以上

b　化学混和剤

化学混和剤（chemical admixture）とは，界面活性作用ならびにセメントの分散作用によってコンクリートのワーカビリティーの改善，減水効果などを期待するものである。図2-12はAE剤，AE減水剤，高性能AE減水剤の使用の有無が，単位水量とコンクリートのスランプに及ぼす影響を図示したものである。化学混和剤を使用していないプレーンにくらべてAE剤を用いると約8％，AE減水剤では約12％，高性能AE減水剤では約18％の減水効果が認められる。なお，化学混和剤には表2-17に示すようなものがある。

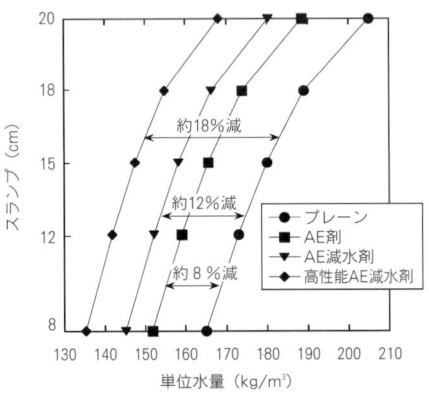

図2-12　単位水量とスランプの関係

表2-17　混和剤の種類と効果

種　類	効　果
AE剤	コンクリートのなかに，多数の微細な独立した空気泡を一様に分布させ，ワーカビリティーおよび耐凍害性を向上させるために用いる混和剤
AE減水剤	空気連行性をもち，コンシステンシーに影響することなく単位水量を減少させる化学混和剤
高性能AE減水剤	空気連行性をもち，AE減水剤よりも高い減水性能および良好なスランプ保持性能をもつ化学混和剤
収縮低減材（剤）	収縮低減材（剤）は，コンクリートの乾燥収縮を低減させることにより，ひび割れの防止を図る混和材料
発泡剤	セメントと反応して発生する水素ガスにより体積膨張をはかる混和剤で，グラウト材やALC製品の製造に用いる
凝結・硬化促進剤	セメントの水和反応を促進させるための混和剤
防水剤	コンクリートの水密性を高めるための混和剤でポリマーエマルションやラテックスが用いられる
分離低減剤	コンクリート中のセメントペースト，モルタル，骨材の分離を抑制するために，粘性を付与する混和剤で，主として，水中コンクリートや高流動コンクリートなどに用いられる
遅延剤	コンクリートの凝結までの時間を遅延させる目的で使用される
増粘剤	セメントペーストの粘性が高まり保水性が改善されるため，初期のひび割れを低減させる

2-3-2 調 合
(1) コンクリートの調合

　コンクリートは，水，セメント，細骨材，粗骨材と必要に応じて加える混和材料を混合させたもので，使用する材料の種類や品質によってコンクリートの性質が異なるため，使用条件に合致したコンクリートを製造する必要がある。図2-13にコンクリートの構成を示す。なお，セメント，水を混合させたものをセメントペーストといい，また，水，セメント，細骨材および必要に応じて加える混合材料を混合して硬化させたものをモルタルという。

　一般に硬化したコンクリートに要求される性能項目には，単位容積質量，圧縮強度，耐久性，乾燥収縮などがあり，特に，圧縮強度は重要な項目とされている。また，これらの性能について所要の品質を得るためには，練上がり時のコンクリートの均一性，ワーカビリティー，空気量などについても所要の品質が得られていることが必要である。特に，建築用コンクリートは部材寸法が小さく，配筋量の多い箇所に打ち込まれる場合が多いため，軟練コンクリートが使用されがちであるが，この種のコンクリートは，運搬や打込み時に材料分離（segregation）が生じやすく，また耐久性の乏しいものになりやすいので，施工性とのかね合いを考慮した適正な調合が必要となる（図2-14参照）。

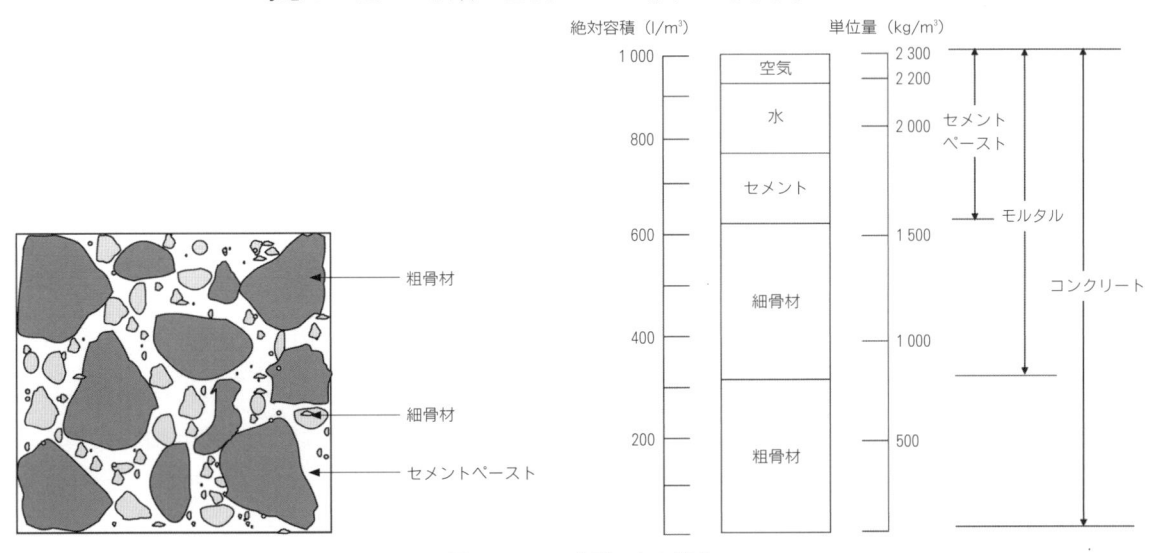

図2-13　コンクリートの構成

　コンクリートを調合設計（mix design）する場合の最も標準的な手順として，JASS 5-2009で推奨している方法がある。なお，現在では，JIS A 5308-2009（レディーミクストコンクリート）を使用するため，建築現場で調合設計を行うことは少なくなった。表2-18にコンクリートの調合に関する用語を示す。

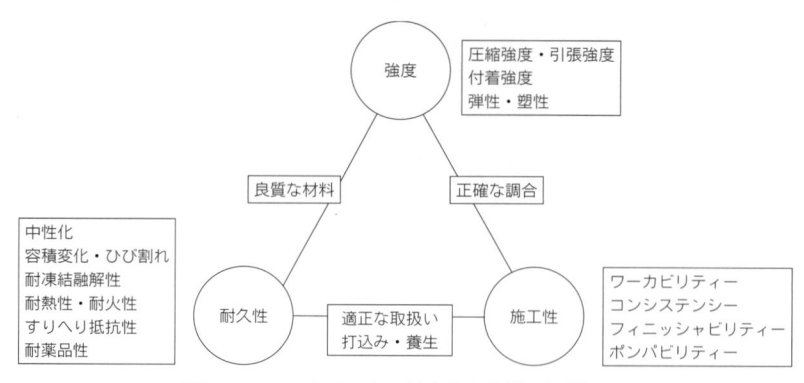

図2-14 コンクリートの基本的な性質と影響要因

表2-18 コンクリートの調合に関する用語 (JIS A 0203-2006, JASS 5-2009)

用 語	説 明
設計基準強度 (F_c)	構造計算において基準としたコンクリートの圧縮強度
耐久設計基準強度 (F_d)	構造物および部材の供用期間に応ずる耐久性を確保するために必要とする圧縮強度
品質基準強度 (F_q)	構造物および部材の要求性能を得るために必要とされるコンクリートの圧縮強度で,通常,設計基準強度と耐久設計基準強度を確保するために,コンクリートの品質の基準として定める強度
構造体強度補正値 ($_mS_n$)	調合強度を定めるための基準とする材齢における標準養生供試体の圧縮強度と保証材齢における構造体コンクリート強度との差に基づくコンクリート強度の補正値
呼び強度	JIS A 5308-2003(レディーミクストコンクリート)において,コンクリートの強度区分を示す呼称
調合強度 (F)	コンクリートの調合を決める場合に目標とする圧縮強度
調合管理強度 (F_m)	調合強度を定め,調合強度を管理する場合の基準となる強度で,設計基準強度および耐久設計基準強度に,それぞれ構造体強度補正値を加えた値のうち大きいほうの値
構造体コンクリート強度	構造体中で発現しているコンクリートの圧縮強度
空気量	コンクリート中のセメントペーストまたはモルタル部分に含まれる空気泡の容積の,コンクリート全容積に対する百分率
単位水量	フレッシュコンクリート1m³中に含まれる水量。骨材中の水量は含まない。
細骨材率 (s/a)	コンクリート中の全骨材量に対する細骨材量の絶対容積比を百分率で表した値
水セメント比 (W/C)	フレッシュコンクリートまたはフレッシュモルタルに含まれるセメントペースト中の水とセメントとの質量比。質量百分率で表されることが多い。
絶対容積	フレッシュコンクリートにおいて,各材料が占める容積
標準養生	温度を20±3℃に保った水中,湿砂中または飽和水蒸気中で行う供試体の養生
単位粗骨材かさ容積	コンクリート1m³をつくるときに用いる粗骨材のかさ容積。単位粗骨材量をその粗骨材の単位容積質量で除した値

ここで,AE減水剤を用いた調合と,高性能AE減水剤を用いた調合の例を表2-19と表2-20に示す。

表2-19 AE減水剤を用いた調合の例

呼び強度	スランプ (cm)	W/C (%)	s/a (%)	単位水量 (kg/m³)	単位量 (kg/m³)			絶対容積 (l/m³)			混和剤 (C×%)
					C	S	G	C	S	G	
21	8	61.5	45.9	156	254	855	1 054	80	330	389	0.68
24		57.5	45.1	156	272	834	1 060	86	322	391	0.73
27		53.0	44.2	158	299	803	1 062	95	310	392	0.80
30		49.5	43.5	160	324	780	1 060	103	301	391	0.87
33		46.0	42.8	163	355	754	1 054	112	291	389	0.95
21	12	61.5	45.3	162	264	831	1 051	84	321	388	0.71
24		57.5	44.5	162	282	811	1 060	89	313	391	0.75
27		53.0	43.6	164	310	782	1 060	98	302	391	0.83
30		49.5	42.9	166	336	759	1 057	106	293	390	0.90
33		46.0	42.2	166	361	741	1 054	114	286	389	0.97
21	15	61.5	45.1	167	272	821	1 043	86	317	385	0.73
24		57.5	44.3	167	291	798	1 051	92	308	388	0.78
27		53.0	43.4	169	319	769	1 051	101	297	388	0.85
30		49.5	42.7	171	346	746	1 049	109	288	387	0.93
33		46.0	42.0	174	379	720	1 038	120	278	383	1.01
21	18	61.5	46.3	179	291	821	995	92	317	367	0.78
24		57.5	45.5	179	312	798	1 000	99	308	369	0.83
27		53.0	44.6	181	342	769	1 000	108	297	369	0.91
30		49.5	43.9	183	370	746	995	117	288	367	0.99
33		46.0	43.2	186	405	717	986	128	277	364	1.08
21	21	61.5	47.4	188	306	824	954	97	318	352	0.82
24		57.5	46.6	188	327	800	962	103	309	355	0.87
27		53.0	45.7	190	359	772	957	114	298	353	0.96
30		49.6	45.0	192	386	746	954	123	288	352	1.04
33		46.0	44.3	195	424	717	946	134	277	349	1.13

　化学混和剤にAE減水剤を用いた場合，同一スランプの条件では，呼び強度が大きくなると細骨材率および単位水量は大きくなる。また，同一スランプで呼び強度を大きくした場合は，コンクリートの粘性を維持するためにAE減水剤の添加量も多くなる。

　一方，同一呼び強度の条件では，スランプが大きくなると細骨材率は小さくなるが，単位水量およびAE減水剤の添加量は多くなる。単位水量とAE減水剤の添加量を増加させることでスランプを大きくすることができる。

表2-20 高性能AE減水剤を用いた調合の例

呼び強度	スランプ (cm)	W/C (%)	s/a (%)	単位水量 (kg/m³)	単位量 (kg/m³) C	S	G	絶対容積 (l/m³) C	S	G	混和剤 (C×%)
27	8	53.0	44.2	152	287	816	1 076	91	315	397	2.87
30	8	49.5	43.5	152	307	795	1 081	97	307	399	3.22
33	8	46.0	42.8	152	331	774	1 081	105	299	399	3.48
36	8	43.5	42.3	152	350	759	1 081	111	293	399	3.68
27	12	53.0	43.6	160	302	790	1 068	96	305	394	3.02
30	12	49.5	42.9	160	324	769	1 070	103	297	395	3.40
33	12	46.0	42.2	160	348	749	1 073	110	289	396	3.65
36	12	43.5	41.7	160	368	733	1 073	116	283	396	3.86
27	15	53.0	43.4	165	312	777	1 060	99	300	391	3.12
30	15	49.5	42.7	165	334	756	1 062	106	292	392	3.51
33	15	46.0	42.0	165	359	736	1 062	114	284	392	3.77
36	15	43.5	41.5	165	380	720	1 062	120	278	392	3.99
27	18	53.0	44.6	170	321	790	1 024	102	305	378	3.37
30	18	49.5	43.9	170	344	769	1 027	109	297	379	3.78
33	18	46.0	43.2	170	370	749	1 027	117	289	379	4.07
36	18	43.5	42.7	170	391	730	1 027	124	282	379	4.30
27	21	53.0	45.7	175	331	798	995	105	308	367	3.81
30	21	49.5	45.0	175	354	780	995	112	301	367	4.25
33	21	46.0	44.3	175	381	756	995	121	292	367	4.57
36	21	43.5	43.8	175	403	741	992	128	286	366	4.84

　化学混和剤に高性能AE減水剤を用いた場合，同一スランプの条件では，呼び強度が大きくなると細骨材率および高性能AE減水剤の添加量は大きくなる。しかし，単位水量は一定であり，AE減水剤を用いた場合と調合計画の方法が異なる。

　一方，同一呼び強度の条件ではAE減水剤を用いた場合と同様に，スランプが大きくなると細骨材率は小さくなるが，単位水量および高性能AE減水剤の添加量は多くなる。単位水量と高性能AE減水剤の添加量を増大することでスランプを大きくすることができる。

コラム　～例題～

下記の調合表の（1）～（5）の空欄の数値を答えよ。

水セメント比 (%) W/C	空気量 (%) V_a	細骨材率 (%) s/a	絶対容積 (l/m³) 水 V_W	セメント V_C	細骨材 V_S	粗骨材 V_G	単位量 (kg/m³) 水 W	セメント C	細骨材 S	粗骨材 G
（1）	（2）	（3）	156	86	322	（4）	156	（5）	834	1 060

各材料の密度：セメント $3.16\,\mathrm{g/cm^3}$（ρ_c），細骨材 $2.59\,\mathrm{g/cm^3}$（ρ_s），粗骨

材 2.71 g/cm^3 (ρ_G)

［解答］
手順① $C = V_C \times \rho_c = 86 \times 3.16 = 271.76 ≒ \underline{272}$ (kg) ……………（5）
手順② $W/C = 156/271.8 = 57.40 ≒ \underline{57.4}$ (％) ………………………（1）
手順③ $V_G = G/\rho_G = 1\,060/2.71 = 391.14 ≒ \underline{391}$ (l/m^3) ……………（4）
手順④ $s/a = V_S \times 100/(V_S + V_G) = 322 \times 100/713 = 45.16 ≒ \underline{45.2}$ (％)（3）
手順⑤ $V_W + V_C + V_S + V_G + V_a = 1\,000$
     $V_a = 45$　　　　　　　　　　　　よって空気量は$\underline{4.5}$（％）…（2）

（2）発注するコンクリートの選択

1）コンクリートの種類および品質の決定　使用目的に適するコンクリートの種類を決定する。コンクリートの種類には、普通コンクリートや軽量コンクリートがある。

2）コンクリートの所要の性能の決定　JASS 5-2009によるコンクリート工事の施工管理のフローを図2-15に示す。コンクリートの所要の性能が得られるように、コンクリートの品質基準強度を定める。

コンクリートの品質基準強度は、設計基準強度と耐久設計基準強度の大きいほうの値により定められ、設計基準強度は表2-21から、耐久設計基準強度は、構造物または部材の計画供用期間の級に応じて、表2-22から定める。

表2-21　コンクリートの種類，設計基準強度および単位容積質量

コンクリートの種類		使用骨材		設計基準強度 (N/mm²)	気乾単位容積質量 (t/m³)
		粗骨材	細骨材		
普通コンクリート		砂利 砕石 高炉スラグ粗骨材	砂 砕砂 高炉スラグ細骨材 フェロニッケルスラグ細骨材 銅スラグ細骨材	18 21 24 27 30 33 36	2.1を超え 2.5以下
軽量 コンクリート	1種	人工軽量粗骨材	砂 砕砂 再生細骨材H 各種スラグ細骨材	最大値として 36	1.8〜2.1
	2種	人工軽量粗骨材	人工軽量細骨材または，これに砂・砕砂・再生細骨材H・各種スラグ細骨材を加えたもの	最大値として 27	1.4〜1.8

表2-22　コンクリートの耐久設計基準強度 (JASS 5-2009)

計画供用期間の級	耐久設計基準強度 (N/mm²)
短　期（ 30年）	18
標　準（ 65年）	24
長　期（100年）	30
超長期（200年）	36

● IV編　基本材料

設計基準強度 F_c （N/mm²）
18，21，24，27，30，33，36※

耐久設計基準強度 F_d （N/mm²）
短　期：18，標　準：24
長　期：30，超長期：36※

・水セメント比の最大値
・単位水量の最大値
・単位セメント量の最小値
・スランプ
・粗骨材最大寸法

大きいほう → 品質基準強度 F_q （N/mm²） → コンクリートの調合管理強度 F_m　$F_m = F_q + {}_{28}S_{91}$ → 発　注

※普通コンクリート以外の設計基準強度および耐久設計基準強度は，各節による。
軽量，高強度，鋼管充填，プレストレスト，プレキャスト複合，海水作用を受けるコンクリート，凍結融解作用を受けるコンクリート，エコセメントを使用するコンクリート，再生骨材，住宅基礎用および無筋コンクリート

構造体強度補正値の標準値

（普通コンクリート）

セメントの種類	コンクリートの打込みから28日までの期間の予想平均気温 θ の範囲（℃）		
H	5 ≦ θ	0 ≦ θ < 5	25 < θ
N	8 ≦ θ	0 ≦ θ < 8	
M	11 ≦ θ	0 ≦ θ < 11	
L	14 ≦ θ	0 ≦ θ < 14	
FB	9 ≦ θ	0 ≦ θ < 9	
BB	13 ≦ θ	0 ≦ θ < 13	
構造体強度補正値 ${}_{28}S_{91}$	3	6	

（高強度コンクリート）

セメントの種類	${}_mS_n$	設計基準強度の範囲（N/mm²）	
		36 < F_c ≦ 48	48 < F_c ≦ 60
N	${}_{28}S_{91}$	9	12
M	${}_{28}S_{91}$	3	5
	${}_{56}S_{91}$	6	10
L	${}_{28}S_{91}$	3	3
	${}_{56}S_{91}$	6	10

JIS A 5308：2009

湿潤養生の仕切り ← 型枠の取外し ← コンクリートの打込み ← コンクリートの製造，運搬

型枠の存置期間

型枠を取外し後の養生	圧縮強度		平均気温	コンクリートの材齢（日）		
	短期・標準	長期・超期間		H	N.BA.SA.FA	BB.SB.FB
湿潤養生する	5N/mm²以上	10N/mm²以上	20℃以上	2	4	5
湿潤養生しない	10N/mm²以上	15N/mm²以上	20℃未満 10℃以上	3	6	8

打込み時の品質管理項目
・運搬機器および労務組織
・運搬方法
・打込み区画・順序・速度
・自由落下高さ
・練混ぜから打込み終了までの時間
・打重ね時間間隔
・締固め機器および労務組織
・締固め方法
・型枠・鉄筋の位置
・表面仕上げ

コンクリートの湿潤養生期間

（普通コンクリート）

セメントの種類	計画供用期間の級	
	短期・標準	長期・超長期
H	3日以上	5日以上
N	5日以上	7日以上
M.L.BB.FB	7日以上	10日以上

（高強度コンクリート）

セメントの種類	設計基準強度（N/mm²）		
	36超〜40以下	40超〜50以下	50超〜60以下
N	5日以上	4日以上	3日以上
M	6日以上	4日以上	3日以上
L	7日以上	5日以上	4日以上

構造体コンクリートの圧縮強度の判定基準

供試体の養生		試験材齢	判定基準
標準養生		28日	$X ≧ F_m$
現場水中養生	平均気温が20℃以上	28日	$X ≧ F_m$
	平均気温が20℃未満	28日	$X - 3 ≧ F_q$
現場封かん養生		28 < n ≦ 91	$X_n - 3 ≧ F_q$
コ	ア	91日	$X ≧ F_q$

→ 判　定

図2-15　JASS 5-2009によるコンクリート工事の施工管理のフロー

また，軽量コンクリートの計画調合は，JASS 5に示されている推定式により求めた気乾単位容積質量の推定値が，特記で定められた気乾単位容積質量以下で，これに近い値となるように定める。

レディーミクストコンクリートを発注する際に用いる呼び強度は，JASS 5-2009において調合管理強度以上と規定されており，式（2-12）により算出する。呼び強度とは，JIS A 5308-2003（レディーミクストコンクリート）において，コンクリートの強度区分を示す呼称である。

$$F_m = F_q + {}_{28}S_{91} \tag{2-12}$$

ここに，F_m：調合管理強度（N/mm²）

F_q：品質基準強度（N/mm²）

${}_{28}S_{91}$：構造体強度補正値（N/mm²）

図2-15に示す構造体強度補正値の標準値よりコンクリートの打込み時期を考慮して，品質基準強度に必要な${}_{28}S_{91}$を加えたものを発注する。

コラム ～例題～

次のような建物を御茶ノ水に施工することとなった。設計条件を満足させたコンクリートの品質と発注するコンクリートの種類*を解答欄に記入しなさい。

（設計条件）

計画供用期間の級：標準

セメントの種類：普通ポルトランドセメント

スランプ：18cm

粗骨材の最大寸法：20mm

＊JISの呼び名として 18-18-20-Nのように標記すること。

階	打込日	設計基準強度（N/mm²）
5階立上り（5FL）	12/20	$F_c = 24$
4階立上り（4FL）	11/20	$F_c = 27$
3階立上り（3FL）	10/20	$F_c = 30$
2階立上り（2FL）	9/20	$F_c = 30$
1階立上り（1FL）	8/20	$F_c = 33$

セメントの種類	コンクリートの打込みから28日までの期間の予想平均気温θの範囲(℃)		
	$25 < \theta$	$8 \leq \theta$	$0 < \theta \leq 8$
普通ポルトランドセメント	7/9～9/11	9/12～12/7 2/20～7/8	12/8～2/19
構造体強度補正値の標準値${}_{28}S_{91}$（N/mm²）	6	3	6

[解答] 計画供用期間の級が標準のため,耐久設計基準強度(F_d)＝24N/mm^2

したがって,設計基準強度（F_c）≧耐久設計基準強度（F_d）となり,品質基準強度（F_q）には設計基準強度を用いる。

調合管理強度＝品質基準強度（F_q）（N/mm^2）＋構造体強度補正値（$_{28}S_{91}$）（N/mm^2）

部位	品質基準強度 (N/mm^2)	構造体強度補正値 (N/mm^2)	発注するコンクリートの種類
5階立上り	24	6	30－18－20－N
4階立上り	27	3	30－18－20－N
3階立上り	30	3	33－18－20－N
2階立上り	30	3	33－18－20－N
1階立上り	33	6	39－18－20－N

2-3-3 フレッシュコンクリートの性質

（1） スランプ（slump）

JIS A 1101-2005（コンクリートのスランプ試験方法）は,高さ30cmのスランプコーン（slump cone）にコンクリートを詰め,スランプコーンを引き上げたときの頂部中央の下がりで求めるもので,軟かいコンクリートほど大きな値を示す。一般に細骨材率が大きくなるとスランプも大きな値を示し,逆に,細骨材率が小さくなるとスランプも小さな値を示す。ワーカビリティーやコンシステンシーなどは,スランプにより評価される。また,均一性,材料分離抵抗性などを評価することができる。図2-16の(c)に見られるようなくずれ方をするコンクリートは,たとえ,同図(b)と同じスランプを示すとしても,材料分離を生じ,ワーカビリティーがいいとはいえない。したがって,ワーカビリティーについては,スランプ試験を行った後,スランプフロー（slump-flow）を測定し,スランプ試験後のコンクリートの状態もよく観察して判断する必要がある。コンクリートの適正なワーカビリティーの目安となるスランプは, JASS 5-2009では,普通コンクリート18cm以下（調合管理強度33N/mm^{2}未満）および21cm以下（同33N/mm^{2}以上）,軽量コンクリート21cm以下と定めている（写真2-6参照）。

1） ワーカビリティー　　ワーカビリティーとは,コンクリートの運搬,打込み作業に際し,材料分離を生ずることなく,打込み,締固め,仕上げなどの作業

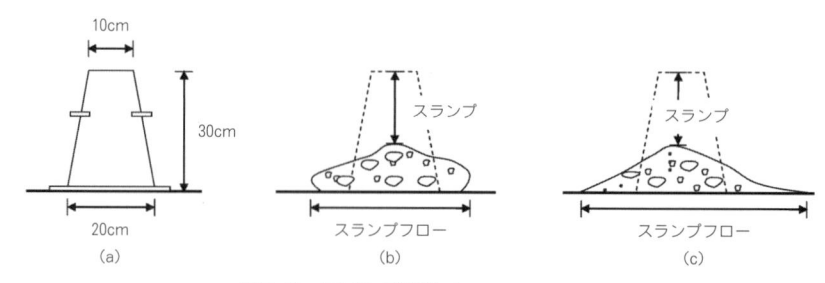

図2-16　スランプ試験（JIS A 1101-2005）

が容易にできる程度を示すフレッシュコンクリートの性質をいう。

　2）　**コンシステンシー**　コンシステンシーとは，コンクリート中の水量によって左右されるコンクリートの変形または流動に対する抵抗性であり，一般には，スランプによってコンシステンシーを判断している。

　3）　**フィニッシャビリティー**　細骨材率，細骨材の粒度，粗骨材の最大寸法，コンシステンシーなどに影響される仕上げの容易さを示すフレッシュコンクリートの性質。

写真2-6　スランプ18cmのコンクリート

（2）　**空気量**

　空気量（air content）は，フレッシュコンクリートに含まれる空気の容積のコンクリート容積に対する百分率で表される。コンクリートに含まれる空気泡には，練混ぜによって内包される空気泡と，化学混和剤を使用することによって連行される空気泡の2種類がある。前者をエントラップトエア（entrapped air）といい，後者をエントレインドエア（entrained air）という。

　1）　**エントラップトエア**　エントラップトエアは，普通コンクリートでは全容積の1％内外，軽量コンクリートでは3％内外存在するが，空気泡が比較的大きく（100μm程度以上），コンクリートの水密性を低下させるとともに，耐久性の面からも障害（気泡間隔係数400〜700μm程度）となる。

　2）　**エントレインドエア**　エントレインドエアは，松脂の鹸化物（けんか）やリグニンスルホン酸塩などの界面活性作用により安定した微小独立気泡（数10〜100μm程度）で，コンクリートの流動性を向上させる効果がある。このようなコンクリートをAEコンクリートといい，普通コンクリートにくらべて，単位水量を低減することができるとともに，各気泡が独立しているため，水密性が高く，また，ワーカビリティーの改善ならびに凍結融解作用に対する抵抗性（気泡間隔係数150〜200μm程度）をもつ性質がある。

　JASS 5-2009では，AE剤，AE減水剤および高性能AE減水剤を用いるコンクリートの空気量は，4.5％としている。

　フレッシュコンクリートの空気量の測定には，JIS A 1118-1997（フレッシュコンクリートの空気量の容積による試験方法）およびJIS A 1128-2005（空気室圧力方法）があるが，一般には，使用が簡便な空気室圧力方法（ワシントン式エアメータによる方法）が用いられている（写真2-7参照）。

写真2-7　エアメータ

なお，フレッシュコンクリートの空気量が目標とする値と異なるときは，細骨材率（s/a）および単位水量（W）を補正する。表2-23には，その補正の考え方を他の調合要因も含めて示す。

表2-23　コンクリートの調合設計における補正の値[1]

区　分	s/aの補正（％）	Wの補正
砂の粗粒率が0.1大きい（小さい）ごとに	0.5だけ大きく（小さく）する	補正しない
スランプが1cmだけ大きい（小さい）ごとに	補正しない	1.2％だけ大きく（小さく）する
空気量が1％だけ大きい（小さい）ごとに	0.5〜1だけ小さく（大きく）する	3％だけ小さく（大きく）する
水セメント比が0.05大きい（小さい）ごとに	1だけ大きく（小さく）する	補正しない
s/aが1％大きい（小さい）ごとに	－	1.5kgだけ大きく（小さく）する
川砂利を用いる場合	3〜6だけ小さくする	9〜15kgだけ小さくする

なお，単位粗骨材容積による場合は，砂の粗粒率が0.1だけ大きい（小さい）ごとに単位粗骨材容積を1％だけ小さく（大きく）する

2-3-4　初期性状

（1）ブリーディング

ブリーディング（bleeding）は，密度の差により，練混ぜ水の一部が骨材やセメントの沈降に相反してコンクリート上面に集まる現象をいう。

ブリーディングは，セメントや骨材の性質，型枠，気温などの要因の影響を受けるが，とりわけ，水セメント比が大きいほど，スランプが大きいほど，細骨材率が小さいほど，また細骨材の微粒分が少ないほど多い。

ブリーディングにより，コンクリート上層の水セメント比が高まるばかりでなく，図2-17に示すように，密度の小さいせっこう，泥土分などの微細粒子が浮上し，コンクリート表面に「レイタンス」とよばれる脆弱層を形成する。また，沈下が水平鉄筋に拘束されることにより，鉄筋上側に沿った沈みひび割れが生じる危険性がある。

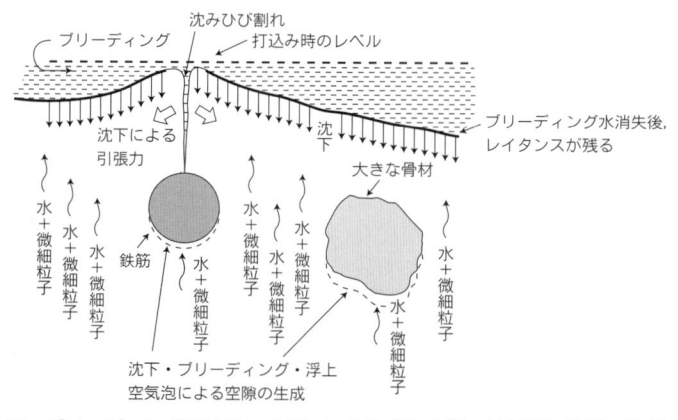

図2-17　ブリーディングに伴うレイタンスの生成と鉄筋・骨材下の空隙の生成および上端鉄筋上側に沿って発生する沈みひび割れ

日本建築学会のJASS 5では，1986年の改定から単位水量の上限を185 kg/m³と規定している。この上限値の規定により，ブリーディング量を0.5 ml/cm²以下とすることを目標としている。また，2006年に日本建築学会より出版された『鉄筋コンクリート造建築物の収縮ひび割れ制御設計・施工指針（案）・解説』では，収縮ひび割れ対策として，ブリーディング量を0.3 cm³/cm²（ml/cm²）以下とするための単位水量は安全側をみて180 kg/m³以下としている。

（2） 初期容積変化

コンクリートの初期容積変化には，上記のブリーディング現象による沈下のほか，初期収縮現象がある。

初期収縮現象には，セメントの硬化収縮（自己収縮）と水分発散による収縮があり，自己収縮は，低水セメント比で，セメント量が多いコンクリートで問題になるほか，セメントの粒子が小さい場合や早強セメント，高炉セメントを用いた場合に問題となることがある。

材齢初期にプラスチック収縮・ひび割れが起きることがある。プラスチックひび割れは，コンクリートがまだ可塑的（プラスチック）な状態において，コンクリート表面からの水分の急激な蒸発速度がブリーディング水の上昇速度を上回る場合に，表面近傍に生じるコンクリートのこわばり（乾燥による体積減少と固化）に起因して発生するひび割れであり，特に夏期の床コンクリート打設時に生じやすい。

プラスチックひび割れは，水分蒸発量が1.0～1.5 l/m²hを超えると危険性が大きいとされる。高強度コンクリートでは，ブリーディングがほとんどないので，プラスチックひび割れが発生しやすい。

なお，コンクリートのブリーディング，沈みひび割れおよびプラスチックひび割れなどの打上がり直後の不具合は，コンクリート表面をよく観察することで発見でき，コンクリートの凝結前にコンクリート表面をタンピングする（たたく）ことにより消失させることができる。

（3） 凝結

コンクリートの凝結（setまたはsetting）とは，練混ぜ後ワーカブルなコンクリートが次第に流動性を失い，自らの形を保つ程度に固まるまでの過程をいい，基本的にはセメントの凝結作用によるものである。コンクリートの凝結は，コンクリートの製造から運搬，打込みまでの時間ならびに打込みから仕上げまでの時間を制約することになるので，工事に際しては施工計画を立てるうえで重要な性質といえる。コンクリートの凝結試験方法として，JIS A 6204（コンクリート用化学混和剤）付属書1（コンクリートの凝結時間試験方法）が規定されている。図2-18には，経過時間と貫入抵抗値の一例を示す。

すでに打ち込まれたコンクリートの凝結が進んでいると，その上に新たなコンクリートを打設しても不連続な継目ができ，水密性・耐久性上の欠陥となる。この不連続な継目をコールドジョイントとよぶ。コールドジョイントを防止するためには，凝結が始まる前に打ち重ねることが重要であり，JASS 5では，これを

コラム ～物質の状態変化～

　物質には，液体，気体，固体の3つの状態がある。ここでは，水の状態について述べる。

（1）　液体と固体の関係

　水は，冷やし続けると氷となる。水と氷では体積が少し異なり，氷の体積のほうが水の体積より大きくなる。これは，水をペットボトルに入れ，冷凍庫で冷やし続ければわかることである。

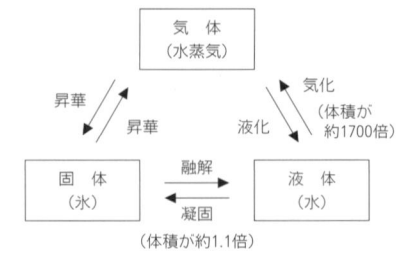

物質の状態変化

　コンクリートにおける液体と固体の関係について述べる。寒冷地域におけるコンクリートは，気温の影響を大きく受け，冬期にはコンクリート中の水が凍ることもある。その際，コンクリート内部に存在する水が凍結して，液体から固体への状態変化を起こすため，コンクリートは膨張する。一方，気温が上がればその膨張圧が消滅する。この凍結と融解の繰返しによってコンクリートの破壊が起こる。そのため，コンクリートには，4～6％程度の空気を連行することで耐凍害性の対策をとっている。連行空気泡が膨張圧を緩和することにより耐凍結融解性が向上する。

凍結融解試験による変化（左図：試験前，右図：－18℃～5℃，300サイクル後）

（2）　液体と気体の関係

　水は，加熱し続けると沸騰し，水蒸気となる。気体の体積は，液体にくらべ非常に大きい。また，気体1 molの体積は，気体の種類にかかわらず0℃，1気圧で22.4lである。

　コンクリート造建築物に火災が起きた場合，コンクリート内部に存在する水が火災で生じた熱により蒸発し水蒸気となるため，コンクリートが膨張し爆裂を起こしてしまう。緻密なコンクリートほど爆裂しやすい。また，コンクリートに合成繊維を混入することは，爆裂を抑止，低減につながる。

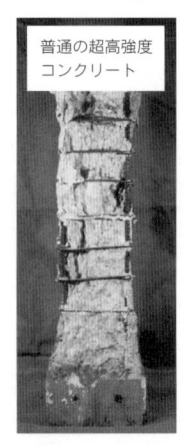

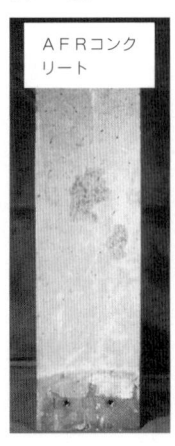

爆裂したコンクリート（左）と合成繊維を混入した AFR（Advanced Fire Resistant）コンクリート（右）

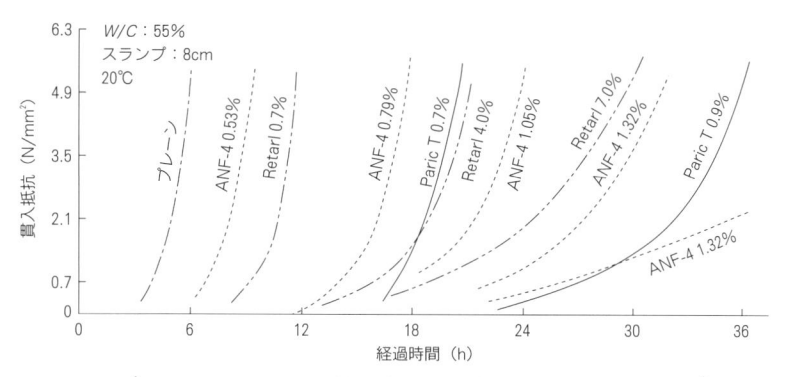

図2-18 超遅延剤の種類と凝結時間[2]

防止するために，コンクリートの練混ぜから打込み終了までの時間の限度を外気温が25℃未満で120分，25℃以上で90分と定めている。

(4) 初期強度

コンクリートの初期強度（early-age strength）とは，一般に，材齢3日程度までに発現する強度のことをいう。この強度は，長期強度発現の一過程であるが，この期間の強度発現が正常でないと長期強度の発現に支障をきたすことになる。特に，寒冷期に施工するコンクリートでは，初期強度発現が不十分な状態で凍結すると，その後の強度発現が著しく阻害されることになる（初期凍害）。図2-19は，各種コンクリートの初期強度の発現の状況を示すもので，早強セメントおよび減水剤使用のコンクリートにおいて顕著な有意性がみられる。

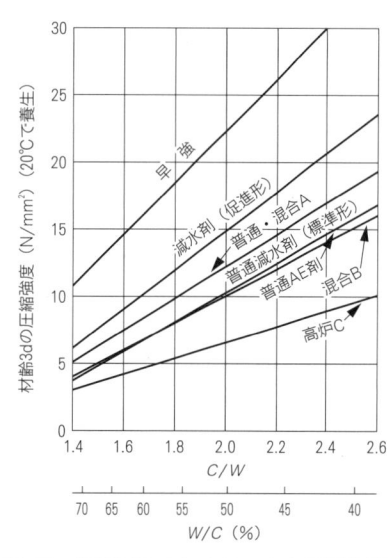

図2-19 材齢3dのコンクリートの圧縮強度とセメント水比または水セメント比との関係

2-3-5 硬化コンクリートの性質

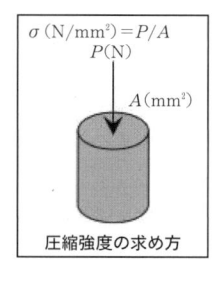

硬化コンクリートの主要な性質としては強度（strength），変形（deformation），物質透過性（permeability），耐久性（durability），耐火性（fire resistance）などがあげられる。

(1) 圧縮強度

コンクリートは圧縮荷重に耐え得る構造材料として使われている。

圧縮強度（compressive strength）は，コンクリートの性質のうちでも最も

重要な性質である。

通常のコンクリートに圧縮力を加えると，破壊荷重の20〜30%の荷重段階から粗骨材とセメントペーストとの界面で付着破壊が生じ，これが次第に進行して横ひずみを助長し，さらに骨材間のモルタル部分をも破壊して，終局的な破壊に至る。

(2) 強度論

コンクリートの強度は，構造物の構造設計を行い，構造物を安全に利用するという意味において制御されなければいけない。

コンクリートの強度論のなかでも最も広く知られているのは，水セメント比説（water-cement ratio law）である。これは1919年，D. A. Abramsによって提唱されたもの（図2-20参照）

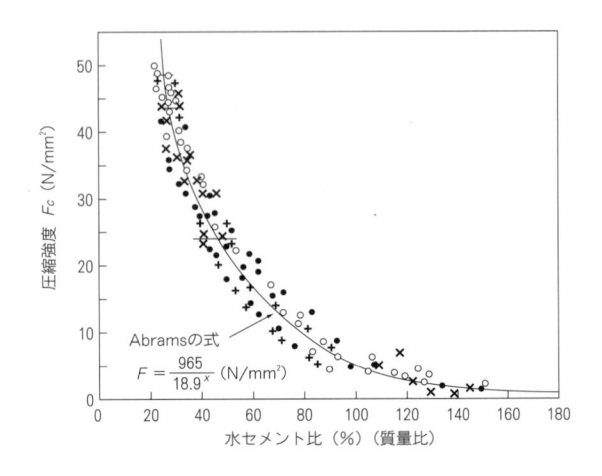

図2-20　水セメント比と圧縮強度[3]

で，その論旨は，"堅硬な骨材を用いたワーカブル（workable）なコンクリートであれば，強度は水セメント比によって定まる"というもので，水セメント比が小さいほど，強度は高いことを示した。Abramsは，この関係を式（2-13）で示している。

$$F_c = \frac{A}{B^x} \tag{2-13}$$

ここに，F_c：圧縮強度（N/mm²）
　　　　A, B：セメントの種類などによって定まる実験定数
　　　　x：水セメント比（%）

この理論は，その後，多くの研究によってもその妥当性が立証され，強度論の中心をなすものである。

一方，1932年，I. Lyseによってセメント水比説（cement-water ratio law）が提案されている。これは，水セメント比の逆数のセメント水比と強度の関係を式（2-14）のように示すものである。水セメント比と強度の関係は，式（2-13）に示すように指数関係になり，取扱いがやや面倒であるのに対し，このセメント水比と強度の関係は，図2-21の普通コンクリートの例で示すようであり，一次式で示すことができるため，取扱いが容易である。JASS 5では，この関係に基づいた調合設計法を定めている。

$$F_c = K(aX - b) \tag{2-14}$$

ここに，F_c：コンクリートの圧縮強度

図2-21　コンクリートの圧縮強度と水セメント比との関係[4)]

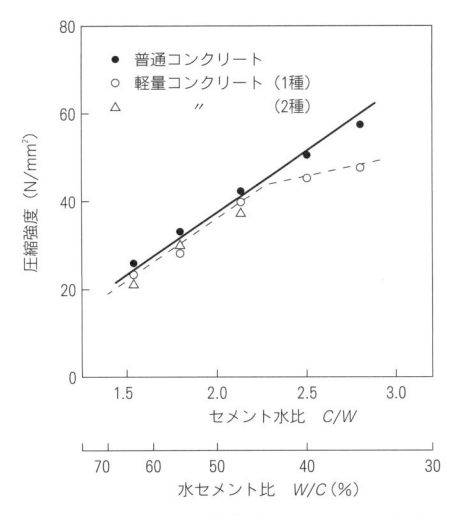

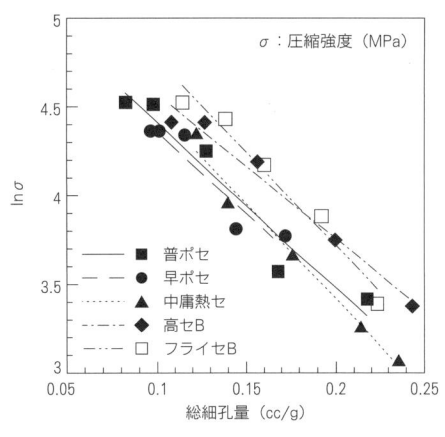

図2-22　総細孔量と圧縮強度の自然対数値の関係[5)]

K：セメントの強度（N/mm^2）

a, b：実験定数

X：セメント水比（C/W）

強度論の前提は，"堅硬な骨材を用いたワーカブルな"にある。コンクリートでは，製造に用いる骨材は，セメントペーストよりも強いものであることが原則となっている。

図2-21の軽量骨材を用いた軽量コンクリートでは，骨材強度が小さいため，高強度域での強度増進が小さい。

これら2つの強度論は，いわば"仕様"に関するものである。これらに基づいた"結果"としての組織の状態に関するものに，1921年にTalbotにより提唱されたセメント空隙説（cement-void ratio law）がある。強度は，空隙の量に反比例するとする説である。これに関連して，近年，図2-22に示すように，強度は，細孔量の指数として表せるとする考え方が利用されている。

（3）　圧縮強度に及ぼす影響要因

　a　材料の品質・空気量

セメント：セメントの種類（p.162）およびセメントの強度（式（2-14）参照）によって強度発現が異なる。

骨　材：砕石は，砂利にくらべて粗面をもち，比表面積が大きいため，ペーストとの付着面積が大きい。このため，同一水セメント比の場合，砕石コンクリートは，砂利コンクリートにくらべて強度が大きくなる。

軽量骨材や死石などの低強度の骨材を用いると，W/Cを小さく（C/Wを大きく）しても強度増進は小さい（図2-21）。

有機不純物を含む骨材は，強度低下の原因となる。

空気量：AE剤を用いて導入した空気は，単位水量の低減および凍結融解作用に対する抵抗性の向上（p.211）に有効であるが，空気量を増すと，圧縮強度は

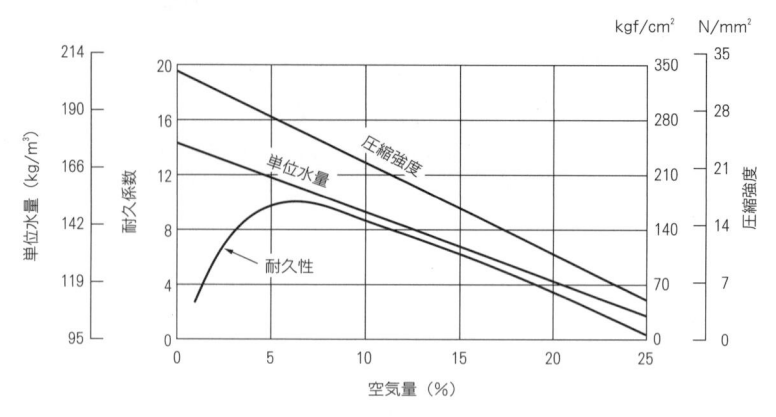

図2-23 空気量とコンクリートの諸性質との関係[6]

W/C，スランプおよび細骨材率は不変，ブラット川産骨材，最大寸法40mmを使用．
耐久係数：供試体が破壊するまで凍結融解を繰り返し，その回数を100で割った値．

低下する。その低下の割合は，空気量1％につき4～5％程度である（図2-23参照）。JASS 5では，空気量を4.5±0.5%としている。

b 施工方法

練混ぜ時間：練混ぜ時間が長いほど，セメントが分散し，水との接触が良好となり，強度が大きくなるが，長すぎるとむしろ強度が小さくなることもある。

締固め：空隙を残さず，ジャンカをつくらないように，十分締め固めることが重要であり，十分な締固めにより強度は一般的に増加する。特に，硬練り（スランプ・小さい）コンクリートではその効果が大きい。

加　圧：成形時に，遠心力，真空処理，機械的転圧により加圧して硬化させると，一般に強度は大きくなる。

c 材齢・養生

材　齢：コンクリートは，図2-24に示すようにセメントの水和反応により組織が緻密化することから，図2-25に示すように材齢とともに強度は増進する。

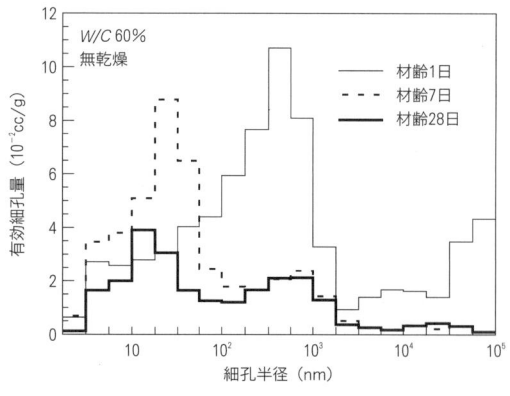

図2-24 水和に伴うコンクリートの細孔径分布の変化[7]

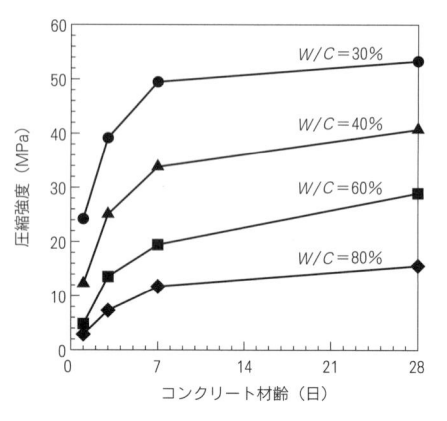

図2-25 材齢と圧縮強度の関係[7]

湿潤養生：空気中に放置した場合は，水和に必要な水分が不足し，水中養生したものにくらべて，強度発現が劣る（図2-26，2-27参照）。

一般の構造物では，比較的早期に型枠の取りはずしが行われることが多い。この場合，湿潤養生などで対処しないと，コンクリート表層ほど水和が停滞し，その結果，図2-28に示すように表層ほど強度は小さくなる。

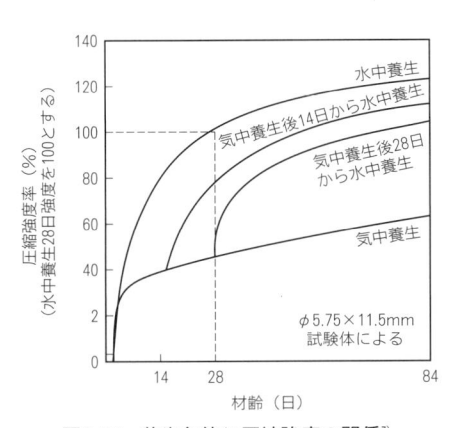

図2-26 養生条件と圧縮強度の関係[7]

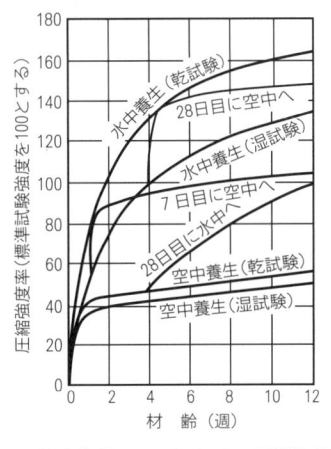

図2-27 養生条件とコンクリートの圧縮強度の関係 (H.J.Gilkey)

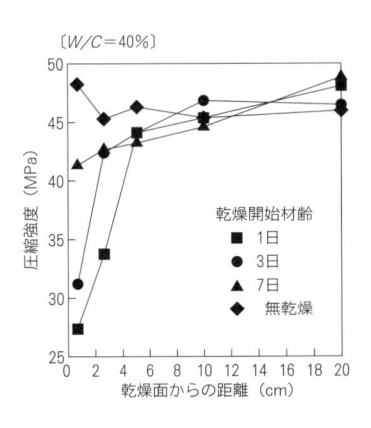

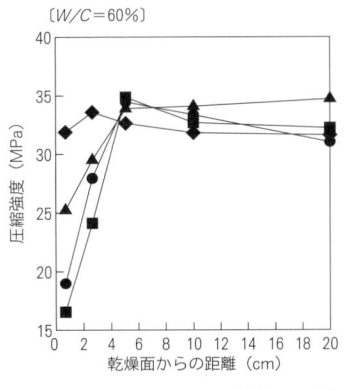

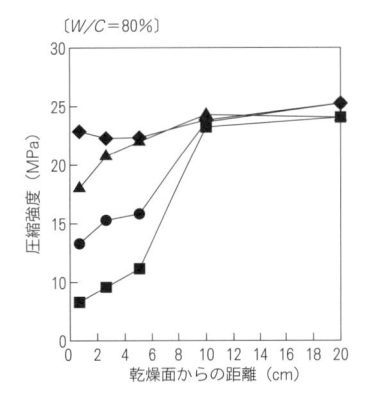

図2-28 圧縮強度分布（材齢28日）[8]

養生温度：セメントの水和は化学反応であるため，化学反応速度論に従うと考えられ，圧縮強度増進速度の自然対数値は絶対温度の逆数に比例する。図2-29に示すように，養生温度が高いほど強度は早く増進する。ただし，長期材齢では，初期養生温度が低いほど強度が大きい。これは，材齢初期温度が高い場合，

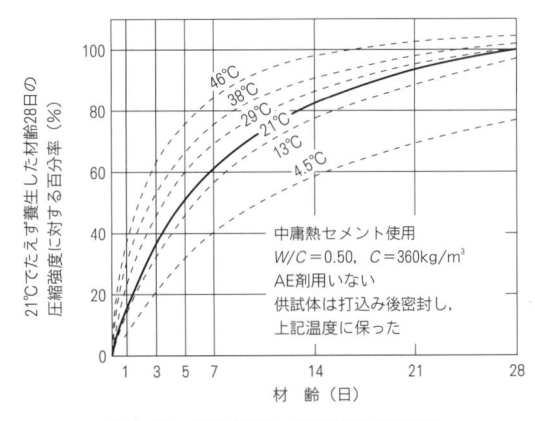

図2-29 養生温度と圧縮強度の関係[9]

金属製型枠　　　　　　　　　　　　　使い捨て型枠

写真2-8　円柱供試体成形用型枠

その後の水和を疎害する水和物が材齢初期で生成されてしまうためといわれている。

d　試験方法

規　格：日本では，JIS A 1108により，コンクリートの圧縮強度は，直径と高さの割合が1：2の円柱供試体（写真2-8）に，一軸荷重（毎秒0.6±0.4N/mm²）を加え，最大荷重を断面積で除して求める。建築では，通常，φ10×20cmの供試体が使われる。

ヨーロッパでは，立方体の供試体が用いられているが，φ10×20cmによる圧縮強度は10×10×10cmによる圧縮強度よりも小さい。採用されている規格により，試験体・試験方法が違い，試験値も異なるので，国際的な物流では，試験値の解釈に留意が必要である。アメリカでは，円柱供試体が採用されている。

試験体の乾燥：強度試験時に試験体が濡れていると，乾いているときにくらべ，強度は小さくなる。空気中で養生した試験体を試験直前に水中に浸せきして試験を行った場合の強度は，そのまま行う場合の強度にくらべ，0.85倍程度である。

（4）　その他の強度

コンクリートの引張り，曲げおよびせん断強度は，圧縮強度と相関性があることから，一般には，圧縮強度に対する比で示すことが多い。表2-24にその概略値を示す。

表2-24　コンクリートの圧縮強度と各種強度との関係

コンクリートの種類	F_t/F_c	F_b/F_c	F_s/F_c
普通コンクリート	$\frac{1}{9} \sim \frac{1}{13}$	$\frac{1}{5} \sim \frac{1}{7}$	$\frac{1}{4} \sim \frac{1}{7}$

注）F_c：圧縮強度，F_t：引張強度，F_b：曲げ強度，F_s：直接せん断強度

a　引張強度

コンクリートが脆性材料であるため，純引張強度試験方法では，供試体の作製ならびに試験方法が複雑となるので，コンクリートの引張強度（tensile strength）は，一

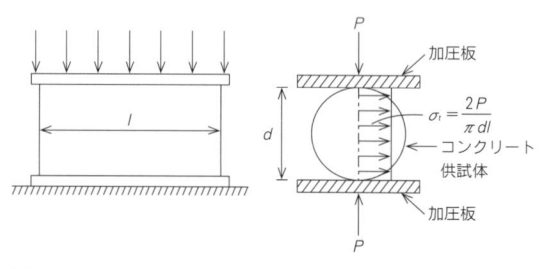

$$\sigma_t = \frac{2P}{\pi dl}$$

図2-30　コンクリートの割裂引張強度試験方法（JIS A 1113）

一般には，図2-30に示す割裂引張強度試験方法（JIS A 1113）で求められる。図2-31には，コンクリートの圧縮強度と割裂引張強度の関係を示す。

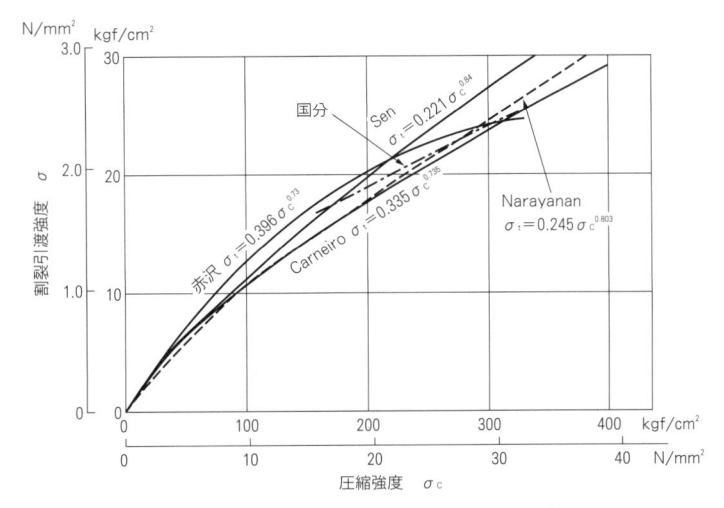

図2-31　圧縮強度と割裂引張強度の関係[10]

b　曲げ強度

コンクリートの曲げ強度（bendingまたはflexural strength）は，一般には，角柱供試体（15×15×53 cm，または10×10×40 cm）を用いて，図2-32に示す三等分点載荷方法（JIS A 1106）によって求められる。

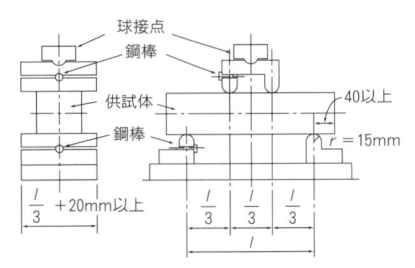

図2-32　曲げ強度試験方法（JIS A 1106）

c　せん断強度

せん断応力は，実際の構造物では，単独で作用することはなく，曲げ応力との複合で作用する。

図2-33は，せん断強度（shearing strength）を求めるための直接せん断試験の例を示したものである。このような試験によっても曲げの影響などにより，真のせん断強度は求められない。直接せん断試験方法によって得られた値は参考値程度に考えるのがよい。

d　付着強度

コンクリートの付着強度（bond strength）とは，鉄筋と

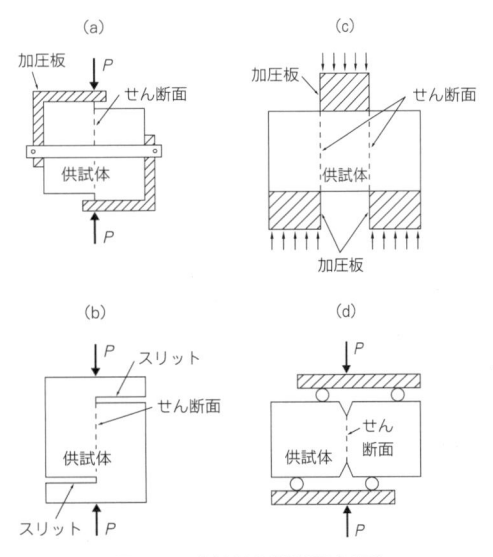

図2-33　直接せん断試験方法[11]

コンクリートの付着強度で，コンクリートの種類ばかりでなく，鉄筋の種類，方

向，位置などにより大きく異なる。図2-34は，引抜試験方法による普通コンクリートと鉄筋の付着強度を示すもので，丸鋼にくらべて，異形棒鋼では約2倍の値を与えることから，最近では，小径鉄筋でも異形棒鋼が用いられる。また，水平鉄筋の付着強度は，垂直鉄筋にくらべて小さい。これは，コンクリートのブリーディングの影響によるものである。

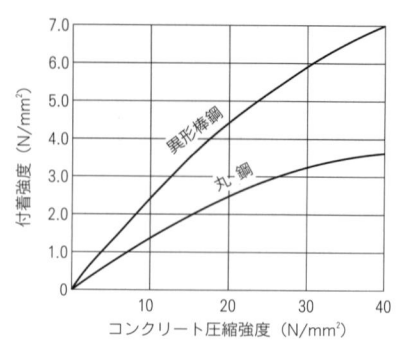

図2-34 コンクリートの圧縮強度と付着強度との関係（片引試験方法による）[12]

（5）変　形

a　弾　性

コンクリートに圧縮力を加えると，図2-35(a)に示すような応力度－ひずみ度曲線（stress-strain curve）が得られ，最大荷重を過ぎて若干ひずみが進行したのち，終局的な破壊を示す。この終局時のひずみ度は，普通コンクリートでは2×10^{-3}程度である。

また，コンクリートに繰返し荷重（repeated loading）を加えた場合，図2-36(b)にみられるように，ある残留ひずみ（residual strain）を残し，ループを描きながら変形が進行する。このように，コンクリートの変形性状は，弾性と塑性の中間的性状を示し，粘弾性体にみられる応力度－ひずみ度関係を有している。

コンクリートの弾性的性質を示すものとしては，縦弾性係数（modulus of elasticity）とせん断弾性係数（modulus of rigidity）とがある。縦弾性係数には，通常の場合，圧縮弾性係数（静弾性係数）が用いられ，これをヤング係数ともよんでいる。ヤング係数（Young's modulus）は図2-36に示すように，原点およびA点の接線勾配で求める場合もあるが，構造解析などに用いる場合は，割線勾配（式（2-15）参照）によって求めた値を用いることにしている。

$$E_c = \frac{S_1 - S_2}{\varepsilon_1 - \varepsilon_2} \times 10^3 \tag{2-15}$$

ここに，E_c：各供試体の静弾性係数（kN/mm²）
　　　　S_1：最大荷重の1/3に相当する応力（N/mm²）
　　　　S_2：供試体の縦ひずみ50×10^{-6}のときの応力（N/mm²）

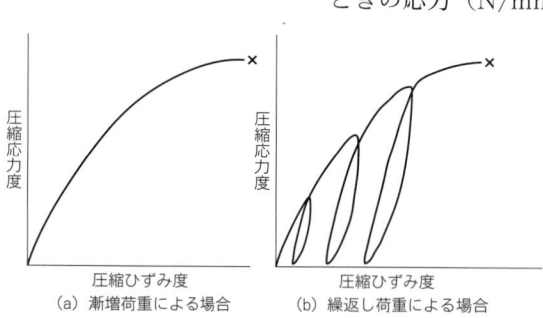

図2-35　コンクリートの圧縮応力とひずみの関係

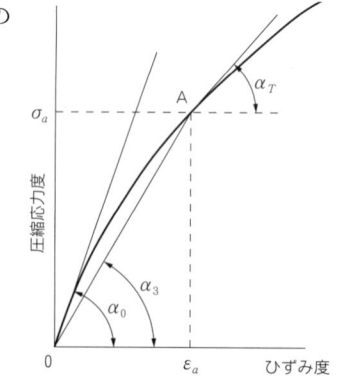

図2-36　コンクリートのヤング係数の求め方

ε_1：応力S_1によって生じる供試体の縦ひずみ

ε_2：50×10^{-6}

　また，静弾性係数は，コンクリートの単位容積質量および圧縮強度と相関関係があることから，その推定には，式（2-16）がよく用いられる。一般に，コンクリートの静弾性係数は，普通コンクリートでは$2\sim3\times10^4$（N/mm²），軽量コンクリート（1種，2種）では，その2/3～3/4程度である。

$$E = k_1 \times k_2 \times 3.35 \times 10^4 \times \left(\frac{\gamma}{2.4}\right)^2 \times \left(\frac{\sigma_B}{60}\right)^{1/3} \tag{2-16}$$

ただし，E：コンクリートの静弾性係数（kN/mm²）

　　　　γ：コンクリートの単位容積質量（t/m³）

　　　　σ_B：コンクリートの圧縮強度（N/mm²）

　　　　k_1：粗骨材の種類により定まる修正係数

1.2	石灰岩砕石，か焼ボーキサイト
0.95	石英片岩砕石，安山岩砕石，玄武岩砕石，粘板岩砕石，玉石砕石
1.0	その他の粗骨材

　　　　k_2：混和材の種類により定まる修正係数

1.1	フライアッシュ
0.95	シリカフォーム，高炉スラグ微粉末，
1.0	混和材を使用しない場合

　なお，加力した方向のひずみ度に対する直角方向のひずみ度（横ひずみ）の割合をポアソン比（Poisson's ratio）といい，普通コンクリートでは1/5～1/7程度である。また，その逆数をポアソン係数（Poisson's number）という。

　せん断弾性係数は一般的には圧縮試験で得られた静弾性係数Eとポアソン比μまたはポアソン数mを用いて，式（2-17）により求める。

$$G = \frac{E}{2(\mu+1)} = \frac{mE}{2(1+m)} \tag{2-17}$$

ここに，G：せん断弾性係数（N/mm²）

　　　　E：静弾性係数（kN/mm²）

　　　　μ：ポアソン比　　m：ポアソン数

b　クリープ

　物体に持続荷重を作用させると，載荷直後に弾性ひずみ（ε_e）が生じ，その後，クリープひずみ（ε_c）が発生する。このように，一定荷重下において，時間の経過とともに変形が増大する現象をクリープ（creep）といい，コンクリートにもこの性質がみられる。図2-37は，コンクリートのクリープ性状を示すもので，線（a）はクリープ変

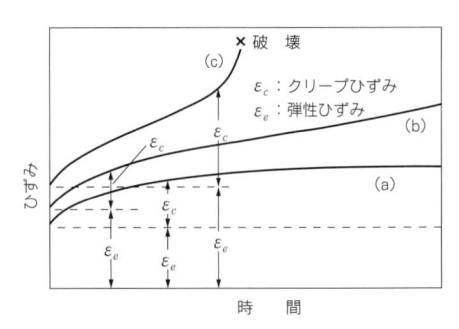

図2-37　コンクリートのクリープ変形

形がある時間経過後において定常値に達する状態を，線（b）はクリープ変形が時間とともに進行する状態を，線（c）はクリープ変形が進行し，クリープ破壊を生じた状態を示す。クリープ変形が定常値に達する状態のうち最も大きな荷重をクリープ限度（creep limit）といい，その値は，圧縮クリープでは$0.85F_c$内外，引張りおよび付着クリープではそれぞれの強度の0.5〜0.65程度である。

c 体積変化

1) **自己収縮（autogenous shrinkage）** 凝結始発以後にセメントの水和により生じる体積減少を自己収縮という。自己収縮は，高強度コンクリート，高流動コンクリート，マスコンクリートなどで考慮が必要であるが，一般コンクリートでは，あまり問題とならない。

2) **乾燥収縮（drying shrinkage）** コンクリートは図2-38のように吸水すれば膨張（expansion）し，乾燥すれば収縮（shrinkage）する。

乾燥収縮が周囲の拘束によって妨げられると，ひび割れが発生する。

乾燥収縮は，図2-39に示すように，単位水量が多いほど大きく，JASS 5では，$8×10^{-4}$以下の収縮に抑えるため，単位水量を185 kg/m³以下となるよう規定している。

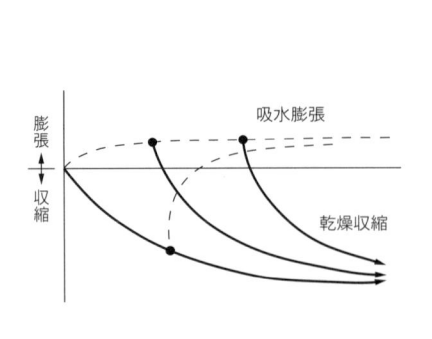

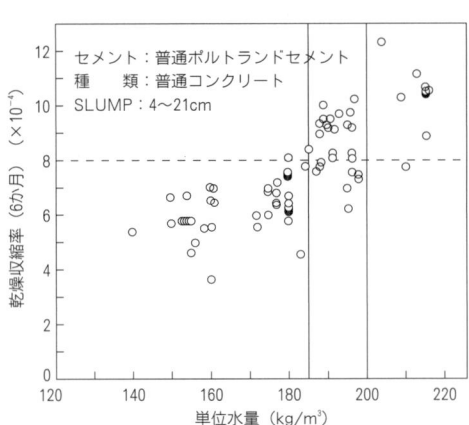

図2-38 コンクリートの膨張・収縮　　図2-39 単位水量と乾燥収縮率（6か月）の関係[13]

3) **熱膨張係数** コンクリートの熱膨張係数（線膨張係数）は常温において，鉄筋とほぼ等しく，$7〜13×10^{-6}$（1/K）程度である。これは鉄筋コンクリート構造の成立条件の1つである。

（6）水密性

コンクリートの水密性とは，水の吸収，透過に対する抵抗性のことで，コンクリートの防水性を検討するうえで重要な性質である。

コンクリートの水密性を比較するための指標としては，式（2-18）で表される透水係数K_cが用いられる。

$$Q = K_c \cdot A \cdot \Delta H / L \tag{2-18}$$

ここに，　Q：流量（cm³/s）

　　　　　K_c：透水係数（cm/s）

A：流れの断面積（cm²）

ΔH：流入，流出の水頭差（cm）

L：供試体の流れ方向の長さ（cm）

また，良質なポゾランの使用は水密性向上に効果がある。

コンクリートには，水分発散や施工不良による空隙や水みちなどのため，吸水・透水現象がみられる。図2-40は，水セメント比と透水係数の関係を示すもので，水セメント比が大きくなると透水係数（coefficent of permeability）が急激に大きくなる。したがって，水密性の高いコンクリートを得るためには水セメント比を小さくすること，単位水量（unit water content）を少なくすることなどが重要となる。

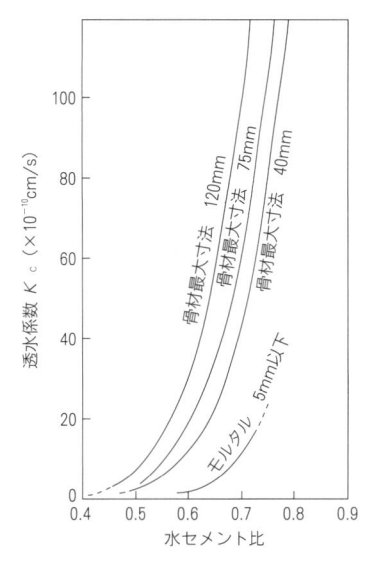

図2-40 コンクリートの水セメント比と透水係数との関係[14]

(7) 耐熱性・耐火性

コンクリートが熱の影響を受けた場合は，強度や弾性係数が大きく低下するが，その原因は，骨材とペーストとの熱膨張の相違，水分の発散，水和生成物の分解などによるものである。

耐熱性とは，比較的低い温度（300℃程度以下）で連続して，あるいは加熱，冷却の繰返し作用を受けるコンクリートの熱に対する性質をいう。繰返し加熱の場合，継続して加熱される場合にくらべ，強度および弾性の低下が著しい。

耐火性とは，建物が火災を受けたときの性質であり，500℃では，硬化セメントペースト中の結合水の多くが失われ，常温にくらべ圧縮強度は60％以下，弾性係数は10～20％となる。500℃を超える温度で加熱された場合は，再利用が難しい。

なお，低水セメント比コンクリートで組織が緻密な場合，含水率が高いコンクリートでは，火災などの急激な加熱を受けると爆裂を起こすことがある。

(8) 質 量

コンクリートの単位容積質量（density）とは，単位容積当たりの質量のことで，通常，t/m³またはkg/lで表される。普通コンクリートの単位容積質量は気乾状態で2.3 t/m³程度である。この単位容積質量は，軽量コンクリートや重量コンクリートにおいては，重要な特性である。重量コンクリートは，X線やγ線遮へい用コンクリートとして用いられる。

表2-25に，各種コンクリートの単位容積質量を示す。普通コンクリートでは，使用骨材の密度がほぼ一定であるため，調合条件が異なっても，単位容積質量に及ぼす影響は少ない。これに対し，軽量コンクリートおよび重量コンクリートで

は，使用する骨材によって大きな違いがみられ，また，気泡コンクリートのように空気量の著しく多いものでは，空気量の多少により単位容積質量に大きな相違がみられる。

表2-25 各種コンクリートの単位容積質量[15]

コンクリートの種類	骨材の種類		単位容積質量 (t/m³)
	細骨材	粗骨材	
重量コンクリート	重晶石 赤鉄鉱 磁鉄鉱 磁鉄鉱	重晶石 赤鉄鉱 磁鉄鉱 鉄片	3.40～3.62 3.03～3.86 3.40～4.04 3.80～5.12
普通コンクリート	(川砂 砕砂)	(川砂利 砕石)	2.30～2.55
軽量コンクリート	川砂 天然軽量骨材 人工軽量骨材	(人工軽量骨材 天然軽量骨材) 天然軽量骨材 人工軽量骨材	1.60～2.00 0.90～1.60 1.40～1.70
気泡コンクリート	−	−	0.55～1.00

2-3-6 各種コンクリート

JASS 5（用語）に示されているコンクリートをp.35に示している。

特殊なコンクリートとして，プレストレストコンクリート，プレパックドコンクリートを以下に取り上げる。

（1）プレストレストコンクリート

プレストレストコンクリート（prestressed concrete）は，載荷によって生じる初期段階の引張応力を打ち消すため，あらかじめ応力（プレストレス）を導入したコンクリートのことである。プレストレスの導入方法には，プレテンション方式（pre-tensioning system）とポストテンション方式（post-tensioning system）とがある。

前者は，補強鋼材に引張力を加えた状態でコンクリートを打ち込み，硬化後，補強鋼材の引張力を解除することによって，コンクリートにプレストレスを導入する方法である。鉄道のコンクリート枕木，PCパイルなどに用いる。後者は，コンクリートが十分硬化したのち，あらかじめ埋め込んでおいたシース（sheath）内に補強鋼材を通して引張力を加え，その端部をコンクリート部材に定着することによりプレストレス（prestress）を導入する方法である。使用するコンクリートは強度発現が早く，しかもプレストレスの弛緩を少なくするため，乾燥収縮，クリープ変形の小さいことが必要となる。また，プレストレスを効果的に導入するために，補強鋼材としては，PC鋼線（prestressing steel wire）またはPC鋼棒（prestressing concrete steel bar）とよばれる引張強度の高い（800～1 400 N/mm²）鋼材を用いる。

（2）プレパックドコンクリート

プレパックドコンクリート（prepacked concrete）は，あらかじめ型枠に粗骨

材だけを充填しておき，その間隙に膨張性のモルタルを下方から適当な圧力を加えながら注入してつくるコンクリートをいう。水中コンクリートや重量コンクリートのように，運搬，打込み時に材料分離が生じやすいコンクリートを施工する場合に適するほか，逆打ち工法などにも用いられる。

プレパックドコンクリートは，先詰め粗骨材と注入モルタル（grout mortar）から構成される。先詰め粗骨材としては，骨材間の空隙にモルタルが円滑に注入できるように，最小寸法が 15 mm 以上のものを用いることが望ましい。注入モルタルは，流動性のよい調合とする。

2-3-7 コンクリート製品

コンクリート製品（concrete product）は，工場など使用場所以外で成形され，十分硬化したのち，使用場所に運ばれて構造物の構成単位または構成部品となる。その特徴をあげると，
① 製造作業が天候に左右されない。
② 同一製品を精度良く製造できる。
③ 施工場所でのコンクリートの養生が不要である。
④ 工期を短縮できる。

コンクリート製品の製造には，形状・寸法，要求品質などにより種々の方法が用いられるが，コンクリートの強度発現の促進を図ることにより，生産性を高める目的で，促進養生が行われている。この促進養生には，断熱養生，加熱養生などがあるが，なかでも常圧蒸気養生（steam curing）は効率がよいうえ，経済的にも優れていることから，広く用いられている。

（1） パネル類

a PCaパネル

PCaパネル（precast concrete panel）は，鉄筋，溶接金網（JIS G 3551）などで補強した厚さ 15 cm 内外の板状のコンクリート製品で，構造部材として壁式構造用，鉄骨造用（HPC）として用いられるほか，カーテンウォール用（curtain wall panel）としても用いられている。壁式構造用PCaパネルは，壁式構造物をプレハブ工法（prefabrication）によって施工するときに使用され，早くから中低層住宅などに多用されてきた。HPC工法は，柱，梁など主要骨組をH形鋼材で構成し，床，壁，屋根などにPCaパネルを用いる工法で，主として高層住宅に適用される。カーテンウォール用PCaパネルは，建物の外壁または間仕切りに用いられるもので，化粧性や経済性に優れており，パネルには，タイルを先付けしたり，あらかじめ化粧仕上げを施す場合も多い。なお，関連JISとして，JIS A 6501（建築用構成材（コンクリート壁パネル））がある。

b 軽量気泡コンクリートパネル（ALCパネル）

軽量気泡コンクリートパネル（autoclaved lightweight aerated concrete panel）は，溶接金網で補強したALCの板状製品である。

ALCは，石灰質原料とけい酸質原料を主成分とし，水，発泡剤などを加えてオートクレーブ（高温高圧蒸気）養生（autoclave curing）（180℃，1.01MPa）して製造されるコンクリートで，製品の大部分はパネル材である。そのおもな性質は，表2-26に示すとおりであり，絶乾密度が0.5 g/cm³程度と軽量で，鉄骨造，鉄筋コンクリート造の外壁，間仕切，床，屋根などに用いられる。なお，関連JISとしてJIS A 5416（軽量気泡コンクリートパネル（ALCパネル））がある。

表2-26 ALCの性質の例

項目	物質値	備考
絶 乾 密 度	0.5g/cm³	
圧 縮 強 度	4.1N/mm²	気乾状態
曲 げ 強 度	1.2N/mm²	気乾状態
引 張 強 度	0.49N/mm²	気乾状態
ヤ ン グ 係 数	0.20×10⁴N/mm²	1/3 F_c 時
吸 水 率	15〜20%	体積吸水率
乾 燥 収 縮	2×10⁻⁴	飽水状態→気乾状態
熱 伝 導 率	0.104W/(m·K)	気乾状態
熱 膨 張 係 数	7×10⁻⁶K⁻¹	

（2） コンクリートブロック（JIS A 5406-2005）

コンクリートブロック（concrete block）は，10mm以下の骨材を用いた硬練りコンクリートを振動加圧方法によりブロック状に成形した製品で，JIS A 5406（建築用コンクリートブロック）では，外部形状（基本形，異形），断面形状（空洞，型枠状），圧縮強度，化粧の有無，寸法精度（標準精度，高精度）および透水性による区分が成されており，圧縮強さ，気乾かさ密度，吸水率および透水性に関する品質規定がある。図2-41は，空洞ブロックの施工例を示すものであるが，補強鉄筋を配して壁面を構成することができることから，住宅や倉庫などの壁式構造物や，建物の間仕切壁，塀などに使用されている。配筋やモルタルの充填が不適切な場合には，地震などの水平力に対して転倒や崩壊が生じる危険性がある。

鉄骨補強コンクリートブロック造にも利用される。

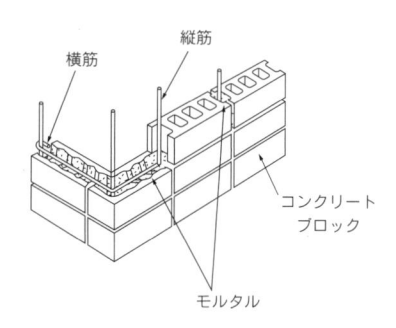

図2-41 コンクリートブロックの施工例

（3） ポール・杭・管

a コンクリートポール

コンクリートポール（concrete pole）は，電送，配電，照明，通信，鉄道架線支持などの用途に供される柱材で，プレストレストコンクリートポールと鉄筋コンクリートポールとがある。製造方法には，遠心力を利用して円形中空に成形するものと，振動締固めにより成形するものとがあり，JIS製品として，JIS A 5373（プレストレストコンクリートポール）が規定されている。

b　コンクリートパイル（杭）

コンクリートパイル（杭）(concrete pile) は，建築物の基礎杭，道路・河川などの土木工事などに用いられる円柱状の杭製品で，プレテンション方式遠心力高強度プレストレストコンクリートくい（JIS A 5373，プレストレストコンクリートくい），オートクレーブ養生遠心力コンクリートパイル（ACパイル）がある。ACパイルは，圧縮強度が 80 N/mm² 内外の高強度の杭で，支持杭として適する。

c　鉄筋コンクリート管（ヒューム管）

鉄筋コンクリート管（ヒューム管）(reinforced concrete pipe)(Hume pipe) は，遠心力を利用して製造されるコンクリート管で，無筋コンクリート管（JIS A 5371）および鉄筋コンクリート管（JIS A 5372），およびプレストレストコンクリート管（JIS A 5373）があり，管径は，15〜300 cm で，多くは下水道用および農業土木用として用いられる。近年，PC鋼線で補強し，ケミカルプレストレス（chemical prestress）を導入したものがつくられ，外圧耐力を必要とする下水管などに用いられている。

（4）　ボード類

a　繊維強化セメント板

繊維強化セメント板（fiber-reinforced cement board）は，セメント，石灰質原料，パーライト，ケイ酸質原料，スラグおよびせっこうを主原料として，繊維などで強化成形して，オートクレーブ養生または常圧養生した板である（JIS A 5430）。これらの各種ボードの種類および記号を表2-27に示す。これらのボードはいずれも耐火性に優れ（難燃1級），耐水性能により内装用および外装用として使用されている。

b　木質系セメント板 (cement bonded wood-wool and flake board)

木材の端材，解体材などを破砕して得られた木毛や木片とセメントを原料として，圧縮成形した板で，木毛セメント板と木片セメント板がある（JIS A 5404）。その性質は，セメント製品と木質系製品の中間的な値を示し，おもに，前者は，防火性能が要求される内外装下地材として，後者は，断熱・吸音性が要求される壁・天井の下地材として使用されている。木質系廃材のリサイクルの観点から注目されている建築材料の一つである。

c　パルプセメント板

パルプセメント板（pulp cement board）は，セメント，パルプ，無機質繊維材料，パーライトおよび無機質混合材を主原料として，抄造成形したボード（JIS A 5414）で，加工性と施工性に優れているため，内装下地用として住宅などに用いられている。化粧加工していないか，または着色材料を混合して着色した普通板と，表面に塗料や合成樹脂フィルム，化粧紙などを塗装，張付けなどした化粧板がある。

表2-27 繊維強化セメント板の種類と記号 (JIS A 5430)

種	類		記号	原料	特徴	用途
スレート	波板	小 波 中 波 大 波	SC MC LC	セメント，石綿以外の繊維，混和材料	不燃性大 耐水性大 耐摩耗性大 遮音性大 耐候性大	屋根ぶき材 外壁材
	スレートボード	フレキシブル板 軟質フレキシブル板 平 板 軟 質 板	F NF S N			壁・天井材 吸音材
パーライト板	0.5 パーライト板	オートクレーブ養生したもの 常圧養生したもの	0.5PA 0.5P	セメント，パーライト，石綿以外の繊維，混和材料	断熱性大 遮音性大 吸水性大	室内壁・天井材
	0.8 パーライト板	オートクレーブ養生したもの 常圧養生したもの	0.8PA 0.8P			
ケイ酸 カルシウム板	タイプ1	0.8ケイ酸カルシウム板	0.8K	石灰質原料（セメントを含む），ケイ酸質原料，石綿以外の繊維，混和材料	断熱性大 加工性大	内装材
		1.0ケイ酸カルシウム板	1.0K			
	タイプ2	0.8ケイ酸カルシウム板	0.8FK	石灰質原料（セメントを含む），ケイ酸質原料，石綿以外の繊維，混和材料		
		1.0ケイ酸カルシウム板	1.0FK			
スラグせっこう板	0.8 スラグせっこう板	外装用 内装用	0.8SGE 0.8SGI	セメント，スラグ，せっこう，パーライト，石綿以外の繊維，混和材料	軽量 加工性大	内装・天井・外壁・間仕切材
	1.0 スラグせっこう板	外装用 内装用	1.0SGE 1.0SGI			
	1.4 スラグせっこう板	外装用 内装用	1.4SGE 1.4SGI			

参考 繊維強化セメント板には，表面には印刷，化粧紙のはり付け，合成樹脂フィルムをオーバーレイするなどの化粧を施したものもある。

2-3-8 鉄筋コンクリート構造物の耐久性

図2-42は，鉄筋コンクリート構造物を取り巻く外的劣化因子とそれらによる劣化現象を概念的に示したものである。

鉄筋コンクリート構造物は，中性化および塩害による鉄筋腐食，凍結融解作用およびアルカリ骨材反応によるコンクリートの膨張劣化，化学的浸食・溶脱によりその耐久性が低下する。

（1） 中性化による劣化

コンクリートは，セメントの水和生成物である水酸化カルシウム（$Ca(OH)_2$）によってpHが12～13の強アルカリ性を示し，コンクリート中の鉄筋の表面には，厚さ2～6 nmの水和酸化物（$\gamma\text{-}Fe_2O_3 \cdot nH_2O$）の酸化皮膜（一般に不動態皮膜とよばれる）が形成される。このような状態では，鉄筋はこの被膜により保護されるため腐食はみられない。しかし，空気中の二酸化炭素（大気中の濃度はおよそ400 ppm，室内の濃度は1 000 ppmを超えることもある）と水との反応によって，式（2-19）のように生成した弱酸である炭酸が，コンクリート表面より徐々に水酸化カルシウムを侵して中性化し，中性物質である炭酸カルシウムを式（2-20）のように生成する。

$$CO_2 + H_2O \rightarrow H_2CO_3 \qquad (2\text{-}19)$$

$$Ca(OH)_2 + H_2CO_3 \rightarrow CaCO_3 + 2H_2O \qquad (2\text{-}20)$$

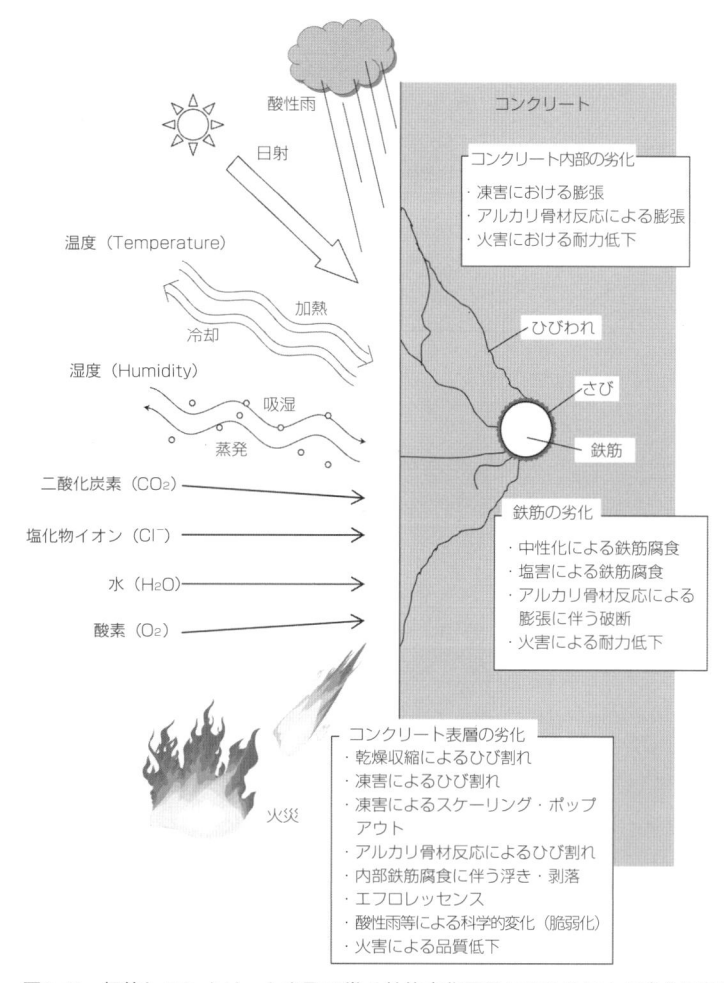

図2-42 打放しコンクリートを取り巻く外的劣化因子とそれらによる劣化現象[16]

こうしてコンクリートはアルカリ性を失う。この中性化が鉄筋の位置に到達すると，鉄筋表面の水酸化物の皮膜が破壊され，酸素と水の供給があれば，鉄筋は腐食する。したがって，鉄筋の腐食を防ぐための基本は，①二酸化炭素が透過しにくいコンクリートをつくる，②鉄筋のかぶりを十分とる（表2-28参照），③コンクリート表面を気密・水密性の塗装あるいはタイル・モルタルで覆うことである。

鉄筋が腐食すると，写真2-9に示すように，発錆によりおおよそ2.5倍の体積膨張が生じ，ここで発生する膨張圧は，かぶりコンク

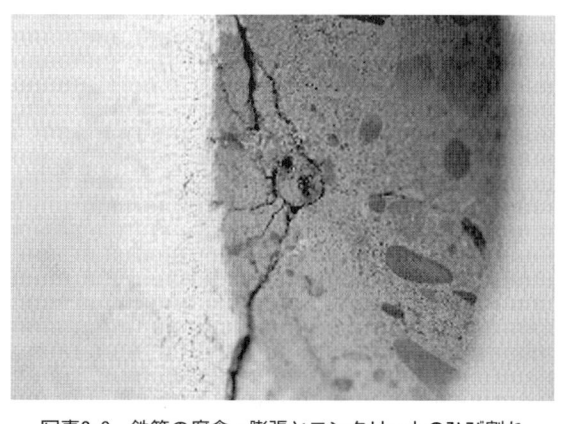

写真2-9 鉄筋の腐食・膨張とコンクリートのひび割れ

表2-28 最小かぶり厚さと設計かぶり厚さ* (( )内数値) (JASS 5-2009)　(単位mm)

部材の種類		短期	標準・長期		超長期	
		屋内・屋外	屋内	屋外[1]	屋内	屋外[2]
構造部材	柱・梁・耐力壁	30 (40)	30 (40)	40 (50)	30 (40)	40 (50)
	床スラブ・屋根スラブ	20 (30)	20 (30)	30 (40)	30 (40)	40 (50)
非構造部材	構造部材と同等の耐久性を要求する部材	20 (30)	20 (30)	30 (40)	30 (40)	40 (50)
	計画供用期間中に維持保全を行う部材	20 (30)	20 (30)	30 (40)	20 (30)	30 (40)
直接土に接する柱・梁・壁・床および布基礎の立上り部		40 (50)				
基礎		60 (70)				

*設計かぶり厚さは，鉄筋の加工・組立て精度，型枠の加工・組立て精度，部材の納まり，仕上材の割付け，コンクリート打込み時の変形・移動などを考慮して，最小かぶり厚さが確保されるように，部位，部材ごとに，設計図または特記により定める厚さ
[注] 1) 計画供用期間の級が超長期で計画供用期間中に維持保全を行う部材では，維持保全の周期に応じて定める。
2) 計画供用期間の級が標準および長期で，耐久上有効な仕上げを施す場合は，屋外側では，最小かぶり厚さを10mm減じることができる。

リートを押し出す。その結果，コンクリートには鉄筋まで貫通するひび割れが発生する。さらにひび割れを通って，酸素と水が直接鉄筋に供給され，ますます腐食は進行し，コンクリートが剥落することになる。

実際に構造物の調査を行うと，屋内は屋外にくらべ中性化深さが大きいことが多い。しかしながら，かぶり厚さよりも深く中性化が進む場合でも図2-43に示すように，鉄筋の腐食は少ない場合が多い。一方，屋外では中性化残り（かぶり厚さ－中性化深さ）が小さくなると，劇的に腐食が進行する。これは，腐食の進行に水が大きな役割を果たしていることの表れである。

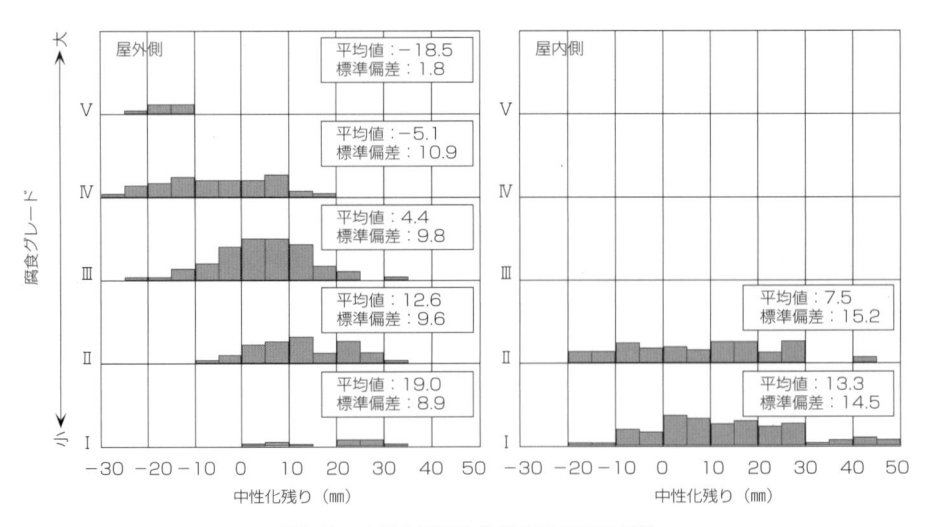

図2-43 中性化残りと鉄筋腐食度の関係[17]

（2） 塩害による劣化

通常，コンクリート中の鉄筋の表面には緻密な不動態皮膜が形成されており，鉄筋は腐食しない。しかしながら，中性化が進んでいなくても，コンクリート中に塩化物イオンCl^-が一定以上存在すると，不動態皮膜は部分的に破壊され，酸素と水の供給があれば，鉄筋は腐食し，発錆による鉄筋表面の体積膨張圧により，コンクリートはひび割れ，ついには剥落する（写真2-10）。

図2-44に塩害が起こる条件を示す。塩害を引き起こさないためには，第一にコンクリートを構成する材料によって塩化物を持ち込まないことが基本となる。また，第二に，構造物の立地条件である外部環境からの塩化物の侵入を防ぐことである。そのために，①塩化物イオンが浸透しにくいコンクリートをつくる，②鉄筋のかぶりを十分とる（表2-28参照），③コンクリート表面を気密性・水密性の塗装あるいはタイル・モルタルで覆うことが重要である。

写真2-10　軍艦島RC造の塩害（2015年撮影）

使用材料より／環境より	コンクリートの使用材料にすでに含まれている．	コンクリートの使用材料には含まれていない．
コンクリート硬化後環境より侵入してくる．	I	II
コンクリート硬化後侵入してこない．	III	IV（塩害はない）

図2-44　コンクリート中に塩化物イオンが含まれる4つの場合

（3） 凍結融解作用による劣化

コンクリート中に水が存在し，それが凍結すると，水の凍結膨張量約9％に見合う水圧がコンクリートの引張破壊をもたらす。T.C.Powersによれば，凍害の過程は次のようである。

① 凍結は，温度の低い表層から進行し，表面に最も近い毛管（キャピラリー）中の水分凍結が最初に生じ，内部に対しては氷で密閉される。

② 水分凍結に伴う膨張によって排除された未凍結の水は，凍結していない内部へと移動する。

③ この水は微細な細孔構造を通過する過程で粘性抵抗により静水圧を生じ，この静水圧がコンクリートの引張強度を超えた段階で劣化が起こる。

以上の凍害のメカニズムを考えると，気泡による水圧の緩和が凍害の防止に有効なことがわかる。静水圧がかかるとき，孔が未凍結水で満たされていれば，その静水圧を孔壁に伝達してしまうが，空気であれば，その体積が小さくなることによって静水圧が吸収され，緩和させることができると考えられる。水圧の緩和

という意味で，水の移動距離，すなわち気泡間の距離・気泡間隔は重要である。

劣化は，写真2-11に示すような躯体全体の膨張崩壊としてみられるほか，日射および気温変化の影響を敏感に受けるコンクリート表面のスケーリング・ポップアウトの現象として現れることになる。写真2-12のRC造ひさしの劣化に示すように，コンクリートの含水率が高い部材・部位の凍害は激しい。

凍害を防ぐための基本は，①微細な独立気泡（エントレインドエア）を適度に

写真2-11　海岸に隣接したRC造倉庫の凍害

写真2-12　RC造ひさしの凍害

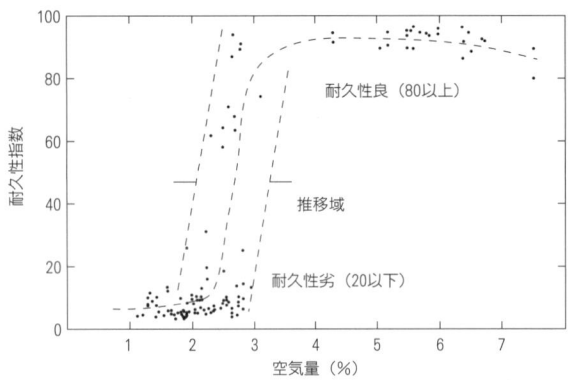

図2-45　空気量と耐凍害性の関係[18]

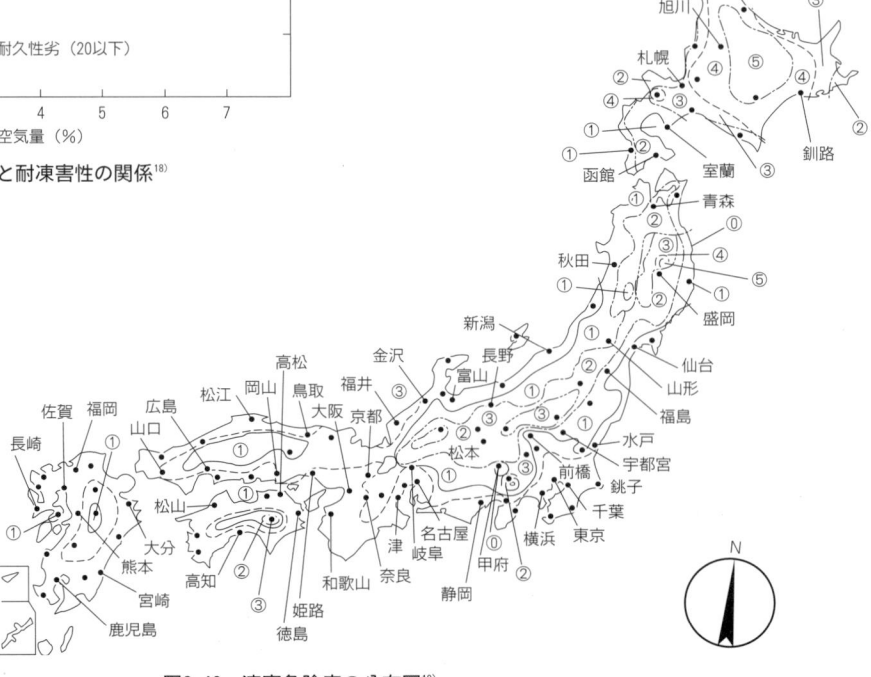

1. ○内の数値は凍害危険度．

凍害 危険度	凍害の 予想程度
5	極めて大きい
4	大きい
3	やや大きい
2	軽微
1	ごく軽微

2. 凍害重み係数 $t_{(A)}$ —良質骨材，またはAE剤を使用したコンクリートの場合．
3. コンクリートの品質が良くない場合には，内の地域でも凍害が発生する．

図2-46　凍害危険度の分布図[19]

連行（図2-45：JASS 5 では，4.5±1.5％と規定）するとともに水セメント比をできるだけ小さくし密実な組織とする，②吸水率が大きく耐凍害性が小さい骨材を使わない，③水をコンクリート中に浸透させないことである。

図2-56に，JASS 5 で採用されている凍害危険度の分布を示す。

（4） アルカリ骨材反応による劣化

アルカリ反応性鉱物を含む骨材（図2-47）が一定量以上存在し，コンクリートの細孔溶液中に十分な水酸化アルカリが存在した場合，コンクリートが多湿，湿潤状態に曝されると，①アルカリ反応生成物（アルカリ・シリカゲル）が生成し，②この生成物が吸水・膨張することにより，コンクリートが膨張し，ひび割れが発生する現象をアルカリ骨材反応による劣化という。無筋コンクリートでは，亀甲状のひび割れを生じ（写真2-13参照），鉄筋コンクリート構造物の柱，梁では主筋方向にひび割れが生じる（写真2-14参照）。また，コンクリートの膨張により鉄筋が破断することもある。

アルカリ骨材反応による劣化は，水の供給を受けやすく，日射により高温となる表層部で起こりやすい。なお，日本でみられるアルカリ骨材反応は，アルカリシリカ反応が主である。

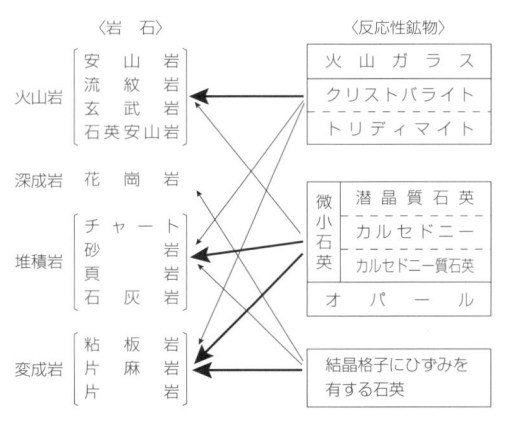

図2-47　ASRを起こす岩石と鉱物との関係[20]

写真2-13　アルカリ骨材反応による亀甲状のひび割れ

写真2-14　主筋方向のひび割れ

劣化を防ぐための基本は，①アルカリ骨材反応性の骨材を使わない，②低アルカリ型のセメントを使用する，③水をコンクリート中に浸透させないことなどである。

(5) 化学的浸食・溶脱による劣化

日本列島は，環太平洋造山帯に位置し，古い地質時代より活発な火山活動があり，地殻運動に伴う海成層の堆積，さらには各地の地層中に鉱床が形成しているなど，コンクリートを使用する土壌環境としては，かなり厳しい。①火山活動に由来する熱や熱水，噴気ガスさらに温泉水，②地層中に形成された金属および非金属鉱床からの酸性水，③海成層からなる堆積岩中に含まれる黄鉄鉱が酸化した硫酸塩地盤，④石炭の採掘に伴って発生した掘削ズリによる盛土地盤が劣化環境となる。

また，⑤下水に含まれる硫酸塩が微生物（イオウ酸化菌）の作用を受けて硫酸となるが，これに接する場合，⑥大気中の窒素酸化物やイオウ酸化物に起因する酸性雨を受ける場合，⑦動植物油に接する場合などでは，コンクリートは化学的に侵食を受け，セメントの水和物成分が溶脱することがある。

これらの劣化を防ぐための基本は，①コンクリートに適当な被覆をする，②抵抗性のあるセメント，抗菌剤，混和剤を使用する，③水セメント比が小さい緻密で水密性の高いコンクリートとするとともに，供用期間を考慮に入れた腐食しろ（かぶり厚）を十分とることである。

引用・参考文献

1) 土木学会編：コンクリート標準示方書 施工編，土木学会，2007
2) 村田・黒井・前山：超遅延性混和剤に関する研究，セメント・コンクリートNo.385，p.6〜12，セメント・コンクリート
3) D. A. Abrams：Design of Concrete Mixtures, Structural Materials Research Laboratory, Lewis Institute, Chicago, Bulletin 1, p.325, 1918
4) 村田：人工軽量骨材コンクリート，セメント協会コンクリートパンフレット，No.79，セメント協会
5) 湯浅昇・笠井芳夫・松井勇・大川原修：乾燥条件が微小セメントペーストの水和，細孔構造及び強度に及ぼす影響，日本建築学会構造系論文集，第505号，pp.15-21，平成10年3月
6) 岡田 清：コンクリートの耐久性，p.36，朝倉書店，1986
7) 湯浅昇：非（微）破壊試験のための構造体コンクリートの物性解説，日本非破壊検査協会，非破壊検査，Vol.33, No.9, pp.538-544，平成16年9月
8) 湯浅 昇・笠井芳夫・松井 勇：構造体コンクリートの表面から内部にいたる圧縮強度分布，セメント協会セメント・コンクリート論文集，No.51, pp.840-845, 1997
9) Bureau of Reclamation：Concrete Manual 8th ed., 1977
10) 日本建築学会：建築材料用教材，p.42, 2006
11) コンクリート工学協会：コンクリートの要点'08, p.63
12) Ferguson, P. M. and Neils Thompson：J., Proceedings of American Concrete Institute, Vol.59, No.7, p.887〜922
13) 日本建築学会材料施工委員会第1分科会JASS 5 改定小委員会資料（清水昭之），1985
14) Bureau of Reclamation："Concrete Manual" (8th Edition) p.37, U. S. Government Printing Office, Washington
15) 西村・藤井・湊：最新土木材料，p.143, 森北出版
16) 湯浅昇：打放しコンクリートの表面保護の必要性，工文社，月刊建築仕上技術，Vol.30, No.360, pp.42-47，平成17年7月
17) 湯浅昇・阿部道彦・松井勇・白石倫巳：建設後34年経過した実構造物における中性化深さの分布，第59回セメント技術大会概要集，pp.174-175, 2005
18) W.A.Cordon：Freezing and Thawing of Concrete- Mechanisms and Control, ACI Monograph, No.3, pp.36-41, 1966
19) 長谷川寿夫：コンクリートの凍害危険度算出と水セメント比限界値の提案，セメント技術年報，Vol. 29, 1975
20) 小林一輔：コンクリート工学，Vol.26, No.7, pp.4-13, 1988

2-4 石灰，せっこう，プラスター

2-4-1 概説

石灰は古くから使用されている湿式の代表的な左官材料である。

石灰は次の化学式で示すように竪窯や回転窯で粗砕した石灰岩の原石（$CaCO_3$）や貝殻（かき，はまぐりなど）を900～1 200℃で焼成してできる生石灰（CaO）に水を加えて消化（水酸化）したものを消石灰とよび，ボールミルで微粉砕して粒度を調整して製造され，しっくい壁などの主材料や左官用石灰として使用される。

$$CaCO_3 \rightarrow CaO + CO_2 \text{（焼成）}$$

$$CaO + H_2O \rightarrow Ca(OH)_2 \text{（消化，発熱）}$$

石灰石には$CaCO_3$を主成分とするもののほか，マグネシア分を5～30％程度含む白雲石（dolomite）があり，焼成し消化（酸化）して石灰系プラスターとしてのドロマイトプラスターが製造される。1950年ごろから需要は急激に増加したが，乾燥・収縮，それによる亀裂が大きいという欠点のため1965年ごろから少なくなり，せっこう系プラスターの進出に伴って，現在ではその利用は減少している。

せっこうには天然せっこうと副産せっこう（化学せっこう）がある。天然せっこうはせっこうの天然鉱床から採掘したものである。副産物せっこうは，リン鉱石と硫酸からリン酸をつくり，リン酸肥料を製造するときやその他種々の化学工業から副産的につくられる。せっこうの化学成分は硫酸カルシウムであり，結晶水の有無によって，二水せっこう（$CaSO_4 \cdot 2H_2O$），半水せっこう（$CaSO_4 \cdot 1/2H_2O$）および無水せっこう（$CaSO_4$）に分類できる。

2-4-2 種類および組織，基本的性質

石灰・せっこう系材料は，わが国では，古くから使われており，表2-29に示す種類と特徴がある。

表2-29 石灰・せっこうの種類と用途

項目	物質名	化学組成	性質・用途
石灰	消石灰	$Ca(OH)_2$	耐水性はなく，強度は小さい。粘性が乏しく収縮率は大。アルカリ性。しっくいや大津壁に用いられる。セメントモルタルの混和材，炭酸化して硬化する気硬性。
石灰	ドロマイトプラスター	$Ca(OH)_2 \cdot Mg(OH)_2$	耐水性はなく，強度は小さい。粘度は大きく作業性良好。収縮率は大きくアルカリ性。のり不要のドロマイトプラスター塗りに用い単価は安い。吹付材・リシン材に混和材として用いる。炭酸化して硬化する。気硬性。
せっこう	二水せっこう	$CaSO_4 \cdot 2H_2O$	焼成温度によって焼せっこう（170～190℃）と無水せっこう（400～600℃）が製造される。天然せっこうはほとんど輸入品であるが，建築材料としては排煙脱硫せっこうが用いられる。セメントの凝結調整剤。
せっこう	半水せっこう（焼石こう）	$CaSO_4 \cdot 1/2H_2O$	白色粉体で純度が高いと急結硬化する。発熱量が大で膨張する。せっこうプラスターおよびせっこうボードの主成分。水硬性。
せっこう	無水せっこう	$CaSO_4$	水を加えても硬化が遅い。みょうばんを硬化促進剤として用いる。キーンスセメント（硬せっこうプラスター）の主成分，膨張セメントの成分である。水硬性。

図2-48には各種左官材料の乾燥収縮率を示す。収縮率はせっこう系が最も小さく，次いで石灰系，ドロマイトプラスター系の順に大きくなっている。しかし，乾燥収縮は，いずれもほぼ材齢1週あたりから止まっている。

2-4-3 用途と製品

(1) 塗り壁用途

1) しっくい　　しっくいは消石灰(しょうせっかい)に付着性や可塑性を付与するノリや，消石灰の乾燥収縮を低減し，ひび割れ抑制のためのすさ（苆）と砂などを混入して水で練り，壁や天井にコテで塗る日本古来の左官材料である。消石灰には上塗り用と下塗り用の区別があり，色調によって選別される。気硬性であるので硬化するまで長時間を要し，硬化後に水湿にあうと弱くなる欠点がある。補助材料としてのノリ類には布海苔(ふのり)，角又(つのまた)など海草を水で煮たもの，また，すさには麻すさや浜すさなどがある。

2) 大津壁　　こまい（木舞）壁の上塗りの一種で，下塗り，中塗りには普通の壁土を使用し，上塗りを大津壁とする。大津壁は粘土と消石灰を混合し，すさを加えて塗るが，のりを用いないのが特徴である。調合は粘土：消石灰＝7：3〜3：7の範囲とし，粘土の良否に反比例して石灰量を増減するが，良質の粘土を用いた大津壁は上等の塗り壁仕上げとなる。用いられる材料の種類によって西京壁，泥大津がある。

3) ドロマイト・プラスター　　日本における石灰質プラスターの代表である。原料の白雲石（dolomite）は主として栃木県葛生町，同赤見町などに産出し，焼成後白色にならないため上塗り用には使用されない。良質のものは粘度が大きく強度の発現も早く，のりを混合しないでも壁に塗れるので，しっくいその他の材料にくらべて安価な内壁塗り材料となるが，気硬性であり，乾燥による収縮によって大きなき裂を生じやすい。プラスターとして直接使用する以外に，セメントやせっこうプラスターに混ぜて粘度を増し，保水性を高める混和材や白色セメントに混合して吹付材料やリシン仕上材料として用いられる。

4) せっこうプラスター　　半水（焼き）せっこう，無水せっこうを主材料とした塗り壁材料である。

せっこうそのものは水硬性であり可塑性や粘度が不足がちであるため，消石灰，ドロマイトプラスターなどの混和材料によって硬化時間を調整する。せっこうプラスターはほとんど無収縮性で，強度が大きいとともにひび割れが生じにくく，粘着性も優れている。しかし，せっこうプラスターは弱酸性のため，油性ペイン

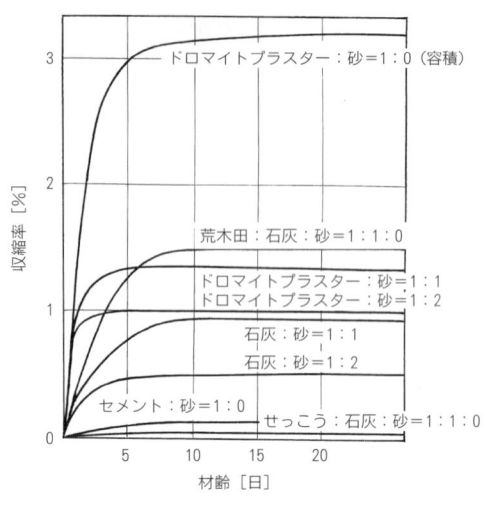

図2-48　左官材料の乾燥収縮率[1]

トの塗装が可能であるが，鉄物をさびさせまた水湿によって変色しやすく耐久性に劣る。

（2） せっこうボード（プラスターボード）

軽量化と弾性を与えるためにおがくずやパーライトを半水（焼き）せっこう（$CaCO_4・1/2H_2O$）と水で練り混ぜたものを上下二層のせっこう液をしみ込ませた厚紙の間に流し込んだ後，ローラの間に通過させて厚さを一定とし，切断して乾燥窯で人工乾燥させて，せっこうボードが製造される。

内装材としての特徴は防火性や防腐性が大きく，吸音性に優れており，吸音せっこうボードなどがこれに相当するが，合成樹脂処理の化粧紙や遮熱用アルミはく表紙を張った物など，品質は多岐にわたり多くの新製品が出現している。

（3） 繊維壁

繊維壁は壁の最終の仕上げ材料としての繊維材料を用いた塗り壁の総称である。繊維材料としては次のようなものがある。

① パルプ，紙の繊維を綿状にしたもの
② 人絹，スフなどの糸状繊維
③ 各種合成繊維を糸状に紡糸した繊維を裁断したもの
④ おがぐず，木粉，コルク粒などの水質繊維の粒状のもの

引用文献
1) 日本建築学会編：建築材料用教材，日本建築学会，2006

2-5 陶磁器

2-5-1 概説

陶磁器は粘土焼成品ともいわれ，天然に産出する粘土を乾式または湿式製法により成形し，焼成したものの総称である。耐久性，耐火性，耐水性，耐薬性に優れ，うわぐすりを施すことによって吸水性，化粧性が向上する。陶磁器質タイル，粘土瓦，れんが，セラミックブロック，衛生陶器などの製品として使用されている。

粘土のなかで，化学的成分の純粋なものの一つに磁土（カオリン）があり，これはケイ酸（SiO_2），アルミナ（Al_2O_3），水（H_2O）の化合物である。不純物を含んだ粘土には蛙目（がいろめ）粘土，木節（きぶし）粘土とよばれるものもある。

陶磁器の代表的な製法は図2-49に示すようである。

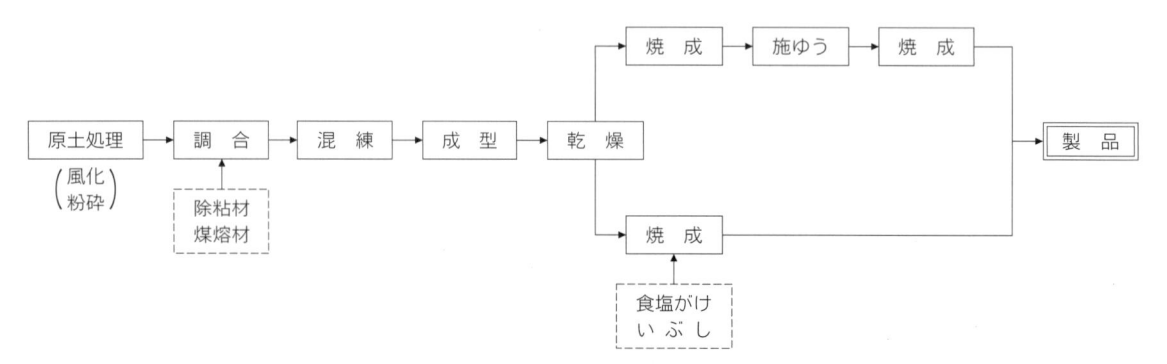

図2-49 陶磁器製品の製造工程

陶磁器の多くは，その表面の保護と美観を高めるために，表面にゆう（釉）薬を施す（施釉（せゆう）という）。

ゆう薬は，石粉に着色材として各種金属酸化物などを混合した水溶液を，タイルなどの素地に薄く塗り，焼成後の表面に硬質のガラス層の薄膜をつくる。

瓦用に代表されるように，食塩ゆうがある。これは，焼成中に食塩を投入して，その蒸気で素地の表面に黒褐色のケイ酸ソーダを生成させる。また焼成の終わりに松葉をいぶし，黒煙中の炭素を素地に吸着させて被膜をつくる製法がある。

2-5-2 素地の種類と性質

陶磁器は原料の配合や焼成温度などによって品質が異なる。陶磁器は素地によって表2-30に示すように分類される。

土器はほとんどゆう薬を使わず，低温で焼いたもので，吸水率は10％以上で品質が低く，各種のれんがや粘土瓦，土管などがこれに相当する。

陶器は10％程度の吸水率があり，表面にゆう薬を施し，素地表面からの吸水を防いだもので，内外装タイルや衛生陶器などの製品がある。

せっ器は1 200～1 300℃の溶融状態に近い温度で素地を緻密に焼結させたものである。吸水率は10％以下で，耐水性や耐久性が高く，製品としては各種タイルやテラコッタ，陶管などがある。

磁器は精選された白色の良質粘土を高温で溶化させたもので，白色，緻密堅硬

表3-30 陶磁器の素地による分類

分類	素地の原料	焼成温度	色感	特性	製品例
土器	低級粘土で，石灰質・長石質・ケイ石質がある	850～950℃	有色 不透明	多孔質 ぜい弱 吸水性大	粘土瓦（黒） れんが（普通） 土管
陶器	木節粘土やがいろめ粘土に石英・陶石・ろう石，少量の長石原料を配合	1 000～1 200℃	有色または白色 不透明	堅硬 吸水性やや大 たたくと濁音	外装タイル 内装タイル 衛生陶器
せっ（炻）器	石英・鉄化合物などの不純物を含んだ低級粘土	1 200～1 300℃	有色 不透明	緻密 堅硬 吸収性小 たたくと清音	粘土瓦（耐寒） テラコッタ 舗道れんが 外装タイル 内装タイル 床タイル 陶管
磁器	良質粘土に石英・長石・陶石などを配合	1 300～1 450℃	白色 半透明	緻密 堅硬 吸水性なし たたくと金属性音	外装タイル 内装タイル 床タイル モザイクタイル 衛生陶器

で，金属性の打音を発する。吸水率は0～1％で，素地には透明なゆう薬を施すことが多い。製品としては高級内外装タイルや衛生陶器などがある。

2-5-3 製品と用途

(1) タイル（ceramic tile）

タイルはその製法によって乾式タイルと湿式タイルに区分される。前者は水分調整した粉末を金型に入れ，圧力成形し，焼成したもので，吸水率は小さく，寸法安全性がよい。後者は湿潤状態の原料を押出し成形し，焼成したもので吸水率が大きく，寸法安定性に欠ける。

用途により内装タイル，外装タイル，床タイル，モザイクタイルに区分され，それらの素地の種類と品質基準は表2-31のようである。

タイルの呼び名区分によって種々のタイル形状寸法が呼称されるが，一例とし

表2-31 用途別タイルの品質基準 (JAS A 5209)

主な用途	曲げ破壊荷重（N）
内装壁タイル 内装壁モザイクタイル	108以上
内装床タイル 内装床モザイクタイル	540以上
外装壁タイル	720以上
外装壁モザイクタイル	540以上
外装床タイル	1080以上
外装床モザイクタイル	540以上

表2-32 外装タイルの呼称と寸法

	呼称	寸法（mm）
外装タイル	ニュー小口	94×54
	小口平	108×60
	ボーダー	227×30
	二丁掛	227×60
	三丁掛	227×90
	四丁掛	227×120
	五三角	150×95
	五寸角	152×152
	六寸角	182×182

（注）小口平程度までのタイルは紙貼りされてユニットにする場合もある。

て外装タイルの呼称と寸法を表2-32に示す。

(2) 粘土瓦 (clay rooftile)

粘土瓦は形状によって，和瓦と洋瓦に区分される。製法によっていぶし瓦（和瓦のみ），ゆう薬瓦，塩焼瓦，素焼瓦（洋瓦のみ）に分けられる。

瓦の形状には，図2-50に示すJ形（和形）桟瓦とS形桟瓦・F形（平板）桟瓦があり，引っ掛け部やくぎ穴・針金穴をもっている。これらの寸法を表2-33に示す。瓦の役物としては，図2-51に示すものがある。

粘土瓦については，表2-34に示すように，施工時の人体の体重による曲げ応力を考慮した曲げ破壊荷重や耐久性に影響を及ぼす吸水率が規定されている。

洋瓦は図2-52に示すフランス形，スペイン型，S形などが普及し，いずれも並物と役物がある。

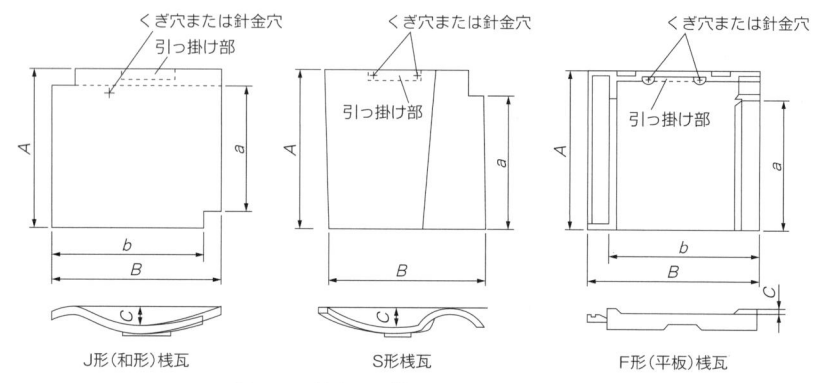

図2-50 粘土瓦（桟瓦）の形状 (JIS A 5208)

表2-33 桟瓦の寸法例 (JIS A 5208)

形状	寸法区分	寸法 (mm)		働き (mm)		谷の深さC (mm)	3.3 m² 当たりのふき枚数（概数）
		長さA	幅B	長さa	幅b		
J形	49A	315	315	245	275	35 以上	49
	49B	325	315	250	265		
S形	49A	310	310	260	260	30 以上	49
	49B	335	290	270	250		
F形	40	350	345	280	305	(35 以下)	40

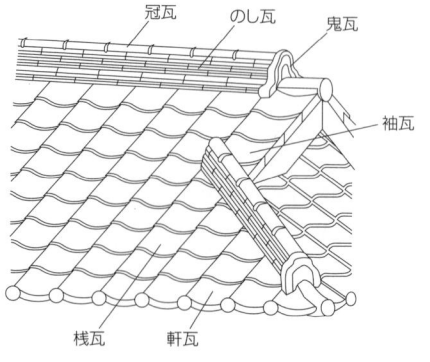

図2-51 瓦葺の例

表2-34 瓦の曲げ破壊荷重および吸水率 (JIS A 5208)

曲げ破壊荷重（N）		吸　水　率（％）		
桟瓦	のし瓦	ゆう薬瓦	いぶし瓦	無ゆう瓦
1 500 以上	600 以上	12 以下	15 以下	12 以下

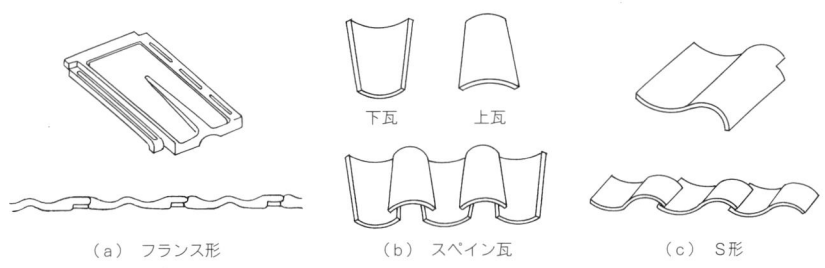

（a）フランス形　　（b）スペイン瓦　　（c）S形

図2-52　洋瓦の形状

（3）れんが（common bricks）

れんがには普通れんが（JIS R 1250），建築用セラミックメーソンリーユニット（JIS A 5210），耐火れんが（JIS R 2101など）がある。

押出し成形により製造され，製品は主として化粧用，基礎および断熱・遮音用，防水押えや間仕切壁に使用される。品質

表2-35　れんがの品質 (JIS R 1250)

品質 \ 種類	2種	3種	4種
吸水率（％）	15 以下	13 以下	10 以下
圧縮強さ（N/mm²）	15.0 以上	20.0 以上	30.0 以上

は表2-35のように区分され，形状は長さ210×幅100×厚さ60mmが基本であるが，施工にあたって図2-53のように加工して用いられる。

耐火れんがは，けい石質，ドロマイト質などの特殊粘土を用いて製造され，SK26（1 580℃）以上の耐火度をもち，溶鉱炉，煙突などの用途に用いられる。

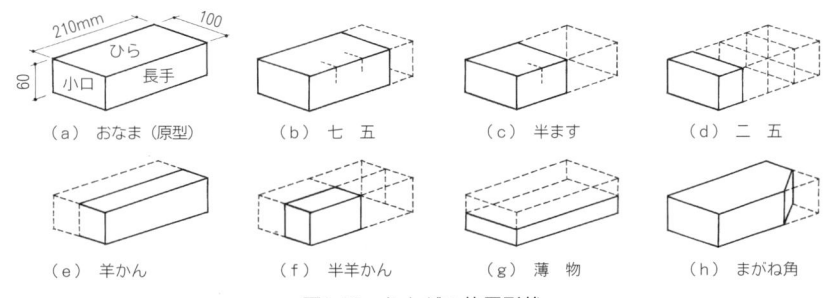

（a）おなま（原型）　（b）七五　（c）半ます　（d）二五
（e）羊かん　（f）半羊かん　（g）薄物　（h）まがね角

図2-53　れんがの使用形状

（4）セラミックブロック（ceramic masonry units for building）

セラミックブロックである建築用セラミックメーソンリーユニット（JIS A 5210）は，粘土を成形し，焼成したセラミック製のメーソンリーユニット（組積単体）で，図2-54に示すように，断面形状により，中実，穴あき，空洞，横空洞，型枠状の6種類の基本ユニットがある。基本ユニットの圧縮強度および吸水率を表2-36に示す。

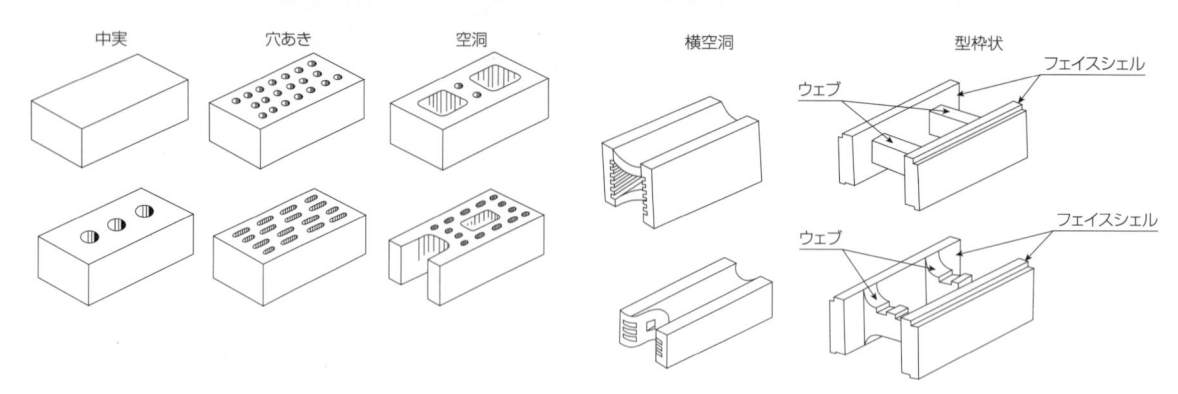

図2-54 基本ユニットの断面形状の例示 (JIS A 5210)

表2-36 基本ユニットの圧縮強度および吸水率 (JIS A 5210)

圧縮強さによる区分	圧縮強さ（N/mm²）	吸水率（%）
20	20 以上	—
30	30 以上	—
40	40 以上	14 以下
50	50 以上	12 以下
60	60 以上	10 以下

（5） 陶 管（ceramic pipe）

　陶管は陶器質またはせっ器質を素地とし，おもに吸水率を小さくするために食塩ゆうを施してある。建築敷地内の一般排水用や雨水排水管として用いられ，形状は丸形管が多いが用途によっては半円管，角管もある。JIS R 1201（陶管）には，直管，異形管としての曲管・枝付管・支管が規定されている。

（6） 衛生陶器（sanitary ware）

　衛生陶器は厨房，浴室，洗面所，便所などの水回り部に用いられる陶磁器製の衛生設備の総称である。衛生陶器（JIS A 5207）には外観検査，寸法，品質などが規定されている。

2-5-4 陶磁器の耐久性

　タイル，瓦，れんがなどは，他の材料とくらべると耐久性に優れているものが多い。耐久性に及ぼす要因として粘土の品質と焼成温度があげられる。

　れんが，瓦など比較的低温で焼成したものは，素地が多孔質なため，吸水率が大きく，凍結融解作用を受けて，素地の組織が破壊されることがある。

　陶磁器タイルは，貫入といって，素地の吸収膨張によって釉層が引っ張られ，釉層に細かいひび割れが発生し，釉薬がはがれることがある。タイル表面のデザインとして貫入釉を施し細かいひび割れを発生させる手法もある。

　れんがには素地に含まれる硫酸ナトリウム，硫酸カリウム，硫酸第一鉄などを成分とするエフロレッセンスが生じることがある。

2-6 ガラス

2-6-1 概説

ガラスは，鉄鋼，セメントとともに現代建築を特徴づける重要な建築材料の一つであり，18世紀末から19世紀後半にソーダガラスの工業化が確立されたのが始まりで，その後，大きな発展を続けて各種のガラスの工業化が達成されている。建築用ガラスのほとんどは板ガラスであるが，ガラスブロック，泡ガラス，グラスウール，ガラス繊維などの形でも使用されている。

2-6-2 種類・製法および加工法

(1) 種類

ガラスの種類・主成分，特徴とおもな用途を表2-37に示す。ガラスの主成分であるシリカ（SiO_2）は高温で溶融し，冷却すると非結晶質（ガラス質）の固体となる。シリカ分に石灰（CO_2），炭酸ナトリウム（Na_2CO_3），ホウ酸（B_2O_3），カリ（K_2O）などの混合成分を変えることによって，さまざまな性質を有するガラスが製造される。

(2) 製造

原料に副原料を加えて，これに溶融中の原料バッチの熱伝導をよくして均質な欠点の少ないガラスを製造するために，同一組成のくずガラスを粉砕調合し，かまで溶解する。溶解温度は約1 400～1 500℃で，溶融ガラス中の気泡を取り除き，ガラス組成を均一にする目的で清澄材を添加する。溶解したガラスを800～1 000℃まで徐冷したのち，成形・徐冷したものが製品となる。

(3) 成形法

成形法の概略を図2-55に示す。建築用板ガラスはフロート法によって製造されている。これは水平液面を有する溶融金属の上に溶解しているガラスを流し，連続成形する方法である。

表2-37 ガラスの組成と分類

種類	主成分（%）		特徴	おもな用途
ソーダ石灰ガラス	Na_2O CaO SiO_2	15.8 13.3 70.4	最も用途が広い アルカリに弱い 風化しやすい	建築用ガラス（板ガラス） ガラスブロック びんガラス
カリ石灰ガラス	K_2O CaO SiO_2	15.0 10.0 71.6	透明度・光沢度は大きい 耐薬品性が大きい 色調に優れる	ステンドグラス プリズム 理化学器具
カリ鉛ガラス	K_2O PbO SiO_2	13.9 33.0 53.2	光の屈折率が大（1.7） 比重が大（6.3） 加工しやすい	光学レンズ 高級食器 人造宝石
ホウケイ酸ガラス	B_2O_3 Na_2O SiO_2	2.0 14.0 67.5	耐熱性が大きい 化学的耐久性が大きい 極硬質である	耐熱理化学器具 耐熱食器 グラスウール
高ケイ酸ガラス	B_2O_3 Al_2O_3 SiO_2	2.9 0.4 96.3	耐熱性が大きい 融点は高い 紫外線の透過率が大きい	理化学器具 電球 グラスウール

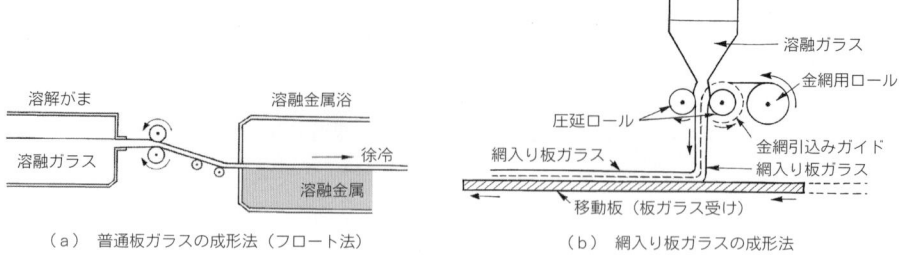

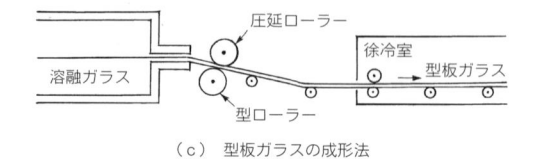

図2-55 板ガラスの成形法

　網入り板ガラスは，ガラスの軟らかい状態のときにガラス厚の中間層に金網を挟み込んで成形する。また，型板ガラスは，型模様のついた圧延ローラを用いて成形するもので，テーブル式とロールアウト式がある。

2-6-3　一般的性質

　ガラスの透明性，平滑性を利用して，窓や間仕切り，開口部など，採光を目的として使われているが，ガラスはもろくて割れやすいという欠点がある。

　建築用板ガラスの一般的性質を表2-38に示す。建築用板ガラスの密度は，約 2500 kg/m³で，アルミニウム（2770kg/m³）より若干小さい。板ガラスの重さは，ガラスの面積と板厚によって定まり2.5 kg/m²/mmの係数が用いられる。

　板ガラスは風圧などの外力を受けるため，特に曲げ強度が重要で，窓ガラスに作用する風圧力に対して，ガラスの面積と板厚によって設計している。

　ガラスは局部的に熱を受けるとひずみを生じて，破壊する。この現象は，熱伝導率が小さくガラスの厚さが大きいほど顕著である。ガラスの耐熱性を向上させ

表2-38　建築用板ガラスの物性

性　状	項　目	普通板ガラス
物理的性状	密　度	2.54g/cm³
	引張強度	49N/mm²
	圧縮強度	882N/mm²
	曲げ強度	68N/mm²
	ヤング係数	7.16×10^4 N/mm²
	ポアソン比	0.23
熱的性状	熱膨張率	$8.5 \sim 9 \times 10^{-6}$/℃（常温〜350℃）
	比　熱	837J/(kg・K)（0〜50℃）
	熱伝導率	1.0W/(m・K)（0℃）
	軟化点	720℃
光学的性状	屈折率	1.52
	反射率	8%（垂直入射）
	通過率	90%

るには，組成上からはケイ酸，アルミナ，ホウ酸などを多くし，アルカリ分を少なくする。

板ガラスは建築の用途上から，光の屈折，反射，透過，吸収，拡散などの性質が重要となる。屈折率は鉛を含むものほど大きくなり，反射率は屈折率と入射角に比例して大きくなる。また透過率は，ガラスの透明度，着色の有無，表面状態などで異なり，拡散率は乳白ガラス，すりガラス，つや消しガラス，型板ガラスなどが高い。なお，透明ガラスでも紫外線はほとんど透過しない。

2-6-4 製品と用途

建築用ガラスは大きく別けて，板状ガラス，成型品ガラスおよびガラス繊維の3種に分類される。板ガラスは薄板ガラスと厚板ガラスに分けられ，一般には，6 mm以下の厚さのものを「窓ガラス」とよび，それ以上の厚手のものを「厚板ガラス」とよぶ。

（1） 板状ガラス

建築用板ガラスの種類と性質，用途を表2-39に示す。

板ガラスは一般板ガラスと特殊板ガラスに区分されている。フロート板ガラス，型板ガラスおよび網・線入板ガラスは一般板ガラスとよばれている。このほか，特殊な機能を有する特殊ガラスとして，耐風圧強度の大きい溝形ガラスや波形ガラスなどの異形ガラス，ガラス表面に薄い銀膜を蒸着またはめっきしたハーフミラー（マジックガラス），多種の色ガラスを溝のある鉛ビートを用いて模様を組み立てるステンドグラス，ケイ酸分が多く膨張係数が小さいので温度変化に耐える耐熱ガラス，酸化鉛を含んだ医療用や原子力関係のエックス線を防護するエックス線防護用鉛ガラスなどがある。

（2） 成型品ガラス

1) **ガラス瓦**　　ガラス瓦は一般の瓦と同じ形状であり，瓦の一部にガラス瓦を葺いて，天窓をつくることができる。防火性の向上のため，菱形金網を入れたガラス瓦もある。波形の形状と表面の梨地模様よって，入射光線は屈折拡散され，柔和で明るい採光が得られる。

2) **ガラスブロック**　　ガラスブロックとは，図2-56に示すように，2枚の角形皿状のガラスを溶着した中空のブロックである。内部に0.7気圧程度の減圧乾燥空気を封入して，両表面は平滑で裏面に各種模様を入れてあり，その形状によって入射光線を屈折分散するので，装飾的価値もある。断熱，遮音，結露防止の効果が大きく，75％くらいの光の透過率である。

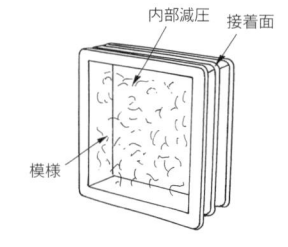

図2-56　ガラスブロック断面

3) **ガラスタイル**　　乳白色，黒色，青色，赤色，黄色のガラスをタイル状に成形したもの。一般に化学薬品などを使うところに用いられ，色が自由で美しく，

表2-39 建築用板ガラスの種類・性質・用途

種類	性質	用途
フロート板ガラス JIS R 3202	高い平面度を有し，ゆがみが少なく採光性の優れ，大面積のガラスも製造される。	高層建築物の内外装や店舗，ショーケース
型板ガラス JIS R 3203	ガラス表面に縞，石目，ダイヤ，さざなみなどの型模様をつけたガラス。光は通すが，光の拡散によって視線を遮る。	室内の間仕切り窓，浴室の窓
網入板ガラス JIS R 3204	金属の網をガラスの内部に挿入したもの。割れても挿入した網のため破片が飛散せず，炎や火の粉の侵入を防ぐ。防火ガラス	雨戸のない窓ガラス，防火・盗難用に用いられる。
熱線吸収板ガラス JIS R 3208	太陽光線の比較的長い波長の赤外線を吸収するように，普通板ガラスに微量のコバルト，鉄，セレンなどの金属を添加した着色透明ガラス	冷暖房の効果を高めるために窓ガラスに使用
紫外線透過ガラス	普通板ガラスの鉄分を減じて，リン酸を加えたガラス。健康上有効な紫外線を透過するガラス。普通板ガラスは紫外線を透過しない。	日光浴室やサナトリウムなどの窓
紫外線吸収ガラス	紫外線を吸収して可視光線を透過するガラス。セリウム，チタニウム，バナジウムなどの化合物を混入したもの。	変色や化学作用を防ぐ陳列ケースや食品・薬品倉庫などの窓
倍強度ガラス JIS R 3222	板ガラスを軟化点（500～600℃）に加熱し，急冷したガラス。表面に圧縮応力が作用して固化し，外力や温度変化に対する強度が増加したガラス。破砕しても破片が細片になり人体を傷つける危険性が少ない。穴あけ，切断などの加工はできない。安全ガラス	高層建築物の窓用ドアガラス，防犯性は期待できない。
合わせガラス JIS R 3205	2～3枚の板ガラスの間に透明なポリビニルブチラールなどの膜を挟んで加熱圧着したもの。割れても飛散せず，厚めのものは防弾ガラスともいう。安全ガラス	自動車，船舶，航空機や銀行の窓
複層ガラス JIS R 3209	2枚の板ガラスの間に乾燥空気を入れて密封したガラス。水蒸気で曇らず，断熱性，結露防止，遮音性に優れている。二重ガラス，ペアガラス，多層ガラスともいう。	断熱・遮音効果を高めるために窓ガラスに使用

吸水がなく，酸やアルカリに比較的強い特徴がある。

4) **ステンドグラス**　各種色ガラスの小片をH形断面の鉛製ビートで順次挟み込んで，各種の図案や模様をつくったもの。教会などの窓，隔壁などの装飾に使われる。

5) **多泡ガラス**　ガラスを粉末にした種ガラスに，カーボンや炭酸カルシウムを発泡剤として添加し，発泡を調節する還元剤を混合して，約850℃で加熱しCO_2の泡を発泡させて製造される。密度0.15g/cm^{3}程度で，断熱材料，吸音材料として用いる。「多泡ガラス」や「フォームガラス」ともいう。

6) **ガラス繊維**　ガラス繊維（グラスファイバー）には，短繊維と長繊維とがある。短繊維は遠心力法やブラスト法，長繊維は捲取法で製造される。短繊維はグラスウールとして吸音材，断熱材，保温材などに，長繊維はライニング補強基材，FRPの原料，および糸としてガラス布（カーテン）として用いられる。

3 有機材料

3-1 木材

わが国は，一般に気候が温暖で，降雨量も多く，豊富な木材資源に恵まれ，良質な木材が産出されている。このため，木材（wood, timber, lumber）は古来から建築物はもとより，土木，造船などに使われてきた。

木材は，針葉樹材と広葉樹材に分けられる。これらの樹材は，表3-1に示すような特徴を有している。針葉樹材は軟木ともよばれ，細胞の長さが3～4mm程度の仮導管が樹幹の縦方向に平行に並んでおり，木部の容積に占める割合は90％以上である。広葉樹材は硬木ともよばれ，細胞の長さが1～1.5mm程度の繊維が縦方向に並び，細胞の構成比率が大きい。広葉樹材は針葉樹材にくらべ，組織構造が複雑で，それらを構成している要素の木部に占める比率も樹種によって著しく異なる（写真3-1参照）。

表3-1 樹種と特徴

樹種	特徴	おもな種類	
		日本産	外国産
針葉樹材	材質が柔らかい 軽量 繊維が直通 加工しやすい 長大材が得やすい 白蟻が好む	スギ，ヒノキ マツ，ヒバ モミ	ベイマツ ベイツガ ベイヒ
広葉樹材	材質が硬い 重い 組織が複雑 木目が特有の模様	ナラ，ケヤキ ブナ，カシ キリ，カツラ クリ	ラワン チーク オーク マホガニー

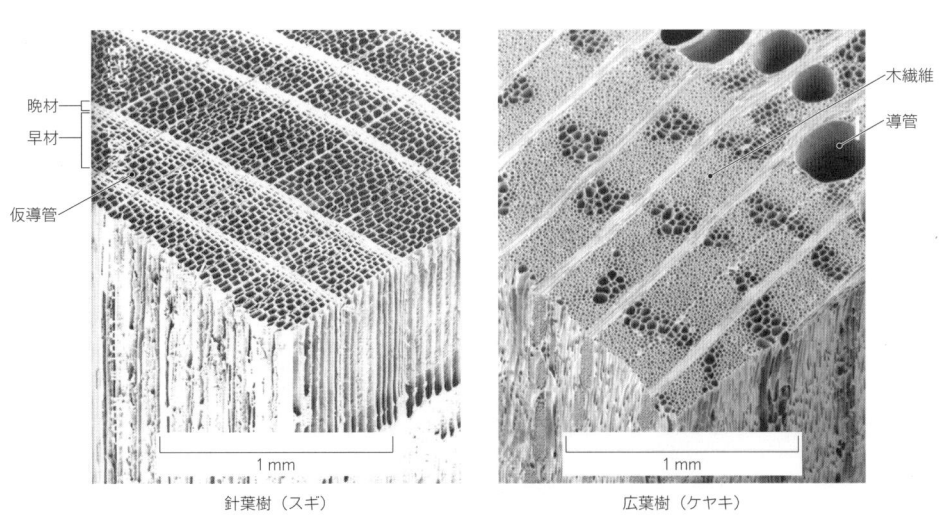

写真3-1 樹木の断面（提供　森林総合研究所）

3-1-1 構造と組織・木理・欠点

（1） 年　輪

　木の生長は，春から夏にかけて盛んで，夏から秋にかけて緩やかになり，冬は停止する。春に形成された細胞は比較的大きく，細胞壁も薄く，色は淡い。夏以降に形成された細胞は小さくて壁厚が厚く，濃い色をしている。前者を春材または早材とよび，後者を秋材，晩材または夏材とよぶ。この春材と秋材が1年間に一つずつ繰返し形成され，年輪を構成している。年輪がはっきり見える木材は，ヒノキ，マツ，スギなどの針葉樹材に多く，年輪がはっきりしない木材はブナ，ラワンなどの広葉樹材に多い。

（2） 心材・辺材

　木材は図3-1に示すように，その外周部は色が淡く，その内側は色が濃い。前者を辺材または白太とよび，後者を心材または赤身とよぶ。辺材は生活機能をもつ細胞よりなり，樹液の流通と栄養分の貯蔵の役割を果している。辺材は割れ，樹脂壺などの欠点が少ないが，吸水率が大きく，腐りやすい。心材は，細胞に生活機能がなく，樹幹に強固性を与えるのみである。細胞内にゴム，樹脂，タンニンなどが堆積し，吸水率が小さく，耐久性に富んでいる。

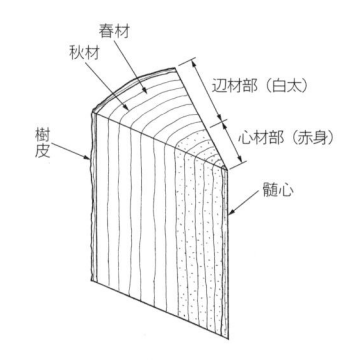

図3-1　木材断面の模式図

（3） 細　胞

　木材は，仮導管，導管，木繊維，黙柔細胞，放射組織，細胞管道などにより構成されている。これらの細胞の形態，配列，組合せによって木材の物理的・化学的・力学的性質が異なる。

（4） 化学成分

　木材の化学的組織は，細胞壁成分としてのセルロース，リグニン，ヘミセルロースのほか，油脂，樹脂，精油，たんぱく質および無機質分で，そのうちセルロースが約50％を占めている。リグニンはセルロースを結合させる物質である。元素組成として炭素約50％，水素約6％，残りは酸素である。

（5） 木　理

　木材の表面に現れる木目，紋様，凹凸，ねじれなどを総称して木理（wood grand；moire）という。木理の美しいものは，高級な天井板，床板，床框，床柱などに珍重される。

（6） 欠　点

　木材の欠点には，図3-2に示すように種々の割れ（目回り・心割れ・はだ割れ），腐れ，節（生き節・死に節・腐れ節・抜け節），あてなど多様なきずがある。使用にあたっては，これらを配慮して，欠点を避けたり，補ったりすることが大切である。

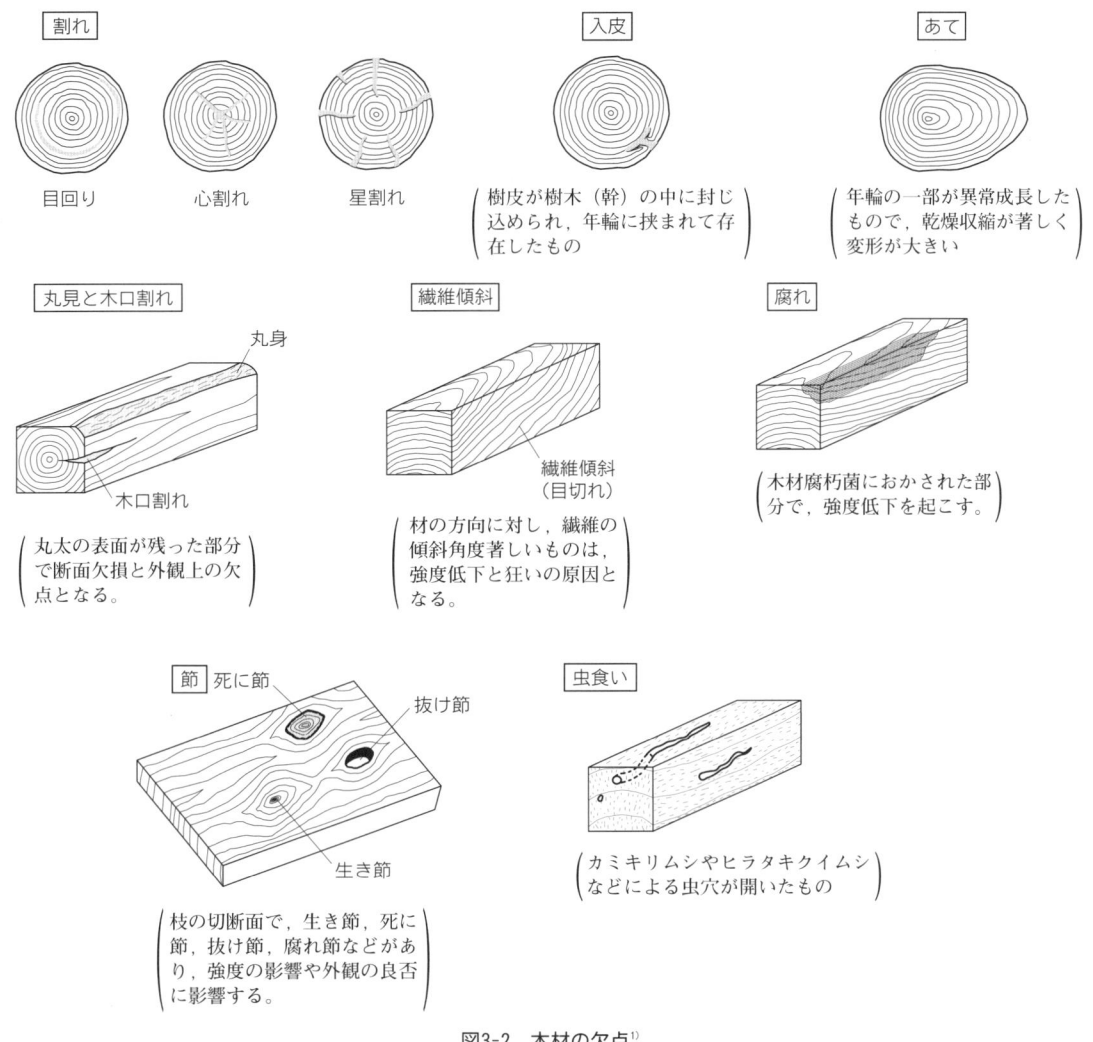

図3-2 木材の欠点[1]

3-1-2 製材による種類

原木から帯のこ，丸のこなどを用いて挽き割って角材，板材などを切り出すことを製材（sawing；lumbering；conversion）という。この製材による木材の髄心を通る方向（半径方向）の切断面をまさ（柾）目（straight grain）といい，平行な木理（製材により材面に現れる木目模様）で収縮変形が少なく，造作材（なげし，落掛り，天井板など）に珍重される。また，接線方向の切断面を板目（cross grain；flat grain）といい，山形の木理で，収縮・変形が大きい。

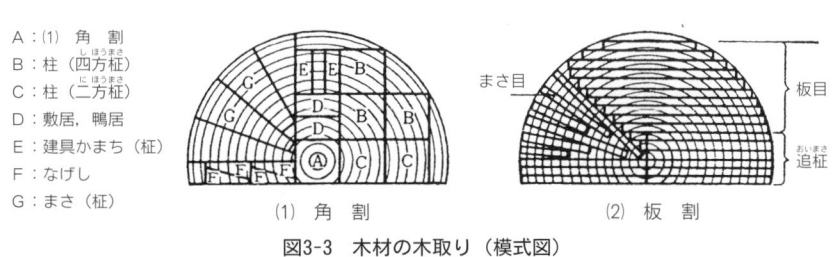

A：(1) 角 割
B：柱（四方柾）
C：柱（二方柾）
D：敷居，鴨居
E：建具かまち（柾）
F：なげし
G：まさ（柾）

(1) 角 割　　(2) 板 割

図3-3 木材の木取り（模式図）

木材の湾曲した外側を木の背，内側を木の腹という。また，板目の外側を木表（outer surface, face side），板目の髄心側を木裏（inside surface, back side）という。

柱材の横断面内に髄心があるようなときは心持ち材（boxed timber），また，髄心がないものは心去り材（pithless timber）という。

写真3-2は，乾燥による断面の変形を示している。

写真3-2 木材の変形

3-1-3 水　分
(1) 乾　燥

木材は，乾燥した状態で使用するのが一般である。乾燥によって，①木材は軽くなり，強度・弾性係数が大きくなる，②使用開始後の寸法変化・ひ割れ・狂いをなくす，③加工が容易となる，④腐朽菌の発育を抑制し，また，虫害・腐れなどを防止できる，⑤薬剤の含浸および塗布，塗料の塗装に効果がある。

木材の乾燥を急激に行うと，表面硬化，乾燥割れ，反り（図3-7参照），内部乾裂などの欠陥を生じるため，樹種および含水率に応じた乾燥方法を選択する必要がある。心持ち材の乾燥による割れを防ぐ一方法として，写真3-3に示すように背割りを行う。

写真3-3 背割り

(2) 含水率・繊維飽和点

木材中の水分は，細胞膜に吸着されている水分（細胞水）と細胞腔内および細胞間にある水分（自由水）とに区分される（図3-4参照）。細胞膜に最大限の水分が吸着されたときの含水率を繊維飽和点（fiber saturation point）とよび，約

28wt%である。細胞膜の含水率の変化によって、伸縮・強度・弾性係数などに特異な変化が生じる。自由水は、繊維飽和点を超えて木材中に存在する水分である。木材を乾燥させる場合は、先に自由水が乾燥し、次に細胞水が乾燥する。最大含水率は、密度の小さい木材の場合、250wt%くらいに達する。

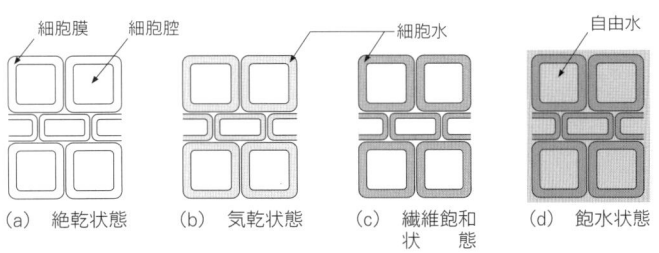

図3-4 木材の含水状態

気乾状態の木材（気乾材）の含水率は標準15wt%である。造作材には、含水率が10〜12wt%程度のものが用いられる。

(3) 平衡含水率

図3-5は、温度・湿度に対応する木材の平衡含水率を示している。木材の含水率は温度と湿度に対し平衡になるように変化する。

相対湿度が0%から25%程度まで、また、相対湿度が90%以上では、相対湿度の増加に対して、平衡含水率は急激に増加する。

図3-6は、木材の相対湿度変化に対する平衡含水率の変化を示している。放湿過程の値が吸湿過程の値よりも高くなるヒステリシスを示す。

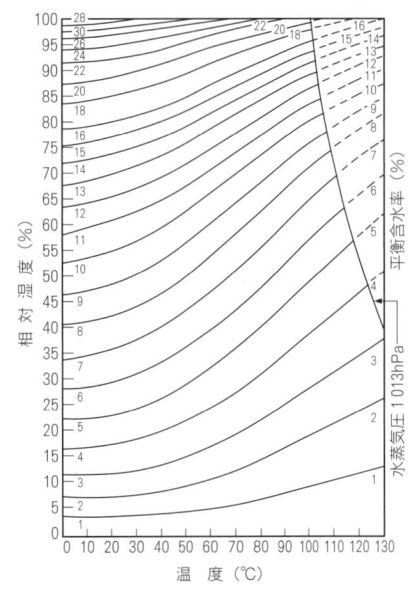

図3-5 木材の平衡含水率[2]

3-1-4 一般的な性質

(1) 密度

木材の密度は、含水率、木材中の空隙、年輪幅などによって異なる。含水状態によって、生材密度、気乾密度、絶乾密度とがあり、材質を比較するときは、気乾密度（含水率：15%）を

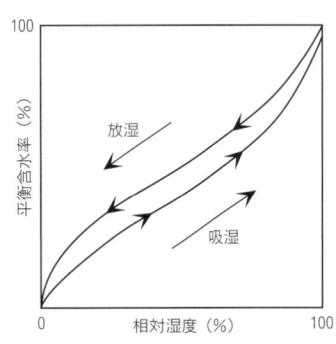

図3-6 水分収着等温線

用いる。木質部の真密度は樹種によらず約1.5g/cm³であり、木材の空隙率は樹種によって異なり30〜80%である。そこで、密度は多くの性質の指標値として有効であり、強度は密度の一次関数で表すことができるといわれる。表3-2は代表的な建築用木材の気乾密度を示したものである。

表3-2 建築用木材の気乾密度（g/cm³）

材の種別		樹種	気乾密度	材の種別		樹種	気乾密度
国産材	針葉樹材	サワラ	0.34	東南アジア産材		レッドラワン	0.49
		ネズコ	0.35			ホワイトメランチ	0.55
		スギ	0.38			ワミン	0.62
		エゾマツ	0.43			アビトン	0.68
		ヒノキ	0.44	米材	針葉樹材	ベイスギ	0.37
		カラマツ	0.50			スプルース	0.45
		アカマツ	0.52			ベイツガ	0.47
		クロマツ	0.54			ベイヒバ	0.49
	広葉樹材	クリ	0.60			ベイマツ	0.49
		イタヤカエデ	0.65	北洋材	針葉樹材	ベニマツ	0.41
		ブナ	0.65			オウシュウアカマツ	0.45
		マカンバ	0.67			エゾマツ	0.47
		ミズナラ	0.68			ダフリカカラマツ	0.60
		ケヤキ	0.69	ニュージーランド産材	針葉樹材	ラジアータパイン	0.44
	広葉樹材	ライトレッドメランチ	0.41				
		イエローメランチ	0.44				

木材の強度は，一般的には，密度との関係で広葉樹材のほうが針葉樹材より若干大きい。木材の各種強度は，密度が小さいキリで圧縮強度が 20 N/mm²，引張強度が 60 N/mm²から，密度が大きいカシで圧縮強度が 60 N/mm²，引張強度が 200 N/mm²と幅が広い。

（2） 伸 縮

木材は，細胞水の変化に伴って伸縮する。したがって，繊維飽和点を超えて含水率が増えても寸法は変化しない（図3-7）。

表3-3はおもな樹種の全収縮率を示している。含水率 1 ％の変化に対する収縮値は，繊維に対する方向によって異なり，密度を ρ とすると，繊維（材軸）方向：約 0.03ρ％，半径（まさ目）方向：約 0.30ρ％，接線（板目）方向：約 0.55ρ％である。この比は，1：10：18程度である。

このように，木材は含湿変化に伴って寸法が変化し，かつ，方向によってその値が異なる。このため，板材の一面を湿らすと反りかえったり，湿潤材を製材し，乾燥後断面が菱形に変形したりすることがある（図3-8参照）。

（3） 強 度

木材の強度は，密度（樹種，生長速度などで異なる），含水率，加力方向，節の有無・状態など多様な条件によって変化する。

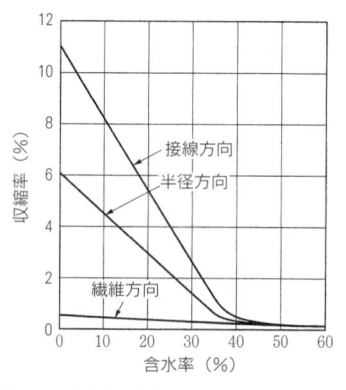

図3-7 木材の含水率と収縮率との関係

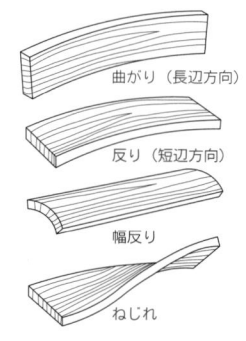

図3-8 木材の変形[1]

表3-3 木材の全収縮率（％）[3]

産地	樹種	気乾密度 (g/cm³)	接線方向	半径方向	繊維方向
国産材	スギ	0.37	6.57	2.63	0.19
	ヒノキ	0.41	6.43	3.07	0.25
	アカマツ	0.58	8.93	4.82	0.20
	エゾマツ	0.43	9.02	3.87	0.18
	カラマツ	0.53	8.61	3.85	0.18
	キリ	0.29	5.16	1.43	0.17
	ケヤキ	0.62	6.29	3.70	0.65
	シラカシ	0.99	14.07	5.39	0.43
	カツラ	0.49	7.53	4.03	0.44
	ブナ	0.68	11.50	5.02	0.37
	マカンバ	0.65	7.58	5.24	0.44
南洋材	ライトレッドメランチ	0.46	6.87	2.71	0.26
	イエローメランチ	0.48	7.42	2.48	0.20
	カロフィルム	0.60	8.07	5.11	0.32
	ホワイトメランチ	0.59	7.56	3.29	0.26
	アピトン	0.71	10.76	5.33	0.21
	ラミン	0.65	10.83	4.77	0.16
米材	ベイスギ	0.32	5.0	2.4	－
	シトカスプルース	0.40	7.5	4.3	－
	ベイツガ	0.45	7.8	4.2	－
	ベイヒバ	0.44	6.0	2.8	－
	ベイマツ（コーストタイプ）	0.48	7.6	4.8	－
ニュージーランド材	ラジアタパイン	4.49	7.37	4.28	－

国産材と南洋材の気乾密度は含水率15％，米材とニュージーランド材の気乾比重は含水率12％のときの値

1）密度と強度の関係 密度の大きい木材は，細胞の実質部が大きく，したがって，強度も大きい。

含水率が一定であれば，強度や弾性係数は密度によって，ほぼ推定できる。密度と強度との関係を表3-4に示す。木材は他の材料にくらべて，密度が小さいわりに強度が大きい。

表3-4 木材の各種強度と密度 γ との関係（繊維に平行な場合）

種別	圧縮	引張	曲げ	せん断	曲げ弾性係数	備考
強度(N/mm²)	$70 \cdot \gamma$	$86.4 \cdot \gamma$	$101 \cdot \gamma^{1.2}$	$13.4 \cdot \gamma$	$13\,500 \cdot \gamma$	γ：気乾密度

2）含水率と強度の関係 木材の強度は，含水率の増加とともに小さくなる。図3-9に木材の含水率と強度との関係を示す。

繊維飽和点までは含水率が増えるとともに，木材の強度は小さくなるが，含水率が繊維飽和点を超えると，強度はほとんど変わらない。これは，細胞膜に吸着された水分が木材の強度に影響し，細胞腔および細胞間に存在する水は強度に影響を及ぼさないことを示している。

3）加力方向と強度の関係 木材は，細胞組織と年輪組織をもっているため，加力方向によって，その強度が大きく変化する。この関係を図3-10に示す。木材の圧縮，引張および曲げ強度は，繊維に平行な方向に対して大きく，直角な方向に対してきわめて小さい。木材のせん断強度は，繊維に直角な方向に対して大きく，平行な方向に対して小さい。

4) **各種強度の相互関係** 木材は，圧縮強度より引張強度が大きい。これは，圧縮の場合に細胞が座屈し，引張りの場合に細胞を引きちぎるように力が作用するためといわれる。木材のせん断強度が著しく小さいのは，繊維に平行な方向に加力すると，秋材と春材部の境界面ではく離し，繊維間で裂けるためである。

5) **有節材の強度** 木材の強度は，生き節，死に節，腐れ節，抜け節など節の存在によって低下する。図3-11は，この関係を示すものである。短柱の繊維方向の圧縮については，節の強さと健全部の強さの和と見なし，引張りについては，節の種類にかかわらず，節の部分は，抜け節と見なすことになる。

(4) **熱的性質**

1) **熱伝導率** 木材は，細胞腔内，細胞間に多量の空隙を含むため，一般に，熱伝導率が小さく，0.12 W/(m・K)程度である。木材の熱伝導率 λ は，密度を ρ とすると，おおよそ次式で与えられる。

$$\lambda (W/(m・K)) = 0.041 + 0.017\rho$$

2) **燃焼** 木材を加熱して温度をあげていくと，180℃前後で熱分解が始まり，C，O，H，CH_4 などの可燃ガスが発生する。さらに温度を上げて250〜290℃になると，引火（着火）点に達し，温度が450℃になると発火点に達する。木材の燃焼温度は1 400℃以上であるが，その火災危険温度は260℃としている。

大断面の木材は，燃焼によって，表面に炭化層が生じ，この層が内部への熱の伝導を遅らせ，また酸素の

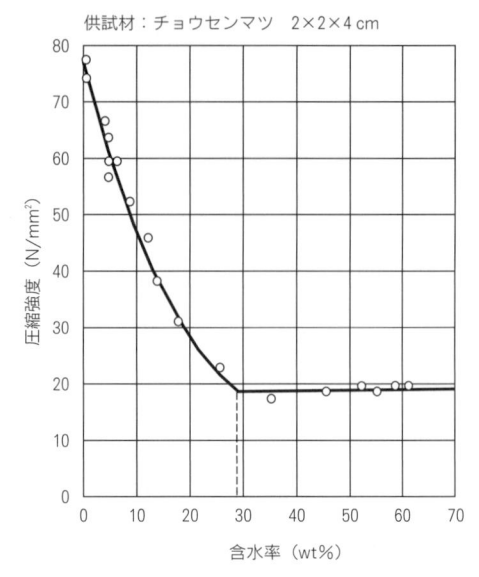

図3-9 木材の含水率と圧縮強度の関係（渡辺治人）

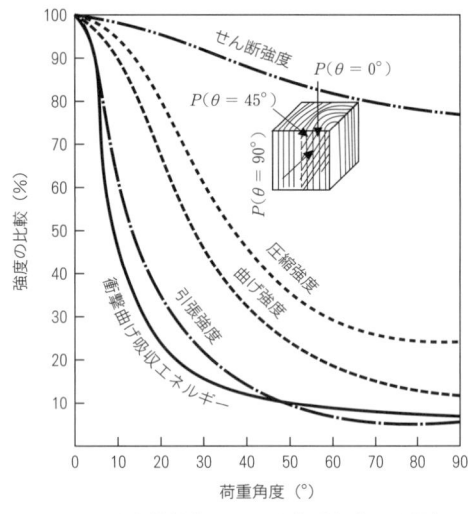

図3-10 強度的性能に及ぼす荷重角度の影響[4]
荷重角度：試験体の長軸（＝加力方向）と繊維方向とのなす角度

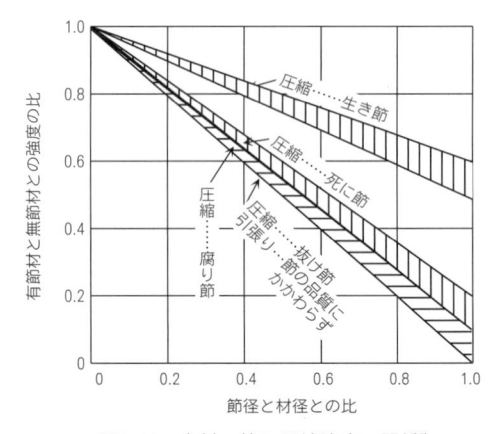

図3-11 木材の節と圧縮強度の関係[5]

供給を防ぐため，小断面の木材より炭火速度が遅い。このため，大断面の部材は小断面の部材より燃えにくい。

木材の可燃性を防止することは困難であるが，防火剤を塗布，含浸，圧入することによって，ある程度の防火性を付与することができる。

3） **調湿性**　吸放湿性の高い木材を内装とした場合，他の材料を内装材とした場合よりも室内の相対湿度変化が小さく，調湿性を得ることができ，結露防止につながる（図3-12参照）。

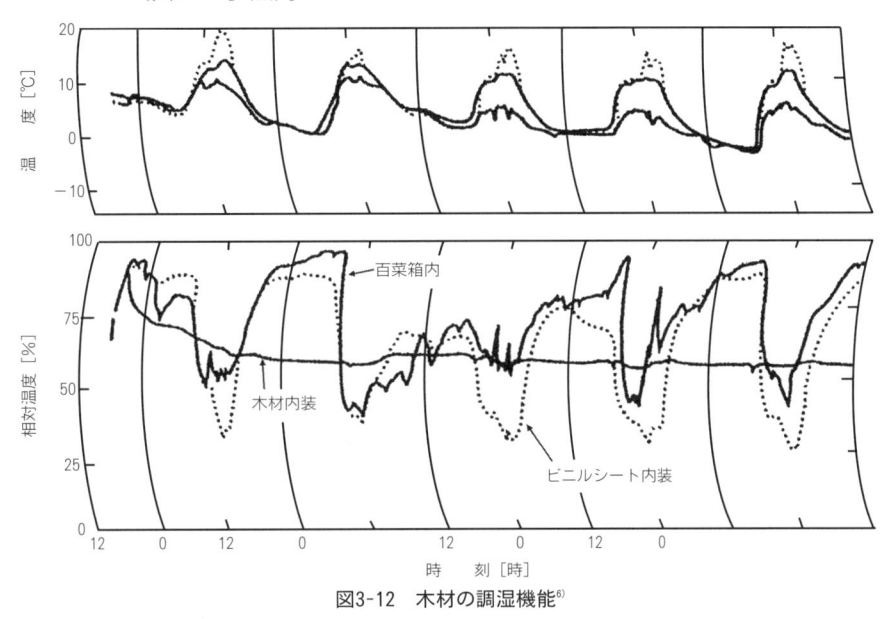

図3-12　木材の調湿機能[6]

3-1-5　木材の耐久性

木材は使用されている環境条件に応じて，風化，磨耗，腐朽，虫害などによって次第に劣化する。

（1）腐朽

木材が腐朽するのは，木材腐朽菌が木材成分を分解し，養分として摂取し，生育するためである。腐朽菌の生育条件は，以下のようである。表3-5は木材の耐朽性の区分を示したものである。

① 温　度：腐朽菌の繁殖に最適な温度は菌の種類によって異なるが，24～36℃程度である。3℃程度以下では繁殖が停止し，45℃程度以上では死滅するといわれる。

② 水　分：腐朽菌は，木材の含有水分が約20%を超えると発育を開始し，50%以上になると発育が衰えるとされている。また，空気の湿度が85%程度を超えると発育が始まるとされ，空気の湿度が95%を超えると常温における木材の平衡含水率は25%以上にもなり，腐朽が始まるものと考えてよい。

③ 空　気：腐朽菌は呼吸作用を行い，酸素をとるため，空気のないところでは生育できない。水中貯蔵の木材，RC造において常水面下に打ち込んだ生

松杭（いまは用いられていない）が腐らないのはこのためである。

④ 養　分：木材自体が養分となる。防腐剤の塗布，注入によって木材自体を腐朽菌の養分として適さないように変えることができる。

以上の4つの生育条件のうち，どの一つが欠けても，木材は腐朽しない。土台，台所・風呂場の根太（ねだ），床板（ゆかいた）などについては，特に，腐朽に対する配慮が必要である。

ただし，木材の腐朽は樹種によっても異なる。

表3-5　木材（心材）の耐朽性の区分[7]

耐朽性の区分	日　本　材	北米材，北洋材	南洋材
Ⅰ（極大）			イピール, ギアム, コキクサイ, コムニアン, セランガンバツ, ヤカール, チータ, パラウ, バンキライ, メルバウ, インツィア, ピチス, ウリン, エリマ, エボニー
Ⅱ（大）	ヒノキ, サワラ, ヒバ, ネズコ, イチイ, カヤ, コウヤマキ, ケヤキ, クリ, ホオノキ, ヤマグワ, ニセアカシア	ベイヒ, ベイスギ, ベイヒバ, インセンスシーダー, センペルセコイア, ブラックウォールナット	レサック, チュテールバンコイ, ホワイトメランチ, ケラット, セプターパヤ, レンガス, ナリグ, パドーク, ピンカドー, セドレラ, マホガニー
Ⅲ（中）	スギ, カラマツ, アスナロ, クサマキ, シラベ, カツラ, クヌギ, ミズナラ, アラカシ, シラカバ, スダジイ, タブノキ	ベイマツ, ダフリカカラマツ, ホワイトオーク, ペカン, バターナット	ライトレッドメランチ, バカウ, イエローメランチ, メルサワ, チュテールサール, ブジック, カプール, クルイン, スロールクラハム, ボルネオオーク, カロフィルム, テラリン, バナリウム, バカウ, メンガリス, アルトカルプス, ケンパス
Ⅳ（小）	アカマツ, クロマツ, モミ, トガサワラ, ブナ, コナラ, アベマキ, コジイ, イヌエンジュ, イチイガシ, キハダ, ヤチダモ, アカガシ, ヒメシャラ	ストローブマツ, ベイツガ, スラッシュマツ, テーダマツ, ポンデローサマツ, ソフトメープル, イエローバーチ, ヒッコリー	ターミナリア, ニュージーランドビーチ, ケレダン, ユーカリ, エリマ, レッドラワン, マトア, ナトー, カサイ, ジュンコン, ゲロンガン, マングローブ, アピトン, タウン, タンギール, ビンタンゴール, マンガシノロ, アルモン, アローカリア, カポック, ドリアン
Ⅴ（極小）	トドマツ, エゾマツ, ハリモミ, アオモリトドマツ, イイギリ, イタヤカエデ, ヤマハンノキ, クスノキ, サワグルミ, ヤマナラシ, ドロノキ, ミズ, シラカンバ, マカンバ, アカシデ, シナノキ, イスノキ, トチノキ, オオバボダイジュ, セン, ミズキ, シオジ, オオバヤナギ	ベイモミ, ラジアタマツ, スプルース, アスペン, アメリカシナノキ, コットンウッド	カラス, ジェルトン, ラブラ, アガチス, アンベロイ, ロヨン, チャンパカ, カナリウム, セルチス, キャンプノスパーマ, アルストニア, ブランチョネラ, バスウッド, ブライ, ホワイトシリス, パラゴムノキ, ラミン, オペチェ, アルマシガ, ビヌアン, カランバヤン

（2）虫　害

木材の虫害の主なものは，しろあり（termite）によるものと，ひらたきくいむし（powder-post beatle）によるものである。

1）しろありの食害
木材を食害するしろありには，図3-13のやまとしろありといえしろありとがある。

やまとしろありは，全国に生息し，土台，根太など湿気の多い箇所の木材を好んで食害する。食害は，いえしろありにくらべて緩慢である。秋材部を残して春材部を食害し，かつ，木材の外表面を残して巣とするので，被害を発見しにくい。やまとしろありは，巣を一定の箇所に営むことはなく，被害にあった木材は汚く，腐朽と見分けにくいこともある。

いえしろありは，関東以南の海岸線に沿った温暖な地方に生息する。食害は激しく，木材の乾湿に関係なく食害し，土台，根太などの湿気の多い箇所よりも，2階梁，小屋組などの梁を食害することが多い。秋材部を残し，春材部を食害するが，多くは巣を近くの土中になどに営むので，食害のあとはきれいである。

しろありの対策としては，持続性の防ぎ（蟻）剤（主として，有機リン系：クロルピリホス，ホキシム，非有機リン：ピレスロイド系，トリアジン系，カルバメート系など）を基礎，束石などの周囲の土に混入する。また，土台，床，大引，根太，床板，柱脚部など下部より高さ1 mくらいまで防ぎ（蟻）剤を塗布する。さらに，床下を高くし（60cmくらいがよい），換気孔を大きくして，床下の結露を防ぎ，また，壁中の換気，屋根裏の換気をよくし，天井上面に断熱材を施工して結露を防ぐことが重要である。

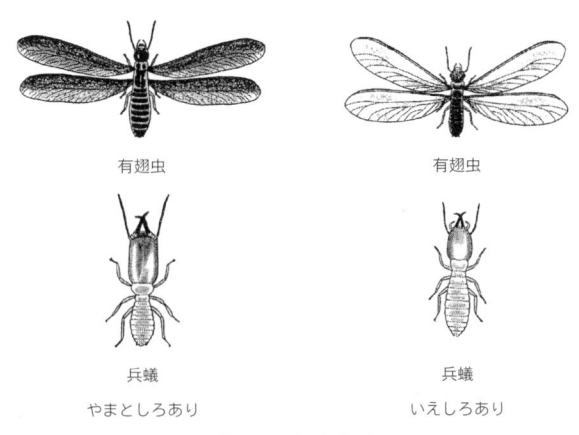

有翅虫	有翅虫
兵蟻	兵蟻
やまとしろあり	いえしろあり

図3-13　しろあり

2）ひらたきくいむしの食害
ひらたきくいむしは，長さ3〜6 mmの褐色から黒色の甲虫である。ラワン・ならなどの辺材を好んで食害する。幼虫は，木材の外表面を残して，内部を食害し，粉末状のふんを排出する。6〜8月ごろ成虫となり，材表面に孔をあけて飛び出していく。めすは，ラワン，ならなどの導管に産卵管を挿し込んで産卵する。針葉樹などは，導管がないので食害しない。

食害の対策としては，殺虫剤の塗布，虫孔から殺虫剤を注射器を用いて注入するなどの方法がある。規模の大きいときは，殺虫剤による燻蒸を行う。

コラム　～〈ヤマトシロアリ〉女王は王と交配せず分身を生む～

　岡山大学　松浦健二先生によると，20～30年生きる王にくらべて，寿命が5～10年と短いヤマトシロアリの女王は，王との交配によらない自分の遺伝子だけの「分身」をつくり，女王の座を守り続けていることがわかった。

　シロアリは，王と女王で巣をつくり，働きアリや，兵アリ，羽アリ（新たな巣の王，女王となりうる）などを交配により産んで家族集団をつくっていくが，巣を大きくする過程では，一女王だけでは産卵数が不足するので，「分身」である次の代の女王たちが，王と交配し，家族を増やしている。つまり，一つの巣では，初代女王と同じ遺伝子の女王が一王とともに君臨していることになる。王との近親交配を防ぎながら，遺伝子の"純潔"を守っている。

　松浦先生は，「遺伝子的には巨大な不老不死の女王が存在するのと同じ。非常に効率がよく，生き物として究極の遺伝システム」と話す。

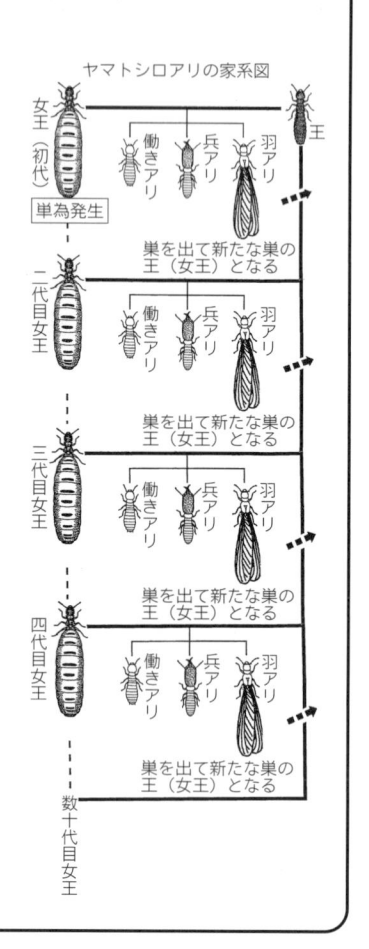

3-1-6　木質材料

　木質材料とは，木材を原料として人工的につくられた材料で，その形状から面材と軸材に分類でき，図3-14のような方法で製造される。

　その特徴をあげれば次のようである。
① 　天然材より長大な材を製造できる。
② 　天然材の欠点を除去して安定した材料を製造できる。
③ 　廃材・端材などを有効に利用できる。

　なお，木質材料はエンジニアリング・ウッド（engineering wood）ともよばれている。

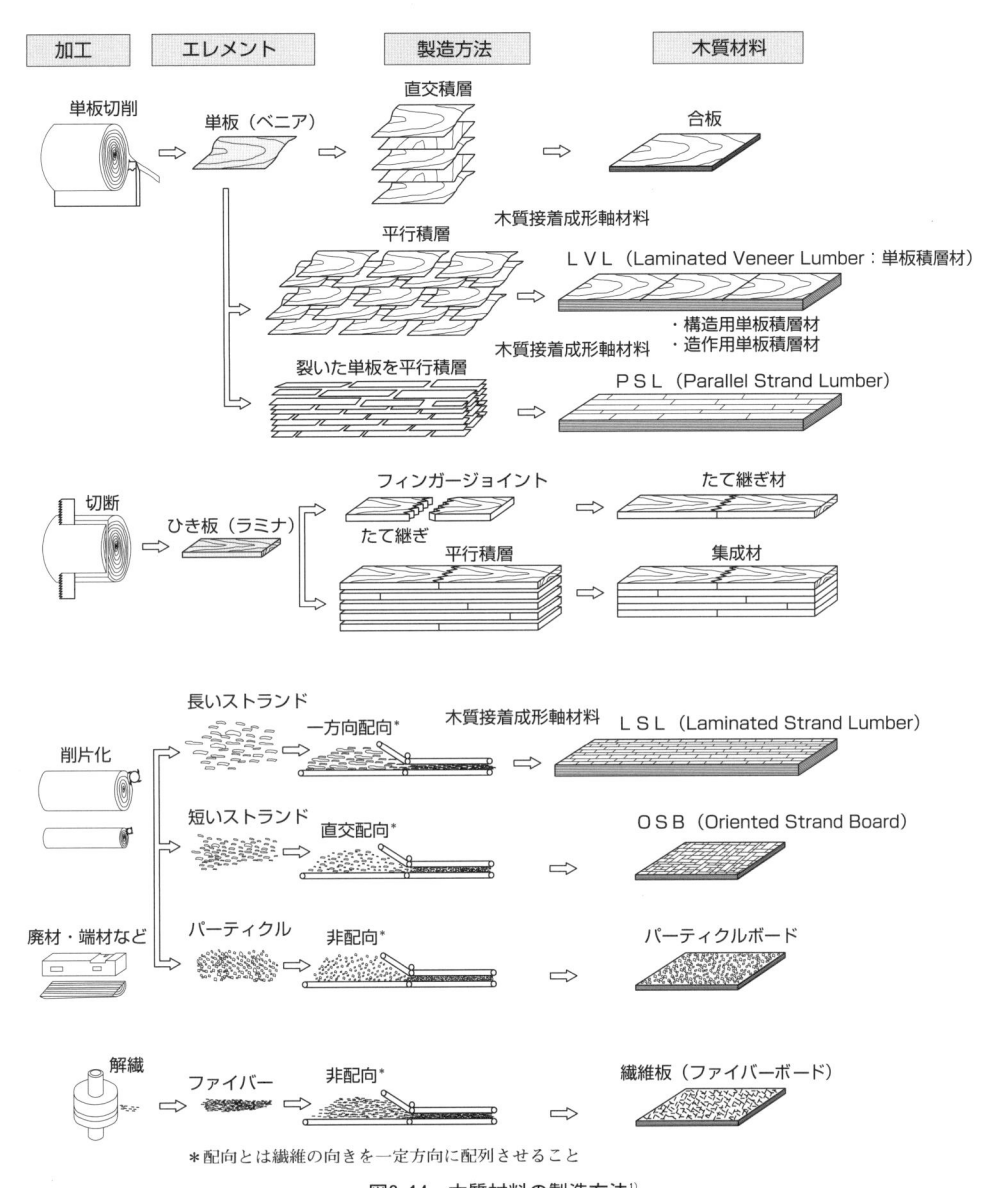

図3-14　木質材料の製造方法[1]

（1）合板

　合板は，木材の樹心を中心として回転させながら薄く剝いだ板，すなわち，単板（veneer）を図3-15に示すように，繊維方向が交互に直交するように奇数枚積み重ねて，接着剤で張り合わせた板（plywood）である。

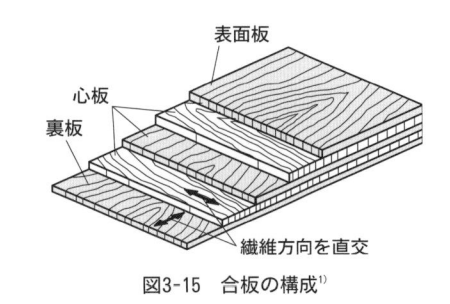

図3-15　合板の構成[1]

　合板の特徴は，以下のようである。
　① 繊維が交互に配置されているため均質性が向上する。
　② 表板に節のない単板を用いて，しかも同じ模様の木目を有した合板を何枚

もつくれるため化粧性が高い。
③ 樹心を中心に回転しながら剥いだ単板のため大面積の板が得られる。
④ 単板の厚さや枚数を変えることができ，さまざまな強度の合板が得られる。
⑤ 接着剤の種類によっては，耐水性能が異なる。

合板の耐水性による種別を表3-6に示す。合板の種類には，普通合板，コンクリート型枠用合板，構造用合板，天然木化粧合板，特殊合板，足場板用合板，難燃合板，防炎合板，防火戸用合板がある。

表3-6 合板の種類（JAS）（耐水性による）

特 類	屋外または常時湿潤に耐える。接着剤はおもにフェノール樹脂。72時間連続煮沸試験に合格（建築物の構造耐力状主要な部分，足場板に使う）。
1 類	長時間の外気および湿潤露出に耐える。接着剤はおもにフェノール樹脂やユリアメラニン共縮合樹脂。所定の煮沸繰返し試験・浸せき剝離試験に合格（水中・戸外・浴室・コンクリート型枠など広く使われる）。
2 類	湿気の多い高い場所でもある程度耐える。接着剤はおもにユリア樹脂。所定の温冷水浸せき試験・浸せき剝離試験に合格（洗面所・台所の天井・羽目など湿気がかなり高く，ときどき水にぬれる程度の部分に使う）。

（2） LVL（単板積層材）

LVLとは，単板の繊維方向（木理）をすべて同じ方向にして，積層・接着した木質材料のことで，長尺材を得ることができる。一般的には，厚みも厚く面材としてよりも軸材，骨組材として用いられる。

（3） 集成材

集成材は，ひき板または小角材などをその繊維方向を互いにほぼ平行にして厚さ，幅および長さ方向に集成密着した一般材をいう。集成材のひき板（ラミナ）の縦方向の継ぎ方には，図3-16に示す方法がある。

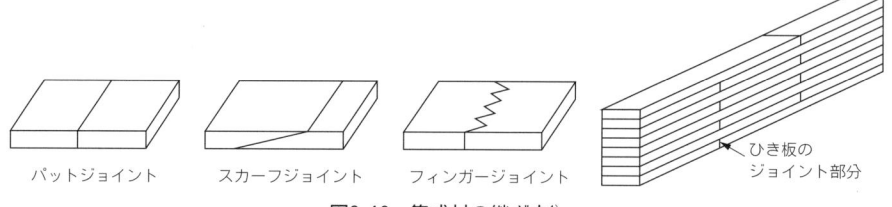

図3-16 集成材の継ぎ方[1]
（バットジョイント，スカーフジョイント，フィンガージョイント，ひき板のジョイント部分）

集成材の特徴は，以下のとおりである。
① ひき板の欠点部分を除去，分散できるばかりでなく，ひき板の等級の組合せによって，製品の品質のばらつきが少なく，強度の優れたものが得られる。
② ひき板を縦つぎして，断面の大きな長尺材が得られる。
③ 任意の曲率をもった湾曲集成材が得られる。
④ ひき板を一枚一枚乾燥させて集成してあるため，水分勾配による製品の割れやくるいが少ない。

⑤ 表面に化粧的価値の高い薄板を張ることによって，外観が美しい製品が得られる。

集成材の種類には，建築物の構造部材として用いられている構造用集成材，および建築物の内部造作として荷重のかからない部位に用いられる造作用集成材がある。また表面に美観を目的とした薄板を化粧ばりした集成材がある。これらの種類を表3-7に示す。

写真3-4 氷見ふれあいスポーツセンター（提供：鹿島）

おもな用途は，わが国では在来軸組工法の柱としての使用が最も多い。大空間を構成する山形アーチ構造部材としても使用されている（写真3-4参照）。

表3-7 集成材の種類（JAS）

集成材の種類	定　　　　　義
造作用集成材	ひき板もしくは小角材などを集成接着した素地のままの集成材，ひき板の積層による素地の美観を表した集成材またはこれらの表面にみぞ切りなどの加工を施したものであって，主として構造物などの内部造作に用いられるものをいう。
化粧ばり造作用集成材	ひき板もしくは小角材などを集成接着した素地の表面に美観を目的として薄板を張り付けた集成材またはこれらの表面にみぞ切りなどの加工を施したものであって，主として構造物などの内部造作に用いられるものをいう。
構造用集成材	所要の耐力を目的としてひき板（幅方向に接着して調整した板および長さ方向にスカーフジョイント，フィンガージョイントまたはこれらと同等以上の接合性能を有するように接着して調整した板を含む）を積層した集成材であって，主として構造物の耐力部材として用いられるものをいう。
化粧ばり構造用集成材	所要の耐力を目的としてひき板（幅方向に接着して調整した板および長さ方向にスカーフジョイント，フィンガージョイントまたはこれらと同等以上の接合性能を有するように接着して調整した板を含む）を積層し，その表面に美観を目的として薄板を張り付けた集成材であって，主として構造物の耐力部材として用いられるものをいう。

造作用集成材は，大きな力が作用しないので，ひき板の継ぎ方はバットジョイントでもよく，室内での使用が目的であるため接着性能は構造用にくらべて厳しくない。おもな用途は，長押（なげし），敷居，鴨居，手摺り，カウンターなどである。

(4) パーティクルボード

パーティクルボードは，木材の小片をおもな原料とし，これに合成樹脂接着剤を塗布して熱圧成形したものである。接着剤の種類によって，Uタイプ（ユリア樹脂接着剤），Mタイプ（ユリア・メラミン樹脂接着剤），Pタイプ（フェノール樹脂接着剤）に分類される。Uタイプは家具，キャビネットなどに，Mタイプは床下地，屋根下地などに，Pタイプは床下地，屋根下地，外壁下地などに用いられている。

パーティクルボードの使用にあたっては，クリープ性状，吸水・吸湿による膨張，切り口部の処理，接合金属に対する保持力などに注意する。

（5） 繊維板（ファイバーボード）

　繊維板は，ファイバーボードともよばれ，木材その他の植物繊維を原料とし，繊維の絡み合いと繊維中のリグニンが結合力の重要な要素になっている。繊維板は，表3-8に示すようにその密度によって3種類に分類されている。密度が0.4g/cm^{3}未満をインシュレーションファイバーボード（軟質繊維板），0.4g/cm^{3}以上0.8g/cm^{3}未満をメディアム・デンシティ・ファイバーボード（中質繊維板，MDF），0.8以上をハードファイバーボードとよんでいる。

表3-8　繊維板の種類

種類	おもな性質と用途	密度（g/cm^3）
軟質繊維板	多孔質で，断熱，吸音効果が大きい。畳床，外壁下地，吸音材に使用	0.4以下
中質繊維板	接着剤を用いる乾式で製造される。内部材料，家具に使用	0.4〜0.8
硬質繊維板	繊維板のうちで最も多く生産されている。建材，家具などに使用	0.8以上

コラム　〜RC造を支える松杭〜

　最近だからこそRC造の杭はコンクリート杭であるが，戦後しばらくの間，松杭が使われていたことはご存知であろうか。

　戦前に建設された日本を代表するRC造のほとんどが松杭に支えられていた。地中の地下水に守られながら，強度を保持してきた。

　しかしながら，都市化の進行は，地下水の大量汲み上げ・利用を伴うことを常としている。このため，建設後の地下水位降下は地盤沈下をもたらすとともに松杭を木材腐朽菌にさらす結果となる。こうして，地下水位よりも上部の松杭には傷みが見られることが多かった。日本を代表した巨大RC造が続々と消えるなか，解体時に松杭の強度試験をしてみると，地下水に浸かったままの部分は，まだまだ十分な強度をもつものがほとんどであった。

　松杭は日本の発展を支え終わっても，まだ働けるぞと訴えている。

引用文献
1) 鈴木秀三編：図解建築の構造と構法，井上書院，2005
2) 有馬孝禮ほか：木材テクノロジー12 構造材料2 非金属系，東大出版会，1985
3) 岡野健：木材のおはなし，日本規格協会，1988
4) 梶田茂：木材工学，養賢堂，1961
5) 森・笠井・松井・福地：新訂建築士技術全書3 材料，彰国社
6) 則元京ほか：木材研究資料，No.11，京都大学，1977
7) 林業試験場：木材工業ハンドブック，丸善，1982

3-2 プラスチック・ゴム

3-2-1 概　要

　分子量が10 000以上の大きな分子で，その主鎖が，おもに，共有結合の化合物を高分子化合物または高分子とよんでいる。高分子材料には，セルロースや天然ゴムのような天然高分子化合物，雲母や石綿のような無機高分子もあるが，一般には，有機系で人工の有機高分子化合物を指し，プラスチックと合成ゴム（単にゴムとも称される）に分類される。

　プラスチック（plastics）は，可塑性（plasticity）から派生した言葉で，最終形態は固体となるが，製造中のどこかの段階で流動性または可塑性を示して，有用な形状に成形・加工が可能な高分子化合物であり，通常，合成樹脂とも称される。

　ゴム（rubber）は弾性特性の大きい高分子化合物の総称で，天然ゴムに似た大きな伸び（ゴム状弾性）を示すことから，このようによばれ，プラスチックとは区別される。なお，ゴムとプラスチックの中間的な性質をもつ高分子化合物も多く，ゴム状弾性を示すことが特長でありエラストマーと総称される。

　プラスチックやゴムは，石油を主原料として，単量体（モノマー，monomer）とよばれる低分子化合物を高分子になるように合成して製造される。その合成反応（重合反応）を重合または縮合といい，合成した化合物を重合体（ポリマー，polymer）とよぶ。

　1種類のモノマーが2個以上結合してモノマーの整数倍の分子量をもつポリマーを生成する化学反応を重合といい，熱可塑性樹脂や合成ゴムの多くはこの反応によってできている。また，2個以上の分子または同一分子内の2つ以上の部分が新しい結合をつくることを縮合といい，熱硬化性樹脂の多くはこの反応によってできている。

3-2-2 種　類

　プラスチックとゴムの代表的な種類を表3-9および表3-10に示す。

表3-9　プラスチックの種類

熱可塑性樹脂	熱硬化性樹脂
ポリ酢酸ビニル（酢酸ビニル樹脂）：PVAC	フェノール樹脂：PF
ポリ塩化ビニル（塩化ビニル樹脂）：PVC	尿素樹脂（ユリア樹脂）：UF
ポリエチレン：PE	メラミン樹脂：MF
ポリプロピレン：PP	不飽和ポリエステル樹脂：UP
ポリスチレン：PS	エポキシ樹脂：EP
ポリアミド（ナイロン）：PA	フラン樹脂
ポリカーボネート：PC	ウレタン樹脂（ポリウレタン）
ポリメタクリル酸メチル（メタクリル樹脂）：PMMA	
アクリロニトリル・ブタジエン・スチレン樹脂（ABS樹脂）：ABS	
フッ素樹脂（テフロン*）：PTFE	
ポリエチレンテレフタラート（テトロン*）：PET（ペット）	

＊：商品名

表3-10 ゴムの種類

合成ゴム	ブタジエンゴム：BR スチレンブタジエンゴム：SBR アクリロニトリルブタジエンゴム：NBR クロロプレンゴム（ネオプレン）：CR イソプレンゴム：IR ブチルゴム（イソブチレン・イソブチレンゴム）：IIR エチレンプロピレンゴム：EPM または EPDM クロロスルホン化ポリエチレン（ハイパロン）：CSM ポリイソブチレン ポリサルファイドゴム（チオコール） シリコーンゴム フッ素ゴム ウレタンゴム	
天然ゴム：NR		
再生ゴム		

（1） 熱可塑性樹脂（thermoplastic resin）

線状または鎖状高分子（ポリマー）とよばれ，単量体が長い鎖状に連続した分子が集合した分子構造をもっている。鎖状の分子同士は化学結合していないので，加熱すると軟化して可塑性を示し，冷却すると硬化することが可逆的に行える。このように加熱すると可塑性を示すことから，熱可塑性樹脂と称される。

（2） 熱硬化性樹脂（thermosetting resin）

網状高分子とよばれ，線状ポリマーと線状ポリマーの間に橋がかけられたような，三次元の網状の分子構造をもっている。三次元化することを架橋といい，架橋密度が高いほど硬質になる。架橋によって一度硬化した後は，再度加熱しても軟化することはなく，加熱はその硬化反応の促進をもたらすものであることから，熱硬化性樹脂と称される。

（3） ゴ ム

常温において，外力を与えると大きく変形し，その力を除くと元の形に戻る性質をゴム状弾性といい，このような性質をもつ高分子材料がゴムに分類される。表3-10に示したように，ゴムの種類には，合成ゴム，天然ゴム，再生ゴムがある。なお，天然ゴムを改質するために硫黄が混入され（加硫という），製造されるゴムは加硫ゴムとよばれる。再生ゴムは，加硫ゴムを処理して，未加硫ゴムに再生したものを指す。

3-2-3 成形法・現場施工

成形品の成形法には，プラスチックおよびゴムの性質に依存してさまざまな方法がある。熱可塑性樹脂は，樹脂が硬化する前に成形するかまたは，硬化した後に再加熱して成形する。再加熱して成形する場合には，熱可塑性樹脂を硬化させて製造した粉末，フレーク，ペレットなどが用いられる。熱硬化性樹脂は，硬化後には成形できないので，分子量の小さいモノマーか，加熱によって溶融する程度の状態（プレポリマー）で硬化する前に成形する。ゴムは，熱可塑性樹脂と同

様の方法で成形される。おもな成形法には，①射出成形，②注型成形，③押出成形，④吹込成形，⑤真空成形，⑥中空成形，⑦圧延成形，⑧圧縮成形，⑨トランスファー成形，⑩積層成形，⑪回転成形，⑫粉末成形，⑬発泡成形などがある。前述した観点から，①と②は熱可塑性樹脂と熱硬化樹脂の成形に，③〜⑦は熱可塑性樹脂の成形に，⑧〜⑪は熱硬化性樹脂の成形にそれぞれ用いられる。

一方，プラスチックは，塗料，接着剤，ライニング材，塗り床材などのような現場で施工する製品にも多く使用されている。それらの用途においては，現場で施工した後に，その場で常温硬化させることによって，塗膜，ライニング層などを形成する。熱可塑性樹脂の塗料や接着剤には，エマルション（粒径0.05〜5μm程度のポリマーの微粒子が水に分散し，浮遊している状態）として供給され，施工後に水分が蒸発することによって塗膜や接着層として機能するものがある。

3-2-4 性 質

プラスチックおよびゴムの性質は，その種類や製品製造時の原料配合，補強剤の配合条件などによって相当に異なる。その概要を以下に述べる。

（1） 物理的・力学的性質

密度が$1 \sim 2 \mathrm{g/cm^3}$程度と軽量で，比強度が大きい。プラスチックおよびゴムの力学的性質としては引張強さが最も重要であり，一般的なプラスチックの引張強さは，$100 \mathrm{N/mm^2}$以下である。しかし，繊維補強して製造される強化プラスチック（FRP：Fiber-reinforced Plastics）の場合には，引張強さが$350 \mathrm{N/mm^2}$に達するものもあり，軟鋼の引張強さに匹敵する。弾性係数は，プラスチックで$1 \sim 10 \mathrm{kN/mm^2}$，ゴムで$0.1 \sim 5.0 \mathrm{N/mm^2}$程度であり，鋼材などにくらべて相当に小さい。さらに，プラスチックおよびゴムのクリープは相当に大きい反面，耐衝撃性は優れる傾向にある。なお，これらの力学的性質については，温度依存性が大きいのがプラスチックおよびゴムの特徴である。

一方，ユリア樹脂やポリ酢酸ビニルなどの親水基を有するものを除けば，プラスチックおよびゴムは，防水性や防湿性に優れる。また，一般に，プラスチックおよびゴムは電気絶縁性に優れ，有機ガラスとよばれるポリメタクリル酸メチルなどは，ガラスのような透明度を有している。

プラスチックは接着剤として用いられているが，そのほとんどは二次結合にもとづく接着性によるものである。それにくらべて，エポキシ樹脂は被着体との水素結合も発現するため，他の接着剤にくらべて優れた接着強度を有している。力学的性能に優れたFRPの製造に炭素繊維とエポキシ樹脂が用いられるのはこのことによる。

（2） 熱的性質

プラスチックおよびゴムの比熱，熱膨張係数，熱伝導率を表3-11に示す。比熱は金属〔$0.4 \sim 0.8 \mathrm{J/(g \cdot K)}$〕にくらべて大きく，熱膨張係数は鋼の5〜30倍，熱伝導率は鋼の1/100〜1/200である。一般に，熱可塑性樹脂は60〜100℃，熱硬化

性樹脂は100〜200℃，ゴムは70〜120℃が耐熱温度といわれている。熱硬化性樹脂のなかでもメラミン樹脂の耐熱性は良好である。一方，プラスチックおよびゴムは燃えやすく，耐火性に劣る材料であるが，フッ素樹脂やシリコーンゴムのような難燃性または不燃性を示すものもある。また，ポリ塩化ビニルは燃焼するものの，火元を遠ざけると消火する自己消火性を有している。

表3-11 プラスチックおよびゴムの熱的性質

性質	熱可塑性樹脂	熱硬化性樹脂	ゴム
比熱（J/(g・K)）	0.8〜2.1		
熱膨張係数（$\times 10^{-6}$/K）（線膨張係数）	50〜200	20〜100	200〜300
熱伝導率（W/(m・K)）	0.12〜1.2		

なお，熱可塑性樹脂およびゴムは，ある温度以上でゴムのような柔軟性を示し，その温度以下ではガラス状を呈し，硬く，もろい性質を示す。このような物理的性質の変化をガラス転移（glass transition），その境界温度をガラス転移点（glass transition point, Tg）という。ポリエチレンやほとんどのゴムのガラス転移点はマイナス（−）の温度であるため，常温では柔軟性を示す。一方，成形品に使用されるポリ塩化ビニル，ポリスチレン，ポリメタクリル酸メチルなどは，常温よりも高い温度のガラス転移点をもつため，常温でその形を維持している。

(3) 耐久性

プラスチックおよびゴムの耐溶剤性および耐油性は不良であるが，他の建築材料と比較すれば，耐薬品性は良好である。通常，熱可塑製樹脂にくらべて熱硬化性樹脂の耐薬品性が優れており，特にエポキシ樹脂は酸やアルカリに対して強い性質を有する。一方，フッ素樹脂やアクリルシリコーン樹脂などは耐候性に優れることから，耐候性塗料として使用されている。

高分子材料としてのプラスチックやゴムの劣化には，酸化劣化，光劣化，熱劣化，紫外線劣化，化学劣化，微生物による劣化などがあり，これらが複合して劣化が生じる場合が多い。ここで，そのおもな劣化について以下に概説する[1]。

光劣化（photodeterioration）は，波長が0.4μm以下の光（紫外線）がもつエネルギーによって高分子の分子鎖が切断されるもので，自動酸化反応によって劣化が促進される。

熱劣化（heat deterioration, thermal deterioration）は，熱エネルギーによって分子の熱運動が盛んになり，分子鎖の切断が生じるもので，空気中では酸素によって促進される。熱により組織が劣化することによって酸素の吸収量が多くなり，また，高温であるほど熱の影響が大きくなり熱劣化が促進される。

一方，常温の環境下で生じる劣化を老化（aging）といい，酸化による劣化が生じる。なお，老化には，材料の性質の経時変化の意味もある。常温においては，熱劣化のような高エネルギーではなく，空気中の酸素によって，ハイドロパーオ

キサイド (hydroperoxide) が生成され，自動酸化反応が起きて老化が生じる。自動酸化反応とは，おもに酸化による連鎖反応が生じて，高分子の分子鎖の切断や架橋が起こる現象をいう。飽和炭化水素（オレフィン）を例として，その連鎖反応を示せば次のようである。オレフィンをRHと書いて，Rはアルキル基，Hは外部からのエネルギーで引き抜かれやすい水素，・印は遊離基を表す。

①外部からの光・熱などのエネルギーによって遊離基が生成する。
　　RH→R・＋・H
②遊離基と酸素が反応して，過酸化物（パーオキサイド）を生じる。
　　R・＋O_2→ROO・
③過酸化物がRHのHをさらに引き抜く。
　　RH＋ROO・→ROOH＋R・
④生成した遊離基は，②の反応を繰り返す。また，ROOH（ハイドロパーオキサイド）は不安定であることから，次の反応を生じ，遊離基を生成する。
　　ROOH→RO・＋・OH
　　2ROOH→RO・＋・ROO・＋H_2O

このような反応の繰り返しによって，遊離基の生成が繰り返されるとともに，分子鎖の切断が連鎖的に生じることから，自動酸化反応といわれる。反応は，遊離基どうしが結合することによって停止する。

自動酸化反応の結果，プラスチックやゴムは，変色，脱色，表面のざらつきを生じ，劣化が長期間（数年）に及ぶと強度が低下し，ひび割れなどを生じる。

紫外線に起因する劣化抑制には，プラスチックやゴムへの紫外線吸収剤や光増感作用のない充填材料の添加が有効である。自動酸化反応は酸化によるものであり，プラスチックやゴムへの酸化防止剤や安定剤の添加，架橋などによる分子構造の改質，充填材料の添加などによって，酸化に起因する劣化が抑制される。

プラスチックやゴムの化学劣化においては，その原因となる液体や気体（ガス）の状態の物質（水や水蒸気を含む）を環境剤とよんでいる。環境剤がプラスチックやゴムの組織に浸入することによって，変色，膨潤，溶解，強度低下などを引き起すことを化学劣化という。化学劣化は，環境剤の浸入によって化学反応を生じて化学的に分解することによる場合もあるが，化学反応が顕著でない場合でも，環境剤の組織への浸入が分子結合の弱化，形状の変化，強度低下などをもたらして，化学劣化を生じる場合も多い。また，環境剤の浸入時に応力が加わるとプラスチックやゴムにひび割れが発生することもあり，環境応力割れとよばれる。なお，化学劣化は温度による影響も大きい。化学反応による化学劣化では，たとえば，エーテル結合（―O―），エステル結合（―COO―），アミド結合（―CONH―）をもつ高分子においては，酸やアルカリで加水分解を起こす。さらに，環境剤となる物質と高分子の分子同士に極性の一致があると化学劣化を受けやすい。溶剤による化学劣化においては，溶剤と高分子の化学的な親和性が支配要因となる。

プラスチックやゴムを屋外で使用する場合には，天候劣化（weathering）が起こる。屋外における劣化は，紫外線，雨，湿気，酸素，オゾン，熱などの要因によって，光劣化，熱劣化，化学劣化などの劣化が複合したものである。特に，紫外線と空気中の酸素が主要因となる劣化であり，変色，脱色，表面のざらつきなどが生じる。また，都市部などでは，活性気体であるオゾンによるオゾン劣化が生じやすく，特にゴム材料において問題視される。化学劣化や天候劣化の抑制策としては，紫外線劣化及酸化劣化の抑制策の適用，化学組成の変更による改質，コーティングなどによる表面処理などがあげられる。

3-2-5 用途と製品

プラスチックおよびゴムの利用形態は，成形品と液状品に大別される。

① 成形品：フィルム，ルーフィング，床用タイル・シート，化粧板，パイプ，FRP 発泡品，採光板などがある。

② 液状品：塗料，接着剤，シーリング材，塗床材，塗膜防水材，防食ライニング材，ポリマー混和剤）などがある。

なお，表3-12および表3-13には，プラスチックおよびゴムのおもな用途を示す。一つの用途においても，何種類かのプラスチックおよびゴムが使用されているが，その選択は，用途に要求される性能レベルとコストによることが多い。

表3-12 プラスチックおよびゴムの成形品

成形品	熱可塑性樹脂	熱硬化性樹脂	ゴム
フィルム・シート	ポリ塩化ビニル，ポリエチレン，ポリスチレン，ポリアミド，ポリカーボネート	不飽和ポリエステル樹脂	――
ルーフィング	ポリ塩化ビニル	――	IIR, EPM
床用タイル・シート	ポリ塩化ビニル	――	SBR, NBR, 天然ゴム
化粧版	ポリ塩化ビニル	メラミン樹脂，不飽和ポリエステル樹脂	――
パイプ	ポリ塩化ビニル，ポリエチレン	――	――
FRP	ポリメタクリル酸メチル	フェノール樹脂，エポキシ樹脂，不飽和ポリエステル樹脂	――
発泡品	ポリ塩化ビニル，ポリエチレン，ポリスチレン，ポリアミド	フェノール樹脂，尿素樹脂，エポキシ樹脂，ウレタン樹脂	SBR, NBR, CR, 天然ゴム
採光版・採光屋根材	ポリ塩化ビニル，ポリスチレン，ポリメタクリル酸メチル，ポリカーボネート	不飽和ポリエステル樹脂	――

表 3-13 プラスチックおよびゴムの液状品

液状品	熱可塑性樹脂	熱硬化性樹脂	ゴム
塗料	ポリ酢酸ビニル，ポリ塩化ビニル	フェノール樹脂，尿素樹脂，メラミン樹脂，エポキシ樹脂，不飽和ポリエステル樹脂，ウレタン樹脂	SBR，CR，IIR，ポリサルファイドゴム，シリコーンゴム
接着剤（材）	ポリ酢酸ビニル	フェノール樹脂，尿素樹脂，メラミン樹脂，エポキシ樹脂，不飽和ポリエステル樹脂，ウレタン樹脂	SBR，NBR，CR，IIR，ポリサルファイドゴム，シリコーンゴム，天然ゴム
シーリング材	——	——	SBR，IIR，ポリサルファイドゴム，シリコーンゴム，ウレタンゴム
塗床材	——	エポキシ樹脂，不飽和ポリエステル樹脂，ウレタン樹脂	ウレタンゴム
塗膜防水材	——	——	SBR，CR，ウレタンゴム
防食ライニング材	——	エポキシ樹脂，不飽和ポリエステル樹脂	——
ポリマー混和剤	——	ポリメタクリル酸メチル，エポキシ樹脂，不飽和ポリエステル樹脂	SBR，CR，天然ゴム

コラム～プラスチックの廃棄とリサイクル～

　従来から，プラスチックは耐久性のある材料として広範に使用されており，金属材料に代わるエンジニアリング・プラスチックも開発されている。その一方で，プラスチックの廃棄処理が問題となっている。

　これまで，プラスチック廃棄物のほとんどは焼却処理されてきた。しかし，塩素を含むプラスチックを燃焼させた場合，800℃以下の温度では，焼却後の分解生成物として環境ホルモンとみなされるダイオキシンが発生することが知られている。ダイオキシンは1 000℃以上で再分解して消失することから，最近では，その温度以上で焼却されている。

　一方，焼却することなく廃棄できるプラスチックとして，生分解性プラスチックが開発されている。生物由来のものと石油由来のものがあるが，生分解性プラスチックは，微生物により，土中や水中で最終的には二酸化炭素と水に分解する。現状では，従来のプラスチックにくらべて，機械的性質や耐久性に劣るなどの欠点があり，梱包材や軽微な容器などに用いられているが，今後はこのようなプラスチックの建築材料としての利用も期待される。

　プラスチックのうち，熱可塑性樹脂については，回収して再加工可能であり，よく知られるペット（ポリエチレンテレフタレート）ボトルは，回収後，洗浄，粉砕したのち，再加工して繊維などに利用されている。これは，熱可塑性樹脂が再加熱することによって加工可能であることによる。一方，バス

ユニットに使用されているFRPは，FRP廃棄物の多くを占めることが指摘されている。FRPは熱硬化性樹脂から製造されるため，その再利用は難しく，FRPを粉砕して何らかの充填材として使用するなどのリサイクル技術の開発がすすめられている。

コラム～よく見かけるプラスチックとその用途～

- ポリ塩化ビニル：汎用性があり安価であることが大きな特徴である。排水用パイプ，雨樋，床タイル，床シート，塗料など多くのものに使用されている。塩化ビニル樹脂に可塑剤（柔らかくする添加剤）を混入することによって柔軟性のある製品としている。熱可塑性樹脂であることから，現場で加熱して溶着できるため，長尺の床シートとして床に接着するとともに，シートの継ぎ目を現場で溶着してシームレス（継ぎ目なし）の床材としている。
- ポリスチレン：ポリスチレンの代表的な製品として，発泡ポリスチレン（発泡スチロール）製の断熱材がある。また，軟弱地盤の上に発泡ポリスチレン製ボードを積層して人工地盤を造る工法などにも用いられている。
- アクリル樹脂：ポリメタクリル酸メチル（メタクリル樹脂）の代表的な樹脂であり，古くから有機ガラスとよばれ，航空機の風防などに用いられているが，最近では，水族館の大型水槽への利用が活発化している。沖縄美ら海水族館には高さ8.2m，幅22.5m，厚さ60cmのアクリルパネルが使用され，その総重量は135トンある。
- フッ素樹脂：テフロン（商品名）の名でよばれ耐熱性，耐薬品性に優れており，フライパンのコーティング材としてよく知られている。建築分野では，その優れた耐候性を生かして，フッ素樹脂ワニスおよびエナメルの形で耐候性塗料として用いられている。
- アクリルシリコーン樹脂：アクリル樹脂の一種で，フッ素樹脂塗料に次ぐ優れた耐候性をもっており，アクリルシリコーン樹脂ワニスおよびエナメルの形で耐候性塗料として用いられている。
- 不飽和ポリエステル樹脂：硬化したものはポリエステル（樹脂）と称される。不飽和ポリエステル樹脂製品の代表として，FRPをあげることができる。これは，ガラス繊維と重質炭酸カルシウムなどの充填材および不飽和ポリエステル樹脂を混合して製造される。プラスチック製バスユニットのほとんどはこのFRPで製造されている。
- メラミン樹脂：耐熱性，耐薬品性，耐摩耗性などに優れることが特徴であり，さまざまな基材にメラミン樹脂を含浸・積層して製造されるメラミン化粧板が仕上材や家具に利用されている。デコラはメラミン化粧板の商品

名であるが，メラミン化粧板の代表例として知られている。
- **ポリカーボネート**：優れた透光性や耐衝撃性を有し，耐熱性，自己消火性，耐候性などにも優れていることから，屋根材や各種用途のガラスの代替品として使用されている。
- **ひび割れ注入材**：ひび割れ注入材には，エポキシ樹脂やアクリル樹脂などの有機系注入材と，セメント系およびポリマーセメント系注入材がある。特に，エポキシ樹脂接着剤は接着性に優れることから，鉄筋コンクリート構造物のひび割れ注入材として古くから使用されており，その品質がJIS A 6024（建築補修用注入用エポキシ樹脂）に規定されている。
- **人工大理石**：大理石の粉砕品や砕石などと重質炭酸カルシウムなどの充填材を不飽和ポリエステル樹脂やポリメタクリル酸メチルなどで硬化して製造されるポリマーコンクリートまたはモルタルである。その外観が大理石に似ていることから人工大理石とよばれ，台所ユニット，カウンタートップ，風呂桶，壁や床用の大型タイルなどに使用されている。
- **膜材料**：膜構造物に使用される膜材料は，補強材料に合成樹脂をコーティングしたものであり，その使用時の緊張力に耐えられる引張強度を有する補強膜材料である。膜構造の考え方は古くからあるが，引張り特性に優れた補強材料と耐候性，耐汚染性，不燃材に準ずるようなコーティング材が開発されたことにより実現されたものである。補強膜材料のうち，ポリ塩化ビニルやクロロスルホン化ポリエチレンゴムなどでコーティングしたものは，半透明で透光性にも優れている。
- **免震積層ゴム**：免震積層ゴムは，ゴムシートと薄い鋼板を交互に積層したもので，積層ゴム支承または積層ゴムアイソレータともよばれ，建物の自重を支えながら，地震力による水平方向の揺れを抑える機能をもっている。
- **構造シーラント**：板ガラスを室内側の金属支持部材に直接接着する構法をSSG（structural sealant grazing）構法といい，それに用いる接着剤を構造シーラントという。板ガラスの支持にサッシを使用しないため，ガラス面を強調した外観をデザインすることができる。板ガラスの2辺をサッシで支持し，他の2面を構造シーラントで支持する2辺SSG方式と板ガラスの4辺を構造シーラントで支持する4辺SSG方式があり，ガラスと金属支持部材間の接着強度が大きく，部材の動きに追従する物性を有するシリコーン系の接着剤が用いられている。

> ### コラム～コンクリート・ポリマー複合体～
>
> 　従来のセメントコンクリートおよびモルタルの性能改善を目的に，何らかの形でポリマーを複合化して製造することからコンクリート・ポリマー複合体（concrete-polymer composites）とよばれ，次の3種類に大別される。
> - ポリマーセメントコンクリート・モルタル
> - ポリマーコンクリート・モルタル
> - ポリマー含浸コンクリート・モルタル
>
> **（1）ポリマーセメントコンクリート・モルタル**
> 　結合材としてセメント混和用ポリマーとセメントを用いたコンクリートまたはモルタルであり，従来のセメントコンクリートまたはモルタルに，セメント混和用ポリマーを練り混ぜて製造される。ポリマーセメントコンクリートの使用は少なく，ポリマーセメントモルタルとしての使用がほとんどであり，現在使用されている左官用モルタルのほとんどがポリマーセメントモルタルであるといっても過言ではない。ポリマーセメントモルタルの用途は，接着材，仕上塗材，床材，舗装材，防水材，RC構造物の補修材など多岐にわたる。
>
> 　セメント混和用ポリマーには，セメント混和用ポリマーディスパージョンおよび再乳化形粉末樹脂がある。再乳化形粉末樹脂は練混ぜ水の中で乳化して，ポリマーディスパージョン（水の中に粒径0.05～1μmのポリマーの微粒子が分散しているもので，微粒子がゴムの場合をラテックス，合成樹脂の場合をエマルションという）と同様に機能する。ポリマーセメントコンクリート・モルタルを練り混ぜると，セメントが水和反応するとともに，ポリマーディスパージョン中のポリマーの微粒子が結合してフィルム状や糸状のネットワーク構造を形成して硬化する。ポリマーセメントコンクリート・モルタル中のポリマーフィルムの存在によって，優れた接着性，防水性，耐凍結融解性，耐薬品性，耐摩耗性などが得られる。
>
> 　再乳化形粉末樹脂は粉体であるため，最近では，セメント混和用再乳化形粉末樹脂，細骨材などをあらかじめ工場で配合した既調合ポリマーセメントモルタルの利用が増加している。既調合ポリマーセメントモルタルは現場で練混ぜ水を加えて容易に使用できる特徴があり，一定の調合が維持されることからその品質確保にも役立っている。
>
> 　セメント混和用ポリマーディスパージョンとしては，スチレンブタジエンゴム（SBR）ラテックス，エチレン酢酸ビニル（EVA）エマルション，ポリアクリル酸エステル（PAE）エマルションなどが，再乳化形粉末樹脂としては，スチレンアクリル酸エステル（SAE），エチレン酢酸ビニルビニルバーサテート（EVAVeoVa），ポリアクリル酸エステルなどがある。これら

の品質については，JIS A 6203（セメント混和用ポリマーディスパージョン及び再乳化形粉末樹脂）に規定されている。

右の写真はポリマーセメントモルタル中に形成されたEVAのポリマー相である。フィルム状や糸状のポリマー相が形成されている。黒く見える部分はセメント水和物や骨材が存在していた部分である。

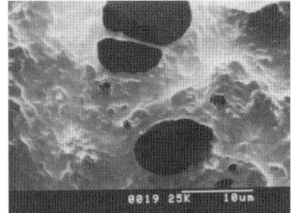

ポリマーセメントモルタル中に形成されたEVAのポリマー相

（2） ポリマーコンクリート・モルタル

結合材としてポリマーのみを用いたコンクリートまたはモルタルであり，ポリマー，充填材，骨材，配合剤などを練り混ぜて製造される。結合材としてはメタクリル樹脂，不飽和ポリエステル樹脂，エポキシ樹脂などが使用され，樹脂（レジン）を用いることから，レジンコンクリート・モルタルともよばれる。充填材（骨材粒子間を充填する材料）としては重質炭酸カルシウム（石灰石の粉末）の使用が多い。充填材は樹脂の増量材でもあるため，ポリマーコンクリート・モルタルの低廉化にも寄与する。

結合材がポリマーのみであるため，ポリマーコンクリート・モルタルの性質は使用するポリマーの種類に依存するが，普通セメントコンクリート・モルタルにくらべて，高強度で耐摩耗性や耐薬品性に優れる。

ポリマーモルタルは，床材，舗装材，防食材，接着材などとして現場施工されるほか，人工大理石，強化プラスチック管，強化プラスチック複合パネルなどのプレキャスト製品の製造に用いられている。

ポリマーコンクリートはプレキャスト製品への利用がほとんどであり，通信・電力ケーブル用マンホールやハンドホール，テラゾータイルやパネル，大型化粧パネルなどの製品が普及している。

（3） ポリマー含浸コンクリート・モルタル

硬化したセメントコンクリートまたはモルタルに，モノマー，プレポリマー，ポリマーなどのポリマー含浸材を含浸させたのち，重合などの操作を経て，モルタルとポリマーを一体化させて製造される。

ポリマー含浸コンクリートおよびモルタルは，従来のセメントコンクリートまたはモルタル中の微細な間隙にポリマーを浸み込ませるため，コンクリートまたはモルタルの欠陥をポリマーで埋めていると考えることができる。そのため，ポリマー含浸コンクリート・モルタルは緻密な組織構造を有し，高強度で防水性，耐久性に優れ，おもに，防食パネルや埋設型枠などのプレキャスト製品として利用されている。

引用・参考文献
1) 吉沢四郎・釣三郎共編：材料化学と材料工学　腐食・防食・放射線作用, pp.140-147, 誠文堂新光社, 1972

3-3 アスファルト

3-3-1 概説

アスファルト（asphalt）は融点が低いため，容易に軟らかくなり，結合力，接着力があり，防水性，耐久性に優れている。この点を利用して防水材，道路舗装材として広く使われている。アスファルトは，暗黒色ないし黒色の固形または半固形状で，天然に産するものと，石油の蒸留残渣として得られるものとがある。前者を天然アスファルト，後者を石油アスファルトという。

石油アスファルトは原油を重圧分留塔のなかで沸点の低いものから順次分留し，残った重質油をさらに減圧分留塔のなかで軽油，パラフィン，潤滑油を分留したのちの残留物で，おもにストレートアスファルトとブローンアスファルトがある。ストレートアスファルトは水蒸気を吹き込んで蒸発しやすい成分を取り除いたものである。ブローンアスファルトはストレートアスファルトを加熱し，これに空気を吹き込んで酸化重合させたものである。

3-3-2 種類と性質・用途

アスファルトの一般的性質は，①色が黒い，②軟化点が低い，③接着力が大きい，④電気絶縁性がよい，⑤防水性がよい，⑥酸・アルカリに強い，⑦耐久的である，などである。アスファルトの一般的な性質を表3-14に示す。

表3-14 アスファルトの一般的性質

項　目	ストレートアスファルト	ブローンアスファルト
密度（g/cm³）	1.03	1.05
熱膨張係数（15〜66℃）	6.3	6.3×10^{-4}/℃
比熱（J/(g·K)）	1.97	1.73
熱伝導率（W/(m·K)）	0.156	0.156
表面張力25℃（N/m）	0.034	0.034
針入度（25℃，100g，5s）1/10mm	90	20
軟化点（℃）	41	98
伸度（25℃，5sm/min）（cm）	150以上	3.2

（1） 石油アスファルト（JIS K 2207）

石油アスファルトは，石油原油から軽油まで分留してさらに潤滑油を蒸留した残りであり，潤滑油の精製の方法や残留物の処理の方法の違いによってストレートアスファルト，溶剤抽出アスファルト，ブローンアスファルト，触媒ブローンアスファルト，分解アスファルトに分類される。

ストレートアスファルトとブローンアスファルトの性質を比較すれば，表3-14に示すように概してストレートアスファルトは融点が低く，軟らかく，延びやすく，浸透性や接着性がよい。一方，ブローンアスファルトは粘性が高く，弾力性に富み，耐衝撃性が大きく，さらに耐候性がよく，温度の変化に対して鈍感である。

また，触媒ブローンアスファルトはブローンアスファルトにくらべると同一の針入度に対する軟化点がより高い。

（2） 改質アスファルト

ブローンアスファルトに合成ゴムまたはプラスチックを加えて性質を改良した

アスファルトを改質アスファルトとよぶ。動植物油を混入したアスファルトコンパウンドは，ブローンアスファルトにくらべて，同一針入度における軟化点が高く，耐候性も大きい。ゴムを混入したゴム化アスファルト，合成樹脂を混入したポリマー改質アスファルトは，特に低温時における伸び能力が大きい。

(3) 防水工事用アスファルト

JIS K 2207（石油アスファルト）では，道路舗装用や工業原料用のアスファルトとして，25℃における針入度によって10種類のストレートアスファルトと5種類のブローンアスファルトに区分している。また，防水工事用のアスファルトは，表3-15に示す品質によって4種類に分類されている。

表3-15 防水工事用アスファルトの分類（JIS K 2207）

種類	1種	2種	3種	4種
軟化点（℃）	85以上	90以上	100以上	95以上
針入度（25℃） 1/10mm	24〜45	20〜40	20〜40	30〜50
針入度指数	3以上	4以上	5以上	6以上
蒸発量（％）	1以下	1以下	1以下	1以下
引火点（℃）	250以上	270以上	280以上	280以上
三塩化エタン可溶分（％）	98以上	98以上	95以上	92以上
フラース脆化点（℃）	−5以下	−10以下	−15以下	−20以下
だれ長さ（mm）	−	−	8以下	10以下
加熱安定性（フラース脆化点差℃）	5以下	5以下	5以下	5以下

温度変化の激しい屋上の防水には，おもにブローンアスファルトが使用され，比較的温度の影響を受けない地下の外壁などの防水にはストレートアスファルトが使用される。1種はストレートアスファルトに，2〜4種はブローンアスファルトに近い性質をもち，3種は温暖な地域で，4種は寒冷な地域でそれぞれ用いられる。

(4) アスファルト製品

アスファルト製品の種類と用途を表3-16に示す。

表3-16 アスファルト製品の種類と用途

種類	製法と用途
アスファルトプライマー	ブローンアスファルトを揮発性の溶剤で溶解し，液状にしたもので，接着性を高めるために地下に塗布する。
アスファルトフェルト	再生紙にストレートアスファルトをしみ込ませて，ロールに巻いたもので，屋根葺き下地の下張りに用いる。（JIS A 6005）
アスファルトルーフィング	再生紙や合成繊維布にストレートアスファルトを含浸させて，ロールに巻いたもので，おもに屋上防水として溶解したアスファルトで積層接着して用いる。あなあきルーフィング（JIS A 6023），ストレッチアスファルトルーフィングフェルト（JIS A 6022），砂付きルーフィング，網状アスファルトルーフィング（JIS A 6012)がある。
アスファルトルーフコーチング	ブローンアスファルトを溶剤で溶かして石綿，雲母粉などの無機質材を充填して，こてなどで塗れる程度の柔らかさにしたもので，ドレーンやパイプ回りのシールに用いる。
アスファルトシングル	砂付きルーフィングを一定の大きさに切断したもので，おもに勾配屋根に用いる屋根材。

（5） その他の用途

　ストレートアスファルトは，道路舗装用材料，接着剤，塗料などとして，ブローンアスファルトは，目地材，接着剤，ライニング材，塗料として使用される。

　　参考として，関連する日本工業規格を以下に示す。
　　JIS A 6005　アスファルトルーフィングフェルト
　　JIS A 6008　合成高分子系ルーフィング
　　JIS A 6012　網状アスファルトルーフィング
　　JIS A 6013　改質アスファルトルーフィングシート
　　JIS A 6021　建築用塗膜防水材
　　JIS A 6022　ストレッチアスファルトルーフィングフェルト
　　JIS A 6023　あなあきアスファルトルーフィングフェルト
　　JIS A 6930　住宅用プラスチック系防湿フィルム

V編
材料の基本的物性値と単位

材料の基本物性値と単位

建築材料を学ぶということは、建物の部位・部材に適した材料を選定するための基礎知識を学習することである。材料を選定するにあたって、材料の良否、適否を比較検討するとき、試験によって得られた材料の物性値を用いることが多い。物性値を比較するときは、単位をそろえておくことが大切である。

ここでは、材料の基本的な諸物性とその単位について解説する。特殊な物性については基本材料で述べている。

1 質量・重量・密度・比重

（1）**質量**（mass）　質量は、物体の実質の量で、単位は（kgまたはg）である。同じ物体の質量は地球上のどこでも同じである。

（2）**重量**（weight）　重量（重さ）は、物体が地球の中心に向かって引かれる力の程度で、単位は（N＝質量×重力加速度）である。このため、地球上の場所によって質量が同じでも重量は異なる。

（3）**密度**（density）　密度は、物体が重いか軽いかを比較する場合に、物体の単位体積に対する物体の質量（＝質量/体積：kg/m^3またはg/cm^3）の比で表す。**嵩密度**（bulk density）は、物体に空隙が含まれている場合、空隙を含んだ体積（嵩）に対する質量の比をいう。これに対して、物体内の空隙を含まない物質の密度は、物体を微粉砕して空隙を除いた質量および体積を基準にしたもので真密度という。図1は、各種材料の嵩密度を示したものである。

（4）**比重**（specific gravity）　比重は、物体の重さとそれと同じ体積の温度4℃の蒸留水の重さとの比である。比重は重さと重さの比であるので、無名数である。

2 強度・応力度・ひずみ度

（1）**力**（force, power）　質量1kgの物体に作用している$1 m/s^2$（毎秒毎秒1m）の加速度を生じさせる力の大きさを1N（ニュートン）という。

（2）**強度（強さ）**（strength）
強度は、物体の強さの程度を比較する場合に、物体が壊れたときの最大の力（N）とその力が作用している単位面積（mm^2）に対する比（＝N/mm^2またはPa）で表す。物体に作用する力の方向によって、**圧縮強度**（compressive strength）、**引張強度**（tensile strength）、**曲げ強度**（flexural strength）、**せん断強度**（shear strength）などがある。図2は、各種材料の強度を示したものである。材

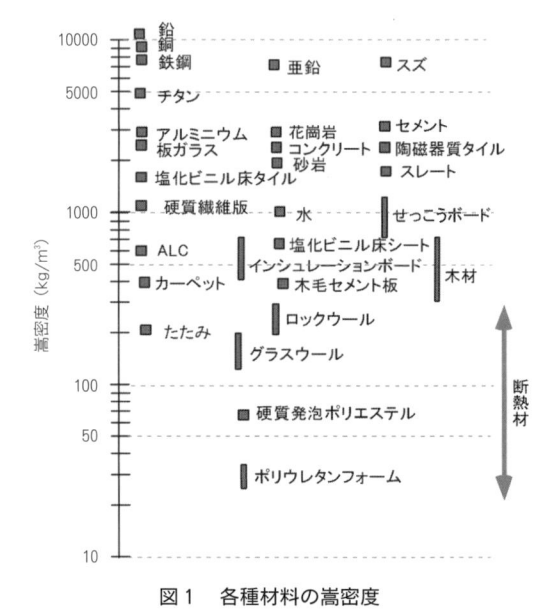

図1　各種材料の嵩密度

図2　各種材料の強度

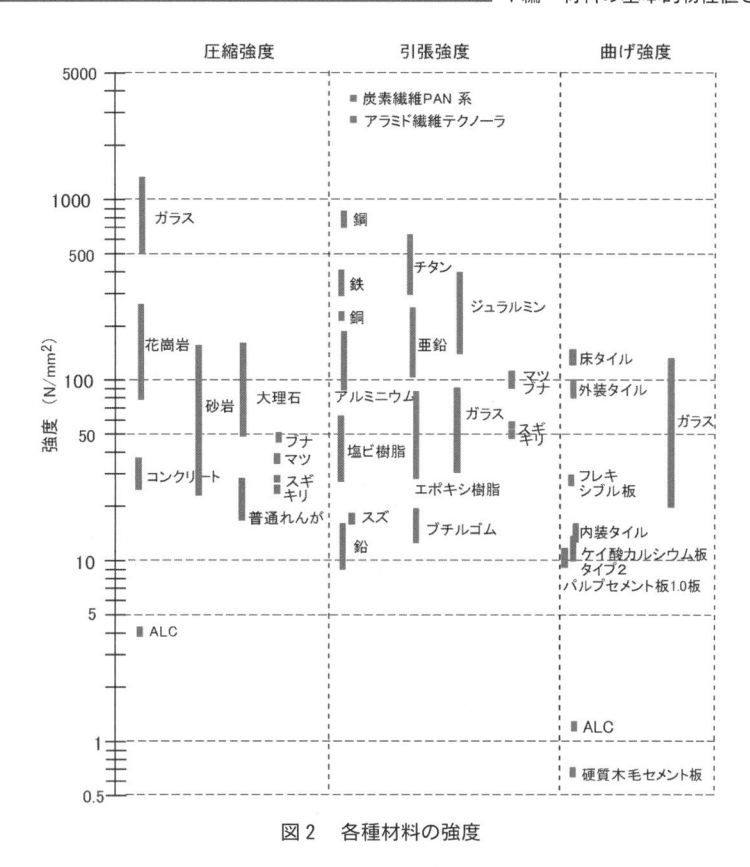

料の特徴や使用目的によって，圧縮強度，引張強度，曲げ強度が示されている。

（3）**応力度**（stress）　応力度は，物体が力を受けたとき，力に応じて物体内部に生じる抵抗力をいい，単に応力と称されることもある。物体内部に仮想した任意の単位面積に対する力（＝N/mm²またはPa）で表す。力の作用方向によって，**圧縮応力度**（compressive stress），**引張応力度**（tensile stress），**曲げ応力度**（flexural stress），**せん断応力度**（shear stress）などがある。

（4）**ひずみ度**（strain）　ひずみ度は物体が力を受けたとき，物体の寸法変化の程度を比較する指標であり，単にひずみと称されることもある。たとえば，長さLの物体を引張ったとき，物体の長さがΔL（ひずみという）だけ伸びたとすると，ひずみ度は，物体のもとの長さ（L）に対するひずみ（ΔL）の比（＝$\Delta L/L$）で表す。無名数である。物体に外力を加えたときのひずみ度は，物体内部に生じた応力度に応じて変化し，両者の関係を示したものを**応力度－ひずみ度曲線**（stress-strain curve）とよび，この曲線によって物体の力学的特性を把握することができる。

（5）**硬い・固い・堅い**（stiff, rigid）　物体の強さを表すことばとして，硬い・固い・堅いという言葉が用いられる。これらは，物体の質が強くしっかりしていることを表すことばで，丈夫であるともいわれる。曲げにくい物体に対していうこともある。

（6） 脆性（brittle）・延性（ductile）・展性（malleability） 脆性は，もろさ・こわれやすさ・くだけやすさを表現することばである。一般に圧縮強度に対する引張強度が非常に小さい材料に対してもろい材料であるという。延性は，伸びやすさを表現することばで，弾性限界を超えても破断せずに伸びることができる金・銀・銅など金属の性質である。展性は，圧延によって破壊することなく板ないし箔になる金属の性質で金・銀・銅などがある。

3 温度・熱に関する物性値と単位

（1） 熱量（quantity of heat） 1J（ジュール）は1Nの力が物体に作用して，その方向に1mだけ動かす間に，その力がなす仕事をいう。1Jは約0.239cal（カロリー）である。

1 cal は1気圧下で1gの純水の温度を1.45℃から1.55℃に高めるのに要する熱量をいう。1 cal は4.1855Jと定義されている。

1W（ワット）は1V（ボルト）の電圧差を有する2点間を1A（アンペア）の電流が流れるときに消費される仕事率，すなわち，毎秒1Jの仕事をする仕事率（W=J/s）をいう。

（2） 比熱（specific heat） 物体の温めやすさ冷めやすさの程度を示す指標に用いられる。質量1gの物体の温度を1℃高めるのに必要な熱量をいう。温度の範囲で若干変わるので，正確には温度範囲を表示する。単位は（J/(g・K)）である。図3に各種材料の比熱を示す。

（3） 熱伝導率（thermal conductivity / heat conductivity） 物体の熱の伝わりやすさの程度を示す指標に用いられる。物質の移動なしに熱が物体の高温部から低温部へ移る現象を熱伝導という。熱伝導率は物体の単位面積，単位厚さ，

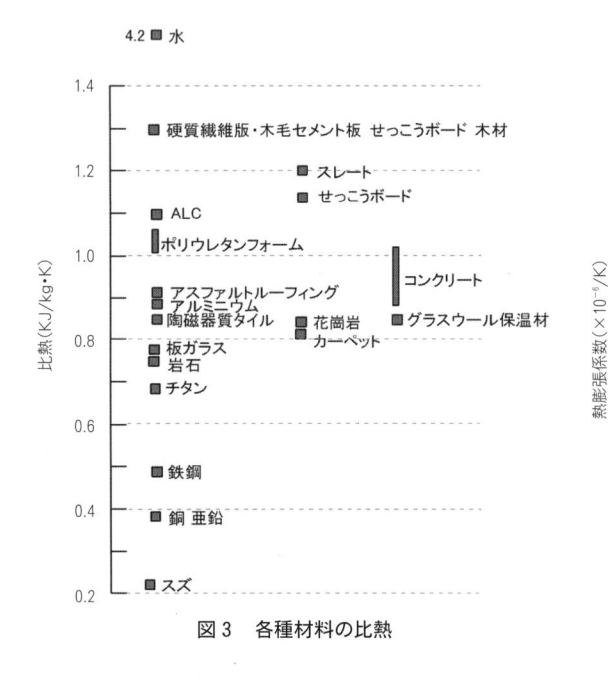

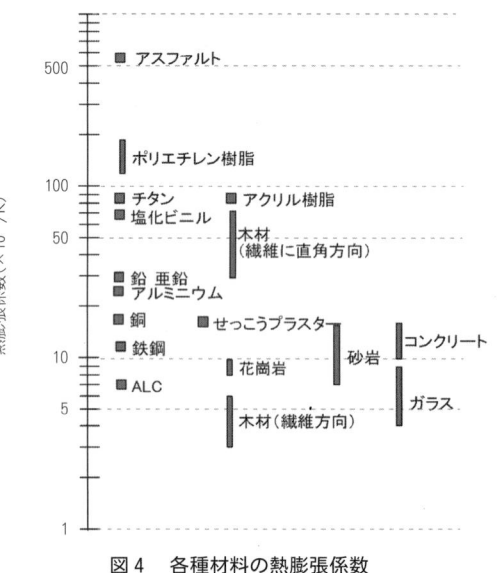

図3 各種材料の比熱

図4 各種材料の熱膨張係数

単位温度当たりの移動する熱量で，単位は（W/(m・K)，またはW/(m・℃)）である。

（4） **熱貫流率**（thermal transmittance）　壁体を貫流（透過）する熱量の程度を示す指標に用いられる。単位時間に単位面積の固体壁を通過して，単位温度差をもつ高温側流体から低温側流体へ伝わる熱量をいう。単位は（W/(㎡・K)）である。熱貫流率の逆数を**熱貫流抵抗**（thermal resistance）といい，熱の貫流のしにくさを示す。

（5） **熱膨張係数**（coefficient of thermal expansion）　物体は温度が高くなると膨張し，温度が低くなると収縮する特性をもっている。この温度による伸縮の程度を示す指標に用いられる。温度1℃当たりの伸縮率を熱膨張係数とよぶ。単位は（K^{-1}）である。図4に各種材料の熱膨張係数を示す。

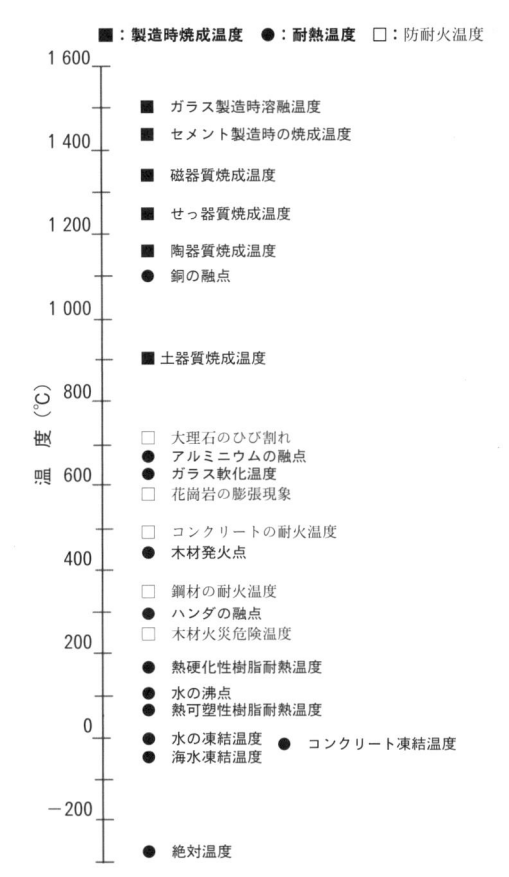

（6） **温度**（temperature）　温度の単位には，**セ（摂）氏**（℃：セルシウス Celsius），**カ（華）氏**（°F：ファーレンハイト Fahrenheit），**絶対温度**（K：ケルビン Kelvin）とがある。セ氏は，氷点を零度，沸点を100度として100等分したもの。カ氏は氷点を32度，沸点を212度として，その間を180等分したもの。絶対温度は，**絶対零度**（－273.15℃）を起点として，セ氏目盛りと同じ目盛りで示したもの。わが国では一般的にセ氏を用いている。絶対温度は熱力学，熱移動などを計算する際に用いられる。図5は各種材料の製造時温度，防耐火上の温度，耐熱温度などを示したものである。

図5　各種材料の製造時温度，防耐火上の温度，融点

4　水に関する物性値と単位

（1） **絶乾・気乾・表乾（表面乾燥内部飽水）・湿潤**（absolute dry / air dried / saturated and surface dried / wet）　内部に空隙を含んでいる物体は，周囲の環境条件によって，水分が外部から空隙内に吸収されたり，あるいは空隙内の水分

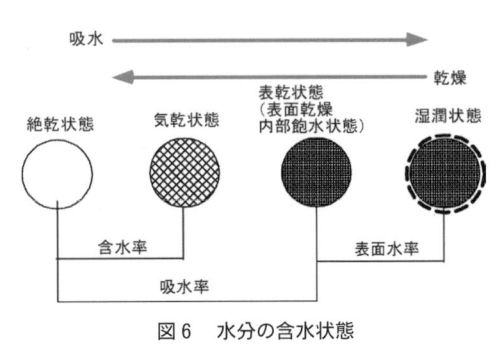

図6　水分の含水状態

が外部へ放散されたりする。物体が含んでいる水の状態によって，図6に示すように，**絶乾状態**（木材の場合は**全乾状態**），**気乾状態**，**表乾状態**，**湿潤状態**に区分している。

　物体は吸水，乾燥に伴って，重量の増減，膨張収縮，熱伝導率などが変化する。水の含水状態は物体の性質を左右する要因の一つである。

（2）**吸水率**（water absorption）　物体が水を吸収することを吸水とよぶ。吸水率は，物体内部に吸水できる最大の水量の比をいい，物体の吸水のしやすさの程度を示す指標に用いられる。次式で求める。

$$吸水率＝（表乾状態の質量－絶乾状態の質量）／絶乾状態の質量×100（\%）$$

（3）**含水率**（water content / moisture content）　周囲の環境に平衡した気乾状態の物体が含んでいる水量をいい，次式で求める。

$$含水率＝（気乾状態の質量－絶乾状態の質量）／絶乾状態の質量×100（\%）$$

（4）**表面水率**　湿潤状態の物体表面に付着している水量をいい，次式で求める。

$$表面水率＝（湿潤状態の質量－表乾状態の質量）／表乾状態の質量×100（\%）$$

5 音に関する物性値と単位

（1）**音の三属性**（three attributes of tone）　音の感覚的属性のうち，純音や楽音に共通に感じられる大きさ（強さ）（intensity of sound），高さ（pitch of sound），音色（timbre）をいう。音は，発生源から空気の弾性波に

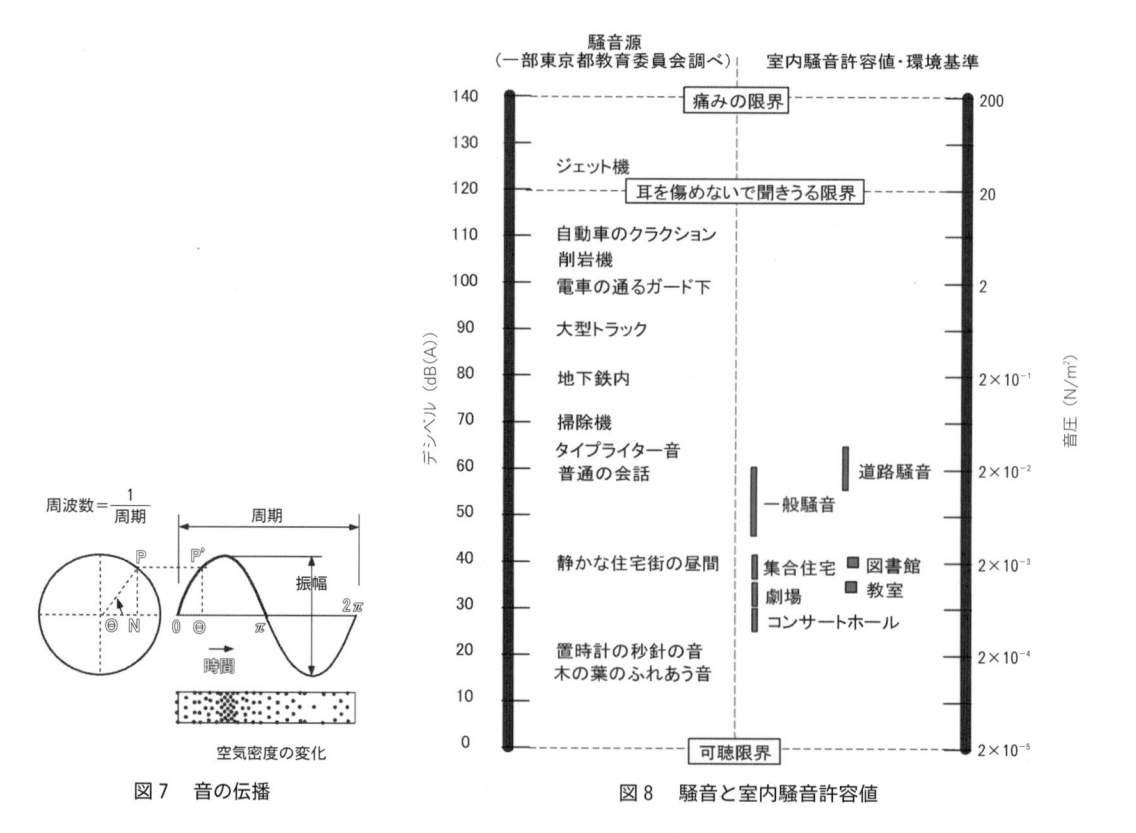

図7　音の伝播

図8　騒音と室内騒音許容値

よって発生し，空気密度の粗密によって波として伝わる（図7参照）。音の大きさ（強さ）は波の高さ（振幅），音の高さは1秒間に繰り返す振動の回数（周波数：Hz），音色は音のスペクトル構成（波形）に依存する。

（2） 音の単位　　音の強さは，空気中を伝播する音波によって生じる空気の圧力変化によるもので，これを音圧（N/m^2）とよぶ。最小可聴値に対応する音圧は $2×10^{-5}$（N/m^2），耳を傷めないで聞きうる限界の音圧は20（N/m^2）程度である。音圧の実用的尺度として，次式によって求めた**デシベル（dB）尺度**が一般的に用いられる。騒音源の騒音および室内騒音許容値を図8に示す。

$$音圧レベル：L_p = 20 \log_{10}(p/2×10^{-5}) \text{ (dB)}$$

（3） 吸音率（sound absorption coefficient）　　材料の吸音の度合いを表す指標をいう。材料へ入射する音のエネルギー I_i（W/m^2）と反射される音のエネルギー I_r（W/m^2）として，吸音率 $\alpha = 1 - (I_r/I_i)$ で定義される。

（4） 透過率（transmission coefficient）　　材料の遮音の度合いを表す指標をいう。材料へ入射する音のエネルギー I_i（W/m^2）に対する透過する音のエネルギーを I_t（W/m^2）として，透過率 $\tau = I_t/I_i$ で定義される。

（5） 反射率（reflectance coefficient）　　音が境界面で反射されるときの入射する音のエネルギー I_i（W/m^2）に対する反射する音のエネルギーを I_r（W/m^2）として，$R = I_r/I_i$ で定義される。

6　光・照明に関する物性値と単位

（1） 照度（illuminance）　　入射する光の量を示す指標をいう。単位は，受照面における単位面積当たりの入射光束ルクス（lx）が用いられ，照度計を用いて測定する。光量（quantity of light）は，光束を時間積分した量であり，単位はルーメン・秒（lm·s）である。光束（luminous flux）は，単位時間当たりの

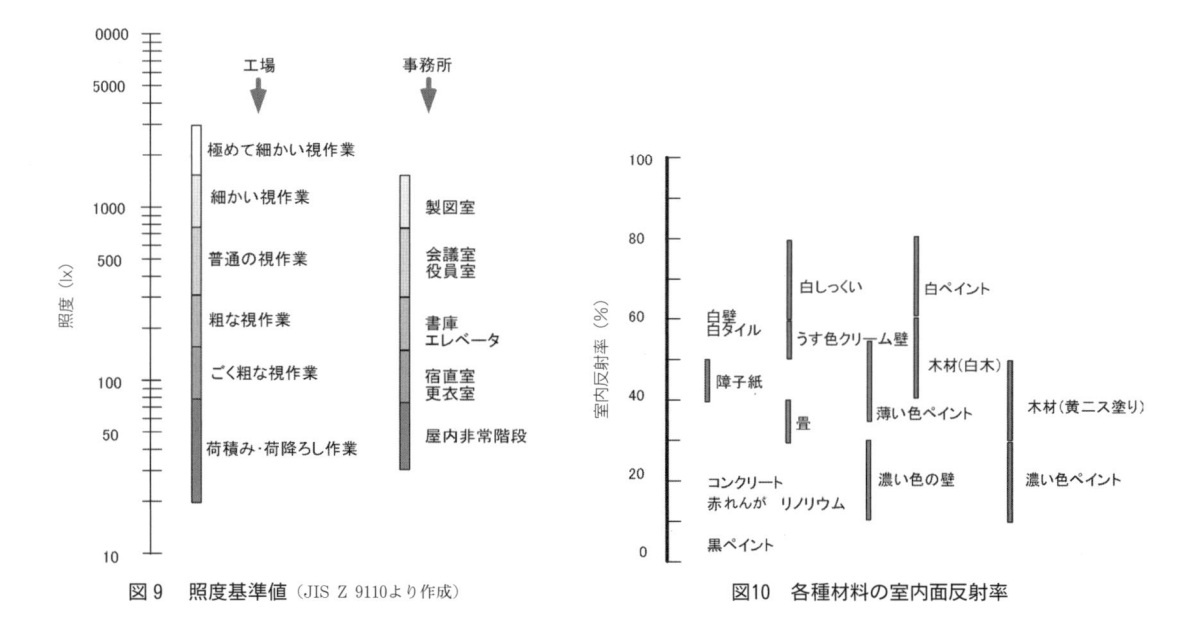

図9　照度基準値（JIS Z 9110より作成）

図10　各種材料の室内面反射率

光のエネルギー量でルーメン（lm）で表す。室内の照度基準を図9に示す。

（2） 輝度（luminance）　見る方向から光の発散面の明るさを評価する測光量をいう。単位には，光の発散面の単位投影面積当たり，単位立体角当たりの発散光束（cd/m²），カンデラ毎平方メートルが用いられる。輝度計を用いて測定する。

（3） 反射率（reflection coefficient）　光が境界面で反射するときの入射強度に対する反射強度の割合をいう。単位は％である。各種内装材の光の室内面反射率を図10に示す。

7 表色・光沢 (color specification / lusten)

（1） 色の三属性（three attributes of color）　色相（hue），明度（value），彩度（chroma）をいう。色相は色みの違い，明度は色の明るさの度合，彩度は色の濃淡およびあざやかさの度合を示す。

（2） L*a*b*表色系（JIS Z 8729）　L*a*b*（エルスター，エイスター，ビースターと読む）表色系は，物体表面の色を表すのに，明度をL*，色相と彩度を表す座標をa*b*で表したものである（図11参照）。L*は黒から白までを0から100までの数値で表している。a*座標は赤方向をプラスで示し，立体中心（無彩色）0から+60の数値で表し，緑方向をマイナスで示し，立体中心から0から−60の数値で表す。b*座標は黄方向をプラスで示し，立体中心から黄方向を0から+60の数値で表し，青方向はマイナスで示し，立体中心から0から−60の数値で表す。

（3） マンセル表色系（Munsell notation system）（JIS Z 8721）　色相は色の記号（赤：R，黄：Y，緑：G，青：B，紫：P）を用い，R，YR，Y，GY，G，GB，B，PB，P，RPの10色をそれぞれ4分割した40種か，または2分割した20種で表したものである（図12参照）。彩度は16分割，明度は9分割し，それぞれ番号で示し，この番号の組合せ（明度／彩度）で分類された色票を使い，物体の色と色票とをもくらべて色を表現するものである。

（4） XYZ（Yxy）表色系（JIS Z 8701）　光の三原色（赤，緑，青紫）の加法混合の原理にもとづいて，図13に示す色度図を使って色をYxyの3つの値で表す。Yが反射率で明度に対応し，xyが色座標を表す。

（5） 光沢度（glossiness）（JIS Z 8741）　物体表面の光沢度は，その表面の反射率を鏡面反射率を100としたときの百分率で示す。この場合，光の入射角によって反射率が異なるので，光沢度には入射角を明示する必要がある。

（6） 色差（color difference）　色差（ΔE^*ab）は，色の知覚的な差異を数量化した指標で，図14に示すようにL*a*b*表色系において，比較するA，B両者のΔL^*，Δa^*，Δb^*を用いて式（1）によって求めることができる。

$$\Delta E^*ab = [(\Delta L^*)^2+(\Delta a^*)^2+(\Delta b^*)^2]^{1/2} \quad\quad (1)$$

Ⅴ編　材料の基本的物性値と単位

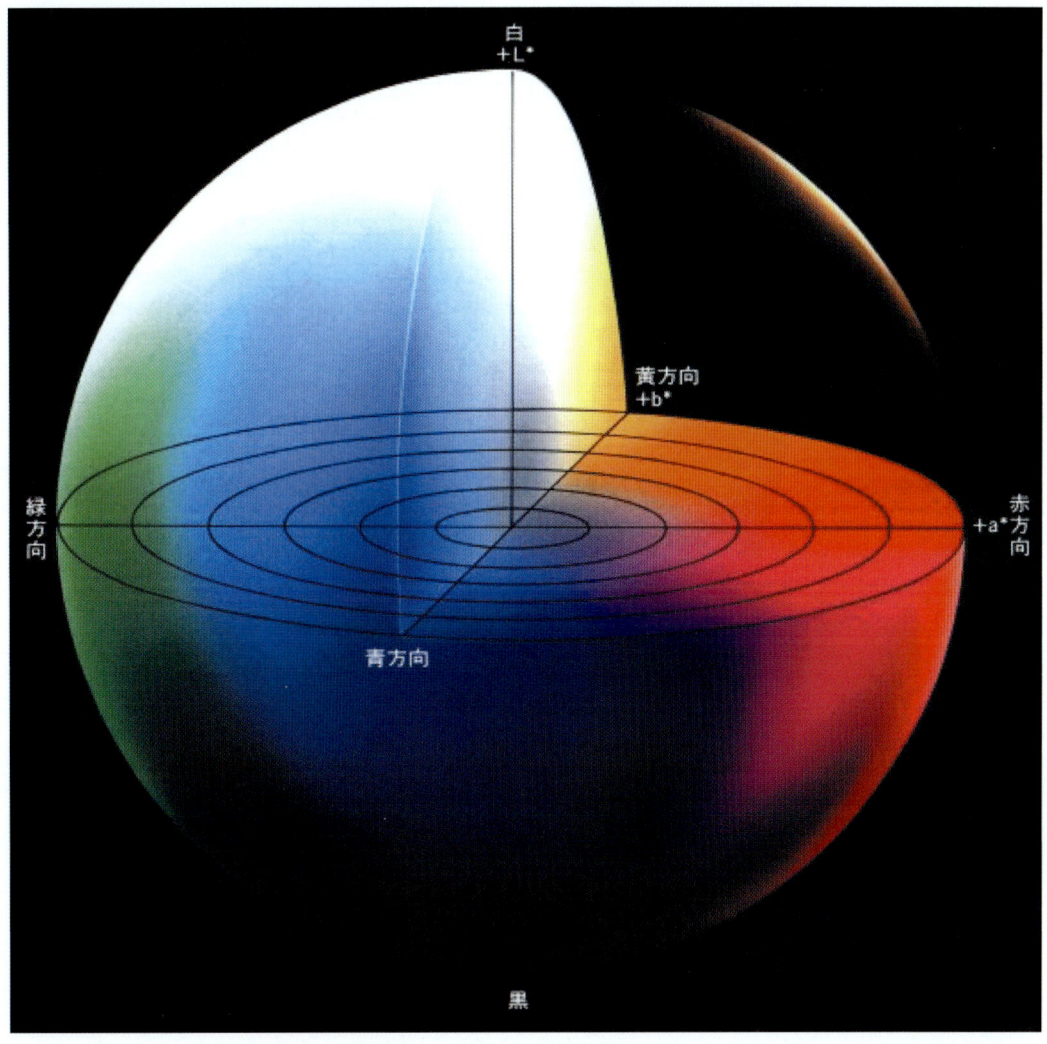

図11　L*a*b表色系の空間立体イメージ

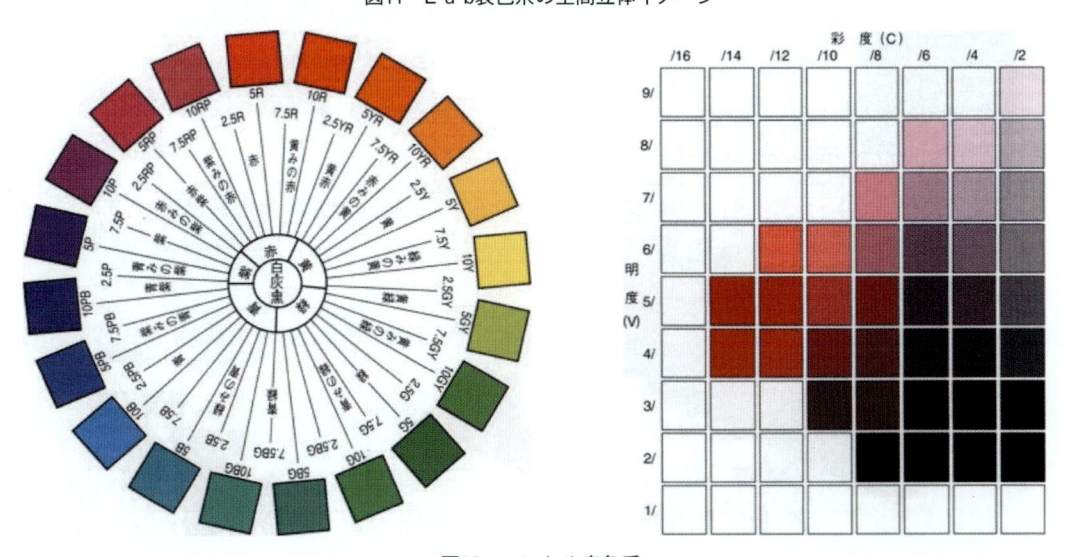

図12　マンセル表色系

図13　XYZ表色系

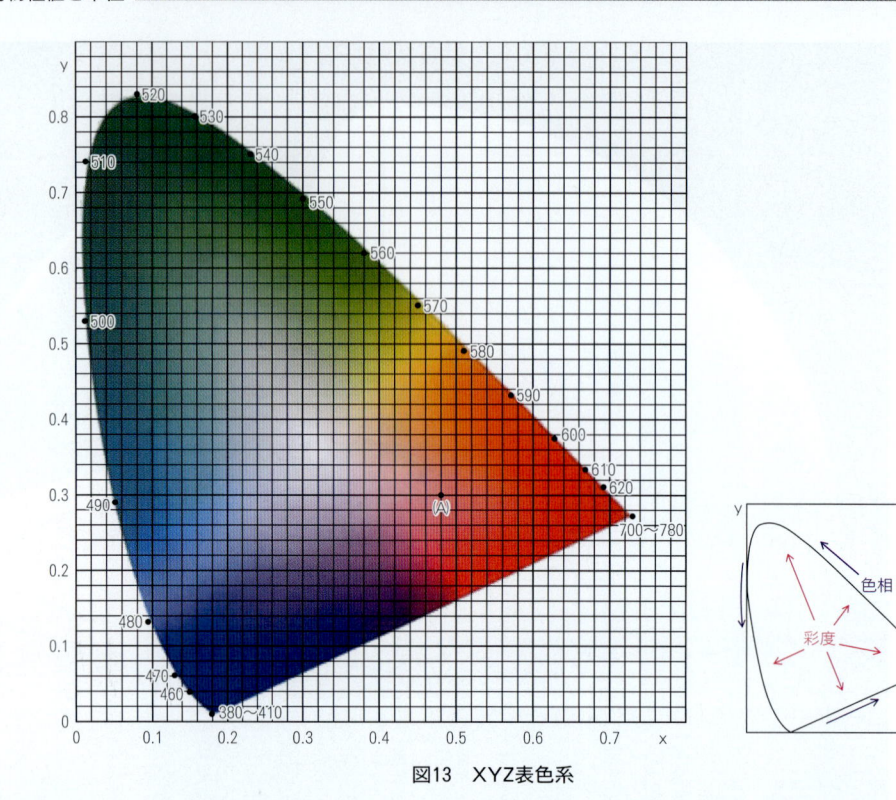

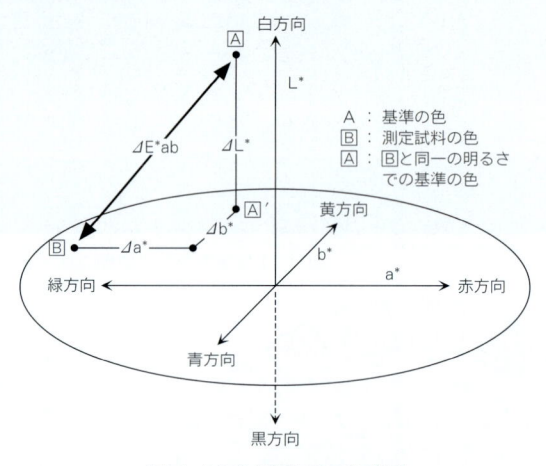

図14　L*a*b*表色系の色差図

索 引

あ―お

アーチ	39
I形鋼	24
亜鉛めっき鋼板	149
アスファルト	254
アスファルトシングル	255
アスファルトフェルト	255
アスファルトプライマー	255
アスファルト防水	48, 49
アスファルトルーフィング	49, 255
アスファルトルーフコーチング	255
圧接	98
圧力吸水	76, 77
あて	228
網入り板ガラス	224
アルカリ骨材反応	165, 166, 208, 213
アルカリシリカ反応	213
アルキメデスの原理	176
アルマイト処理	144
アルミナ	141
アルミナセメント	162
アルミニウム合金	142
アルミニウム製建具	69
アルミニウム青銅	146
アンカーピン	120
アンカーボルト	28
安山岩	157
安定性	168
異形鉄筋	23, 36
異形棒鋼	25
板ガラス	223
板張り天井	61
板目	229
一体型セメント系塗り床材	117
一体型塗り床材	116
一体型ポリマーセメント系塗り床材	117
色の三属性	264
引火温度	82
インゴット	147
インテリアエレメント	56
インフィル	56
浮き	120
雨水ます	70
海砂利	177
海砂	177
衛生器具	70
衛生陶器	222
AE減水剤	180
AE剤	180
ALCパネル	205
ALCパネル工事	54
ALC張り	52
エーライト	163
エコセメント	162
XYZ（Yxy）表色系	264
H形鋼	24
エトリンガイド	164, 167
エナメル	104
エマルション	244, 252
L*a*b*表色系	126, 264
LVL	240
塩害	208, 211
塩化物イオン	211
エンジニアリング・ウッド	238
延性	260
円柱供試体	198
エントラップトエア	189
エントレインドエア	189, 212
黄銅	145
凹凸感触	124
応力度	259
大津壁	216
大引き	63
屋外暴露	126
音の三属性	262
折上げ天井	61
音圧レベル	126
温度伝達率	123
温冷感触	123

か―こ

カーテンウォール	52
カーテンウォール工事	54
開先	99
改質アスファルト	254
改質アスファルトシート防水	49
外装タイル	219
回転ドア	68
界面破壊	97
化学的浸食	208, 214
化学反応速度論	197
鏡板	67, 68
角石	158
角形鋼管	24
花崗岩	157
火災危険温度	82
重ね継手	101
嵩（かさ）密度	258
力（華）氏	261
かすがい	102
ガスケット	118
火成岩	156
型板ガラス	224
形鋼	23, 24
カップラー継手	101
割裂引張強度試験方法	199
かぶり厚さ	210
かまち	67, 68
ガラス瓦	225
ガラス繊維	226
ガラスタイル	225
ガラス転移	246
ガラス転移点	246
ガラスパテ	120
ガラスブロック	225
臥梁	39
アルカリシリケート水和物	165
川砂利	177
川砂	177
瓦葺き屋根	46
感覚的性能	123
環境基本法	128
乾式外壁工事	54
乾式工法	51, 53
乾式腐食	153
含水率	262
乾燥収縮	168, 202
貫入抵抗値	191
岩綿	159
木裏	230
木表	230
機械的接合	93
気乾	261
気乾状態	171
木摺り	51, 103
木摺板	103
生石灰	215
輝度	264
機能性接着剤	95
気泡間隔	212
気密ガスケット	121, 122
吸音材料	90

267

吸音性 — 90	高張力ボルト — 101	自着 — 93
吸音率 — 263	鋼板 — 23	ジッキング法 — 173
吸湿 — 76	合板 — 239	しっくい — 216
吸水 — 76	降伏比 — 137	シックハウス症候群 — 58
吸水率 — 262	広葉樹 — 18	湿式工法 — 51, 53
凝灰岩 — 157	広葉樹材 — 227	湿式腐食 — 153
凝結 — 164, 168, 191	高力ボルト — 27	湿潤 — 261
凝集破壊 — 97	高炉スラグ微粉末 — 165	湿潤状態 — 171
強度 — 193, 258	高炉セメント — 162	湿潤養生 — 197
強度論 — 194	コールドジョイント — 100, 191	実積率 — 173
許容応力度 — 38	戸境壁 — 55	質量 — 258
空気量 — 189, 212	小舞 — 103	締固め — 196
腐れ — 228	小舞竹 — 103	遮炎性 — 79, 80
グラウト継手 — 37	ゴム — 243, 244	遮音材料 — 90
クリープ — 201	ゴム状弾性 — 95	遮音性 — 90
クリヤー — 104	固有接着 — 94	遮熱材料 — 89
グレイジングガスケット — 122	転ばし根太 — 63	遮熱性 — 79, 80
クロス張り — 57	コンクリートパイル — 207	蛇紋岩 — 157
計画供用期間の級 — 37	コンクリートブロック — 39, 206	重合 — 243
ケイ酸塩素系表面含浸材 — 114	コンクリートポール — 206	収縮 — 168
ケイ酸カルシウム水和熱 — 164	コンクリート・ポリマー複合体 — 252	自由水 — 77
ケイ酸質系塗布防水材 — 49	混合セメント — 161	集成材 — 240
ケイ酸ナトリウム系表面含浸材 — 114	コンシステンシー — 189	周波数 — 126
傾斜天井 — 61		重量 — 258
軽量形鋼 — 24, 25	**さ—そ**	重量骨材 — 170
軽量気泡コンクリートパネル — 205	細孔量 — 195	縮合 — 243
軽量骨材 — 170, 178	細骨材 — 170	樹脂製建具 — 69
軽量衝撃音防止床材 — 64	砕砂 — 177	純アルミニウム — 142
化粧合板 — 57	再生骨材 — 178	準耐火建築物 — 81
化粧スレート葺き屋根 — 46	砕石 — 177	準耐火構造 — 79, 80
結露 — 76	サイディング張り — 51	純銅 — 145
間知石 — 158	細胞 — 228	準不燃材料 — 81, 82
建築用ガスケット — 121	在来軸組工法 — 14	仕様規定 — 83
建築用仕上塗材 — 110	材料分離 — 181	衝撃音 — 92
建築用シーリング材 — 118	材齢 — 196	消石灰 — 215
建築用発泡体ガスケット — 121	砂岩 — 157	状態変化 — 192
硬化 — 164, 168	左官工事 — 53	照度 — 263
硬化コンクリート — 193	左官材料 — 103	初期強度 — 193
鋼管 — 23, 24	さび止めペイント — 106	初期性状 — 190
合成高分子シート防水 — 49	三等分点載荷方法 — 199	初期凍害 — 193
合成樹脂エナメル — 105	仕上塗材 — 110	シラン系表面含浸材 — 113
合成樹脂エマルションペイント — 105	シート防水 — 48	シリカセメント — 162
合成樹脂系塗り床材 — 115	シーリング材 — 118	シリカフューム — 166
合成樹脂ペイント — 105	視覚障害者用タイル — 64	しろあり — 237
合成樹脂ワニス — 105	直張り工法 — 63	人工軽量骨材 — 178
鋼製建具 — 69	磁器 — 218	心材 — 228
高性能 AE 減水剤 — 180	色差（⊿E*ab） — 126, 264	心去り材 — 230
構造ガスケット — 122	仕口 — 14, 16, 37, 101	伸縮 — 232
構造体強度補正値 — 187	自己収縮 — 168, 202	人造石 — 158
構造用接着剤 — 95	沈みひび割れ — 190	震度 — 42
光沢度 — 264	下張り工法 — 63	浸透性吸水防止材 — 78

心持ち材 — 230	背割り — 230	単板積層材 — 240
針葉樹 — 18	繊維壁 — 216	暖房床 — 64
針葉樹材 — 227	繊維強化セメント板 — 207	力 — 258
水和反応 — 164	繊維系断熱材 — 88	着火時間 — 82
水酸カルシウム — 164	繊維板 — 89, 242	虫害 — 237
水密性 — 202	繊維飽和点 — 230	中性化 — 208
水和熱 — 166	潜在水硬性 — 165	中庸熱ポルトランドセメント — 162
スケーリング — 212	せん断強度 — 199	長期許容応力度 — 38
スケルトン — 56	せん断弾性係数 — 200, 201	調合設計 — 194
筋かい — 14	銑鉄 — 135	調湿性 — 235
スタッコ仕上げ — 111	線膨張係数 — 202	長尺折板 — 47
ステンドグラス — 226	早強ポルトランドセメント — 162	長尺折板葺き屋根 — 46
ステンレスシート防水 — 48, 49	粗骨材 — 170	超早強ポルトランドセメント — 162
ステンレス製建具 — 69	素地 — 104	調合管理強度 — 187
ストレートアスファルト — 254	素地ごしらえ — 94	束 — 64
スポンジチタン — 147	素地調整 — 108	継手 — 14, 16, 101
スラグ骨材 — 179	組積造 — 39	T形鋼 — 24
スランプ — 188	粗粒率 — 174	定形材料 — 53
スランプフロー — 188		低熱ポルトランドセメント — 162
3R（スリーアール）— 129	**た－と**	鉄筋コンクリート管 — 207
スリーブ継手 — 37	ダイアフラム — 29	鉄筋コンクリート構造 — 31
製鋼 — 135	耐火建築物 — 81	鉄筋腐食 — 208
製材 — 229	耐火構造 — 79, 80	鉄骨構造 — 22
脆性 — 260	ダイカスト用亜鉛合金 — 149	鉄板葺き屋根 — 46
青銅 — 145	耐火性 — 193, 203	テラゾー — 158
性能規定 — 83, 84	耐火目地ガスケット — 121	電気炉 — 136
石材 — 39	耐火れんが — 221	展性 — 260
石油アスファルト — 254	耐久性 — 193	伝熱 — 85, 123
セ（摂）氏 — 261	耐久性指数 — 212	天然軽量骨材 — 178
石灰石 — 161	耐久設計基準強度 — 185	転炉 — 136
石灰石微粉末 — 167	堆積岩 — 156	凍害 — 211
絶乾 — 261	体積変化 — 202	凍害危険度 — 213
絶乾状態 — 170	大断面集成材構造 — 15	透過損失 — 90
絶乾密度 — 172	帯電防止タイル — 64	透過率 — 263
せっ器 — 218	耐熱性 — 203	陶管 — 222
設計基準強度 — 185	耐腐朽性 — 236	陶器 — 218
接合 — 93	大理石 — 41, 157	凍結融解作用 — 208, 211
せっこうプラスター — 216	対流 — 85	陶磁器質タイル張り工事 — 53, 54
せっこうボード — 216	耐硫酸塩ポルトランドセメント — 162	透水係数 — 202
絶対温度 — 261	タイル張り — 52	導電床タイル — 64
接着 — 93	打音 — 125	投錨効果 — 94
接着剤（材）— 93, 94	打音感触 — 125	胴縁 — 51
接着試験 — 97	縦弾性係数 — 200	等辺山形鋼 — 24
接着破壊 — 97	多泡ガラス — 226	土器 — 218
Z形鋼 — 25	単位水量 — 191	特殊鋳鋼 — 140
セメント空隙説 — 195	単位容積質量 — 173	塗装系 — 108
セメントクリンカー — 163	短期許容応力度 — 38	塗装工事 — 53
セメント混和用ポリマー — 77	断熱工法 — 89	トタン板 — 150
セメントペースト — 181	断熱材 — 85	塗布型塗り床材 — 115
セメント水比 — 194	断熱材料 — 85	塗布型ポリマーセメント系塗り床材 — 116
セメントリシン — 111	断熱建具 — 69	

塗布含浸材 —— 113	美観性 —— 125, 126	船底天井 —— 61
塗膜 —— 104	引き戸 —— 68	不燃材料 —— 81, 82
塗膜防水 —— 48, 49	引抜試験方法 —— 200	フライアッシュ —— 166
トラス構造 —— 22	比強度 —— 18	フライアッシュセメント —— 162
ドロマイト・プラスター —— 216	比重 —— 258	プラスチック —— 243
	ひずみ度 —— 259	プラスチックひび割れ —— 191
な―の	非損傷性 —— 79, 80	フリーアクセスフロア —— 64
内装仕上げ —— 57	被着材 —— 94	ブリーディング —— 190
内装タイル —— 219	被着材破壊 —— 97	ブリキ板 —— 150
難燃材料 —— 81, 82	被着体 —— 94	ふるい分け試験法 —— 174
二水せっこう —— 215	引張強度 —— 198	プレキャスト工法 —— 34
塗り天井 —— 61	比熱 —— 86, 260	プレスセメントがわら —— 47
塗り床材 —— 115	比表面積 —— 167	プレストレストコンクリート —— 204
根太 —— 63	ひび割れ —— 120	プレテンション方式 —— 204
熱回収 —— 128	表乾 —— 261	プレパックドコンクリート —— 204
熱可塑性樹脂 —— 243, 244	表乾状態 —— 171	ブローンアスファルト —— 254
熱貫流抵抗 —— 261	表乾密度 —— 172	粉末度 —— 167
熱貫流率 —— 86, 261	表面含浸材 —— 78, 113	平衡含水率 —— 231
熱硬化性樹脂 —— 243, 244	表面水率 —— 262	ペイント —— 104
熱抵抗 —— 86	開き戸 —— 68	ベースプレート —— 28
熱伝導率 —— 18, 86, 123, 234, 260	平鋼 —— 25	べたつき —— 125
熱膨張係数 —— 261	ひらたきくいむし —— 237	べたつき感触 —— 125
熱容量 —— 86	平天井 —— 61	変形 —— 193, 200
熱劣化 —— 246	ビルディングエレメント —— 56	変形天井 —— 61
練混ぜ時間 —— 196	疲労 —— 139	辺材 —— 228
燃焼 —— 234	品質基準強度 —— 185	変成岩 —— 156
粘土がわら（瓦） —— 47, 220	ファイバーボード —— 242	ポアソン係数 —— 201
粘土焼成品 —— 218	ファスナー効果 —— 94	ポアソン比 —— 201
年輪 —— 228	VOC —— 58, 132	防音建具 —— 69
ノンスリップ床タイル —— 64	フィニシャビリティー —— 189	防火構造 —— 79, 80
ノンワーキングジョイント —— 118	フェライト相 —— 163	防火建具 —— 69
	吹付け工事 —— 53	防火塗料 —— 106
は―ほ	腐朽 —— 235	防ぎ（蟻）剤 —— 237
パーティクルボード —— 241	複合建具 —— 69	棒鋼 —— 24
排水器具 —— 70	複合破壊 —— 97	放射 —— 85
排水トラップ —— 70	節 —— 228	放射線防護床タイル —— 64
白色セメント —— 162	腐食しろ —— 214	防水工事用アスファルト —— 255
羽子板ボルト —— 102	付着強度 —— 199	防水材 —— 49
発火温度 —— 82	普通骨材 —— 170	防水紙 —— 51
ハット形鋼 —— 25	普通建具 —— 69	膨張 —— 168
発泡プラスチック系断熱材 —— 88	普通鋳鋼 —— 140	膨張剤 —— 167
張り石 —— 158	普通ボルト —— 101	膨張セメント —— 162
張り石工事 —— 53, 54	普通ポルトランドセメント —— 162	膨張劣化 —— 208
張り天井 —— 61	普通れんが —— 221	棒突き法 —— 173
パルプセメント板 —— 207	フックの法則 —— 137	ボーキサイト —— 141
反射率 —— 263, 264	物質透過性 —— 193	Bogue の式 —— 163
半水せっこう —— 215	物理化学的接合 —— 93	ホールダウン金物 —— 102
はんだ —— 99	不定形材料 —— 53	保温材 —— 85
Pca パネル —— 205	不動態皮膜 —— 208, 211	補強コンクリートブロック造 —— 40
ビーライト —— 161	不同沈下 —— 40	ポストテンション方式 —— 204
光劣化 —— 246	不等辺山形鋼 —— 24	ポゾラン —— 165

ポップアウト	212
骨組構造	22
ポリマー	243
ポリマー含浸コンクリート	252
ポリマー含浸コンクリート・モルタル	253
ポリマーコンクリート	252
ポリマーコンクリート・モルタル	253
ポリマーセメントコンクリート	252
ポリマーセメントモルタル	77, 252
ポリマーディスパージョン	252
ポリマーモルタル	252
ポルトランドストーン	41
ポルトランドセメント	161
ホルムアルデヒド	58
保冷材	85

ま―も

マイクロフィラー効果	166
まぐさ	39
マグネシウム還元法	146
マクロ腐食電池（マクロセル）	154
曲げ強度	199
まさ（柾）目	229
松杭	242
丸鋼	23, 24
丸太組構法	15
マンセル表色系	264
ミクロ腐食電池（ミクロセル）	154
水湿し	100
水セメント比	194
溝形鋼	24, 25
密度	123, 167, 231, 258
ムーブメント	118, 119
無機系多孔質保温材	88
無水せっこう	215
明度差（ΔL^*）	126
目地ガスケット	121, 122
メタルラス	103
免震（振）床	64
メンブレン防水工法	77
木工事	54
木材腐朽菌	235
木質系セメント板	207
木質構造	14, 15
木質構法	57
木質材料	238
木質プレハブ工法	15
木製建具	69
木目	228
木理	228
モザイクタイル	219
モノマー	243
モルタル	181
モルタル塗り	51

や―よ

焼入れ	139
焼きなまし	139
焼きならし	139
焼戻し	139
屋根葺き材料	47
山砂利	177
山（陸）砂	177
ヤング係数	137, 200
融接	98
ゆう（釉）薬	218
遊離石灰	168
床仕上材料	64
床タイル	219
床暖房	124
ゆず肌模様	111
油性コーキング材	120
油性塗料	105
溶加材	98
洋瓦	221
陽極酸化皮膜処理	144
洋銀	146
養生	196
養生温度	197
溶接	27, 93, 99
溶脱	208, 214
よごれの程度	125, 126

ら―ろ

ラーメン構造	22, 32
ラス	51
ラスボード	103
ラッカー	105
ラッテクス	252
リサイクル	128
リップ溝形鋼	25
リデュース	128
リユース	128
リン青銅	146
レイタンス	190
れんが	39
ろう	99
ろう接	99
ローマクラブ	128

わ

ワーカビリティー	188
ワーキングジョイント	118
枠組壁工法	15
ワニス	104
割石	158
割れ	228

● 著者略歴

松井　勇（まつい いさむ）

1944年	東京に生まれる
1969年	日本大学理工学部建築学科卒業
1971年	日本大学大学院理工学研究科修士課程修了
1971年	日本大学生産工学部建築工学科副手
1973年	日本大学生産工学部建築工学科助手
1978年	日本大学生産工学部建築工学科専任講師
1984年	工学博士
1985年	日本大学生産工学部建築工学科助教授
1992年	日本大学生産工学部建築工学科教授
2010年	日本大学生産工学部学部長
2014年	日本大学名誉教授
	日本大学学校法人顧問
受賞歴	日本建築学会賞（論文）（2006）
	セメント協会論文賞（1975,1998）
	日本建築仕上学会賞（論文）（1996）
主著書	健康をつくる住環境　井上書院（共著）
	建築材料辞典　井上書院（共著）
	建物解剖学　井上書院（共著）
	性能からみた建築材料設計用教材　彰国社（共著）
	建築仕上材料の性能評価試験方法　日本建築学会関東支部（共著）
	建築材料用教材　日本建築学会（共著）
	新版 建築材料学　理工図書（共著）

出村克宣（でむら かつのり）

1954年	茨城県に生まれる
1976年	日本大学理工学部建築学科卒業
1979年	日本大学大学院工学研究科博士前期課程修了
1981年	The University of Texas at Austin 留学
1982年	日本大学大学院工学研究科博士後期課程修了（工学博士）
1982年	日本大学工学部建築学科助手
1988年	日本大学工学部建築学科専任講師
1995年	日本大学工学部建築学科助教授
現　在	日本大学工学部建築学科教授
	日本大学工学部学部長
受賞歴	日本材料学会昭和55年度論文賞（1981）
	第20回都市公園コンクール　国土交通大臣賞（2004）
	日本コンクリート工学協会賞（功労賞）（2009）
主著書	ポリマーコンクリート　シーエムシー（共著）
	コンクリート構造物の診断と補修　技報堂出版（共著）
	海洋建築物用語事典　彰国社（共著）
	新版 建築材料学　理工図書（共著）

湯浅　昇（ゆあさ のぼる）

1965年	札幌に生まれる
1988年	北海道大学工学部建築工学科卒業
1990年	東京工業大学大学院総合理工学研究科修士課程修了
1990年	日本大学生産工学部建築工学科副手
1991年	日本大学生産工学部建築工学科助手
1998年	博士（工学）
1998年	日本大学生産工学部建築工学科専任講師
2003年	日本大学生産工学部建築工学科助教授
2007年	日本大学生産工学部建築工学科准教授
現　在	日本大学生産工学部建築工学科教授
受賞歴	日本建築学会賞（論文）（2019）
	セメント協会論文賞（1998）
	日本建築仕上学会論文賞（2009）
	日本非破壊検査協会奨励賞（1995）
主著書	コンクリート総覧　技術書院（共著）
	コンクリート構造物の非破壊検査・診断方法　セメントジャーナル社（共著）
	建物解剖学　井上書院（共著）

中田善久（なかた よしひさ）

1965年	東京に生まれる
1988年	日本大学生産工学部建築工学科卒業
1990年	日本大学大学院生産工学研究科博士前期課程修了
	西松建設㈱入社
1999年	博士（工学）
2001年	ものつくり大学技能工芸学部建設技能工芸学科専任講師
2005年	ものつくり大学技能工芸学部建設技能工芸学科助教授
2007年	日本大学理工学部建築学科准教授
現　在	日本大学理工学部建築学科教授
受賞歴	日本建築学会奨励賞（1998）
	日本コンクリート工学協会論文賞（2002）
主著書	コンクリート総覧　技術書院（共著）
	建築施工用教材　日本建築学会（共著）
	ポイントで学ぶ 鉄筋コンクリート工事の基本と施工管理　井上書院（共著）

- 本書の複製権・翻訳権・上映権・譲渡権・公衆送信権（送信可能化権を含む）は株式会社井上書院が保有します。
- JCOPY〈(一社)出版者著作権管理機構 委託出版物〉
本書の無断複写は著作権法上での例外を除き禁じられています。複写される場合は，そのつど事前に(一社)出版者著作権管理機構(電話03-3513-6969，FAX 03-3513-6979，e-mail：info@jcopy.or.jp) の許諾を得てください。

最新 建築材料学

2010年4月20日　第1版第1刷発行
2020年3月10日　第1版第9刷発行

著　者　松井 勇　出村克宣　湯浅 昇　中田善久 ©
発行者　石川泰章
発行所　株式会社　井上書院
　　　　東京都文京区湯島2-17-15 斎藤ビル
　　　　電話 (03)5689-5481　FAX (03)5689-5483
　　　　https://www.inoueshoin.co.jp/
　　　　振替 00110-2-100535
装　幀　藤本 宿
印刷所　秋元印刷所

ISBN978-4-7530-1752-2　C3052　　Printed in Japan

出版案内

建築現場実用語辞典［改訂版］

建築慣用語研究会編　A5変形判・346頁・カラー　本体3400円

建築現場で使われている実用語を中心に5200余語とカラー図版640点を収録。建築実務の広がりにあわせて，設計，計画，施工管理，設備，材料，契約，入札，経営，IT関係，安全管理，環境，福祉，不動産，法規など，関連する諸分野の必須用語を網羅した本格的用語辞典。

建物解剖学

建物解剖学研究会編　B5判・180頁　本体2500円

初学者でも建物の部位や局所を建物の全体の仕組みのなかで理解できるよう，木造住宅を例にあげ，完成した建物の表面を覆っている仕上げを取り除いた内部を観察しながら，建物の構成，各部の名称や役割，仕組み，また部材間相互の関連等についてわかりやすく解説する。

建築計画テキスト

永森一夫　B5判・272頁　本体3000円

事前調査から規模計画，ゾーニング，動線計画，機能図，配置計画，平面・断面計画，構造計画，設備計画，構法・材料計画，デザイン，設計製図にいたる設計のための計画手法の基礎を一から解説。さらに，実際の計画に役立つよう，施設別の計画案内を実例とともに整理した。

図解 建築の構造と構法［改訂版］

鈴木秀三編，岩下陽市・古本勝則・奥屋和彦・磯野重浩著　A4判・168頁・二色刷　本体3200円

建築構造全般の概要を建築生産工程の流れを通して無理なく学習できるよう徹底図解したテキスト。木造，S造，RC造ごとに特徴，材料，工法，施工，ディテール，法規等の基礎知識が整理しやすいよう一工程を見開きで構成し，各構法について共通プランを用いて解説する。

建築施工テキスト

兼歳昌直　B5判・320頁　本体3300円

建築の施工全般の基礎知識が容易に理解できるよう，実務に即した各工法を豊富な図をまじえて平易に解説。基本的技術はもちろんのこと，実務に役立つよう応用技術の初歩まで幅広く網羅。また，建築士や建築施工管理技士の試験における諸点についても詳述した格好の入門書。

ポイントで学ぶ 鉄筋コンクリート工事の基本と施工管理

中田善久・斉藤丈士・大塚秀三　B5判・206頁　本体2700円

従来からの工事・工種ごとの詳細な解説をはなれ，初学者が建築施工に対するイメージが容易に形成できるよう，施工全体の概要を理解するうえで必要な要点を絞るとともに，重要な知識をコンパクトにまとめたポイント欄を中心に図表をまじえてわかりやすく解説する。

＊上記の本体価格に，別途消費税が加算されます。